房龙地理彩图馆

（美）房龙 著
滕森 编译

中侨彩图馆
刘凤珍 主编

中国华侨出版社

图书在版编目（CIP）数据

房龙地理彩图馆 /（美）房龙著；滕森编译．— 北京：中国华侨出版社，2015.12
（中侨彩图馆 / 刘凤珍主编）
ISBN 978-7-5113-5876-9

Ⅰ．①房… Ⅱ．①房… ②滕… Ⅲ．①社会地理学－世界－通俗读物 Ⅳ．①C912.8-49

中国版本图书馆 CIP 数据核字（2015）第 302784 号

房龙地理彩图馆

著　　者 /（美）房龙
编　　译 / 滕　森
丛书主编 / 刘凤珍
总 审 定 / 江　冰
出 版 人 / 方　鸣
责任编辑 / 晨　枫
装帧设计 / 贾惠茹 杨 琪
经　　销 / 新华书店
开　　本 / 720mm×1020mm　1/16　印张：27.5　字数：751 千字
印　　刷 / 北京鑫国彩印刷制版有限公司
版　　次 / 2016 年 5 月第 1 版　2016 年 5 月第 1 次印刷
书　　号 / ISBN 978-7-5113-5876-9
定　　价 / 39.80 元

中国华侨出版社　北京市朝阳区静安里 26 号通成达大厦 3 层　邮编：100028
法律顾问：陈鹰律师事务所
发行部：（010）64443051　　传真：（010）64439708
网　址：www.oveaschin.com　　E-mail: oveaschin@sina.com

如发现图书质量有问题，可联系调换。

前言
Foreword

《房龙地理》一书1932年初版于美国，此书一出，立即轰动美国，仅在出版的几个月内，就在美国国内售出近14万册，第二年，就出现了德文、西班牙文、匈牙利文、意大利文、葡萄牙文、瑞典文以及中文等14国文字的译文。

这本出自房龙之手的地理书，是一本完全不同于传统意义上的“地理书”概念的著述。它完全无视常规地理书的写作方式，他所关注的是人在地理中的活动踪迹。在他的这本书中，人类活动的重要性被放在了第一位。我们知道，房龙是科班出身的历史学者，所以，他对纯地理的索然无味的写法不感兴趣。他关心的是在一个个国家和地区中，人类在科学、艺术、商业、宗教和政治上的种种活动，并以历史的视角来透视人和与之共生的环境的关系。

房龙称，他是应朋友要求写这本书的。这个朋友要求他“把所有山脉、城市和海洋标注在您的地图里，而只要给我们讲讲住在那些地方的人，讲讲他们为什么住在那里，他们从哪里来，他们在做什么——一种适于地理的趣味人类故事”。这本独特的地理书就是依此要求而写。并于1932年呈现在读者面前，与房龙的其他著作一样受到热捧。

1932年距今已经有80多年，从今天来看，世事沧桑，一切都有了巨大的变迁。尤其是经过第二次世界大战，世界上许多的中小国家取得独立，一些地区的行政归属有了很大的变更，所以书中的一些内容与现在的格局有极大的差别。这是我们在阅读本书时必须加以注意的。对有些世界历史大事的提法，房龙也与我们现在通常的提法不同，比如，书中所说的世界大战，是指第一次世界大战（本书已作修改）。毕竟，第二次世界大战发生在此书出版之后。

作为一部上了年纪的著作，作为一个已经过去了的人物，房龙和他的著作当然也不是完美的。比如尽管房龙本人也在批判种族主义，他疾呼："我们不再可以如我们的父辈般肆意劫掠和偷窃，因为如果你真想知道的话——我们的良知不会让我们这样做——就算我们生下来未携带着精神指南针——因为人类良知的积累最终达到一定程度，开始发出其第一道光亮了，从而诚实和普遍庄严既为公民的私事，同时也是不可避免的国际性事务了。" 但他仍时不时流露出了他的白人至上观。

当他在书中提到中国时，他所包括的地理区域是不完整的，这是我们完全不能同意的。西藏在书中被称作中亚高地，独立于中国，而中国东北（当时称满洲）也被置于中国之外。他对日本所谓为争取"生存空间"而进行的侵略，竟抱有同情的态度。这些（包括还有其他很多对第三世界人民的污辱性言词）都是不可取的（有些地方编者已作处理），中国读者应该保持自己的警觉。

尽管在房龙的这本书中有各种历史误会甚至硬伤，我们还是认为，它自有它的存在价值。因为，在这本书中，房龙坚持了自己惯有的行文风格，时时用他的生花妙笔，将枯燥的地理知识融于其中，使人在轻松的地理之旅中大致了解了人类历史发展的来龙去脉。为了更好地阐述世界地理，我们还精选了数百幅精美插图，图文并茂地解读了房龙的这部经典之作，使读者在阅读文字的同时能获得视觉上的享受。无论是地理学家或地理爱好者，敬畏地球或蔑视地球者，还是敬畏生命者或蔑视生命者都能从本书中获得不少启发。

目录
Content

MAR DEL NORT
MARE PACIFI- CVM
ETHIOPICVS
MAR DI
IN DIA

第一章

世界

我们与其他生物一起居住在世界上。

这种说法听起来似乎很荒唐，但并没有错。假如地球上每个人都是约6英尺高，1.5英尺宽，1英尺厚（实际上，人类普遍的身材要小些），那么，全人类（据最近可靠的统计，人类的后裔约20亿人）就可以被装在一只约半英里见方的箱子里。正如我在之前所说，虽然这种说法听上去很荒唐可笑，但是如果你不相信的话，你可以自己去计算，那时你就知道它是千真万确的了。

假如我们把这只箱子运到亚利桑那州的大峡谷那边，轻轻平放在石壁上面——这些石壁原本是用来保护游客安全的。因为如果没有了它，那些沉醉于大自然的神奇力量与奇美景观之中的游客们便有摔断骨头的危险——然后再叫短小的诺特尔（这是一只非常机灵的小狗，而且很听话），用软绵绵的棕色鼻子向那只硕大无比的怪箱轻轻一推，紧接着就听到一阵爆裂的声响，乱石、树枝跟着这个怪箱子一齐向下滚落，低微而模糊的撞击声与河水的溅洒声紧随其后，怪箱子的边缘已经撞击在科罗拉多河的岸边，摔得粉碎了。

然后就是死一般的寂静，这件事情很快就在永恒之中被遗忘了！葬在这个怪箱里的人类很快就全部消失了！而峡谷依旧和从前一样继续跟大自然搏斗着！地球也继续沿着它一直以来运行的轨道，在广阔的宇宙中继续运行。

那些或远或近的星球上的天文学家，并不会注意到我们的地球上面发生了什么变化。

百年之后，低矮的荒丘上长满了野草，指示着这里是人类的葬身之地。

此外就什么都没有了。

有些读者一定非常不喜欢这个故事，当他们看到自己的种族化作渺小的尘埃，一定会觉得非常难过，这一点我原本也是知道的。

可是这里却有着问题的另一面——从另一面来看，虽然我们只是宇宙中渺小的存在，我们脆弱的身体依然存在再次遭遇灾难的可能，但是我们依然有着值得骄傲的地方。

我们只是一群脆弱而且防御能力不高的哺乳动物。从人类诞生的那一刻开始，我们

猛犸象

猛犸象属于古脊椎动物中的哺乳纲，大约生活在11000年之前，起源于非洲，后来也生活在欧洲、亚洲、北美洲的北部地区，以群居为主。

的四周就生活着无数种生物，它们都具有着我们望尘莫及的、为了生存而奋斗的力量。这些生物当中有的身长100英尺，身体的重量和火车头相当；还有一些其他生物长着和锯齿一样锋利的牙齿；有些四处横行的动物披着坚硬的盔甲，就像中世纪的骑士一样；还有些生物体积非常小，但是它们的繁殖能力非常惊人，如果地球上没有与它们为敌的生物与之抗衡，那么，用不了一年地球就变成它们独占的世界了。而我们人类，只能在最优良的环境中生存，只能在高山、深海之间那几块陆地上寻找可以居住的地方，那些跟我们一起分享这个世界的生物，它们不会畏惧山太高、海太深，它们天生就具有超强的适应能力，可以在任何自然环境下生存。

著名动物学家告诉我们：有几种昆虫能够悠然自得地生活在石油中（我们是绝对不会把石油当作食物的）。有几种昆虫能在温度发生激烈变化的情况下存活下来，如果是我们遇到这样的变化，可能我们几分钟内便会全部死亡。我们还发现那些经常在书箱里钻来钻去的、仿佛很爱学习的棕色小甲虫，有时遭受某种意外失去了三四条腿，但依旧能够继续过着忙碌的生活，而我们人类呢，如果脚趾上扎了一根小刺，就会觉得痛苦万分。这种对比会使我们非常惊讶，而且足以使我们了解我们要在地球上生存下去，要和一些什么样的生物进行竞争。

我想当时那些厚皮长鼻的猛犸象一定在旁边冷眼旁观着，当人类第一次挣扎着尝试不再借助于树枝或拐杖、用两条后腿走路时，也许它们看到这种情形的时候还会觉得人类真是一种非常可笑的生物。

在古代，那些凭借着巨大力量和机智曾经统治着两亿平方英里的陆地与海洋（暂时不提高深莫测的太空）的生物，它们现在怎样了呢？

现在，它们之中的大多数都已经灭绝了，除了自然历史博物馆里还留着它们的名字和一些化石被标记为陈列品A或陈列品B之外，我们再也看不见它们了。就算是那些一直生存到现在的动物，为了延续自己的生命，也不得不顺从我们，或是把皮毛、蛋、奶和肉贡献给我们，或是背着那些我们不能负荷的重物。还有一些生物为了维持生命，逃离到偏僻的地方去延续它们的种族了。那些偏僻的地方对于我们来说无关紧要，因此我们也不会去赶走它们，把它们的领土据为己有。

总而言之，在20万年中间（这些时间如果与永恒相比，就像沧海一粟），人类已经成为统治着所有陆地的毫无争议的统治者，到了最近，就连海洋与太空也囊括到人类的版图之中了。而这些丰功伟业都是由几亿人共同完成的，他们虽然远远没有他们的敌人厉害，然而他们却懂得利用智慧去征服其他生物。

也许我的话说得有些过分了，实际上，拥有理性天赋和独立思考能力的仅限于少数人，因此这些少数人便成为其他人的领导者。至于其他人，虽然他们不愿意承认自己愚蠢，但也只好跟在领导者的后面。在进行的历程中间，无论他们是多么地憎恶现实，无论他们付出怎样的努力，成千上万的人中能成为真正先锋的只有那些少数人。

印第安人在亚马孙雨林里捕猎

图中一个印第安人正在利用自制的工具捕杀猎物，另一个人则爬上树梢准备取下猎物，河中的小船主要被用来运送猎物。在很早以前，人类运用智慧发明了许多捕猎的工具，学会了捕杀其他动物作为自己的食物。地球由一个被其他生物统治的时代，慢慢转变成了人类统治的时代。

这条前进的路究竟会指引我们到什么地方去，我们无法知道，不过从过去4000年中人类所完成的事业来看，只要我们不因为利益而残忍地自相残杀、不脱离发展的正轨、不把我们的同类看作连牛羊草木都不如，那么我们最终所能取得的成功一定是无可限量的。

地球与地球上的一切都在人的掌握中，即使有些地方还没有受到支配，人类也能够借助敏锐的思维所产生的深远见解和武器来取得支配它们的权力。

我们的家园真是一个好地方：它生长着茂盛的五谷，供给我们食物；它散布着茂密的森林、丰富的矿产与肥沃的土地，使我们得到更舒适的生活。牧场上温顺的羔羊，开满淡蓝色花朵的田地，还有那些辛勤的中国小桑蚕——这些蚕吐出的丝能保护我们的身体，让我们冬暖夏凉。我们的家园真是一个适宜人类生活的地方！它出产了这么丰富的物产，使男女老少都能享受应得的一份，同时也给未来留出一份富余来。

不过，自然也有它自己的规则，这些规则非常公正，并且铁面无私。如果你违反了这些规则，就会受到自然的惩罚，而且不会给你申述的机会。

自然慷慨地馈赠我们，并且毫不吝啬，但同时它也希望我们遵守它的规则。

如果一块只能放牧50头牛的牧

人类的战争　油画　戈雅　1814年

图中，一队排列整齐的法国士兵，正在西班牙马德里的郊外枪杀被抓捕的起义者。背对我们的刽子手无情而残忍，已经被击毙的人们倒在地上，四周还围着许多恐惧的人，只有站立在中间的白衣勇士张开双臂，勇敢地向死亡挑战。与其他生物相比，人类经常为了利益而互相残杀，战争从未真正从世界上消失。

人与动物和谐相处　油画　克伊普·阿尔贝特　约1650年

在这幅图中，作者用黄昏的色调描绘出人们与动物休息的场景，忙碌一天的牛趴在地上休息，牧民也惬意地站立着。虽然这幅画只表现了荷兰乡村的一景，但人类饲养动物，动物帮助人类承担不能负荷的工作，也代表了人和动物和谐共处的情景。

场养了100头牛，就将会发生一场灾难——这是每个农民都知道的格言。同理，一块只能容纳10万人的土地上居住了100万人，就会感到拥挤，随之而来的是贫穷和不必要的痛苦。这是事实，然而这个事实却往往被那些自认为是先知的人们所忽视了。

但是，在我们所犯的众多错误中，这还不是最严重的一个。我们还有更对不起自然母亲的地方。人类是绝无仅有的相互仇视的动物，狗不食同类，老虎也不互相猎食，即使是令人们十分讨厌的鬣狗也很少自相残杀。然而，人类却会相互憎恨、相互残杀，从古到今，战争从未停止过。

自然在它的首要法则中明确地告诉我们：同类之间应该和平相处、善意相待，但是我们却公然违反它。如果人类经常违背大自然的法则，那么人类也许面临着灭亡的可能。因为我们的敌人一直在虎视眈眈地盯着我们，如果人类（这个好听的名字是一位犬儒主义的科学家赠给我们的，他是想说明我们的智慧高于其他动物）不能，或者是不愿意做自然的主人，那么愿意做地球的主宰的生物候选者还有很多，有时甚至猫、狗、大象和一些结构高级的昆虫也在蓄势待发，它们十分愿意统治这个世界。

哪里才有出路呢？怎样才能解决这个让我们感到惭愧和羞耻的问题呢？

在这本小书里，以一种谦逊的方式为大家指出一条仅有的道路。我们虽然受到劣根性的诱惑，陷入了黑暗而不幸的深渊，但如果遵循我所指出的这条道路，我们总能把自己从深渊中解救出来。

而要真正解决这个问题需要付出至少上百年，甚至更长的时间来寻找解决的办法。而最终的解决之路就是为了使我们明白，我们都是同一行星上的伙伴。我们如果懂得这个颠扑不破的真理——无论地球是好是坏，都是我们共同的家园——想到我们现在还无法找到其他栖身地，我们可能永远无法从一个星球迁移到另一个星球，如果我们认清并理解了这一事实：我们就好像是一群向渺茫目的地前行的旅客一样，应该拥有同舟共济的精神，我们目前最先而且是最重要的使命就是解决目前这种困境的根源问题。

我们生活在同一个星球上，其他人的幸福与苦难，就是我们自己的幸福与苦难！

你可以把我当作一个傻子、一个空想家、一个做梦的人，你也可以去找警察和疯人院里的人把我送到一个不能再讲这些异端邪说的地方，我不会和你计较。但你要记好我的话，当末日降临的一天，人类不得不把小秘箱封锁好，把幸福的钥匙交给那些更伟大的继任者时，请你再把我的异端邪说回味一下吧！

求生唯一的希望，尽在这句话里。

我们生活在同一个星球上，我们应该担负起共同的责任，我们为我们生活着的这个世界谋求幸福快乐！

人类的演化

根据对已经发现的人类化石的研究，人类的演化大致可以分为南方古猿、能人、直立人、智人四个阶段。

	南方古猿	能人	直立人	智人	
				早期智人	晚期智人
时间	440万年前到100万年前	200万前到175万年前	170万年前到20万年前	20万年前到5万年前	5万年前
特征	能够两足直立行走	脑部比南方古猿扩大	从猿到人的过渡阶段的中间环节之一	学会了人工取火	已与现代人基本相似
代表种类	南非金伯利、唐恩等地发现的南方古猿化石	东非的坦桑尼亚和肯尼亚发现的能人化石	元谋人、蓝田猿人、北京猿人等	尼安德塔人、斯旺司孔人等	山顶洞人等

第一章

地 理

世界地理的定义及我的世界地理观。

我们在旅行开始之前，往往要思考一下，到底要去什么地方，怎样才不至于白走一趟。读者翻开了一本书，自然也会有同样的想法。所以，如果让我给地理二字下一个简单的定义，也不算节外生枝。

我的书桌上刚好有一本1912年出版的《牛津简易字典》，我不妨学着人家的样子，把它利用一下。在第344页的下面，我要找的词出现了。

“地理是把地球的表面、形体、自然现象、自然区域、政治区域、气候、物产及人口作为研究对象的科学。”

天怒　油画　马丁·约翰　1853年

在这幅宛如世界末日的景象中，山崩地裂，电闪雷鸣、人类显得如此渺小，他们被吞入原始的虚空中，仿佛是上帝给人类带来的最后报复。通过描绘绚丽而骇人的天空，画家集中表现了大自然令人畏惧的神威，而人类也是在适应自然中逐渐成长起来的。

这个定义就算说得再好也没有用。因为我要让人类做舞台的主角，所以不得不着重在某几种现象上，其他现象稍作忽略。这本小书不仅叙述地球的表面与自然现象，政治区域和自然区域也占有相当一部分篇幅。这本小书更是研究人类的著作，研究人们如何寻找食物与住处，如何让自己和家人获得安逸的生活，如何适应自然，或者改造自然，运用人类有限的力量使人与自然和谐相处，过上舒服安逸的幸福生活。

长满苔藓的山岩　摄影

这是一幅在美国内华达山脉拍摄的作品。大自然的鬼斧神工制造出了山体上层层的山岩，上面附着颜色鲜艳的苔藓，犹如一幅画卷。但这只是自然区域中的某一种自然现象，还有更多美丽的景象等待我们去探寻。

地球上生活着各种各样的人，有一些人的脾气比较奇怪，这是一件很正常的事情，地球上也住着千奇百怪的各种生物。很多人都有一种特殊的习性和性格特征，我们只要一见到他们就会感到特别憎恶，但是我们希望我们的后代不要像他们一样。但是20亿，毕竟是一个不小的数字，人类是一个高贵的种族，虽然可能没有多么了不起，但是如此多的数量可以为人类提供绝佳的机会，可以进行经济、社会、文化等各类型的试验，这些试验是最值得我们注意的。一座高山如果没有被人类发现，并且没有留下过人类的足迹，它的山坡与溪谷还没被十几代饥饿的定居者占领和开垦，那么它归根结底还只是一座高山。

大西洋在13世纪之前与13世纪之后一样辽阔，依然是那么深不可测，那么多雨，同样是那么咸，但是经过人类化育，使它变成了现在的样子——新旧大陆之间的桥梁、东西两半球的重要贸易通道。

数千年来，一望无垠的俄罗斯平原遍布着肥沃的土壤，期待着辛勤的人去耕种，然而它至今还是满目荒凉。假如那边的主人不是斯拉夫人，而是德国人或法国人，他们就会带着锋利的犁锄，尽力去开垦土地，这片平原的情形也就会迥然不同了。

日本群岛上面，住着的不论是日本人，还是塔斯马尼亚族（现已绝迹了）的后裔，地震总是会不断地发生。可是，假如住在那边的居民是塔斯马尼亚族的后裔，这些海岛恐怕养不活6000万人民吧。又如大不列颠群岛，如果它们的统治者不是来自北欧的凶猛战士，而是那不勒斯人或巴巴里人时，它们也肯定不会变成庞大帝国的中心吧——这庞大帝国的领土是它原本的面积的150倍，人口占全世界的1/6！

英国火船袭击西班牙无敌舰队　荷兰　油画　约1600年

1588年7月28日夜间，8艘装满燃料的无人驾驶的小火船，驶向停泊在加来港的、不可一世的西班牙舰队，全无准备的一百多艘西班牙战船被吓得落荒而逃。英国人成功地利用了这个策略，给他们的敌人狠狠一击，帝国的扩张仍然在继续。

概括地说，我注重的是纯粹的人文地理，至于商业方面的问题，在盛行大量生产的现代社会虽然很重要，可是我并不想过多关注。

经验告诉我们，关于货物的进出口、煤的总产量、石油的蕴藏量以及银行存款等问题，任凭你说得天花乱坠，也不能使读者从头至尾都记清楚。假如他们需要这一类的数字，他们尽可以重新去查阅，在10多本互相矛盾的（而且往往是自相矛盾的）贸易统计中，找出一个确切的数值来！

在这本地理书里，人类占首要地位。

人生存的自然环境和背景占第二位。

如果还有篇幅，也会讲到其他方面。

地球

作为我们生活的家园，地球为两极略扁的不规则椭圆形球体，是太阳系中直径、质量和密度最大的行星。

1.地球以24小时为周期由西向东自转。

2.地球表面约71%是海洋。

3.地球是两极略扁的不规则椭圆体。

4.人类居住在大洲和岛屿上。

第三章

行星

我们所在的行星：特点、风俗和礼节。

我们从一个古老而可靠的定义开始："地球是渺小而且不发光的物体，四周被太空包围着。"

我们知道，地球是椭圆形，并不是标准的圆形，也就是说它和球体很像，但是两极的位置稍微扁平。关于两极，我们也可以这样描述：用一根毛衣针，穿过苹果或橘子的中心，把它竖起来，毛衣针露在苹果或橘子外面的两端，便是两极所在，北极在深海的中心，南极在高山顶上。

对于两极的"扁平"（地球被称为椭圆体的由来），你不用大惊小怪，因为贯通两极的地轴，比赤道的直径仅短1/300。换句话说，假如你有一个直径约3英尺的地球仪（在当时，这么大的地球仪在普通商店里买不到，只能到博物馆里去买），你便会发现，地轴仅比赤道的直径短约1/8英寸，要是它做得不是很精确，相差的距离就完全看不出来。

但是，那些到两极去探险的探险家，以及研究高级地理学的地理学家，对于地球并不是球体的事实都很注意。不过在这本书里，上面的一小段叙述已经够了。物理学教师的实验室里总会有小地球仪，你不妨请他给你看一下，看过之后，你就无需到经线穿过的地方去考察，也能知道地球自转时两极之所以会扁平的道理了。

我们知道地球是一个行星。行星二字的起源可追溯到希腊，希腊人观察到（就算他们观察到的吧）有的星星永远在天空中行走，有的星星看起来却是屹立不动。他们把行走的星星称作行星或漫游者，静止的星星称作恒星。由于当时没有望远镜，事实上他们所发现的恒星中，有些并不是静止的，但是受当时的条件所限，他们看不出它们的运行来。至于星座二字确实的来源，我们还不知道，但有人说，梵文中有个词和英文里的"strew"很相近，"star"一词或许就来源于那个梵文词语。假如这种说法是正确的，那么，星星就是满天散播着的点点火花了，用这个词形容恒星很美妙，也非常符合实际。

地球绕着太阳转动，从太阳得到光和热。太阳的体积比太阳系内其他行星的总体积还要大700倍，太阳近表的温度高达6000℃，因此地球虽然从太阳这个邻居那里借到了一些光和热，但是也不必感到愧疚，因为这些光和热对于太阳来说只是九牛一毛，就算是施舍了也毫无损失。

地球仪与地图　版画　17世纪

图中可爱的小天使们在绘制着地球仪和地图，暗示了当时正处于黑暗与科学的交战时期，在人们的观念中，地球从一块扁平的陆地变成了一个形象化的球体，这也是人类意识上的一个重大突破，人类关于空间与宇宙的概念也初步建立起来。

古代的人们都相信地球位于宇宙的中心，是一小片扁平的圆形陆地，四周环绕着海洋，仿佛刚从小孩子手里逃出来的气球一样都悬在空中。希腊的天文学家和数学家（他们是敢于冒极大风险的，客观思索的先驱）仿佛早就已经开始怀疑这种理论，认为它是错误的了。经过几个世纪的深刻思索，一些思想超前的科学家得出了这样一个结论：地球是一个球体，并不是一块扁平的大陆，也并不是宇宙的中心，而且地球也不是静止的，而是以极快的速度围绕一个比它大得多的被称作太阳的恒星做飞速运动。

同时，还有一些科学家认为，那些发光的小球体，表面上虽然好像环绕着我们，在"恒星"的共同范围内行走，其实它们不只是地球的旅伴，也是太阳母亲的孩子，服从着普遍的行为规律。这种行为规律，同时把我们日常的生活，例如按时起床、按时睡觉等作了一个规定。有些规律是我们无法抗拒的，如果我们不遵守这些规律，就会承担巨大的风险。

在罗马帝国的最后200年中，只要是头脑清楚的人都接受这种假设，觉得它确实是真理，绝无争辩的余地。但是从公元4世纪开始，教会的势力如日中天，人们如果相信这种学说，尤其是地圆学说，可能连生命都得不到保障。

对于当时的这种情况，我们不应该武断地下结论。因为当时基督教最早的皈依者都来自很少涉猎当时这些流行学说的社会阶层，他们坚定地相信，世界末日即将到来，基督将重返当初的受难地并且正确地区分人间的善恶，而且他会头戴光环，在众人的注目下归来。而且，他们坚持自己的观点是正确的，如果这是事实，那么地球就一定是扁平的。否则基督就不得不现身两次，一次是为了西半球人的福祉，一次是为了东半球人的福祉。这种理论实在是荒唐可笑的，不值得我在此过多地浪费笔墨。

基督教教会在将近1000年的时间里一直坚持这种学说：地球是一块扁平的陆地，并且位于宇宙的中心。但是在当时的学术界，极少数的僧侣科学家和一些新兴城市里的天文学家依然相信古希腊的学说：地球是圆的，和太阳系内的其他行星一起围绕着太阳运动。但是，他们虽然相信地圆学说，却只能把它埋在心底，从不敢公开讨论。他们都知道，公开讨论这种问题是不明智的，只会扰乱那些思想保守的市民的安宁，而且也解决不了问题。

从那之后，除了教会中的少数人以外，很多人都接受了这种学说，承认我们所居住的世界是一个圆球。到了15世纪后期，用来证明古希腊理论正确性的证据越来越多，地圆学说已经没有人能够否认了，证明这种学说正确的证据基于以下的观察：

第一，有一个人尽皆知的事实，我们在观察高山或大海中船只的时候，首先看到的总是山的巅峰或桅杆的顶端，当越走越近的时候，我们才能逐渐看到其他部分。

第二，无论我们站在什么地方，在我们周围的景物总呈现圆周的形状。我们的视线与大陆或海洋的任何部分的距离，都完全相等。我们乘坐轻气球或爬上高塔，离地面越远，所见的圆周就越大。如果地球是蛋形，我们就会觉得自

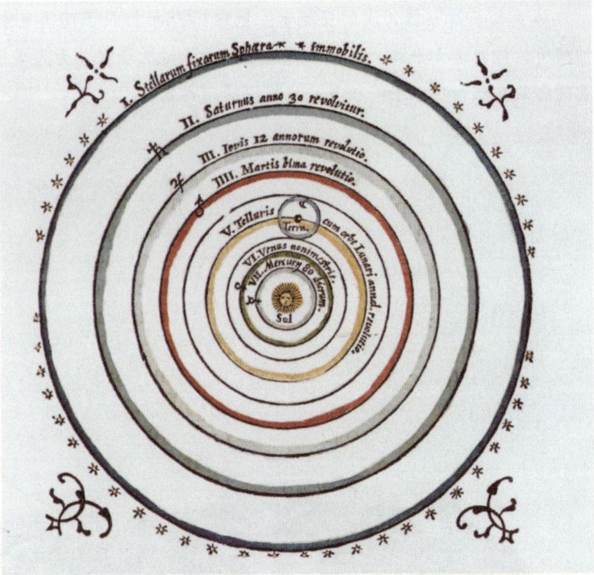

哥白尼理论中的天体的构造 版画 17世纪

这幅图中所绘制的结构出自哥白尼所著的《天体运行论》，哥白尼的学说颠覆了以往的理论，重新阐述了地球的运动及宇宙的构造。他用精密的观察记录和严密的数学论证，证实了太阳位于宇宙之中，和其他行星一起围绕着太阳运行。

己正在这巨大蛋形的中间；如果地球是四方形或三角形，那么地平线也应该是四方形或三角形了。

第三，月偏食时，地球投射在月球上的影子，往往是圆形。只有球体才会形成圆形的影子。

第四，其他行星和恒星都是球体，为什么只有我们的星球与其他星球都不一样呢？

第五，麦哲伦的船队向西航行了很多天之后，依旧会行驶到起航的地方。库克船长同样从西向东航行，与他同一船队的人也回到了出发时的港口。

最后，我们如果到北极去旅行，那些常见的星座（即古人所说的黄道带的标志），会渐渐降低，直到消失于地平线之下。如果我们向着赤道的方向返回，距离赤道越近，它也会越升越高。

我希望我已经举出了足够多的铁一般的事实，能够证明我们所居住的地球的确是球体。如果你觉得这些事实还不够，也可以去请教任何一位物理老师。他会站在一座高塔上让一块石头向下坠落，利用重力规律来证明地球是圆的。只要他的讲解浅显而有条理，你掌握的物理知识和数学知识比我多，就很容易明白他的意思了。

库克船长的船队 油画 韦伯 1784年

库克船长是一位伟大的探险者，他在1775年加入了英国皇家海军，在他的人生中经历了三次史诗般的旅行，他航遍太平洋，揭开了地球上最大水域的秘密，为人类了解海洋作出了巨大贡献。图中是库克船长的船队在航行中水手们放下小皮艇以捕猎海象。

在这里，我也可以拿出更多的统计数据来说明这个道理，但是这对你来说不会有更多的帮助。很多普通读者看到很多数字总是会头晕脑涨，即使是我自己也经常有这种感觉。例如：光速是每秒18.6万英尺，在弹指一挥间，它就已经走过围绕地球7周的距离了。但是来自最近的恒星（半人马座的α星）发出的光要到达地球，需要以光速经过4年零4个月。太阳发出的光只要8分钟就能到达地球，木星反射的太阳光需要3分钟到达地球，只在航海中扮演重要角色的北极星发出的光到达地球则需要40年。

如果我们被要求想象一下光年这个距离到底有多远时，我们中的大多数人都会觉得头晕目眩，而光在一年之内要走过365×24×60×60×186000英里这么远，这种非同寻常的概念会使我们觉得它是某种极大的东西，我们往往一边说着："哦，天啊！"一边溜出去和猫咪们玩耍，或者去打电话。

但是火车对于我们大家来说是非常熟悉的东西，我们就用火车来举例子吧！

一列普通的客车如果昼夜不停地行驶，那么它至少要花将近9个月的时间才能到达月球。如果它以这个速度向太阳行驶，也要公元2232年才能抵达，如果这列客车想要开到海王星上去，那么它至少要花费8300年的时间。但是这种旅行跟要到达最近的恒星相比起来，也只是小巫见大巫，因为最近的恒星与地球之间的距离也需要7500万年的时间。至于到达北极星，那么这列火车至少要飞奔7亿年，7亿年是一段漫长的时光，如果人类的平均寿命是70年，那么在这列火车抵达目的地之前，至少有1000万代人出生而又死去。

我们现在所谈论的只是宇宙中我们能看得见的部分。从前，在伽利略时期的人们只能使用一些十分落后的仪器去观测宇宙，但是借助这些相对原始的工具，当时的人们也会有很多惊人的发现，他们使用的仪器的精密度跟我们现在使用的相差很远。即使这样，我们现在使用的望远镜仍然有许多不够完善的地方，如果我们不对这些仪器做彻底的改良，可能我们也不会取得更多的成绩。所以，我们现在所讨论的宇宙，其实只是宇宙中极其微小的一部分，这一部分我们使用肉眼或是借用简单的天文仪器很容易就能观测到，至于其他还没有观测到的部分，唉！我们就一点也不了解了，甚至我们都无法运用想象力来猜测。

在无数的恒星与行星之中，与我们的生存直接相关的两个天体，一个是太阳，一个是月亮。太阳每隔24小时把光和热提供给半个地球，月亮距离我们比太阳要近得多，它的引力能够影响海洋，引起潮汐。

相对来说，月亮距离我们非常近，虽然它的体积比太阳小得多（如果我们用直径约3英尺的球体代表太阳，那么地球就和青豆一样大，月球仅像缝针的针尖而已），然而，它对地球的影响，却比太阳强得多。

如果地球完全是由固体构成的，月球的引力就不会那么明显了。但实际上地球的表面3/4都是水，而且当月亮绕着地球运行时，这些水会一直追随着它，就像纸上的铁屑，当磁铁移过时会一直追随着磁铁一样。

夜以继日，一片数百英里宽的水总是追随着月光的踪迹。当这片海水进入了海湾、港口和河流入海口时，当水面急剧收缩的时候，就引发了潮汐现象。潮汐的高度不等，有时20英尺，有时30英尺，有时40英尺，因此，在这种情况下航行就变成一件非常困难的工作。如果太阳和月亮在地球的同一侧，那么对于地球的引力就要大得多，所谓的“春汛”就是这样产生的。世界上好多地方的“春汛”，就像洪水泛滥一样来得非常猛烈。

地球被大气层包围着，大气的主要成分是氮气和氧气，大气层的厚度大约是300英里，而且它随着地球一起转动，就像橘子皮随着橘肉转动一样。

天文高度测量仪 版画 17世纪

天文高度测量仪是专门用来测量星星之间距离的古代仪器，其原理是测量两颗星星与所用仪器的直线距离之间的角度。在天文学上，这个角度被叫作“天体角距离”。在古代，这个仪器被广泛应用于航海领域，也是数学、天文学、航海学工具的一项伟大发明。

大约一年以前，瑞士有一位教授乘坐特制的氢气球，升到从没有人到过的高度，最高达到距离地面约10英里的地方。这当然是一个伟大的创举，但剩下的290英里却仍在等待着人类去探索。

风的力量 油画 霍默·温斯洛 1876年

在波涛汹涌的海面上，三个男孩和一位渔夫正在用力将帆船的右舷下压，企图让它逆风转向。在蒸汽船出现之前，人们一直在使用帆船航行，风就是人们出海航行的决定性因素。它不仅对地区之间的交通有着重要的影响，还会间接影响一个地区的政治和经济。

空气、海洋与地表是一间实验室，可以制造出各种气候：风雨、冰雹以及干旱的季节。这些天气变化无时无刻不在影响着我们的幸福与快乐，我们应该在这里详细讨论一下。

形成气候的要素有三个：土壤的温度、流动的风以及空气的湿度。但不幸的是，这三个要素只会让气候跟随着它原本的方向发展，并不能使它按照人类的想法变化。“气候”一词，本意为“地球的坡度”。因为在很久以前，希腊人曾经注意到地球的表面越向两极“倾斜”，各地的温度与湿度也会随之变化。这样一来，气候的含义便成了某个区域内的气象，并不是地理学上所说的气候了。

我们现在提起一个国家的“气候”时，一般指的是这个国家在一年之内不同时间的天气状况，本书中提到的气候也就是这个意思。

首先，让我们先来讨论在人类文明中扮演着神秘角色的风。风对于人类的文化发展有着极大的影响，因为如果没有赤道地区海洋上的规律性季风，美洲大陆的发现就要等到轮船发明之后了；如果没有饱含露水的微风，加利福尼亚以及地中海沿岸的国家就不会这样繁荣，不会胜过自己东边和北边的邻居。除此以外，风还能把细沙和碎石卷起，形成神秘而无形的大砂纸，这种大砂纸用数百万年的时间可以把最结实的高山打磨成平地。

“风”这个词本意为“蜿蜒向前行进的气流”，所以风其实就是空气从一个地方流向另一个地方。但空气怎么会从这里流到那里呢？这是因为，一些空气比其他的空气温度高一点，因此也就轻一点，有尽力上升的倾向。暖空气上升以后，留下来的空隙就会形成真空，这一块真空就会被较重的冷空气占领。正如2000年前的希腊人所发现的：自然界不存在真空。而且空气就和流水或人类一样，也是真空的憎恨者。

我们当然都知道，要在任何一个房间中制造出热空气，最简单的方法就是生火。在行星群中，太阳是一个火炉，行星就是被烘暖的房间。地球上气温最高的地方，离火炉最近（赤道一带）；气温最低的地方，离火炉最远（南北极的附近）。

这架火炉经常会使空气产生极大的运动——一种循环的运动。热空气总是向着天花板上升，但上升之后，它离开热力的发源地越来越远，就开始慢慢冷却。在冷却的过程中使它原有的轻盈度慢慢降低，向着地面下降，一旦下降，它又会重新和火炉接触，重新变得轻盈起来，重新向上升。这样循环下去，直到火炉熄灭才会停止。至于房间里的墙壁，当炉火旺盛时它们吸收了很大的热量，但因为构成墙壁的材料各有不同，所以保持温度的时间也有长短之分。

这些墙壁可以比作我们所生活的土地，沙地和岩石的吸热比湿润的土壤快，同时散热也较容易。因此，沙漠地带在日落后不久就很寒冷，而森林区域在被黑暗笼罩之后数小时内仍然能保持温暖。

水是可靠的热量储藏场所，因此凡是海边或靠近大海的国家，总比位于内陆中心的国家能享受到更多的温暖。

炽热的太阳 摄影 当代

人类需要依靠太阳生存，这个大火球给我们带来光明，也给我们带来了热量。不仅如此，它表面还产生了无数的带电粒子，这些粒子流与大气相撞时就产生了极光。

夏季，我们这架火炉——太阳的燃烧时间和燃烧程度比冬季相对要长，炉火也更旺盛，因此夏季总比冬季热。但同时，太阳的行动也还受到其他因素的影响。如果你有过这样的经验，在寒风刺骨的冬天，把电炉放在浴室里面，使浴室稍微暖和一点，那么你就应该知道，热度的高低是随着电炉的位置的变化而不同的。太阳的热度，也是这样的。在热带地区阳光照射到地面上时，照射的角度更垂直一些，因此，如果100英里宽的阳光直射在100英里宽的非洲森林，或南美荒原之上，它的力量就能集中于一处，不容易分散到其他地方。但是如果在两极附近，原本覆盖100英里宽的阳光就要覆盖两倍宽的陆地或冰区（这个道理很难解释清楚，假如你有一幅地图，就容易明白了），热力也要减少一半。这种情形，就好像一只能使6间房子变暖的火炉，兼顾了12间房子以后，肯定不能像原本那样起到同样的作用。

同时，太阳还要让我们生活的空气保持适宜的温度，因此它的任务变得复杂起来，但这种任务它并不是直接去完成，而是通过地球这个媒介来完成。

阳光照射到地球上时要经过空气，但因为光的速度非常快，所以在通过大气的时候不会对原本温度的变化产生影响。阳光在射到地球上之后，地球先把热量储藏起来，然后慢慢地把一小部分反射到空气中。这个事实，正好说明了山顶非常寒冷的原因。因为地势越高，地球所吸收到的热量越不容易被察觉出来。假如（别人总是这样猜想的）太阳的热度直接传导给空气，再由空气传到地面上，那么情况就完全相反了，很多山峰就一定不会覆盖着白雪了。

现在，我们要讨论这个问题最难的部分了。空气并不是我们通常所说的“空气”，它有实体，有重量。因此较低层空气受到的压力比较高层空气受到的压力大得多。当你要压平一片叶子或一片花瓣，就要把它夹在书里，然后再用其他20本书压在上面，你知道这样做最底下那本书受到的压力是最大的。我们人类也正生活在大气压之下，这种

古代的气压计　18世纪末

17世纪中叶，托里切利将玻璃管插入一个装满水银的盆子中，完成了气压计的实验。这个实验证明了空气也是有重量的，真空是确实存在的，玻璃管上方的真空也因此被命名为“托里切利真空”。他的发明让人类拥有了便捷的实验工具，得到了更多的数据，从而推进了地理学的发展。

压力每平方英寸15磅，这就是说，我们是非常幸运的，如果我们的体内没有充满着和外面一样的空气，我们就要被外部的气压压扁了。但就算这样，3万磅（普通人所受到的压力）已经是个可观的数字了。如果你不信这句话，不妨去试着举起一辆载货的卡车看看。

但是大气层内空气的压力是经常变化的，我们现在借助托里切利的发明才能观测到这种现象。托里切利是伽利略的学生，在17世纪的时候发明了气压计。在当时，气压计非常注重装置，正是因为有了它，我们才能随时随地来测量气压。

托里切利发明的气压计被投放到市场上之后，很多科学家开始借助气压计做实验。他们观测到：当海拔高度每上升900英尺，气压计显示装置就会回落1英寸。之后的很多其他发现，对当时气象学的发展都有极大的贡献。气象学是对大气现象研究的科学，是一种可靠的预测天气变化的科学。

有些物理学家和地理学家开始在那里猜测，他们觉得如果不是气压与风向有一定的关系，就是风向与气压有一定的关系。不过，为了揭示气流运行的规律，首先要花费数百年的时间来收集数据，然后才能得出正确的结论。这项工作终于完成了，人们从此知道了世界上有些地方的大气压力比海平面要高，有些地方的大气压力比海平面要低，前者叫作高压地带，后者叫作低压地带。其实，我们还明确地知道当风从高压地带吹向低压地带时，风速和力量是由高低气压之间的差距来决定的。当高气压非常高而低气压非常低的时候，就会形成一场剧变——暴风、龙卷风，或者是飓风。

风不仅使我们居住的地球上的空气流通起来，而且对于雨的形成也有极大的影响，如果地球上没有雨，那么植物和动物的生命就无法延续下去。

雨其实是海洋、湖泊和雪域的水蒸发后，以水蒸气的形式浮在大气层中。由于热空气携带水蒸气的力量比冷空气大，当空气未变冷之前，水蒸气被空气带着丝毫没有困难。当空气冷却以后，一部分水蒸气便凝结起来，成为雨、冰雹或雪花，降落到地面上。

一个区域内的雨量，是由这个区域内的风来决定的，如果一条海岸线被山脉将它与大陆之间分隔开来（这种情况很普遍），那么这一块沿海地区一定是潮湿多雨的。因为在这种情况下，风只有上升到更高的空中（那边的气压很低），而风离开海平面越远温度就会越低，它会把携带的水蒸气以雨或雪的方式降落下来，当它到达高山的另一侧的时候，已经又变成一点水蒸气都没有携带的、干燥的风了。

热带风暴中的老虎 油画 亨利·卢梭 1891年

在这幅有些怪异但充满灵气的作品中，叶子在暴风雨中摇曳，突出暴风的力量，几乎遮盖了右上角的光线，连凶猛的老虎都惧怕这热带风暴的力量，压力和野性扑面而来。

热带地区的雨量充足而且十分有规律，这是因为地表的巨大热量使空气升到高空，热空气逐渐冷却，大部分水蒸气变成倾盆大雨重新落回到地面上。而且由于太阳并不是永远照射着赤道，它也是从北向南慢慢移动的，所以赤道上的绝大部分地区都有四季变化，但是一般有两个季节总是下着倾盆大雨，有两个季节的空气一直都是可怕的干燥。

但是地球上的一些地方气候非常糟糕，这是因为气流总是从较为寒冷的地方流向较为温暖的地方。当风从寒冷的地方吹向热带的时候，吸收的力量会变大，空气中携带的水蒸气就不会降落到地面上，正是这个原因导致地球上很多地方变成了沙漠。在沙漠地区很少下雨，甚至有些地方10年之内才会下一至两次雨。

关于风和雨的讨论，我们在这里暂时告一段落，一些更详细的内容，我们会在之后每个国家的章节中进行更详细的讨论。

现在我们来谈一谈地球本身，以及我们所生活的、由坚硬的岩石构成的那层薄壳。

关于地球的内部的性质一直在进行研究，目前有很多关于此项研究的理论，但是我

彩虹映山图　油画　卡斯帕·大卫·弗里德里希　1810年

在这幅德国画家卡斯帕的作品中，美丽的彩虹悬挂在空中，一位旅行者正沉浸在大自然的奇观之中。当时，哥白尼、伽利略等人的探险航行和科学发现已经过了几个世纪，关于自然界的新观念逐渐发展，人们向往着大自然的风光，而交通运输的便利也方便了旅行者的旅程。

们目前还处于混沌和模糊的状态。

我们还是说老实话吧。人类究竟能上升到多高的空间？又能够进到地球内部的什么深度呢？

如果把气球比作直径3英尺的一个球体，世界上最高的山（喜马拉雅山的珠穆朗玛峰）就像砂纸的纹理一样厚，海洋的最深处（在菲律宾群岛的东边）就像邮票的印痕一样大、一样低洼。而且，到现在为止，我们还从来没有到达过最深的海底，也没有登上珠穆朗玛峰。虽然我们乘坐氢气球和飞机，到达过比喜马拉雅山顶稍高一点的空中。瑞士皮卡尔教授最近一次飞行，虽然已经获得过很大的成功，但又有什么值得我们骄傲的呢？大气层仍然还有29/30的部分等待着我们去探索呢。至于大海，我们到过的深度还不到太平洋总深度的1/40，而且海底的最深处，比地球上最高峰的高度还要大得多。我们对此了解甚少，但是如果我们把各块大陆上的最高峰填在海洋的最深的部分，那么即使是把喜马拉雅山和阿空加瓜峰加在一起，距离海面还会有数千英尺的距离。

但是，根据近代学者的研究，这些神奇的事实不能说明地壳的起源和发展。我们也不需要像古代人一样研究火山以试图证明地球内部的实质，因为我们知道，火山并不是蕴藏在地球内部的物质的出口。可能这种比喻不是很恰当，如果把火山比作人皮肤上的脓肿，虽然它让人很不舒服，但这只是人体表面的疾病，绝不会深入到患者的身体内部。

据估算，地球上大概有320座活火山，除了这些已知的活火山之外，至少还有400座火山也在活火山的名单上，目前一些火山可能正处于休眠期，有的甚至已经被当作普通的山脉了。

很多活火山都在沿海地区。的确，相对来说海岛是地球外壳相对薄弱的地区，日本就是一个很好的例子（通过对日本地震的监控，日本的一些地方甚至每天有4次以上，每年高达1447次以上的轻微火山骚动）。另外，还有马丁尼克岛和喀拉喀托岛，也是近年来火山经常爆发的地方。

海洋与火山总是亲密的邻居，有些人把火山喷发的原因归结为海水渗入地球内部的结果。他们认为：由于海水的渗入，火山才像大锅炉一样爆裂开来，把熔岩与蒸汽喷出地表。但是自从我们在距离海岸数百英里的内陆地区也发现了几座活火山之后，上述理论就被彻底推翻了。在这种理论被提出200年后的今天，我们仍然不知道火山喷发的真正原因。

另外，地表是什么样子的呢？关于这一点，我们一直认为地球表面的岩石不会受到时间的影响而变化。但是近代科学家通过研究发现，地球及其上面的岩石都处于变化之中，随着风雨的侵蚀，大约每隔1000年就能把高山削低3英寸。如果这种侵蚀作用不被其他相对作用所抵消，那么很多山峰早就消失得无影无踪了，即使像喜马拉雅山这样的高山也会在1.16亿年之后被磨成一片大平原，幸好与这种侵蚀作用对抗的力量有很多。

如果你想要得到关于地球上的真实情况，可以拿上半打干净的手帕，分别折好放在桌子上，然后再用双手把它团起来，这样你就会得到一个奇形怪状的布团，上面分布

科多帕希火山　油画　弗里德里克·埃德温·丘奇　1862年

图为安第斯山的科多帕希火山，在暗红色的天空下，荒芜的岩石、孤独的湖产生了一种压抑的氛围，当这幅作品第一次被公开展出时，正值美国内战的早期，这个血红色的世界也成为美国社会的隐喻，例如火热的狂暴给观众带来了巨大的视觉冲击。

火山　布鲁丹

火山喷发是地壳的运动使地心的岩浆穿过地壳到达地面，伴随着水汽和地层岩石灰渣喷射出来。按活动的情况，火山分为活火山、死火山与休眠火山。维苏威火山就是位于意大利境内的一座古老的活火山，因在公元79年大爆发中一夜之间摧毁了庞贝城而被世人所知。

了高山、溪谷和褶皱，这个布团与地球的外壳十分相似。地壳只是这个巨大物体的一部分，这个巨大的物体在太空中不断运动，而且一直向外散发着热量，当热量散尽的时候，它就像物品冷却时要收缩一样，也在慢慢收缩，表面出现了奇怪的褶皱，就好像几块团起的手帕一样。

近代最合理的推测（但请记住，那不过是一种推测而已）告诉我们，地球自从独立存在以来，它的直径已经缩短了30英里。如果你以为缩短的只是一条直线，那自然没有什么了不起，可是你要记住，我们正讨论的是广大的地壳。地球的表面有1.9695亿平方英里，只要地球的直径骤然缩短了几码便会发生天大的灾难，足以把我们毁灭得尸骨无存了。

因为这样的缘故，大自然只是缓慢地完成她的奇迹，一举一动都保持着适当的平衡。如果它允许一片海洋干涸（美国的盐湖已在迅速地干涸，瑞士的康斯坦茨湖在10万年后也将消失），它便在世界的其他地方再创造一片新的海洋。如果它任凭一座高山变为平地（中欧的阿尔卑斯山再过6000万年将和美国的草原一样平），地球其他角落的地壳便会慢慢褶皱，逐渐形成一座新的山峰。至少，这是我们应该相信的事实，只是变迁的过程十分缓慢，这种缓慢的过程使我们很难进行具体的观察。

但是，在这些常规之中，也会有一些例外情况发生。大自然单枪匹马行动的时候的确是从容不迫的，但是如果受到了人类的援助或怂恿，它就会变成手忙脚乱的工作者。从人类逐渐开化到发明蒸汽机和炸药以来，地球表面已经发生了翻天覆地的变化，古代的人如果能来到现在世界看一看，恐怕已经认不出他们原来的牧场和田地了。我们对木材的需求极大，因此无节制地采伐山上的森林与灌木，使广大的区域变成原始的荒原。因为森林一被采伐殆尽，以往紧附在山岩上的沃土便荡然无存，土壤松动的山体更成为危害附近乡村的祸根。没有吸收水分的土地以及大树的根茎，雨水直接就汇成了激流与瀑布，向平原与山谷冲下来，摧毁一切拦在路上的部分。

很不幸的是，这些话并不是过激之言。在冰河时代四季尚未分明的时候，整个北欧

天然碳酸钠湖　摄影　当代

图中是从空中拍摄的天然碳酸钠湖，位于坦桑尼亚境内的东非大裂谷。东非大裂谷是人类文明最古老的发源地之一，是地壳在运动中发生大断裂形成的，因此在那里出现了很多独一无二的自然景观。

地区与北美地区全都被埋在冰雪的厚毯下面，冰雪还在山上挖出无数十分危险的沟槽。当然，这已经是很久以前的事情了，不用详细叙述。我们先看一看当年的罗马吧，罗马人本来是世界上一流的探险家（他们不是古代实事求是的民族吗），但是因为他们愚昧地把森林和灌木全部伐尽，于是不到五代人的时间，半岛上的气候便完全改变，意大利不再是温暖而且气候均匀分布的国家了。此外，像南美洲的各个山脉，原本在那边有肥沃的梯田，是无数代身材矮小而且勤劳的印第安人在经营，现在，西班牙人却任凭它们荒芜下去了。这些尽人皆知的事情，就不用再详细说明了。

要想让土著无法生存，或是变得俯首听命，最便捷的方法就是让他们挨饿——就像政府毁灭牛群时那样做，与想要让强悍的军人投降，成为衣衫褴褛的平民的方法一样，这就是最实际的策略。然而到头来，运用这些残酷又愚昧的手段总会让人自食其果。只要是熟悉土地情况的人们或养过牛的人们都会把这个道理告诉你。

总算还好，这个问题和其他非常重要的地理问题一样，已经被历代统治者所重视了。现在，政府知道人类的幸福需要依赖土地，不再容忍破坏土地的行为了。虽然我们无力控制地壳内部的变化，然而我们在一定范围内已经能解决一些小问题了，例如我们能控制一些地区内的降雨量，能使肥沃的土地不至于变成狂风怒吼的沙漠。我们每天都积累这种有用的知识，还在学着正确地利用它们，以便造福于全人类。

但是，很遗憾的是我们还没有力量去控制地球上的大部分地区——我们称为海洋的部分。在地球上，接近2/3的地方不适合人类居住，原因是这些地方都被海水所覆盖。海水的深浅各有不同，海岸一带只有2英尺深，菲律宾东边著名的深洞则有3.5万英尺深。

海水被分为三大区域，其中最大的大洋是太平洋，它的面积达到6850万平方英里。大西洋的面积为4100万平方英里，印度洋的面积为2900万平方英里。内海的总面积共200万平方英里，湖泊与河流的总面积共100万平方英里。除非我们能进化出鳃来，否则我们无法像数百万年前我们的祖先一样在海中生活。

这样看来，地球上面积过多的水域对于整个地球来说是种浪费，容易让我们觉得地球太湿了。在我们所有的陆地区域中，500万平方英里是沙漠，1900万平方英里是半荒凉状态的西伯利亚草原。此外还有几百万平方英里的土地，或是由于海拔太高（如喜马拉雅山与阿尔卑斯山），或是由于太寒冷（如南北两极），或是由于太潮湿（如南美洲的沼泽），或是由于森林太过密集（如非洲中部的森林），人们都不能在那里居住。这样一来，在我们所说的陆地中，又要减去5751万平方英里。当我们想到这种情况，我们就觉得应该更好地利用现有的这些土地资源。

原始森林 版画

原始森林是地球上最重要的生态系统之一，能够储存大量的热量，吸收二氧化碳，为我们提供所需的氧气、温度以及保持水土流失。但因为人类过度开发采伐，使原始森林的面积已经减少到原来的一半，栖息在其中的很多生物也随之灭绝了。

哥伦布

哥伦布是意大利著名航海家，他一生从事航海活动，发现和利用了大西洋上季风的变化，开辟了到达美洲大陆的新航线，同时也证明了地球是圆形的正确性，为世界作出了卓越的贡献。

可是，如果没有海洋做我们的热量储藏所，我们的生存就会成为问题。史前的地质遗迹明确地告诉我们，在很久以前曾经有一些时期，地球上的确是陆地面积大于水域面积，但那些时期都是非常寒冷的。我想，如果想永远维持现在这样的气候，那么水陆之间4:1确实是最理想的比例，而且只要这种比例不发生变动，全人类的生活就会更加舒服。

围绕整个地球的大洋（古人的推测没错，大洋的确围绕着地球）和坚硬的地壳一样，永远处于持续运动中。太阳和月亮运用自己的引力吸引着海水，使它升到很高的高度，白昼的热力让它其中的一部分化为水汽，两极的寒冷又让它披上了厚厚的冰层。但从实际观察的结果看，在海洋所受到的各种影响中，风或气流占的地位最重要，因为风是直接与人类的幸福产生联系的。

当你向着水盆用力吹气的时候，就会使盆里的水往你相反的方向流去。风向着洋面不断地吹了许多年，也会使海洋上产生出洋流，往风的相反方向流去。不同方向的风从各方向吹来，不同的洋流就会互相抵消。但如果风的方向永远不变（赤道两边的风，就是其中一个很好的例子），洋流就能真实存在了。洋流在人类历史上起到过非常重要的作用，它使某些地区变得适合人类居住，如果没有洋流的运动，那么地球上的很多地区就像格陵兰的冰冻区域一样非常寒冷，人类不适合在这种严寒地区生活。

现在的洋流图能把洋流的准确地点指示给你，太平洋中有很多洋流，其中最重要的一条就是由东北信风引起的日本洋流，也被叫作蓝盐流。这股洋流和大西洋湾流一样重要，它在日本完成任务之后，就会穿越北太平洋到达阿拉斯加，使阿拉斯加达到适合人类居住的温度，然后它又折返向南方，给加利福尼亚地区带去温暖。

但是提到洋流的时候，我们最先想到的是湾流，它是一条50英里宽、2000英尺深的神秘水流。很多个世纪以来，它给欧洲北部地区从墨西哥湾带来热量，并且使英国、爱尔兰以及很多北海国家的土地丰厚肥沃。

湾流的历程很神奇，它从北大西洋涡流出发。北大西洋涡流非常著名，它看起来像流动猛烈的巨大漩涡，在大西洋中部往复循环，更神奇的是在这个漩涡中间，还有半静止的水潭，无数的小鱼和各种水草生活在其中。这个水潭也被叫作马尾藻海，这片水域在早期的航海史上非常著名，如果季风（从热带北部地区吹来的东风）把船只吹到马尾藻海中，船只就会被无数坚韧的海草缠绕，船上的人会逐渐饿死、渴死，这时人类就只能束手待毙了，而留下的幽灵般的破船永远在这片海域中上下颠簸着，仿佛在警告这些故意激怒上帝的人们，在当时，很多出海远航的水手们对这种说法都深信不疑。

直到哥伦布安全地行驶过了这个半静止的水潭，大家才知道，所谓坚韧的海草蔓延数十英里的故事，实在是非常夸张。不过，即使在现代，很多人还总是觉得马尾藻海这个名字很神秘，一方面这个名字有些老旧，另一方面这个名字还含有但丁在《神曲》中所描写的地狱风味。实际上，它只是像美国中央公园里的小池塘一样，并没有什么让人震惊的力量。

我们再回到对湾流的讨论上来。北大西洋涡流中的一部分，终于找到了出口，流入加勒比海，和一支沿非洲海岸西行的洋流汇合。因为两条洋流会合在一起，加勒比海已经被全部充满，无法再容纳更多的水了，于是它就像杯子里溢出来的水一样，流到墨西哥湾里去了。

墨西哥湾也不能完全容纳这些外来的水，只能利用佛罗里达半岛与古巴之间的海峡作为瓶颈，喷出一道宽广的热水（约26℃），这股热水就叫作湾流。湾流离开瓶颈后，以每小时5英里的速度行进，因此很多老式的帆船都要回避它，宁肯多绕一点路，也不敢逆着它的方向行驶，害怕被它猛烈的力量挡住。

湾流出了墨西哥湾，沿着美洲的海岸向北行进，直到它被东边的海岸弯阻挡，开始向东，它也跟着转向，开始横渡北大西洋。它刚流出纽芬兰的大海岸，便遇到了它的亲戚——拉布拉多洋流。拉布拉多洋流刚从格陵兰的寒冷的区域来，和湾流恰巧相反——湾流温暖舒适，它却严寒凛冽。这两条有力的洋流结合之后，产生恐怖的浓雾，使这一带的大西洋蒙上骇人的名声。同时，这两条洋流的结合还产生了无数冰山，在过去50年的航海历史上渲染着黯淡的色彩。因为这批冰山被夏日的阳光从格陵兰（99%的地方都覆盖着冰川的大岛屿）上整块地切割下来，缓缓地向南飘行，直到被湾流与拉布拉多洋流汇合后所产生的漩涡抓住，才停止下来。

这些冰山就在这块水域中胡乱地旋转着，慢慢溶解。但在溶解的过程中，它们变得更加危险，因为只有冰山的一角露在水面上，其大部分都在水面以下，冰山有很多锋利的边角，能像快刀一样切割船只。即使是在现代，这片区域对于轮船来说仍然是一块禁地，只有美国的巡洋舰（一种特殊的浮冰船，所花费用由其他各国支付）经常在那边监视。这些巡洋舰一边把较小的冰山炸开，一边警告来往的船只要躲开大冰山。但是渔船却十分喜欢这股寒流，因为生活在北冰洋中的鱼类不喜欢待在湾流温暖的海水中，它们想要重返北极，或者想游过温暖的湾流，这时渔民正好可以把它们一网打尽。这些渔民的祖先早就发现了美洲，法国曾经占领了美洲的大部分领土，但是现在却只剩下加拿大海岸外的圣波尔岛与圣马奎龙岛了。这两个小岛不仅是法兰西帝国最后的遗迹，同时还默默地证明了诺曼底渔民们的冒险精神。据说这些诺曼底渔民比哥伦布早登上这块海岸至少150年。

而湾流，它离开了冷墙（由湾流与拉布拉多洋流的温差形成），只有一直奔向北方，从容横渡大西洋，流遍西欧各海岸。它经过西班牙、葡萄牙、法兰西、英格兰、爱

被冰川困住的船 版画

为了开辟西北新航道，英国派出了探险队，但很多船只被困于冰河中。图中为英国的“调查者号”出海寻找失踪的探险队却被浮冰困住的情形，直到1854年，这艘船才被奥斯丁探险队发现，但因时隔太久只能放弃了。

尔兰、荷兰、比利时、丹麦及斯堪的纳维亚半岛，让这些地方享受着更加温暖的气候。这股奇怪的洋流完成了它的使命后，又带着比全世界河水的总量还要多的水，回到北冰洋里去。这样一来，北冰洋就因为水量太大充满了压力，不得不把自己的格陵兰洋流驱逐出境。这样，产生的格陵兰洋流就是我们刚才说过的拉布拉多洋流了。

这个故事太动人了，以致于我不由自主地让它在这一章节里占据了这么多篇幅，客观说来，我是不应该这样做的。

这章只能算作一幅布景——一幅气象学、海洋学及天文学的布景，在这幅布景前面，剧中的角色马上就会出来表演了。

现在我们暂且把幕布合起来一下。

当幕布再次打开时，舞台上已准备好要上演第二幕了。

第二幕表现了人类怎样穿山越岭、漂洋过海、横渡沙漠的情形。你知道，假如我们不能征服高山、海洋与沙漠，我们便不能把这个世界当作真正的故乡。

幕布再次打开了。

第二幕：地图与航海术。

太阳系八大行星

太阳系八大行星是指围绕太阳运转的八大天体，按离太阳的距离排列，由近到远分别为水星、金星、地球、火星、木星、土星、天王星、海王星。

远

海王星	环绕太阳运行的第八颗行星，有太阳系最强的风。
天王星	由岩石和各种各样的冰组成，磁场非常奇特。
土 星	最疏松的一颗行星，向宇宙发出的能量比获得的更多。
木 星	最大的一颗行星，也是最扁平的，有最明亮的光环。
火 星	有各种有趣的地形，外表是鲜艳的红色。
地 球	距离太阳第三远的行星，也是我们生活的世界。
金 星	离地球最近的行星，在夜晚的亮度仅次于月球。
水 星	太阳系中最小最轻的行星，也是运动最快的行星。

近

太阳

第四章

地图

关于一个大课题的简单介绍，以及对人们如何在地球上找到它们的路途的观察。

地图，对于我们来说已经习以为常了，我们很难想象没有地图时的情景。而从前的人们，很难想象只凭借一张地图就走遍天下的观念，那时候的人们觉得这是不可能实现的。这种情况，就好像是我们不相信运用数学公式可以环游空间一样。

古代的巴比伦人是杰出的几何学家，他们测量过巴比伦的全境（测量时期为公元前3800年，也就是摩西诞生前2400年），给我们留下了好几块泥板，上面刻着巴比伦全境的简图。但实际上，这些泥板和我们现在所说的地图，相差得还很远。此后埃及人为了要搜刮劳苦大众的钱财，也曾经把他们的疆土测量过一次，此次的测量，虽然表现出了埃及人善于用数学知识来从事艰难的工作，然而就历来从考古得到的地图来说，依旧没有一张能够算得上是现代意义的地图。

希腊人是古代人中有着最多好奇心、最爱提问的民族，他们写过许多地理方面的文章，但我们却完全不知道他们是否绘制过地图。在当时商业繁荣的城市里面，可能到处都有铜牌，上面雕刻着最便捷的路线，以方便来往于地中海东部各地的商人，但这些铜牌从来没有被发现过，我们无法知道它们究竟是什么样子。亚历山大拥有空前绝后的领地，同时还雇用了很多向导（这种向导总是走在军队前面，测量行程的正确里数，为了让健壮的马其顿人到印度去搜寻黄金），他们应该掌握了一些地理的观念和很多正式的、我们也能看懂的地图，但非常不幸，这些地图连一片一角也没有遗存下来。

罗马人为了掠夺财富（在欧洲殖民事业还没有开始以前，他们是世界上组织最完整、分工最细致的强盗）游走各地，在他们到达的地方安营扎寨、修建驿道，到处征收赋税、杀人放火，很多地方都留有他们的庙宇和游泳池的遗址，但是这样一个统治着世界的帝国，也没有留下一张现代意义上的地图，虽然他们的作家和演说家经常提到他们拥有可靠和精确的地图。但是，唯一出现在我们面前、仅存的一张罗马地图（此外，还有一张公元2世纪时又小又破的罗马疆域图，我们不计算在里面了），却显得十分幼稚、粗糙，我们除了把它当作古董之外，在现代人看来是没有任何价值的。

奥古斯堡有个信仰基督教的人，名叫康纳德·葡丁哥，他第一个利用了斯特拉斯堡的古登堡发明的印刷术，把这张地图传播开来，因此许多历史学家都称它为葡丁哥地图。不幸的是，葡丁哥未能依照原图翻印，他所用来做蓝本的是13世纪时临摹公元3世纪原稿的副本。在近1000年中，原稿上许多重要的细节都被老鼠咬掉了。

即使这样，地图的整个轮廓肯定还是和原稿相同的。如果那已经是罗马人的精心之作，那么可见他们的地理知识根本不算高明。我现在放一张在这里，让你自己去判断，如果你耐心地把它仔细观察，你就会知道罗马地理学家的地理观念是什么，同时你也会知道，自从这像面条形的世界成为一位罗马将军向英国或黑海行进以来的游记文字的最后阐述以来，我们在关于地图知识方面已经取得了多么大的进步。

至于中世纪的地图，我们就随笔带过，不需要特地加以说明。教会痛心疾首于“无谓的科学研究”，他们觉得上天之路，比莱茵河与多瑙河之间的最短距离还要重要。所

港口贸易

在古代，对于横穿中东到印度南部或者阿拉伯的旅行者来说，印度西部的港口贸易是非常熟悉的。图为旅行者在印度西部的一个港口货币兑换处兑换货币。

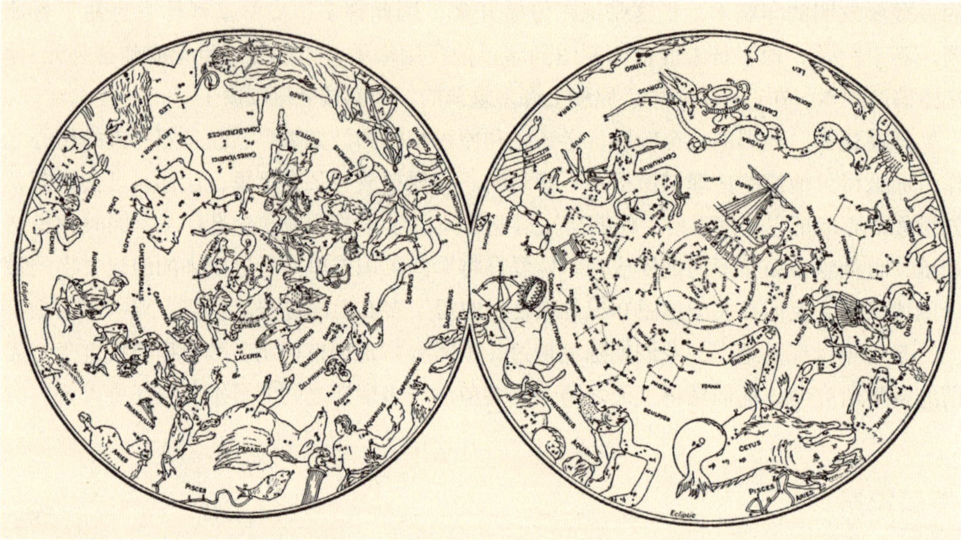

星座

夜幕降临，当我们抬头望向天空时，总能看到闪闪的繁星悬挂其中。古人把可以看到的宇宙中的恒星，按照相互之间的距离分成多个区域，每个区域就是一个星座。现在我们所使用的星座，是1928年国际天文学会公布的88个星座分区方案；而我们通常所说的十二星座，特指星体落入黄道的位置。

有地图也全都是可笑又滑稽的图画，上面涂满了无头的魔鬼（可怜的爱斯基摩人被画得全身裹满了兽皮，连头都看不到，因此就产生了这个离奇的绰号）、人鱼、海妖、喷水的鲸鱼、喷气的独角兽、半马半雕的怪物、半狮半鹰的怪物以及恐怖得无法想象的另一个世界的人类。在这些地图上面，印度与西班牙是地球的边缘（人类是无法走出这个边缘的），苏格兰是孤立的海岛，通天塔比整个巴黎还要大10倍。

和这些中世纪的航海图比较起来，波利尼西亚人（他们的地图虽然看起来就像是小孩子做的，可是用起来非常方便，观察得也很正确）的编织地图才能算是航海家的精巧杰作。阿拉伯人和中国人绘制的地图也还不错，但因为当时他们是异教徒，也就没有人提起过了。到15世纪时，地图的绘制才真正得到了改良，这时航海逐渐发展成为了一种科学。

当土耳其人占领了欧亚间的桥梁以后，从此中断了与东方各国的陆地贸易，人们迫切地希望能够沿着海道直接前往印度。从前航行的范围总是以看得见近处陆地教堂的塔尖，或听得到沿海的狗叫声作标准，但现在，这种惯用的老方法却不再适用了。人们不得不到大海里去寻找新的航线，接连几个星期只能看见大海和蓝天，其他一切都看不到，正因为这样，当时的航海术就开始加速发展。

埃及人曾经冒险到过克利特岛，但更远的地方就没有去过了，而且克利特岛的发现只是偶然在海洋中迷失方向后的结果，并不是有计划航行的结果。腓尼基人和希腊人是彻彻底底的“寺塔航海者”。他们虽然偶尔也有惊人的成绩，最远到达了刚果河与锡利群岛，但是他们只能沿着海岸行驶，一到夜晚，便把船只拖到岸上来，以免被大风吹到辽阔的大海中。至于中世纪的商人呢，他们来往的范围仅限于北海、地中海和波罗的海，而且每隔几天，总要行驶回来看一看陆地上的山顶。

他们如果在大海中迷路了，只有去寻找距离最近的陆地这个方法。因此在他们航行的时候，总要带上好几只鸽子。他们知道，鸽子会挑选最便捷的路径，向着陆地飞去。当他们没有办法的时候，就放一只鸽子，凝视着它飞行的方向，然后依照它的方向行驶，直到看见了山峰，驶进了港口，查明了这是什么地方，以便继续向前行驶。

中世纪，即使是普通人对于星座的认识也要比我们多。其实他是不得已而为之，因为在那个时候，他们并不像我们这样有年鉴或是日历等印刷品来获得需要的信息。聪明的船长们观察着天象，依照着北极星和其他星座辨别方向、寻找航路。但在浓雾弥漫的北方，观察星座有时候也变得无能为力了。如果不是13世纪时一种外来的发明传进欧洲，这种只凭上帝与猜测（大多数时候凭猜测）的航海事业，实在很痛苦，牺牲也很大。但是关于指南针的来源和历史仍然是一个谜团，下面所讲的只不过是道听途说，不能作为可靠的依据。

13世纪的上半期，一个名叫成吉思汗、身材矮小的蒙古人统治着前所未有的大帝国（领土从黄海到波罗的海，直到1480年还统治着俄罗斯的一部分）。他在穿越中亚大沙漠进入欧洲沃野时，曾经把指南针一类的东西带在身边。至于地中海的商人们在什么时候见到这个传教士所说的“魔鬼的符咒”，借助它让自己的船只驶向世界的任何一个地方，那就很难说了。

像这类重要发明的来历，仿佛都很模糊。据说，有个波斯人曾经在一个刚从印度回来的人手里买到一只指南针，此后另外一个人在雅法（以色列港口城市）或法马古斯塔（塞浦路斯港口城市）又从波斯人手中买来，把它带回欧洲。这个消息不久就传遍了海边的酒馆，大家听说这个有趣的小物件是撒旦的魔术，无论你走到哪里它总会告诉你北方的位置，于是都想看看它。当然，他们是不相信会有这种东西的，不过他们最终也托了自己的朋友，请他下次从东方回来时买一只，甚至还预先付了钱给他。六个月过后，他们居然也有一只小指南针了。撒旦的魔术名不虚传！从此每人都想买一个指南针。大大马士革和士麦拿的商人为了贩卖这种东西，都要忙不过来了。威尼斯和热那亚的工人则开始自己制造，以备自己使用。这样一来，我们就听到欧洲的各个地方在短时间内都有了指南针。数年之内，这盖着玻璃片的小物件已经变得司空见惯了，大家都觉得没有必要出版一本专著来论述这个物品的原理。

指南针的来历虽然仍然扑朔迷离，但是如果说到它的本身，那么，自从第一批威尼斯人借由它的指引由泻湖驶到尼罗河的三角洲以来，我们对于磁针的知识相比以往丰富得多了。例如，我们已经发现磁针并不是无论在什么地方都准确地对着北方，世界上除了极少数几个地区外，在其他地方磁针总稍稍向东，或稍稍向西偏移——这种偏差被专

威尼斯泻湖风光　油画　弗朗西斯科·圭纳迪　约18世纪70年代

在这幅图中，威尼斯泻湖与标志性的玛尔哥哈塔一同出现，水面上闪耀的光斑、天空中的微光、明显的塔楼使画面显得明快，没有太多多余的东西，却富有诗意，宁静的美丽使人愉悦。就是在第一批威尼斯人用指南针由泻湖到达尼罗河的三角洲以后，我们对于磁针的了解更多了。

家称作“指南针偏差”。偏差的原因是由于磁针南北极与地球南北极不能恰巧符合，相距尚有数百英里的缘故。磁针的北极指着布剔亚·费利克斯岛（该岛在加拿大以北，为詹姆士·罗斯于1831年发现），南极在南纬73度与东经156度的交点上。

因此船长航行时若只有指南针，仍然不够用。他应该把地图带在身边，然后才能知道各地的罗盘针的偏差。不过，这已经纳入航海学的范围，而这本小册子并不是航海指南。航海学是一门极艰难、复杂的学问，绝非三言两语所能叙述。现在，你只要记住：指南针在13世纪至14世纪传到欧洲，而且有着极大的贡献，从此航海成为一门科学，就

罗盘的构造　版画　17世纪

罗盘是用指南针定位原理来测量方位的工具，相传早在11~12世纪之交，北宋海船就使用了罗盘，这也是世界航海史上使用罗盘的首次记录。之后，罗盘经由通商传到了欧洲地区，被航海家和探险家广泛使用。古代欧洲通常使用的是32分罗盘，通过地球磁场的作用，盘中的指针也会相应地转动方向。

足够了。

不过，那还只是个开端。

现在，船长自然非常清楚地知道他的船航行的方向是北东、北北东、东北北、东北、东北东或是任何一个方向，只要不出罗盘针上32个方位的范围。但中世纪时期的船长却没有这么方便，如果他想要知道自己在海洋的哪个位置，只能借助两种工具。

第一种是测铅线。测铅线的历史差不多跟船只一样久远。它测得出某一部分海洋的深浅。船长如果有了一张图，上面写清楚海洋各部分的深度时，那么，他只要把当地的深度用测铅线测出来，就可以知道他所在的位置是海洋的哪一部分。

第二种是测程器。测程器最初是一段木头，水手们先把它从船首投入海里，然后再注意它经过多少时间，才能流到船尾。船身从头到尾的全长当然是预先量好的。这样一来，他们就能计算出船经过某段距离所需要的时间，以及每小时大约能航行多少英里。

沙漏

在钟表没有发明前，人们使用沙漏来计算时间。在沙漏的两个玻璃球之间，有一个狭窄的通道，在装入沙子后，按照沙子从一个玻璃球流向另一个玻璃球所需的全部时间为一个计量单位，古时通常以一小时为单位。由于沙漏做工小巧，方便携带，所以被广泛应用。

渐渐地，测程器又变为测程线。测程线是一条又长又坚韧的细索，三角形的木头系在索端。先在细索上打若干个“结”，结与结的距离都相等。第一个水手把它投入海里时，第二个水手便开始倒转沙漏做“流沙”的工作。等沙漏里的沙完全从甲端流到了乙端（流沙所需的时间，当然预先知道，两分钟或三分钟），第一个水手就立刻把细索拖起，计算它在流沙的时间内一共走出了多少结。这样，他只需要简单的计算，就可以知道船的航行速度，要是用水手们的专业术语说，就是船究竟航行了“多少结数”。

可是在航行中依然有困难还没有解决。船长就算是知道轮船航行的速度和方向，洋流、潮汐与海风仍然会影响他的精密计算。因此，就算是在指南针传入欧洲很长时间之后，航海也仍然是最危险的工作之一。一般研究学术的人们都觉得，如果要把危险性降低，就需要寻找其他目标，以备代替老式的教堂塔尖。

我说这话并不是开玩笑。在古代，教堂的塔尖、狗叫声、高岗上的树顶、堤岸上的风车，对于航海者都有极大的功用，因为它们是“固定的目标”，是在任何情形下都不会移动的东西。水手有了这些目标，就可以作出种种推测。他要是回忆起了上次也在那边行过时，便会这样说：“我还要稍稍向东一点，”或是说“我还要向西一点、向南一点，或向北一点，然后才能到达我的目的地。”那时候，许多数学家（他们是真正了不起的人物，他们借由有限的知识，与简陋的仪器，竟能在数学方面完成如此大的工作）对于关键的位置，知道得都很清楚。他们想在自然界里寻找出一个固定的目标，来代替人为的目标。

大约在哥伦布（我之所以提起他的名字，是因为1492年是所有人都知道的年份）出生以前两个世纪时，他们就开始从事研究。直到现代，无线电报时信号、海底报时信号以及驾驶机械等虽然已经相继被发明出来，强有力的“铁将军”（指机械操舵齿轮）虽然已经夺去了衰老舵工的饭碗，可是他们的研究并没有因此结束。

例如，一个圆球上面有座高塔，塔尖插着一面旗，你如果站在高塔的脚下时，便会发现那面旗刚好在你的头上，而且只要你永远站在高塔的脚下，那面旗就永远会在你的头上。可是，如果你离开了高塔，再想看到它时，你就要把头抬起来形成一个角度，这个角度的大小，都根据你与高塔间的距离而定。你只需要仔细看左面的图，就可以知道。

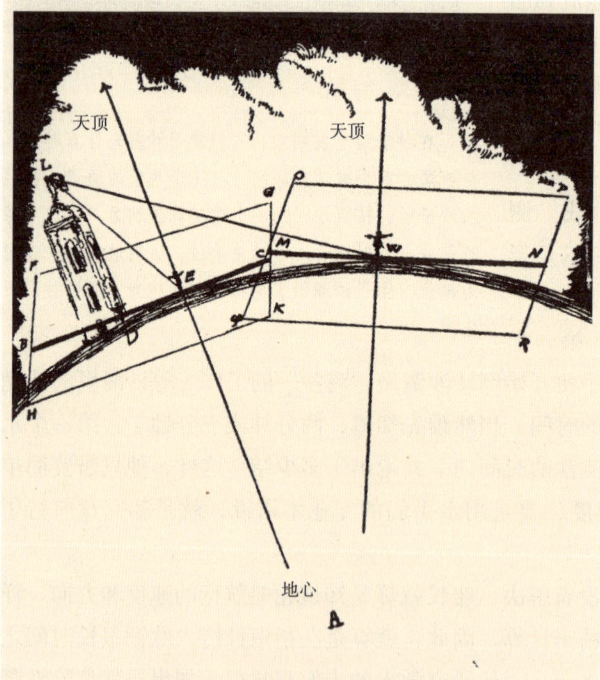

房龙手绘高塔角度图

这个固定目标一经发现，很多事情就变得很简单了，因为它也只不过是角度方面的问题。古代的希腊人早就知道量角的方法，对于以边与角做研究对象的三角学，他们也早就打下了良好的基础。

提到角度问题，我们就遇到了本章最深奥的部分，是的，我可以说这部分甚至是整本书中最难理解的部分——现代人所说的纬度与经度的计算问题。纬度的正确求法，比经度要早几百年。实际上经度（在我们知道了它的求法后）比纬度的计算简单得多，只是因为古代人没有计时器，所以就觉得是无法解决的困难。至

第一艘轮船下水

1807年，富尔敦制造了克莱蒙特号，并在32小时内溯哈得孙河而上，行驶了150英里，而这种轮船蒸汽机轮的发明也使得海运的载重量以及轮船速度大幅度提高，航海技术也随之进步。图为富尔敦的第一艘轮船下水。

于纬度，它只需要细致的观察和精密的计算，所以很早就被古代人发现。空话太多了，我会尽力把问题的本身说得简单一些。

你将会遇到不少平面与角度。当你站在D点上时，就会发现自己站在高塔底下，就好像你在正午时候站在赤道上时，会发现自己站在太阳底下一样。如果你从D点移到E点，情形就比较复杂。你所站的地球是球体，但为了要计算角度，你所需的却是平面。于是，你就要设想画一条直线，从地球的中心A点起，穿过你的身体，一直画到你头顶的中心点，即天顶那边。天顶是天文学里的术语，它位于观察者头顶的正上方天空中的最高点，跟笔直地位于观察者的脚底下的天底（处于观察者正下方的天空的最低点），恰巧相反。

这个问题很复杂，我要好好解释一下，你才能真正明白。你用一根毛衣针穿过苹果的中心，假设自己坐在或站在苹果的一面，背部紧靠着毛衣针。毛衣针的尖端是天顶，末端是天底。然后，你再想象一个平面，与你紧靠着的毛衣针成一直角。当站在E点上时，FGKH便是你所需的平面，BC便是你站在那边观察的平面上的直线。为了方便，并使问题容易一些，你先假设你的眼睛生在脚趾处，刚巧在你两脚所站着的BC线上。然后，你再去看塔尖的旗竿顶，测量旗竿顶（L）和你的立足点（E）以及BC线的末端所成的角度。BC线是FGKH平面的一部分，FGKH平面与天顶线A成直角，天顶线A连接地球的中心，笔直地在你（观察者）头顶上的天顶点。只要你曾经学过几何知识，那么，你把那个角度量出之后，就会知道自己与高塔间的距离。你如果从E点移到了W点，再去观察的时候，W便成为你在MN线的立足点，MN线是OPRQ平面的一部，OPRQ平面与另一条天顶线成直角，这条天顶线连络地球的中心A与新天顶（1），（如果你移动一个角度，天顶自然也相应移动同样的角度）。此时，你只要把LWM角量了出来，你就知道自己与高塔间的新距离了。

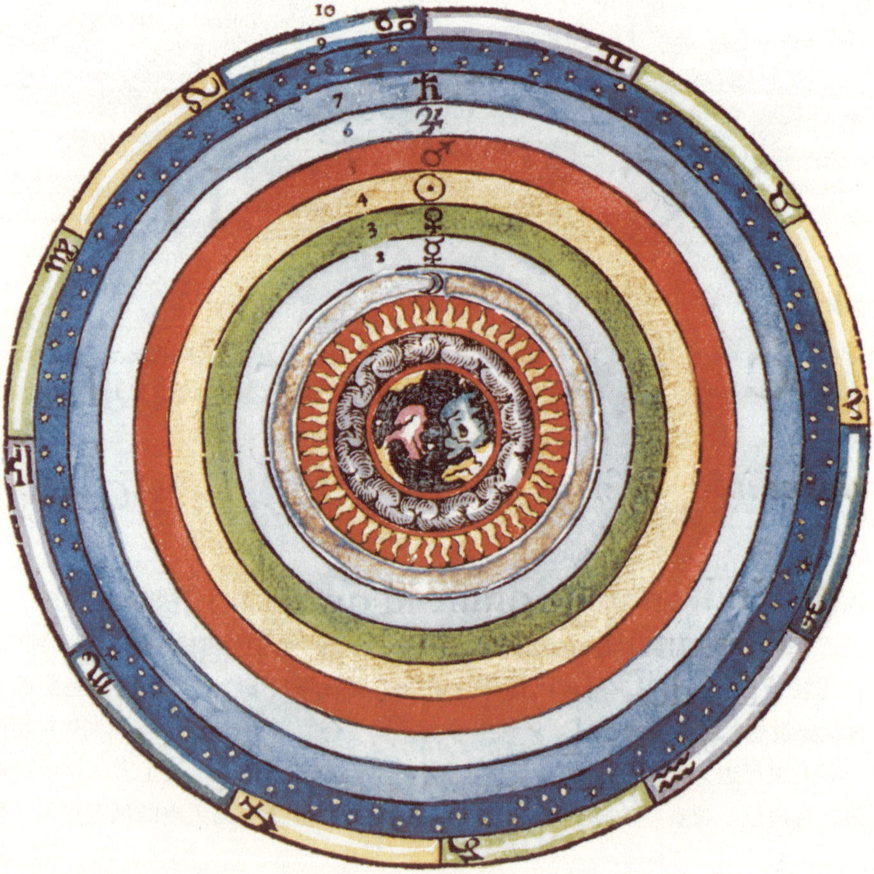

托勒密的天体构造 版画 17世纪

托勒密是古希腊的天文学家、地理学家和光学家，后世天文学的发展与研究都是以他的著作为基础的，其中《天文学大成》和《地理学指南》最著名。在依据他的理论绘制出的结构图中，我们可以看到12星座的由来。

你看，就是这样简单的叙述，也已经非常繁复，我之所以把航海学的基本原理略作介绍就是因为这个缘故。如果你有志做个航海专家，就需要进专门学校，花费数年时间研究必要的计算方法，而且，你还要到船上去实习二三十年，把机械、表格，及地图这些工具使用熟练。在这之后，你的领导才会请你做船长，并相信你有能力在大海上可靠地驾驶船只。如果你没有这种志愿，你就永远不会去研究这些学问，所以，这一章讲述的只是一些普通概念，非常简单，还请读者谅解。

正因为航海术纯粹是角度计算问题，所以当三角学没有被欧洲人重新发现的时候，一切进步都是无稽之谈。1000年以前，希腊人虽然已经打下了这种学问的基础，但是从托勒密（埃及亚历山大港的著名地理学家）逝世之后，它就无人过问，甚至被视为多余的点缀物，有小聪明的人才会懂这种学问，懂这种学问的人常会遭遇危险。可是印度人、西班牙人以及北非的阿拉伯人，却并不这样认为，他们把希腊人传下来的学问进行了仔细地研究。不过，在接下来的三个世纪中，欧洲人也花费了大量的时间细心地作了研究。他们虽然也能够应用角度与三角进行计算，却依然有问题尚未解决——如何去寻找空中的固定目标，来代替教堂的高塔。

最可靠的目标是北极星。北极星离我们非常远，它仿佛总是静止不动，它的位置很容易找到，因此，即使是一个不会讲话的渔夫，在大海里迷失了方向时，也只需要从最右方的大熊星座那边画出一条直线，随着这条直线看过去，就能把它找出来，丝毫都不会有差错。此外，太阳当然也是很好的目标物，可惜它的运行路径在当时还没有被精确地测出，所以只有聪明的航海者才能得到它的帮助。

人们如果一直相信地球是扁平的一片，一切计算就一直不能与实际情形吻合。到16世纪时，这些不合理的方法总算告一段落，“平面”的说法屈服于“球体”的说法之下，研究地理的人也从此得见天日了。

他们所做的第一件事，就是把地球平分为两个部分，地球的横剖面与连接南北极的直线成直角，平分线叫赤道，赤道各点距南北两极均相等。第二，他们在两极与赤道之间划分出90个相等的距离，画出90条平行线（这些线肯定是圆圈，因为地球是球体），各平行线之间相距69英里，90倍的69英里是赤道与南极或北极间的距离。

至于赤道与两极间的许多圆圈，地理学家都给它们标上了数字。赤道是0℃，两极均为90°。平行线叫作纬线（纬线图会把纬线的形状展示给你）。“°”这个符号常用来代替度字，因为相对度字要简便得多，在数学上使用很方便。

以上这些，似乎意味着一次惊人的进步。虽然如此，航海依旧是件危险的事。十几代数学家和水手费尽了毕生精力，搜集一切关于太阳的资料，考查它在任何一天、任何一地的位置，让普通的航海者能够处理纬度问题。

这个问题终于解决了。随后，只要是能读能写的聪明水手，就能计算自己距北极有多远，距赤道有多远，要用专门的术语说，就是在北纬（赤道以北的纬线）多少度，或南纬多少度。如果他到达了赤道以南，事情就又变得复杂了，因为南半球看不到北极

地球仪

图中是古代的地球仪。地球仪是为了方便人们认识地球、按照一定比例缩小后的地球模型。通过地球仪，人们可以认识到经线和纬线的分布，可以了解地球上海陆的划分，以及各国的大概情况，是学习地理非常好的工具。

星，北极星对于他来说已经毫无用处。不过，这个问题后来也被科学所解决。到16世纪末期，纬度问题对于航海者来说已经不再是困难了。

可是，经度这个难题却依然存在着（你只要知道经度是垂直的，就能很好地跟纬线区分了）。这个难题共花费了200年的时间，才得到圆满的解决。很早以前，数学家划分不同的纬线时，有两个固定的目标——北极与南极——作为他们的依据。因此，他们可以说："这里有我的教堂高塔——北极（或南极），它是不会变动的。"

可是，地球上却并没有东极与西极，因为地轴根本就不会用这种方式转动。人们也画出了许多经过两极且环绕地球的经线（实际上是圆圈），但究竟哪一条算作把地球平分为两半的子午线，让水手们说声"噢，我是在子午线以东或以西的数百英里"呢？各国都想把零度的经线穿过自己的首都。即使是在现代，人类虽然有些大度了，然而德、法、美三国的地图，还仍以柏林、巴黎及华盛顿作为标准经线的所在地。直到最后，大家因为英国在17世纪时（经线问题刚好圆满解决）对于航海学作出了最大的贡献，而且各国的航海事业又都受皇家天文台（1675年建于伦敦附近的格林威治）的指示，所以格林威治的子午线，就被公认为平分东西两半球的标准子午线了。

从经度划分以后，航海者当然是受益匪浅。不过还是存在一个困难的问题。他们一旦泛舟于大海之上，怎么才能知道自己在格林威治以东或以西的多少英里呢？英政府为了一劳永逸，就在1713年专门组织了一个“海洋经线发展委员会”，切实研究这个问题，并且为了获得最好的“决定海上经线”的方法，准备了庞大数额的奖金。当时（200多年前）奖金的数目为10万美元，许多学者都尽力从事研究。等到19世纪初期这个机构取消时，用来奖励发明者的费用就已经超过了50万美元。

这些发明者的很多工作都已经被忘记了，他们的成绩，基本上已经成为了往事，但其中两种发明，却有着永久性的价值，说起来，这也是慷慨悬赏后的结果。

第一种是六分仪。六分仪是非常复杂的机械（航海观象台的雏形，可以随身携带），水手们用它测量角度的距离。原本在中世纪时有简陋的观象仪、量高器及四分仪，六分仪是从它们中蜕化而来的。当六分仪刚问世时，三个人都说自己是最初的发明者，争得非常厉害，这种情形，在全世界同时追求同一事物的时候是常常会发生的。

但六分仪在航海界中所激起的波浪，并没有计时器来得巨大。4年以后，即1735年，当忠实可靠的计时器面世时，普通的航海者趋之若鹜。计时器是被称作钟表天才的约翰·哈里森（最开始他只是一个木匠，后来才成为钟表师）发明的，与时钟类似，走得

航行表

这块由英国约克郡的钟表师约翰·哈里森设计的航行表，被用于库克的第二次太平洋探险中，它可以通过与格林威治时间的比较，计算出所处的经度，并能在所有的天气条件下提供非常精确的时间，非常实用。

计时器

从简单的沙漏开始，计时器慢慢发展为大型钟、小型钟、怀表、手表等。从简单的计算标准——一小时，到准确的某一个时间，直到携带方便，甚至可以看到多个地区时间的手表，计时器的功能变得越来越多。图为过去的钟表，其计时已经比较精确了。

非常准确，能把格林威治的时间带到世界各地，并且不受气候等因素的影响。据约翰·哈里森自己说，他之所以会成功，是因为他在时钟里加了“时计锤”的缘故。时计锤能够控制发条，使它不因温度的变化而改变内部弹簧的长度，这样一来，这种计时器就可以在任何情况下使用了。

经过了无数激烈的争执，约翰·哈里森终于获得了10万元奖金（在1773年时获得，3年后，他就逝世了）。现在，海船上的船员如果带着计时器，无论走到哪里，都能知道格林威治的时间。太阳绕行地球1周，需要24小时（当然应该倒过来说，但因为便利起见，我就这样说了）；太阳运行1小时，可走15度经度。因此，我们只要先查清楚当地的时间，把它跟格林威治的时间比较一下，求出它们的差数，就能知道自己在子午线以东或以西的多少英里了。

例如，如果我们发现（每个船长都会精密地计算，计算之后就能发现）当地的时间是中午12点，计时器（它会把格林威治的准确时间告诉我们）上的时间是下午2点，那么就可以知道，我们已经航行了2×15° =30° （当地的时间与格林威治的时间相差2小时，太阳在1小时里运行了15° ，也就是每4分钟运行1° ）。由此我们就可以在航海日志（纸张未发明前，航海者常用粉笔写在木板上，所以航海日志至今仍称Log-book）上写着：“某日正午，我们航行在西经30° 。”

但对于现在来说，1735年的惊人的发现，已经不再显得那么重要了。每天中午，格林威治天文台都会把正确的时间广播到全世界。计时器也就变成了多余的点缀物了。是的，只要我们信得过航海者的能力，那么无线电报总有一天会把复杂的表格、精密的计算全部废除掉。而这章冗长的文字——它告诉你人类是如何横渡无垠的大海，大海是如何颠簸着险恶的波浪，波浪又是怎么以迅雷不及掩耳般的速度吞没了水手的生命——这章别开生面的、勇敢的、充满忍耐与智慧的记录，也将立刻变为陈迹。船长不需要再带上六分仪在桥头站着，他尽可以坐在船舱里面，耳上戴着听筒，问道：“喂，楠塔基特岛！（或，喂，瑟堡）我在什么地方？”楠塔基特岛或瑟堡就会告诉他位置。这样真是非常方便了。

2000年来，经过了不断的努力，航海事业才能逐渐进步，逐渐变得平稳、愉快、方便。这2000年的光阴并没有虚度，它们实际上可以算是第一次国际合作成功的表现。中国人、阿拉伯人、印度人、腓尼基人、希腊人、英国人、法国人、荷兰人、西班牙人、葡萄牙人、意大利人、挪威人、瑞典人、丹麦人、德国人，在完成这项伟大事业的过程中，都曾经作出了很大的贡献。

这章记载国际合作史的文字，现在可以结束了，但是，其他需要我们去仔细研究的东西还有很多。

拥有无线电技术的现代船只

无线电是利用电磁波，向远在千里之外的接收方传递信号的技术，最早被航海所使用。古代，航海家和渔夫在离开海岸出海工作时，总会有迷路的危险，也无法知道准确的回程时间。自从人类发明无线电技术后，船长不仅能够知道轮船行驶的准确位置，遇到危险时还能及时向岸上求救。

十二星座

在人们观测天象时，十二星座的观念逐渐产生，一般是指太阳在天球上经过黄道的十二个区域。

水瓶座
（01/ 20～02/18）

双鱼座
（02/19～03/20）

白羊座
（03/21～04/20）

金牛座
（04/21～05/20）

双子座
（05/21～06/21）

巨蟹座
（06/22～07/22）

狮子座
（07/23～08/22）

处女座
（08/23～09/22）

天秤座
（09/23～10/23）

天蝎座
（10/24～11/22）

射手座
（11/23～12/21）

魔羯座
（12/22～01/19）

第五章

四　季

季节及其产生。

“Season”一词，源于拉丁文，从动词“serere”演变而来。“Serere”意为播种，所以“season”一词，原本只能代表春天——播种的时期，但在中世纪时，“Season”很早就没有了专指的意义。在春季之外，又增加了其他三季，把一年平分为四个部分：冬季，也叫湿季；秋季，指成长期；夏季，在古梵文中原本代表全年的总名。

四季不但与人类产生了实际又浪漫的关系，也有一个非常普通的天文学背景。它们是地球在一年中绕太阳运行后的结果。关于这些，我将在可能的范围里，用简洁明了的描述告诉你。

地球自转一次，需要24小时；公转一次，需要365.25天。我们为了要解决这1/4天，让日历上能够得到一个整数（其实这是错误的，但现在，各国是否有空闲时间来共同更正这个错误，却成了非常大的疑问），就出现了特殊的一年，这一年包含了366天，称作闰年。除了900、1100、1900……等末位有两个零的年份外，其他都是每4年中出现一个闰年。但如果有能够被400整除的年份，就是例外的例外了。

路得与波阿斯（夏天）　普桑　油画

在历代画家的作品中，四季是经常出现的题材，如普桑《四季》主题画中以夏天为题材的画作，画家将路得跪谢波阿斯的场景置于前景中央，再由近而远展示出麦田、房舍，直至远山、云天，层次分明，景色怡人。

地球绕日运行时，路线并不是正圆

形，而是椭圆形。这个椭圆形虽然不是特别长，但因为我们研究的是地球在空间的路线，所以相对于它是圆形时麻烦得多。

我们如果画一条直线，连接太阳与地球的中心，那么地轴与这条直线并不成直角，而是66.5° 的倾斜角。

但地球在公转时角度永远不变，所以世界各地就有了四季的变化。

3月1日，地球相对于太阳的位置，刚好可以使阳光照射半个地球，在那特殊的一天，世界各地的昼夜都相等。三个月后，当地球走完了1/4的公转的路程时，北极就会面对太阳，南极却背向太阳，因此北极六个月都是白昼，南极六个月都是黑夜；北半球享受着白昼较长的灿烂夏季，南半球的居民就要围在火炉边，度过那漫长的冬季黑夜。请记清楚，当美国人在圣诞节滑冰的时候，阿根廷和智利的人正热得要命；等到美国人被烈日晒得喘不过气时，南半球那边反而是溜冰的季节了。

第二个在季节上占有重要地位的日期是9月23日。在那天，世界各地的昼夜又被平分。第三个是12月21日，那时南极面对太阳，北极背向太阳，北半球变得寒冷，南半球变得温暖。

地轴的特殊倾斜与地球的旋转，不仅使四季发生变化。那个66.5° 的锐角，还给我们划分了五带。赤道的两边为热带，在热带地区，阳光照射下来的时候就算不是完全垂直，也是接近垂直。南北两个温带在热带与寒带之间，在那里阳光照射下来时并不像热带那样是垂直的，因此不得不烘照着较大的水面与地面。最后是南北两个寒带，那边与阳光形成了非常小的锐角，所以就算是在夏季，69英里的阳光也要照耀着大一倍的土地。

这些现象，用文字并不能很清楚地表达出来。如果你有一个行星仪，就能把它们完全看清楚了、完全明白了。但现在，各个城市还没有了解到行星仪的必要性。你最好到市议会去，对那些议员先生们说，你需要一个行星仪做圣诞节的礼物，假

四季的耕作

长期生活在地球上的人类，随四季变化而耕作收获。在长期的实践总结后，人们发明了农业历书，这些经验让人们从饥饿中摆脱出来，慢慢变得富足，能够长久地生活在这里。图为人类在一年四季的劳动，非常形象地反映了人类在四季的行为。

如他们还需要到辞典上去查这个难懂的名词（我知道他们也许要查20年或30年之后才会懂得），那么你还是自己拿着一个橘子或苹果、一支蜡烛、一支划分5个气候带时用的墨水，自己来试验。用火柴擦出火花，烛光射到两极时的情况就会显示出来了。但此时如果有一只苍蝇飞到你自制的地球上来，千万不要分散了你的注意力，可不要自言自语地说："或许我们只不过像苍蝇一样，在一个被蜡烛照耀着的大橘子上蠢蠢欲动，而这个橘子和这支蜡烛也只不过是巨人手里的玩具，让他消磨寂寞的午后时光。"

拥有丰富的想象力是件好事。但研究天文学时只凭想象，那就糟了。

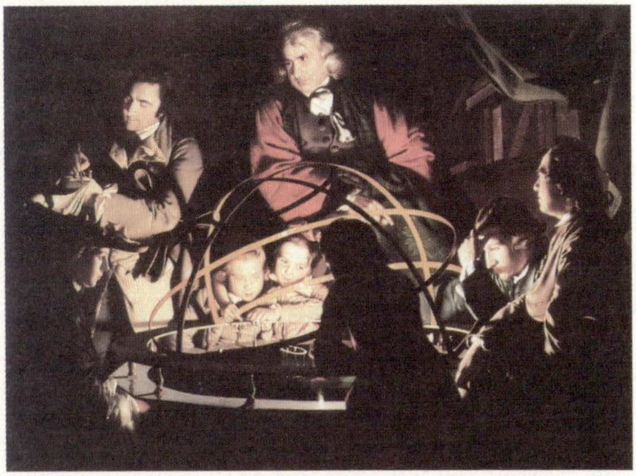

太阳仪 油画 约瑟·夫赖特 1766年

在这幅图中，老师们正在用太阳仪向孩子们和女人们讲解、普及新的天文知识，如图中的太阳仪是根据哥白尼和牛顿等科学家提出的理论制造出来的，它以油灯模拟太阳作为中心，通过转动手动摇杆，使行星在交叉的同心轨道上旋转。

四季

按照地球围绕太阳公转轨道上的位置，一般可以分为四季，即春、夏、秋、冬，人们在四季中劳动耕种。

春耕

人们在春天施肥、播种。

夏耘

人们在夏天剪羊毛。

秋收

人们在秋天打落橡树果实。

冬藏

人们在冬天在室内织羊毛。

第六章

大陆与岛屿

世界上的大洲与岛屿。

没有例外，我们都居住在一个个岛屿上，但在这些海岛里面，有几个岛屿比其他岛屿大得多，所以我们只能把它另归一类，称之为大陆。实际上，大陆只是一个岛，不过它所包括或统领的区域，相对于平常的海岛像英格兰岛、马达加斯加岛或曼哈顿岛等，要大一些。

但这些也并没有严格的界限。绵延广阔的陆地像亚洲、非洲、美洲，其广阔的疆土，足以与“大陆”这个词相称，只有欧洲不是这样的。欧洲在火星上的天文学家看来，就好像亚洲的半岛一样大（比印度或许大一些，但并没有大很多），但是欧洲人坚持自己所在的地方就是一个洲。至于大洋洲，假如有人说它的面积并不大，人口并不多，算不上大陆的资格时，大洋洲的居民或许会起来抗议吧。在另一块陆地上，爱斯基摩人的故乡，虽然比新几内亚（澳大利亚北部岛屿）与婆罗洲（东南亚岛屿）的总面积大两倍，然而他们并没有因为格陵兰没有被算作一块大陆而觉得懊恼愤慨。如果在南极的企鹅不是谦逊温和的动物，它们一定会振振有辞地说它们所居住的地方也是一块大陆。没有错，南极洲的面积和北冰洋至地中海间的陆地一样大。

虽然我不知道这些矛盾是怎么发生的，但是数百年来，地理这门科学的确被人忽视了。在这数百年之中，许多错误的观念被认为与地理学相关，就好像许多海螺附在被弃于港口的船身上一样。年复一年（这愚昧的黑暗时期，持续了1400年之久），有些海螺竟然拥有了非常稳固的地位，被人类看作是船身的一部分了。

不过，我也并不想在现有的错误上再加更多的错误。我只想根据公认的区域，说世界上共有五大洲：亚洲、美洲、非洲、欧洲、大洋洲。亚洲是欧洲的4.5倍，美洲是欧洲的4倍，非洲是欧洲的3倍，大洋洲比欧洲小几十万平方英里。依照这些在普通的地理书上的数据，亚、美、非三洲应该放在欧洲的前面，但我们除了注意面积的大小以外，还要注意到各洲在人类发展史上所担负的使命，因此我们就先来讲述欧洲了。

我们先来看地图。实际上，看地图的次数应该多于看教科书。你在研究地理的时候，如果没有地图，就好像演奏音乐时没有乐器，学习游泳但却没有清水一样。你看了地图（最好有一个地球仪）以后，就会知道，欧洲半岛以北冰洋、大西洋及地中海为界，位于全球陆地最多的区块的中心。它所处的环境，与位于全球水量最多区块的中心的大洋洲相比，形成了奇妙的对比，这是欧洲得天独厚的地方。但除此而外，它还有其他的优势。亚洲虽然比欧洲大了近5倍，但是总面积中1/4的地方非常炎热；1/4的地方又与北极相接，除了驯鹿与北极熊以外，谁都不愿意一直生活在那里。

欧洲的优势并不是只有这些，它还享有几种其他大洲所没有的优势。意大利的靴尖——最南端的位置虽然很热，但是离热带还有800英里远。瑞典与挪威的北部虽然在北极圈以内，但是有湾流光临它们的海岸，让它们能够享受到温和的气候。但是同纬度的拉布拉多半岛，就是到处充满了冰雪的荒原了。

此外，欧洲还有许多半岛和深入陆地的内海，都是其他大陆没有的。关于这一点，你只要想一想西班牙、意大利、希腊、丹麦、斯堪的纳维亚半岛以及波罗的海、北海、地中海、爱琴海、马尔马拉海、比斯开湾和黑海的情形，再把它们跟缺少海湾及半岛的非洲或南美洲作个比较，你就会发现大量的水与陆地的各部分接触以后，就会产生适宜

世界地图　版画　17世纪

图为欧洲早期绘制的世界地图，经线与纬线已经被准确地绘制出来，各大洲和各大洋的位置已经初步呈现，山川与河流的位置也以简单的手法被标示。这是由于航海学与天文学的进步，让人类有机会走出自己所居住的地区去探寻新世界的结果。

北极熊　19世纪

北极熊居住在北极附近的海岸或岛屿上，是世界上最大的陆地食肉动物，一般为独居，可以水陆两栖，其嗅觉十分敏锐，是犬类的7倍。

的气候。在这些地方的冬季不会特别冷，夏季不会特别热，生活不会特别容易，同时也不会很艰难。这样，人们就不至于像非洲土著一样变成游手好闲的懒汉，同时也不会像亚洲的居民一样成为生活的奴隶。在那里生活的人们能够把工作与闲暇时间进行合理的安排，让工作变得更有效率，闲暇时间得到更好的休息。

凭借良好气候的优势，欧洲成为地球上大部分领土的主人，并且还维持了很长时间。一直到1914年至1918年发生了内战，这种接近自杀的策略使他们逐渐走向衰落。欧洲不仅有着得天独厚的气候，还有着得天独厚的地理环境。这并不是他们努力的成绩，但这意外的机缘使他们终究享受到了丰厚的恩惠。火山的爆发、冰川的侵蚀以及洪水的泛滥，都对欧洲的地理环境产生了良性的影响。欧洲的大陆之所以会形成现在的样子，山脉能够成为天然的国界，河流的分布使内陆能够和海洋直接相通，实际上都是它们的功劳。要知道，在铁路与汽车没有发明之前，内陆与海洋的交通在商业发展上占有极其重要的地位。

比利牛斯山位于欧洲西南部，是法国与西班牙的天然国界，同时它还将伊比利亚半岛与欧洲的其他部分分隔开来，同时又成为了西班牙与葡萄牙的国界。意大利的阿尔卑斯山也有同样的作用。法国的西部大平原借助赛文山脉、侏罗纪山脉和及孚日山脉等山脉作为屏障。喀尔巴阡山脉就像壁垒一样，把匈牙利和俄罗斯大平原分隔开。在过去800年中，奥地利帝国在历史舞台上曾经扮演过重要的角色，因为从版图上来看，它处于一片圆形平原之中，四周环绕着高大的山脉，使它不会受到周围国家的侵略。如果没有那些崇山峻岭，奥地利或许不会生存得这么长久。德国也不例外，因为它有庞大的方形领土，缓缓地从阿尔卑斯及波希米亚等山脉向波罗的海倾斜下去。另外，它还拥有像英国和希腊爱琴海中才有的岛屿，以及在荷兰和威尼斯才有的那些湿地。这些天然要塞，都保障了这些独立的国家得到充分的发展。

例如俄罗斯，我们虽然时常听说，它是由某个人（罗曼诺夫家族，也就是后来的彼得大帝）励精图治的结果，其实（或许并没有那么容易让人相信）它却是某种自然因素与一些其他必然因素结合的产物。俄罗斯大平原位于乌拉尔山、里海、黑海、喀尔巴阡山与波罗的海之间，位置非常优越，为成为中央集权国家提供了基础。在罗曼诺夫家族衰落之后，苏俄仍然能在这个世界生存，就是一个无可否认的证据。

上文中已经说过欧洲各条河流的路线非常巧妙，对于经济的发展起到了至关重要的作用。你如果从马德里开始画一条直线到莫斯科终止，你就知道这些河流不是流向北方，就是流向南方，无一例外，而且都能将内陆与大海连接起来。文明产生最重要的因素是水，土地的因素还在其次。因此，这些河流的地理位置就起到了非常重要的作用，它们使欧洲成为全世界最富饶的区域。直到1914年至1918年的那场残酷的、带有毁灭性质的战争才使欧洲失去了这一令人羡慕的地位。

你可以把欧洲跟北美洲比较一下，在北美洲的两条山脉几乎与海岸平行，整个中部地区只有一条出路可以直接到达大海，这条出路就是流入墨西哥湾的密西西比河及其支流。墨西哥湾是内海，距大西洋和太平洋都很遥远。或者，你再把欧洲跟亚洲比较一下。亚洲的河流由于地面的不规则的起伏，以及山脉的不规则的倾斜，都只好往原有的方向流去，而且几条最重要的河流，又全都横穿西伯利亚大草原，流入寒冷的北冰洋。

欧洲示意图 **版画 17世纪**

欧洲西临大西洋，北靠北冰洋，南隔地中海和直布罗陀海峡与非洲大陆相望，东与亚洲大陆相连。其大部分地区是温带海洋性气候，十分适宜人们居住与生活。图为17世纪的一幅欧洲地图，描绘了当时欧洲的国家区域的划分以及沿海区域。

除了当地少数的渔民以外，没有任何人觉得它们有用。或者，你再把它跟非洲比较一下。非洲是一片大高原，它不但迫使各条河流穿过海岸边的高山，同时还使海上的贸易不能利用天然的水路通到内陆。再不然，你就把它跟一条河都没有的大洋洲比较一下吧。这样比较过之后，你就会知道，欧洲独有温和的气候，便利的山脉与更为便捷的河流系统。而且欧洲位于地球陆地群的中心位置，它的海岸线的长度是非洲或大洋洲的9倍，这一切，都注定了欧洲在地球上的大洲中脱颖而出，处于领头的位置。

波罗的海上的新都 18世纪中叶

1703年，彼得大帝开始修建圣彼得堡，决定在这里建立俄国的第一个波罗的海海军基地和新都，并为此征召了无数劳工，将贵族迁移至此。如图中所示，在18世纪中叶，圣彼得堡已经是一个游览胜地，航船在雄伟的建筑物之间穿梭。

不过，假如单靠优越的地理位置，这个世界的小角落也不会凌驾于所有的邻居之上变成世界的主人，人类的智慧在其中起到了相当大的作用。不过相对于这里的人是比较容易的，因为北欧的气候条件非常好，既不会非常寒冷，又不会热得不能工作，它温度适宜，能使人类觉得工作是件愉快的事，足以鼓励人类开动脑筋、运用智慧。最终北欧人在为自己的国家建立了稳定的基础、创造了最低限度的法律与秩序、获得了安居乐业的生活之后，立刻开始从事科学研究，让自己成为其他四大洲的主人与开拓者。

他们研究了数学、天文学和三角学后，不仅懂得了航海的方法，而且还大大增加了信心，知道就算是远航出海，依旧会回到起航的地方。他们悉心研究化学，最终制造出一种非常厉害的器械（叫作枪炮的怪家伙），用来杀死其他人和动物。这种器械用起来迅速又准确，当时的其他民族或部落都达不到这种水平。对于医学的研究，使他们知道

剪羊毛和收割庄稼　15世纪

在这幅荷兰的每日祈祷书的图片上，人们正在剪羊毛和收割庄稼，可以得知应该在7月。而在15世纪晚期，北欧的农耕生活已经十分规律，当地人因为良好的气候和优越的环境而获益良多。

欧洲人发明的武器　1718年

这支英国的机关枪有一个枪筒和一只旋转的子弹盒，可以选择不同威力的子弹安装进去。它是欧洲人的智慧与当地科学进步的表现，优越的地理环境让他们可以积累大量的财富，用来发展文化与科技，使欧洲成为当时世界上最富强的地区。

怎样去抵抗疾病，来抑制那些因疾病引起的人口减少的现象。最后，由于欧洲的土壤不够肥沃（与恒河流域或爪哇山脉相比，欧洲的土壤就逊色很多，但土地对于安定的生活是不可缺少的），便渐渐滋生出贪欲之心，他们不顾一切地累积财富，觉得如果没有了财富，自己就会受到邻邦的歧视，被当作可怜的失败者。

自从被称作指南针的方便工具传入欧洲之后，欧洲人就能够放弃教堂塔尖式的航行和沿着海岸航行的老方法四处漫游。自从舵的位置从船舷移到船尾之后（这个改良约在14世纪初期完成，是历史上重要发明之一。之前船的航行方向不能完全受到控制，现在我们对于掌握方向的技术已经了如指掌了），欧洲人便能离开狭小的内海，如地中海、北海及波罗的海等，把辽阔的大西洋当作他们的通行大道，实现他们商业上与军事上的更大目标。他们成功地把握了这次机会，使它们所在的大陆成为地球上最大一块陆地的中心。

他们保持着这种优势达500年之久，当轮船代替帆船时，他们仍然能够走在别人的前面，因为贸易的发达与否要依靠便捷的交通。一些欧洲的随军著述家认为，只有那些拥有强大海军的国家才能让其他国家俯首称臣，这种说法确实是正确的。威尼斯与热那亚征服了北欧海盗，葡萄牙又征服了威尼斯与热那亚，西班牙又征服了葡萄牙，荷兰又征服了西班牙，英国又征服了荷兰，因为这些国家逐渐拥有了强大的海军。但是，现在海洋已经逐渐失去了它原来的地位，贸易通道也由海洋转向了天空。虽然世界大战使欧洲降为二等洲行列的一员，但是如果与飞机的发明相比恐怕还算不上惊人。

在热那亚的某个地方，一个羊毛商的儿子发现了远洋航行的无限可能，历史的进程便从此改变了方向。俄亥俄州的代顿城郊外，一家自行车修理店的店主，发现了从空中远行的无限可能。1000年后的孩子们，或许只记得维尔伯和奥维尔（也被我们叫作莱特兄弟）的名字，不再能听到人们提起哥伦布了。

飞机的发明并不是偶然的发现，是他们天才的大脑孜孜不倦探索的结果，这一重大发明使世界文明的中心从东半球开始向西半球转移了。

莱特兄弟

莱特兄弟是指奥维尔·莱特和维尔伯·莱特，他们在1903年12月17日首次完成了完全受控制、持续滞空不落地的飞行，并发明了世界上第一架实用飞机。此后，人们可以快速从一个地方到达另一个地方，飞机使我们生活的星球变成了一个小小的世界，也奠定了人类探索宇宙的基础。

七大洲

七大洲即亚洲、欧洲、北美洲、南美洲、非洲、大洋洲、南极洲，其中亚洲的面积最大，大洋洲的面积最小，它们组成了世界的陆地。

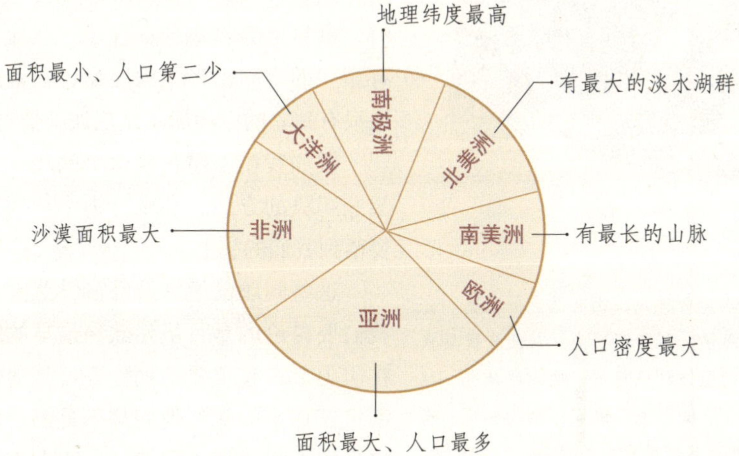

第七章

欧 洲

欧洲的发现与欧洲的人种。

虽然欧洲的面积不大，但是欧洲的人口是南美洲和北美洲人口之和的两倍，比美洲、非洲和大洋洲的人口总数之和还要多，只有亚洲的人口比欧洲多。当时亚洲有9.5亿人，欧洲有5.5亿人。这些数字应该是准确的，因为这些数字是由国际联盟会的国际统计联合会收集的。国际统计联合会是由学者组成的集团，这些学者以一种冷静、公平的态度来研究各种问题，他们不接受任何贿赂，在一种毫无压力的状态下得出结论，而不是为了取悦某些国家。

欧洲人

大部分欧洲人为白种人，拥有蓝色的瞳孔和金色的头发，眼窝深陷，鼻子窄而高。从历史发展来看，欧洲人穿戴的服饰日益华丽，硕大的裙摆、丝绸上的刺绣、帽子上的羽毛、颈间闪耀的钻石，都象征着这片大陆先后崛起的帝国的繁盛。

根据国际统计联合会的统计数字，全世界的人口以每年3000万的速度在增长，如果按照这个速度发展下去，600年内，全世界的人口就会翻上一番，而人类还要在地球上繁衍生息数万年，我们简直无法想象，到了19320年、193200年或1932000年时，世界上会挤成什么样子。在地铁里只有站立的空间已经累得要命，在地球上如果只有站立的空间那不是更加难受吗？

假如我们不愿正视这个问题，不趁早想些解决的方法，那么，不幸与痛苦终究要落到我们的头上。

这些问题已经涉及经济学范围。现在我们要讨论的是：虽然欧洲最早的定居者在历史上占有重要的地位，可是他们是从哪里迁移来的呢？他们是不是第一批来到这里的人呢？说来很遗憾，这个答案非常

英属北美殖民地　18世纪

在18世纪，英属北美殖民地的人口达到了150万，他们占据了陆地和湖泊，生活在荒野开辟出的土地上，并建立了房屋、街道、农庄，逐渐形成了城市，并拥有了学术机构和宗教社区，许多地方甚至可以与英国的受勋地产相比。

模糊。我想他们可能都来自亚洲，经过了乌拉尔山与里海间的平原，发现在自己没到达欧洲之前，这片大陆上已经有了更古老的文明。但是关于人类起源和发展的证据，我们掌握得还十分有限，必须等到人类学家有了更丰富的证据以后，我们才能确信。现在，通俗的大众地理读本里都没有这方面的记录，所以，我们要把叙述的重点放在这些后来者的身上。

他们为什么要来欧洲呢？因为同一个理由，和过去100年间成千上万的人之所以要从旧世界迁往新世界一样——他们忍受不住饥饿的折磨，西方这片陆地能给他们提供更好的生存机会。

这些移民分散在欧洲的各个地区，就好像后来的人们分散在美洲的各个地区一样，他们疯狂地抢占陆地与湖泊（那时候湖泊比陆地宝贵得多），“纯粹的种族系统”的痕迹迅速消失。只有在偏僻的山谷里，以及难以到达的大西洋沿岸，还有一些弱小的部落年复一年地过着单调乏味的生活，他们保持了种族的纯粹，但是却失去了与外界沟通的机会。

因此，我们一提到种族这个名词，就不再存有人种绝对纯粹的观念了。

我们使用人种这一表达方式，来描述某一批人群的某些共同特点，如他们都使用共同的语言（或是大致相同），有类似的历史背景。在有文字记载的2000年历史中，他们由于某些相似的性格、思维模式、社会行为等，最后认为自己属于某个人种。但是，我们很难找到另外一个表述准确的名词来代替“人种”这个词。

根据这个意义（它就像代数方程式里的X一样，用以解决困难而已），我们知道，欧洲有3个强大的人种和6个较小的人种。

首先是日耳曼人种，包括英国人、瑞典人、挪威人、丹麦人、荷兰人、佛兰德斯人以及瑞士人的一部分。第二个是拉丁人种，包括法国人、意大利人、西班牙人、葡萄牙人和罗马尼亚人。最后是斯拉夫人种，大部分是由俄罗斯人、波兰人、捷克人、塞尔维亚人以及保加利亚人组成。这些人合在一起时，占了欧洲全部人口的93%。

此外就是200万的马扎尔人或匈牙利人，不到200万的芬兰人，100万左右的土耳其人（前土耳其帝国的一小部分遗民，散居在君士坦丁堡附近）和300万左右的犹太人。

北欧的石头圈

北欧有许多由石头围起来的这种圆圈，它们是公元前5000年到前2500年之间由农耕群落堆积而成的，显示出人类试图把自己的生活方式与一些神秘法则结合起来，而这些排列与太阳等恒星的运动也有一定关系。

欧洲

作为人口密度最大的大洲，欧洲从地理方面而言，一般分为北欧、南欧、西欧、中欧和东欧5个地区。

	区域	气候	农作物	特色
北欧	日德兰半岛、斯堪的纳维亚半岛一带	温带针叶林气候	小麦、黑麦、燕麦、马铃薯等	西面沿海是世界三大渔场之一
南欧	阿尔卑斯山以南的巴尔干半岛、亚平宁半岛、伊比利亚半岛和附近岛屿	亚热带地中海式气候	小麦、玉米、烟草等	油橄榄、葡萄、茴香等原产地
西欧	欧洲西部濒大西洋地区和附近岛屿	海洋性温带阔叶林气候	小麦、大麦、甜菜等	荷兰牛等优良畜种
中欧	波罗的海以南、阿尔卑斯山脉以北的欧洲中部	海洋性温带阔叶林气候	大麦、黑麦、马铃薯等	吐根堡山羊等优良畜种
东欧	欧洲东部地区	多种气候过渡	马铃薯、甜菜、向日葵等	顿河马等优良品种

至于希腊人的血统，已经和其他人种混合，我们只能推测他们的来源。详细说来，他们和其他人种比较疏远，和日耳曼人种却非常相近。此外如阿尔巴尼亚人也基本属于日耳曼人种的一个分支，现在他们看起来好像很落后，但在希腊人和罗马人雄霸欧洲以前的五六百年，他们早就安逸地居住在现今所住的这片田野里了。最后是爱尔兰的塞尔特人、波罗的海的列特人、立陶宛人以及吉普赛人。吉普赛人的数目并不确定，来历也很神秘，当他们出现在欧洲的时候，欧洲的土地已经被其他民族住满。因此他们就被人当作前车之鉴，用他们无家可归的痛苦来提醒那些来得太迟的人们。

关于欧洲的山地居民和平原居民的来历，已经说了不少。现在，我们就要叙述他们如何利用地理环境，地理环境又是如何影响着他们。因为，近代世界完全是从这种相互作用中产生出来的，否则，我们就只能和山里的野兽一样了。

第八章

希腊

古老的亚洲与新兴的欧洲之间的桥梁。

希腊	
中文名称：希腊共和国	所属洲：欧洲
首都：雅典	主要城市：奥林匹亚、帕特雷
官方语言：希腊语	货币：欧元
时区：东二区	国家代码： GRC
国歌：《自由颂》	国花：橄榄

希腊半岛位于巴尔干半岛的最南端。巴尔干半岛比希腊半岛还要大，北边以多瑙河为界，西临亚得里亚海，它把希腊与意大利分隔开来，其东面是黑海，黑海是希腊和亚洲之间的天然屏障，而南边是地中海，海的对面是非洲。

我虽然从来没有在飞机上观察过巴尔干半岛是什么形状的，但我总觉得，如果从高空中向下望时，它一定像一只从欧洲伸到亚洲和非洲去的手。希腊是它的大拇指，色雷斯是它的小指，君士坦丁堡是小指上的指甲，其他手指就是从马其顿和塞萨利起的许多山脉，一直蜿蜒到小亚细亚。这些山脉露出来的部分只有峰峦，山腰以下已经被爱琴海的海浪所淹没。但如果从高空中向下看时，我们一定会觉得它们就像手指，有些部分浸入了盛满水的水盆里。

附在山脉上面的土坯，就是这只手的皮肤。这些山脉大多是从西北向东南蜿蜒，路径几乎和对角线一样。它们有着保加利亚、黑山、塞尔维亚、土耳其、阿尔巴尼亚、希腊等不同语种的名字，但其中重要的并不多，不值得我们去注意。

迪纳拉山脉自瑞士蜿蜒而来，直到科瑞斯湾。科瑞斯湾是一个很宽阔的海湾，把希腊的北半部与南半部分割开来。希腊的南半部像一个三角形，古代的希腊人把它误认为海岛（这也不能怪他们，因为连接南北部的科林斯海峡只有3.5英里宽），名字叫伯罗奔尼撒岛或珀罗普斯岛。根据希腊的传说，珀罗普斯实际上是坦塔罗斯的儿子，宙斯的孙子，他居住于奥林匹亚时，常被人奉为运动员之父。

中世纪时，征服希腊的威尼斯人都是些粗俗的大富商，他们对于坦塔罗斯烹子宴神的故事一点兴趣都没有，只觉得伯罗奔尼撒岛的形状很像一片桑叶，于是就把它叫作摩里亚。摩里亚这个名字，无论你在哪本近代地图册上都能找到。

巴尔干半岛上面有两条并不相连的山脉。北边的一条叫作巴尔干山脉（半岛的名字就是由此而来），巴尔干山脉只不过是一条弧形山脉的南端，它的北端是喀尔巴阡山脉。在巴尔干山脉与喀尔巴阡山脉之间，有一条狭长的峡谷，名叫铁门，是多瑙河入海时必经之地。巴尔干山脉很像一座屏障，它挡住了多瑙河南行的路径，使它不得不掉转方向，从西向东流入黑海，否则，它从匈牙利平原入境以后就会流到爱琴海里去的。

很不幸的是，这座隔离着罗马尼亚和巴尔干半岛的屏障没有阿尔卑斯山那样高大，从俄罗斯大平原上吹过来的冷风，可以轻易地越过它的峰顶，横扫到巴尔干半岛上来，因此半岛的北部经常是冰天雪地。当这些寒风将要到达希腊的时候，却又被第二座屏障

希腊示意图　版画　17世纪

希腊位于欧洲巴尔干半岛的南端，拥有悠久的历史，被誉为西方文明的发源地，在文学、数学、教育、体育、雕塑等方面都取得过巨大的成就，并对三大洲的历史发展有过重大影响。

奥林匹斯山 油画 乔瓦尼·提埃波罗 1661～1664年

在希腊神话中，奥林匹斯山是宙斯诸神的居住地，也是希腊的最高峰。在这幅画中，画家用各具性格而不受重力影响的神话人物填满了发光的天空，用丰富的想象力描绘了一个自由、纯净的圣地。

挡住无法过去。这座屏障就是罗多彼山，又被叫作玫瑰山。从这个美丽的名字上来看，我们知道那边的气候一定是很温和的。距著名的谢普卡山口（这条山路非常有名，1877年9月，俄罗斯、土耳其两军曾在此血战）附近的罗多彼山的高度，要达到9000英尺，谢普卡山口附近高约8000英尺。因此它在调节半岛的气候方面，起到了很重要的作用。此外，还有一座山也很有名，那就是奥林匹斯山，高一万英尺，山顶终年积雪，它宛如一名哨兵蹲守在塞萨利平原上。从塞萨利平原过去就是真正的希腊了。

奥德修斯

奥德修斯是希腊神话中的英雄。相传帕里斯为了争夺海伦引发了著名的特洛伊战争，奥德修斯在战争中献出了木马计，才夺取了围攻10年之久的特洛伊城。在荷马史诗《伊利亚特》和《奥德赛》中，详细描写了奥德修斯的生平和战绩。

肥沃的塞萨利平原很久以前是一片内海，后来因为著名的坦普峡谷那边有一条佩尼鲁斯河，塞萨利海里的水全向萨洛尼卡湾流去，最终干涸为陆地了。塞萨利是古希腊的仓库，糊涂的土耳其人却从来没有注意到，他们之所以忽视这个地方，就像忽视其他一切一样，并不是由于内心邪恶，而是由于无可救药的懒惰。每当他们回答一个重要的问题时，总要耸一耸肩膀，反问一声："这有什么用处？"自从土耳其人被希腊人驱逐出去之后，希腊的放债者便乘机剥削农民，在这片被土耳其人遗弃的土地上经营谋利。现在，塞萨利一带的大部分地区种植了烟草。那边有一个贸易港，叫作沃洛。据说，古亚尔探险队寻找金羊毛的时候，就是从这里出发的，不过这个故事已经很古老了，比特洛伊英雄们出生的时间还要早好多年。塞萨利还有一个工业城市和铁路中心，就是拉里萨。

受到好奇心的驱使，我将会说一说拉里萨城里之所以会有"黑人区"的历史。每当战争爆发的时候，土耳其人总让别人去挡头阵，完全不顾别人的死活。1821年至1829年间，希腊人暴动起义，土耳其人便到它的殖民地——埃及——去带了几队苏丹人来协同镇压。战争期间，拉里萨是他们的司令部。战争结束后，可怜的苏丹人却无人提起了，他们有家不能回，至今仍流落在拉里萨附近。古时候人们遭受磨难的情形，真的很出人意料！

不过，你在读完这本书之前，还会遇到更奇怪的事情。你会听到非洲北部的印第安人的遭遇，在中国东部的犹太人的命运，以及大西洋的一个无人荒岛上有马匹的消息。这一切，倒是给那些高唱"种族纯粹论"的人以很好的教训。

从塞萨利越过了品都斯山，我们便可以到达伊派瑞斯。品都斯山脉和巴尔干山脉一

亚里士多德肖像　油画　约斯·范·让特　约1475年

亚里士多德是希腊著名哲学家，他被称为古希腊哲学家中最博学的人物。在这幅图中，亚里士多德的左手放在一本厚厚的书上，右手轻微上举，眼神充满了渴望和机警，其服饰带有15世纪晚期的艺术风格。

样高，是伊派瑞斯与其他各地之间的屏障。伊派瑞斯是贫困的山村，只有成群的家畜，既没有港口，又没有便利的交通，但在以前亚里士多德却认为它是人类的最早家园，这实在让人觉得莫名其妙。那里最早的居民几乎没有遗留下来，因为在一次罗马人远征的时候，曾经把15万的伊派瑞斯人卖作奴隶了（这只不过是罗马人建立法典与秩序时的高明手段）。虽然伊派瑞斯的人们生活很悲惨，但是这块土地却很有名，因为从爱奥尼亚海里延伸出来的一块狭长水路把大陆分隔成两个部分，一部分叫作伊塞卡岛，据说就是漂流了多年的奥德修斯的故乡；一块叫作科孚岛，是费阿克斯人最初的故乡。费阿克斯人的国王阿尔喀诺俄斯有个女儿，名叫瑙西凯厄，她不仅是古代文学中所描写的典型的美女，而且是当年巾帼中最擅长宴客的模范。现在，科孚岛（爱奥尼亚群岛之一，最初被威尼斯人所占领，随后转辗于法英之手，至1869年被英国让给了希腊）之所以著名，首先是因为1916年塞尔维亚军队战败后，曾经在那里避难。其次，因为数年以前，意大利海军曾经把那里当作随意的射击目标。将来它很有希望变成一个冬季的避寒地，可惜它刚好在欧洲的地震带上，这点有些美中不足。

历史告诉我们，迪纳拉山脉是地震的产物。不错，科孚附近的桑特岛在1893年，还发生了非常强烈的地震。虽然如此，只要是风景美丽的地方，人们也决不会为了地震而裹足不前的，危险对于他们来说，仿佛会因为风景美丽而降低很多。我们在环游地球的时候，总能遇到许多火山，总能发现火山斜坡上的居民相对地壳安全地方的人口更加稠密。这又是为什么呢？如果谁知道，就请他说出来。至于我，要从伊派瑞斯动身，向南行进了。看啊，比奥西亚到了！

比奥西亚宛如一个干涸的大水盆，位于南边的阿提卡山脉与北边的伊派瑞斯山脉之间。我之所以要叙述这个区域，最大的原因是要说明大自然对人类产生影响的典型案例。这种影响，我在本书的开头部分已经提到过了。在很久以前，只要是一个比奥西亚人，即使他来自文艺女神的故乡——帕那塞斯山地，即使帕那塞斯山上还有特尔斐的神庙，但普通的希腊人总把他当作一个愚蠢的人、村夫、傻子、痴汉，似乎他们生来就是被人家开玩笑的、打巴掌的。

客观来说，比奥西亚人的资质并不比其他希腊人差。军事学专家伊巴密浓达和传记作者普卢塔克都是比奥西亚人，不过有一点却值得注意，他们在年轻的时候就离开了故乡。至于那些老死在比奥西亚的居民，则难免遭受恶毒水汽的伤害。这些恶毒水汽是从科帕斯湖沿岸的洼地上散发出来的。也就是说，也许他们就是患上了近代医学上所说的疟疾。由于患上了这种疾病，所以他们就显得不是特别聪明了。

在13世纪，法国的十字军成为雅典的统治者以后，开始把湖里的水排干，从此比奥西亚人的生活相对以前安定了许多。随后换了土耳其人前来，情形却又变得更加糟糕，因为他们什么事都不管，任凭那些传染瘟疫疾病的蚊虫生长。直到比奥西亚归入了新王国的统治，由法、英两国的公司，先后把科帕斯湖里的污水排入尤伯里克海里，于是原来的内海就变成了肥沃的牧场。

现在，比奥西亚人已经不再叫比奥西亚人，不再比雅典人或布鲁克林鞋匠更愚蠢了。他们已经非常聪明，能够榨取苏格兰人或亚美尼亚人的钱财了。沼泽地没有了，毒气没有了，传播瘟疫的蚊虫也绝迹了，数百年来被人看作天下第一的傻子，在几片蒸发瘴气的沼泽干涸以后，已经恢复了常态。

我们再来讲阿提卡。阿提卡是全希腊最有

希腊奴隶　大理石雕塑　鲍尔斯·海勒姆　约1843年

这个年轻的女子眼神温柔，姿态优雅，她的双手被锁链绑住，准备被卖给土耳其人做奴隶。自从土耳其人入侵希腊之后，就在这片文明的土地上放火劫掠。而这尊表情镇定的雕塑，似乎也象征着传说中的女神在抚慰苦难中的人民。

趣的部分。在现代，我们只要从拉里萨乘坐火车，向北就可以到达欧洲内陆，向南就可以到达雅典。但在古代，人们如果要从北方的塞萨利到南方的阿提卡，只有一条路可走，那就是有名的塞莫皮莱山路。实际上，照现在的观念说来，塞莫皮莱还不能算是山路——高山之间的狭长的山路。它只不过是一条45英尺宽的小径，一面是奥塔山下的乱石，一面是尤伯里克海的哈拉斯湾。公元前480年，李奥尼达为了抵抗薛西斯的军队，曾经率领300个斯巴达人在这里作战，结果虽然无一生还，但从此欧洲便幸免于亚洲人

爱琴海

爱琴海在地中海的东北部，位于希腊半岛和小亚细亚半岛之间，是黑海沿岸国家通往地中海以及大西洋、印度洋的必经之路，也是一片非常美丽的海洋，有葡萄酒色之海的称号，风景怡人。

的侵略。200年后，野蛮的高卢人屡次想侵犯希腊，也在这里吃了败仗。后来，在1821年和1822年的土耳其与希腊战争中，塞莫皮莱山路在军事上也占有着极重要的地位。但现在，这条山路已经无影无踪了。海水已经从陆地上退后了3英里，剩下的只是些简陋的浴池，让风湿病患者可以到温泉里去洗澡。从此以后，这片古战场就以温泉得名。然而，只要人们对那些战死的勇士表示相当的敬意，这片古战场也就永远不会被遗忘。

阿提卡本身像一个小三角形——一片岩石峥嵘的海岬，下面荡漾着爱琴海的波浪。

李奥尼达在温泉关战役

面对几十倍于己的波斯大军，斯巴达人在他们的王——李奥尼达的率领下凭借勇猛与信念在易守难攻的关隘温泉关死守了三天三夜，史称“温泉关战役”。图中戴冠持剑的李奥尼达与誓死跟随的斯巴达勇士们在温泉关全部牺牲，书写了波斯与希腊战争中最为悲壮的一页。

那边有很多山岭，山中又有直达海口的小峡谷，微风从海口吹来，山谷中的空气总是那么的清新。古代雅典人说，他们之所以有卓越的才智和清晰的洞察力全是由于呼吸到了如此清新的空气。他们的话或许没错。这个地方不像比奥西亚，没有凝滞的污水潭，传染瘟疫的蚊虫也没有地方繁殖。所以雅典人都很健康，而且很少生病。他们说，人的身体与灵魂是同一个东西，绝不能一分为二，健全的身体能够激励健全的灵魂，健全的灵魂是健全的身体中不可缺少的一部分。这种理论，正是雅典人独有的。

在那种清新的空气中，你可以看见亚克罗坡利山与彭特里亚山之间的一切景物。彭特里亚山是马拉松平原上的名山，雅典所用的大理石均出自此地。不过，雅典之所以会在现代如此繁荣，并不是单纯依靠良好的气候。

但是由于阿提卡靠近海岸，使雅典人有直达世界各地（不论是热闹的都市，或是杳无人烟的荒岛）的机会。但是，大自然还是异想天开地在那边堆了一座小山，山壁险峻、山顶平坦，有500多英尺高、870英尺长、435英尺宽，位于平原的中心。这片平原的四周，又被海麦塔斯山（上等雅典蜂蜜的出产地）、彭特里库斯山及埃格鲁斯山所围绕。波斯与希腊战争时，不幸的雅典难民曾经逃到埃格鲁斯山的斜坡上面，眼看波斯的兵船一只只沉没，那时候，距离薛西斯军队烧毁雅典城，已经没有几天了。话说得远了，回过来讲这座小山吧。这座险峻而平顶的小山，很早就引起了北方居民的注意，因为他们到了那边之后，就能获得生存不可缺少的食物与安全。

说来也很奇怪，古代的雅典和罗马（或现代的伦敦与阿姆斯特丹）虽然是欧洲人最重要的居住地，可是它们的位置，并不是紧靠着海的，离海岸还有很长一段路。实际上，紧靠着大海居住也是很危险的。例如诺萨斯城，它虽然是地中海克里特岛的中心，建立的时期虽然比雅典和罗马早好几百年，可是永远承受着海盗的掳掠和突然而来的惊恐。雅典与罗马相比，离海的距离更近。希腊的航海者只要在比利亚斯（雅典的港口）上了岸，不久就能骨肉团聚，罗马的商人却不得不在三天之后才能到家。正因为这种不便，他们也就慢慢丢掉了回归故乡的习惯，安然在台伯河口的码头上住下，而罗马与海的关系，也从此疏远了。其实，一个国家如果要向外发展，海的作用是非常大的。

这些山顶平原上的居民，这些“山城”（也就是雅典卫城的本意）上的居民逐渐迁

希腊的阿克罗波利斯圣山　油画　19世纪

阿克罗波利斯也就是雅典卫城，图中我们可以看到坐落在古城中心的巴特农神庙，它是为了庆祝打败波斯侵略者而建的，神庙中供奉着象征着智慧与战争的雅典娜女神，人们正聚集在广场准备前往神庙参拜。夕阳下，白色大理石装饰的主体建筑在画面中熠熠生辉。

到了平原上，环山修建了许多房子，房子外面围绕着高墙。最后，他们又把当地的堡垒和比利亚斯的堡垒连接起来，过上了从事贸易和抢劫的双重生活，但没有多久，他们坚固的城堡已经变为地中海地区最富饶的大都市。他们的山城已经不再是居住的地方，而是一座神殿的所在地了，一座由大理石建造的、屋顶高耸地向着紫红色天空的神殿，虽然土耳其人的火药炸毁了这里好几处重要建筑（1645年围攻雅典时），然而它至今仍然存在于世间，依旧巍然屹立在群山之上。这里可以说人类艺术的表现确实已经达到完美的境界了。

1829年，希腊夺回自由权时，雅典只不过是一个小村落，居民只有2000人左右，到了1870年，它的人口增至4.5万人，现在已有70万人。这种飞速的增长，只有少数几个欧美地区的城市赶得上。如果世界大战以后希腊人没有立刻和命运作抗争，不把小亚细亚的有优势的领土悉数断送，那么，现在的雅典或许已经是爱琴海岸边的政权中心了。然而也许这一切在不久的将来会实现。上帝的车轮虽然走得很慢，可是日夜不停地在那里转动。而且，雅典娜又是从宙斯脑袋里生出来的女孩子（生性最泼辣，天资也最聪慧），雅典既然用她来命名，那显然是表明它有极大的复兴力量了。

最后，我们来到了希腊半岛的最远的部分，在这里，我们的愿望与预言也许再也不会实现了！珀罗普斯王子因为父亲种下了恶果，于是遭遇了种种磨难，现在的珀罗普斯就是用这个不幸的王子来命名的，也就成了种种磨难的故乡了！这里有个名叫阿卡狄亚的穷乡僻壤，四周都是崇山峻岭，与海相隔甚远。虽然很多诗人们说它是淳朴可爱的牧

阿戈拉广场 19世纪

在雅典的繁盛时期，阿戈拉广场发挥着巨大的作用，它位于卫城的西北部，成为了重要的商业枢纽。广场的西边有公民大会议事厅、档案馆、剧场等重要机构和文化交流场所，因此在当时成为了公众集会和交流的中心。

童的故乡，其实阿卡狄亚人并不比其他希腊人更淳朴，因为诗人们总喜欢把人们知道得最少的东西说得天花乱坠。即使阿卡狄亚人不像其他希腊人那样狡猾、那样对别人使诡计，但也并不是因为他们不赞成这种举动，而是因为他们从来没有染上过这些坏毛病罢了。他们不偷人家的东西，确实是事实，但在这样一个只有枣树和山羊的乡村，有什么东西可偷呢？他们不撒谎，也没有错，但他们的村落只有这么小，谁的事情还会不知道呢？他们虽然不像依洛西斯人和其他圣地居民一样，文雅而又奢侈地供奉着上帝，但他们也有自己的神明，这位神明就是牧羊神。在阿卡狄亚那些只会讲低俗笑话或智力低下的庄稼汉的心目中，这位牧羊神是一位能和奥林匹斯山的其他神明一起消遣的神。

的确，阿卡狄亚人好战，但打起仗来总是吃亏。原因是他们和普通的乡野农夫一样，既不愿意接受训练，又不能同心协力推举出一个能带兵打仗的元帅。

阿卡狄亚南边的拉哥尼亚平原是一块土地肥沃的地方，比阿提卡溪谷要肥沃得多，只是那里的人们在思想和意识上都很贫乏，但是在这块平原上，却坐落着最神奇的古代城市，它的名字叫斯巴达，这里的一切都与雅典相反。雅典人对于人生的态度是绝对肯定的，斯巴达人却是绝对否定的；雅典人崇拜有想象力的天才，斯巴达人崇拜高效的工作和服务意识；雅典人重视神圣不可侵犯的个人权利，斯巴达人主张把个人纳入平庸而且无差别的规范之内；雅典人总是打开大门欢迎外国的旅客，斯巴达人却不是驱逐他们就是把他们杀掉；雅典人生来就喜欢经商，斯巴达人却不屑从事商业。如果我们观察一下这两种政策的最终结果，就会知道斯巴达只好落于人后。雅典的精神渗透了全世界，斯巴达的精神已经跟产生这种精神的斯巴达城同归于尽了——它早已消灭得无影无踪了。

不过，在近代希腊地图上，你仍然能找到一处叫作斯巴达的地方。那只是个小小的村落，住着少数的农夫与质朴的养蚕妇人。这个小村落于1839年建立，也许就是古代斯巴达的旧址。当时的建筑费由英国热衷于此事的人们筹措，建筑图纸由德国的工程师绘制。然而谁都不愿意到那边去住。现在，经过了将近100年的努力，它总算有了4000个居民。这不禁让人想到施加在珀罗普斯身上的诅咒，在半岛的另一部分变得更加明显，这种磨难，在史前的迈锡尼城里得到了充分的实现。

迈锡尼城的遗址距劳普利亚很近。劳普利亚是伯罗奔尼撒最有名的港口，位于伯罗奔尼撒海湾上。迈锡尼城的毁灭在公元前5世纪。但是从我们的角度看来，迈锡尼城却比雅典或罗马更为重要。因为，远在有历史记载以前，文化就是最先从这里传到野蛮的欧洲各海岸去的。

如果你想明白这件事情的原因，最好看一看那只巴尔干大手——从欧洲伸到亚洲去的大手的三个指头。它们一半浸在海里，由各个小岛组合而成。这些小岛现在大部分属于希腊，只有爱琴海东部的少数几个岛屿归意大利统治，并且还会统治下去。因为它们只是些大海中不值钱的岩石，其他国家不屑去争夺。为便利起见，我们可以把全部的海岛分成两部分：希腊附近的锡克拉底斯群岛，与小亚细亚附近的斯波拉底斯群岛。这些海岛彼此距离都非常接近，正如圣保罗早已知道的那样。它们仿佛是一座桥梁，埃及、

油画装饰品　雅典

在这幅赤褐色的油画装饰品上，描绘了公元前5世纪的一个富有的雅典人家庭，右侧妇女后方是一个屏风，而左侧妇女抱着的巨大的花瓶应该被用于盛装洗浴的热水，这也表明了这个装饰品的用途，它可能是一件新婚礼物。

巴比伦与亚述的文化，都由此向西传播到欧洲的沿海各地。同时，这些文化受到爱琴海岛上初期的亚洲人的影响，早已明显变得“东方化”了。就是这一种东方化的文化，传到了迈锡尼城。由此看来，迈锡尼城本应该和后来的雅典一样，成为古希腊的中心。

但为什么没有成功呢？我们不知道。就像我们不知道马赛既然已经取代雅典掌握了地中海的权威，为什么后来又把它的权威让给了新兴的罗马一样。迈锡尼早殇的繁荣与突然的衰落恐怕将永远是个未解之谜。

你或许要抱怨我，上面所讲述的都是历史，而这本书却是一本地理书。说得不错，不过你要知道，希腊就像其他文明古国一样，历史和地理的关系非常密切，是不可能分开来讲的。而且，如果用现代的眼光看来，希腊在地理上值得记载的地方却很少。

科林斯海峡上面开凿有三英里长的运河，但很狭窄，水又浅，不足以通过较大的船只。希腊人屡次和土耳其发生战争（有时单独与土耳其战斗，有时联合了保加利亚、塞尔维亚及蒙特内哥罗对土耳其宣战）。最初把版图扩大了将近一倍，后来又把新得的领土断送了一半。原因是他们只会做胜利的美梦，却轻视了土耳其人的战斗力。现代希腊和古代一样，专注于开拓海洋。青白色的国旗（这原本是古代巴伐利亚的旗帜，希腊在1829年独立后，开国君主就开始使用了）在地中海里到处飘扬。有时，北海和波罗的海里面也会有不少希腊的载着许多瓷瓶瓦罐的商船，但这些瓶罐造型丑陋而且粗糙，与济慈所描写的希腊古代器具确实有着天壤之别。至于其他希腊商船，大多装了橄榄、无花果、葡萄干，运往喜欢这些果品的国家去。

丧葬面具　约公元前1500年

图为迈锡尼艺术最不朽的杰作之一，这个具有高度表现性的面具显示了迈锡尼艺术中人类的无上尊严，具有高度的表现力，人们也一度认为面具塑造的人物形象就是领导希腊人进行特洛伊战争的迈锡尼国王阿伽门农。

希腊宴会 希腊 公元前490～公元前480年

这幅陶器外壁上的装饰画描绘了古希腊宴会中的情景。一个青年男人斜坐在沙发上，一边饮酒一边欣赏表演，他手中拿着笛子，似乎随时准备一展身手。而一个女舞者扬起裙摆，正在观众面前翩翩起舞。盛产葡萄和橄榄的希腊很早就有了酿造葡萄酒的技术，自然也少不了多种形式的宴会。

希腊能不能像无数希腊人所热烈盼望着的那样，重新恢复它旧时的盛世呢？或许能够。

可是希腊曾经先后被马其顿人、罗马人、哥特人、汪达尔人及斯拉夫人所侵占，被诺曼底人、拜占庭人、威尼斯人和穷凶极恶的十字军所征服，并且还曾经沦为殖民地。随后又遭受过阿尔巴尼亚人的大屠杀，它的主权落于土耳其人之手也长达400年之久。在世界大战中，它又成为同盟国军队的战场和粮饷供给所——像这样一个受尽了磨难的国家，要想恢复元气真是一件不容易的事情，但是，只要生命不息，就有希望。虽然现在看来，生命只存在很微弱的信息。

古希腊三贤

古希腊三贤是古希腊历史上著名的三位哲学家，分别为苏格拉底、柏拉图、亚里士多德。

苏格拉底是古希腊著名的哲学家，被尊为西方哲学的奠基者。

师徒

师祖

师徒

柏拉图是西方客观唯心主义的创始人，提倡理性的训练。

亚里士多德从学于柏拉图，被称为古希腊哲学家中最博学的人。

第九章

意大利

地理位置优越，具有称雄海陆的实力。

意大利	
中文名称：意大利共和国	所属洲：欧洲
首都：罗马	主要城市：米兰、佛罗伦萨
官方语言：意大利语	货币：欧元
时区：东一区	国家代码：ITA
国歌：《马梅利之歌》	国花：雏菊

从地质学的角度来看，意大利是一片废墟——它的一切都是一座巨大山脉的遗留物。这座山脉曾经构成过一片方形高原，形状就像现在的西班牙，但后来逐渐风化（在几百万年中，就算是最坚硬的岩石也会风化掉的），最终隐藏在地中海的海水里。现在，这座古代的山脉只剩最东边的部分还能让我们看见，这就是亚平宁山脉。亚平宁山脉源自波河流域，最终到达位于靴尖（意大利的地图看起来像一只靴子）的卡拉布里亚。

科西嘉岛、厄尔巴岛和萨丁岛都是那片史前高原的遗迹，西西里岛当然也是它的一部分，此外如散落在第勒尼安海里的许多小岛，也是那座古代残骸的一部分。想象一下，当那片高原被海水淹没的时候，景象一定很壮观。因为悲剧的发生早在2000万年以前，所以谁也不能知道其中的原因，谁也不能知道高原在受到致命的火山喷发后是怎样的情形。火山爆发的结果反而让后来亚平宁半岛的居民获得了很多的收益，他们能够享受到大自然的种种恩惠，例如温和的气候、肥沃的土壤、适宜的地理位置等。亚平宁半岛之所以会变成古代的强国，以及在文学艺术方面取得的重要成就绝不是偶然因素造成的。

希腊是一只伸到亚洲去的手，它抓住了尼罗河流域与幼发拉底河流域的古代文明，把它们输入欧洲的其他国家。但那时，虽然希腊人带给了欧洲大陆很多福利，但他们同时也与欧洲大陆保持着刻意的疏远。他们的国家就像一个岛国。尽管表面看来希腊是一个半岛，可是半岛对于他们，一点好处也没有。整个巴尔干山脉中重重叠叠的山脉，把他们与欧洲其他地方的人们隔绝开了。

意大利的情形却完全相反。它是三面环海的半岛，又是北欧大陆的一部分，因此半岛与大陆的福利它都享受得到。我们经常忽略这个事实，总是把西班牙、希腊和意大利放在一起讨论，认为它们有很多相同点。西班牙与希腊的确有许多地方类似，比利牛斯山脉与巴尔干山脉同为无法跨越的屏障，因此把南北地区隔绝起来。但辽阔的波河流域却是一片突出的平原，深入欧洲的内陆。意大利最北边各城的纬度，比日内瓦或里昂高得多。就算是米兰与威尼斯所处的纬度也高于波尔多与格勒诺布尔。至于被我们当作意大利中心的佛罗伦萨，也几乎和马赛在同一个纬度上。

虽然阿尔卑斯山比比利牛斯山及巴尔干等山脉高很多，可是它有便捷的道路，使

意大利示意图　版画　17世纪

位于欧洲南部的意大利，以阿尔卑斯山为界，与法国、瑞士、奥地利等国家为邻。在这片土地上，见证了古罗马帝国的强盛、文艺复兴的繁荣，以及几千年来无法动摇的最高宗教地位。在艺术、科学和技术方面，意大利拥有悠久的传统，许多艺术作品也流传至今。

南北之间的交通十分便利。罗讷河和莱茵河与意大利的北部国界平行，把阿尔卑斯山一分为二，境内许多小河，都向莱茵河及罗讷河流去，而且与主河道成直角，这些小河与波河流域之间，就有了不少捷径。这些捷径的最早发现者是汉尼拔，他曾经带着一队大象，从这个地方攻打罗马，让毫无准备的罗马人惊恐万分。

因此，意大利就是一个扮演双重角色的国家：一方面做威震地中海的岛国；一方面做傲视欧洲的大陆强国。

自从地中海丢掉了世界舞台中心的地位以后，美洲的发现使大西洋变成了商业与文化的中心，意大利便失去了以前的很多优势。它缺少煤矿和铁矿，不能和西方的工业国家抗衡。然而从公元前753年罗马人建国之日起，直到公元4世纪为止，将近1200年中，易北河与多瑙河以南的地方，全由意大利人统治。

野蛮的日耳曼部落从亚洲迁入欧洲以后，都想占有肥沃的“远西”，并为此争得不亦乐乎。这时的意大利诞生了基本的法律和秩序观念，他们利用这个机会放弃了漂泊的

意大利的法庭

早在文艺复兴时期，意大利的佛罗伦萨就出现了结构完善的法庭，刑事案件、民事案件以及与宗教相关的案件都在这里作出裁决，可以算是当时欧洲最先进的法庭组织。图中出现了负责审判的法官，宗教的神职人员以及前来起诉的民众。但当时机构的权利都掌握在富人手中，因此为了自身利益产生的误判和错判也时常出现。

游牧生活，享受半开化生活的各种利益。当然，它为了要繁荣自己，难免会牺牲别人。虽然它一面让百姓缴纳苛捐杂税，一面把那些日耳曼部落遣散到各地去，让各地的命运永远受到他们的支配。就是在现代，只要是眼光敏锐的人到过巴黎、巴伐利亚、马德里或特里尔之后，就会马上觉得，那边地方居民的容貌与外表，都有某种相似之处。他还会惊讶地发现，那边商家所用的招牌上面写的字不论是法文、西班牙文、罗马尼亚文或者葡萄牙文，他都能看得懂，也读得出来。他或许会叹息："我原来是在古罗马的境内呀！这一带地方原来是属于意大利的，就好像现在的菲律宾依附于美国一样。这里的第一栋房子是意大利工程师造的，第一条街道是意大利将军开拓的，就连最早的交通和商法也是用意大利文写的。"他还会恍然大悟，觉得这一半是海岛、一半是大陆的国家，拥有着多么大的天然优势啊！

这些天然的地理优势使得意大利征服了周边的很多国家，但同时它所在的地理环境也给它带来了可怕的灾难。大家都知道只要是由火山爆发形成的国家，就永远会有被火山毁灭的危险。意大利不仅是废墟、橘子树、乐队以及时髦的人们的故乡，也是一块经常受到火山爆发威胁的大陆。

任何活到70岁的意大利人（在意大利，人均寿命为70岁很平常，因为他们仿佛生来就爱笑，懂礼貌，就好像穷乡僻壤的人生来就哭丧着脸、毫不懂规矩一样），在去世以前，至少会亲身经历一次大地震、两次小地震。地震仪（愿我们所有的仪器都像地震仪那样精确可靠）告诉我们，从1905至1907年间，地震的总数已达到300次。第二年，也就是1908年，墨西拿城完全被摧毁。你如果需要可靠的统计表（而且数字往往比文字更动人），这里刚好有一张，是记载埃斯切尔岛上的地震次数的。

埃斯切尔岛位于卡普里岛的对岸，那边地震的年份如下：1228、1302、1762、1796、1805、1812、1827、1828、1834、1841、1851、1852、1863、1864、1867、1874、1875、1880、1881、1883……

数百万年来，火山爆发的结果是，让意大利很多地方逐渐覆盖上了厚厚的凝灰岩。凝灰岩是一种软石块，是火山爆发时从火山口里喷出来的火山灰所凝结而成。这些凝灰岩非常疏松，对于半岛地貌的形成有着决定的影响。有几片凝灰岩区的面积竟然达到了4000平方英里，古人所说的"罗马七山"，实际上只不过是7堆硬化了的火山灰罢了。

远古时期的火山爆发产生了其他地质上的变化，使意大利的土壤变得异常不稳定。亚平宁山脉纵贯整个半岛把它分成两半。这些山脉大部分由石灰石构成。石灰石往往附着在较硬而且年代较早的岩石上，性质非常柔软，并且容易滑动。古代的意大利人很清楚这件事，所以每隔20年，即使火山不爆发，也会勘察一下与各大国之间的疆界，看那些做好记号的界石是否还在原处。对于现代意大利人来说，只要一听说铁轨弯曲了、道路被压得粉碎，或村落被一座郁郁葱葱的高山埋在下面的时候，他们就非常清楚（他们付出了很高的代价，凭借以往的痛苦经验，才了解到的），那一定是土地的"滑坡过程"了。

庞贝古城大剧场 油画 哈克特 1799年

图为1799年被挖掘出来的庞贝城剧场区，其背后依靠着维苏威火山，剧场高大的外墙、半环形的走廊、观众的座位及角斗士的营房仍然依稀可见，整体建筑气势磅礴，就算被火山灰埋藏了多年，也掩盖不住当时城中繁盛的景象。

如果你去意大利旅行过，就会惊讶地发现，在高山顶上有许多城市。关于这个情况，当地人最常见的解释是：当时的居民为了防范盗贼才逃上山头，其实这只不过是次要的原因。他们放弃了溪谷里的清泉、远离了交通便利的大道，搬到不方便的山顶上去，最主要的原因还是为了避免山体滑坡导致的危险。在山顶附近，那些较硬而且年代较早的岩石往往露在表面，能够给居民提供永久的栖身地，至于山坡上面，则全是些疏松的石灰石，跟浮沙一样站不住人。因此，山顶上那些看起来风景如画的小村庄，生活在其中却未必舒适了。

从这些地方我们就联想到现代的意大利。意大利不像希腊，它并没有希腊辉煌的历史。但是意大利人聪明而又勇敢，信心百倍地向着新的目标行进，当然这些工作不是一朝一夕就能够完成的，但是他们情愿长期努力，以求摆脱数千年被忽视的威胁，恢复古代的繁荣景象，跻身于世界列强之林。

1870年，意大利重新成为一个独立的国家。从独立战争结束以来，外国的统治者被驱逐到阿尔卑斯山（他们原本就是阿尔卑斯山那边的人）的另一边以后，意大利人便开始进行一项伟大而艰难的事业，把意大利这个消沉了多时的国家重新带入正轨。

他们最先注意到的是波河流域——这个半岛的食品仓库。波河没有其他河流长。实际上，你只要看一看世界大河比较图，你就会知道欧洲只有伏尔加河才符合大河的标准。波河靠近北纬45°，仅长420英里，即使如此，那片直接受它影响而且布满了它的支流的土地，却达到了27000平方英里。尽管在流域面上波河跟其他河流无法相比，可是波河也有它自己的特性，有它独特的地方。

波河可以用于航行的水域达到了全长的5/6，又是世界上三角洲的最快建造者。每年，它会把它的三角洲向前推200英尺，增大3/4平方英里。如果这种现象能持续1000年，波河的三角洲就会延伸到对岸的伊士特里亚半岛，成为7英里宽的长堤，把亚得里亚海的一部分分隔成湖泊，让沿海的威尼斯变成水上的城市。

威尼斯总督府景观　油画　卡纳莱托　1755年以前

在这幅图中，精巧而壮观的总督府和圣马可教堂十分醒目，而运河上的船只和忙碌的船夫也构成画面的一部分，生动而庄严的威尼斯在画家的笔下格外美丽，卡纳莱托抓住了威尼斯的典型景物，完成了这幅精彩的作品。

河流携带的大批泥沙中，一部分被波河带到海里，一部分沉积在河底，使河底长出几英尺厚的坚硬地层。沿岸的居民为了要预防这条日渐增宽的河流的泛滥，修建了很多堤坝，这项工作始于罗马帝国时期，至今仍然没有间断。最终造成了波河的河床高出两旁的平原，有些村落里的堤岸，竟然达到了30英尺高，波河仿佛就在他们的屋脊上流过。

波河流域之所以闻名于世，还有其他原因。从地质学角度看，距离现在不久以前，意大利北部的平原完全是亚得里亚海的一部分。那些阿尔卑斯山中美丽的峡谷，虽然现在成为游人的避暑胜地，但是从前与被淹没在海里的挪威峡谷一样只是狭窄的海湾。古代，冰川覆盖着欧洲与阿尔卑斯山的大部分地区，冰川融化带来大量的水倾泻而下，这些沟壑就成为了它们的出口。冰川从山坡上一直后退，水流下泄造成许多石粒也跟着滚落下来，压在厚厚的河床上，这些石粒叫作冰碛石。如果两条冰川相遇，两层冰碛层便合成一层，比原来的高出一倍，就叫作中碛层。冰川融解后，中碛层与冰川分离，就叫作尾碛层。

盖满白雪的阿尔卑斯山　水彩画　科曾斯·约翰·罗伯特　约1776～1779年

阿尔卑斯山位于欧洲南部，是欧洲最高的山脉，平均海拔为3000米。在这幅图中，远处覆盖着白雪的勃朗峰清晰可见，当气温变暖时，积雪融化，汇成小溪，成为了很多河流的发源地。人们把山路作为连接两地的交通要道，彼此之间的贸易也逐渐开始了。

尾碛层类似于河狸筑成的堤坝，它们把山谷的最高处与最低处分隔开。只要冰川延续下来，尾碛层就无法阻拦住向下倾泻的洪水。但年复一年，冰川逐渐融化，水量逐渐减少，尾碛层便高出于水面之上，形成一个湖泊了。

意大利北部的所有湖泊，如马格里罗湖、迪科莫湖、迪伽达湖等，都是冰碛湖。当人类来到湖边进行灌溉工作时，这些冰碛湖确实是良好的蓄水池。每逢春季积雪消融，它们把剩余的水量储藏起来，让它们不会全部泄入溪谷，造成水灾。迪伽达湖的水位能抬升12英尺，马格里罗湖的水位能抬升15英尺，即使有更多的水进来，它们依旧容纳得下。居民只需要在湖边修建简单的水闸，就可以按照当时的需要把水闸打开放水了。

波河流域的居民很早就开始利用这种天然的便利。他们开凿了许多运河，让它们与波河的各支流相接，还建造了许多水闸和堤坝。现在，在几分钟之内，就会有几千立方英尺的水从运河里通过了。

波河流域是最佳的稻米产区。1468年，一个比萨的商人引进了稻谷，直到今天，波河流域中部已经到处都是一望无际的稻田了。其他农作物如玉米、大麻、萝卜的产量也非常丰富。波河流域的雨量虽然不如其他地方多，但它却是全意大利土地最肥沃的区域。

波河流域不仅提供丰富的谷物给人们，同时还把漂亮的衣裳赐给女人。早在9世纪，养蚕用的桑树已经从中国经过了拜占庭，传到意大利来（拜占庭就是东罗马帝国，它的首都在1453年被土耳其占领，从此君士坦丁堡就变成了土耳其人的国都，拜占庭也跟着灭亡）。桑树需要温暖的气候，伦巴底一带刚好给它提供了适宜的生长环境（伦巴底就是波河流域，它以条顿民族里的伦巴底人或长须人命名）。现在这些地方从事养蚕的人已经将近50万，产品的质量也远胜于中国和日本。虽然蚕是体积很小的昆虫，它却能为我们提供最华丽的布料。

波河流域的人口非常密集，这原本并没有什么可惊讶的，不过有一点却值得我们注意，那就是初期的居民，总把城市修建在离河很远的地方。原因是当时的工程技术还很落后，没有达到修建牢固堤坝的水平，而且每到春季洪水来袭，河边总有许多泥泞的湿地，因此他们只能退避三舍了。位于波河流域最重要的城市就是都灵了，它是当今萨伏伊王室古老的居住地，它位于通向法国和瑞士的山口（通向法国的蒙特·塞尼斯山口和通向瑞士的圣伯纳德山口，后者以优良的犬种和修道院而著名）。都灵是波河沿岸最大的城市，地势很高，不会有遭受水灾的危险。其他城市中，米兰是米兰省的首府，位于五条重要商道的交汇点、波河与阿尔卑斯山之间。威洛纳是伯伦纳山路的终站、德国和意大利最早的连接点之一，位于阿尔卑斯山的山脚下。克雷莫纳是有名的小提琴制造商斯特拉第瓦里家族、瓜尔里家族和阿马蒂家族的故乡。至于帕多瓦、摩德纳、费拉拉及博洛尼亚（欧洲最早的大学所在地）等城市，虽然是依靠波河才繁盛的，但却与波河的距离很远。

在古代，威尼斯和拉文纳是以浪漫闻名于世的两座城市。在威尼斯有157条运河，共

米兰　版画　17世纪

米兰位于阿尔卑斯山南侧的波河平原上，是意大利文艺复兴时期的文化中心、工业中心，也是意大利经济最发达的城市之一。这座城市修建有教堂、美术馆、城堡、剧场和图书馆等，也被誉为世界时尚之都。

长28英里，代替街道作为通商之用。它最初只是难民的栖身地，在大移民运动发生时，百姓们感觉到住在内陆并不安全，为了躲避危险，于是就搬到波河与各条小河所形成的泥泞的沼泽地来。可是他们到达威尼斯之后，就立刻发现了挣钱的机会。那里食盐资源非常丰富，甚至可以用“遍地都是”来形容。食盐的垄断经营使他们走上了致富之路，他们的茅草屋变成了大理石宫殿，他们的渔船和战舰一样大，将近300年的时间中，他们是殖民力量中最重要的一支。

那时，就算是头戴高冠的教皇、神圣的罗马皇帝、土耳其的皇帝也不如他们富有。直到哥伦布安全返回的消息和印度航路发现的消息传到里阿尔托（他们的商业中心）之后，才引起了一阵恐慌。股票和债券暴跌50点，商业的失败变成衰落的预兆，从此威尼斯便一蹶不振了。往日的贸易要道现如今却变成了毫无用处的投资。里斯本与塞维利亚乘机兴起，取代了威尼斯成为国际贸易的中心，欧洲各地的商人都涌向那边，因为那边有各种香料以及亚洲和美洲的商品。至于曾经黄金满库的威尼斯，此时却成了“18世纪的巴黎”。有钱的公子们都到那边去，因为那边能让他们接受到文雅的教育和颓废的娱乐。但正当寻欢的人们乐不思蜀时，末日突然到来了，拿破仑率领着一队人把这个繁华的城市征服了。运河至今还在，它的美丽依然闻名于世。再过20年，它们很有可能会被

威尼斯的繁荣景象

威尼斯位于意大利的东北部，它建在水上，因此素有水城的美称。在这幅图中，码头的小船或载着游览的客人，或载着运往国外的货物，每天都有大批的贵族、商人汇聚在这里。可以说，这条运河让他们得到了美誉、也得到了财富。

蒸汽船所毁坏。

另一个城市拉文纳，也是波河冲积作用的结果。拉文纳现在已经成为一个内陆城市，距亚得里亚海岸有6英里的距离。这是一个像黑洞般的城市，但也曾经接待过尊贵的客人。但丁与拜仑都在那里住过，也许是因为迷恋那里的灯红酒绿，也许是想沉浸在感叹与悲愁中。5世纪时，它在世界的重要性甚至超过了今天的纽约，因为它既是当时最重要的海军基地，又是西罗马帝国的首都，有森严的禁卫军、巨大的船埠以及大量木料的存储。

公元404年，西罗马皇帝眼见野蛮民族日渐强盛，罗马城已经难以固守、危在旦夕，为了避免可怕的袭击，获得更好的生存机会，便决定搬到这“海上城”来。从此以后，这里就成为历代帝王的故乡。他们的皇宫在这里，他们的乐园也在这里。现在，你只要看到“黑眼妇人”时代的精细嵌工，你一定会为人类的手工艺术达到的高度感到震惊，因此联想起拉文纳当年的景象。这位黑眼妇人出身贫寒，幼年在君士坦丁堡做过马戏团里的舞女，后来却成为了名君查士丁尼所心爱的皇后，死后还得到了一个尊贵的封号——狄奥多拉。

帝国的历程：帝国消亡　托马斯·科尔　1835年

在系列作品《帝国的历程》中，托马斯描绘了罗马帝国由一个蛮荒之地成为一个帝国，直至最后消亡的过程，以此对美国不要重蹈罗马帝国的覆辙提出了警示。图中的罗马帝国富丽堂皇、华美瑰丽，应该正处于盛年时期。

随后，拉文纳被哥特人征服，变成他们的新国家的首都，附近的浅水湖也在此时涨满。在这之后，威尼斯人和教皇为此发动了战争，还被当成过可怜的流浪者的暂时居所。这可怜的流浪者原本是佛罗伦萨人，曾在他的国家留下不少政绩，结果却受到死刑的威胁，不得不逃离自己的故土。从此，他就在拉文纳郊外的松树林中过着寂寞的生活，直到老死。没过多久，这古老的帝国名都也步上了他的后尘。

关于北部意大利的情形就简单地说几句。意大利虽然缺少煤矿，可是水力的供给却几乎是无限的。这些水力资源在世界大战刚爆发时就已经开始被利用，20年之后它一定会有惊人的发展。原料的缺乏虽然是很难解决的问题，但普通的意大利人都能从事养蚕业，他们的生活方式很有条理，他们对物质的欲望也很有节制，因此如果和原料多而人力少的国家相比，意大利仍然可以成为一个厉害的对手。

在西面，波河平原与地中海被利古里亚的阿尔卑斯山分隔开，这个地方也是连接阿尔卑斯山脉与亚平宁山脉之间的纽带。山的南边是里维埃拉的一部分，那里不会受到北方寒风的侵袭，成为全欧洲的避寒胜地；那里还有很多华丽又舒服的旅馆，能给长途跋涉的人们提供方便。它的首都叫热那亚，是现代意大利的第一港口，城内有雄伟的大理石宫殿，是古代遗物。当年威尼斯侵占近东殖民地的时候，热那亚的势力也是非同小可的。

热那亚的南边有一片小小的平原，就是亚诺河平原。亚诺河发源于佛罗伦萨东南25英里的群山里，横贯佛罗伦萨城。佛罗伦萨在中世纪就有完善的交通系统，向南通往基督教的中心——罗马，向北能到达欧洲的其他地方。佛罗伦萨人运用了这种优越的商业地位，不久就成为世界银行业的重要中心。有一个名为美第奇的家族要特别提及一下（他们最初以行医为业，所以有三颗药丸总挂在他们的徽章上），对于这项事业有着特殊的天分，在这之后的很多年，他们成为一个世袭家族统治着整个托斯卡纳，使佛罗伦萨成为15世纪和16世纪时最神奇的艺术中心。

1865年至1871年之间，佛罗伦萨是新兴的意大利的首都。虽然它已经没有了往昔的风采，但依然是一个值得观光的地方，当一个人的财富和鉴赏力能够达到一个平衡点的时候，那么他在佛罗伦萨就总能领略到生活的美丽。

亚诺河缓缓流淌，沿途美丽的风景可以与爪哇相媲美。河口附近有两个城市，它们除了历史遗迹以外，其他部分都不是很重要了。比萨城内有一座斜塔，当年因为建筑师没有把地基打好，塔身就倾斜了，但后来伽利略想研究自由落体时，这座斜塔就很有用处了。第二个城市是内窝那，英国人之所以这样叫它可能有着特殊的理由。1822年，雪莱曾经在离城市不远的海里淹死，因此内窝那这个名字也就被人们所铭记了。

从内窝那往南，早期的古道与近代的铁路都紧靠海岸。游客们坐在车上能够看见厄尔巴岛在迷雾中若隐若现（这是拿破仑的流放地，后来他突然从岛上逃回法国，陷入了滑铁卢战役）。再往南，便是台伯河流域了。这条有名的河在意大利语中叫作特维雷河（the Tevcre），是一条缓慢流淌并呈褐色的小河。它有点像芝加哥河，但是比芝加哥河

意大利早期的银行

经济的快速发展促进了银行产生，稳定的汇率也为佛罗伦萨银行业的发展打下了良好的基础。图中可以清楚地看到为客人办理手续的工作人员，负责清点数量的人以及正在等候的客人。日积月累，借贷、利率、汇率和复式记账这些现代银行学的基础概念也逐渐产生了。

宽；它也有点像柏林的斯普雷河，但是比斯普雷河浑浊得多。它的发源地在萨宾山中，古代罗马人曾经到那里去偷他们的妻子或抢亲。史前时期，它的入海口在罗马以西12英里，现在已经延长了2英里。其实它跟波河一样，也是一位出色的泥沙输运者。台伯河流域与亚诺河流域完全不同，台伯河流域要宽得多。亚诺河流域土地肥沃，对于人类健康非常有好处。台伯河流域却经常瘟疫蔓延，到处都是荒芜的土地。传说在这个地方的人们会患上一种恐怖的热病，能使人的身体慢慢腐烂。中世纪时的人们对此都深信不疑，认为是由于恶气所致，从此瘴气一词就被人们创造出来了。附近的居民因为害怕这种瘟疫，在太阳下山以后就把门窗紧闭。这种消极的防御有一个极大的弊端，因为紧闭之后，所有的小蚊虫都被关在室内了。但是对这种超乎寻常的愚昧，我们也很难责怪古代的人们，因为在30年前人们才发现蚊虫能够传播病菌。

在罗马帝国时代，台伯河平原上的水被排干了，居民也很密集。人们在这里繁衍生息，地中海盗贼蜂起，第勒尼安海岸全无屏障，结果便成了海盗的囊中之物。城市被毁了，农场也荒废了，排水的沟渠常年没有人疏通，这些臭水沟里藏满了传播瘟疫的蚊虫。从台伯河口起，一直到西塞奥山附近的彭汀沼泽杳无人烟。旅客们在经过这里的时候，总是快马加鞭，让可怜的马拖着车疾驰而过。不但整个中世纪时是这样的，即使在30年前也还是这样。

到这里就出现了一个问题：像这样一个古代的重要城市，为什么要建在瘟疫盛行的地方呢？为什么圣彼得堡要建在费尽无数人的力量才能变成土地的沼泽里呢？为什么马德里要建在孤零零的、荒凉的并且没有树荫的高原上呢？为什么巴黎要建在终年下着连绵阴雨的盆地的最低处呢？我不知道，或许是因为凑巧的机缘和人类的贪婪，或许是因为聪明一世却糊涂一时的政治远见！这些我都不知道，我并不是在写哲学教科书。

现代的罗马依然是老样子：夏季酷热、冬季严寒、交通不便、气候不利于健康。可是，在古代，它竟然成为了闻名遐迩的基督教的圣地，是威震世界的大帝国的中心。这一切，绝不是一两句话能够解释清楚的，你应该去寻找那无数种不同且互相关联的因素。但是在这里却没办法叙述，因为我如果把其中的原因都解释清楚，那就要写三本这么厚的书了。

就是关于罗马的本身，我也不想细说，因为我无法对这座东半球的永恒之城作出公正的判断，这也许是受到我的祖先的影响。我的祖先只要一看见罗马的东西，总是深恶痛绝，1700年来（公元前50年至1650年）从来没有改变过这种态度。我只能站在古罗马的广场上放声大哭，我只能回想起当年的残暴情形。那时候，强盗和勒索者凭借大将军和领袖的名号，肆意残害着整个欧洲，以及亚洲和非洲的大部分地区，然而后人还往往原谅他们，认为他们对于文化的发展也有着相当的功绩，其实他们的残忍行为，绝对不是笔墨所能形容的。我只能站在大教堂的前面，追忆着圣彼得的功绩与罪恶，让严肃的情绪充斥着我的脑海。我只感到心痛至极，痛惜着当年花费了无数的金钱，建造了这座纪念圣彼得的建筑，到头来却除了比其他教堂大一些外，毫无美丽或精雅可言。我羡慕佛罗伦萨与威尼斯的和谐。我羡慕热那亚恰到好处的协调。我也知道，存在着这种情绪的只有我一个人，

掷铁饼者　雕像　5世纪

该雕像是古罗马的复制品，其原作是古希腊雕塑家米隆于公元前450年的作品，展现了一位正要投掷铁饼的青年形象，他有着强壮的肌肉，正蓄势待发，其肌肉的写实表现对后世有深远的影响。

是的，就连比特纳克、歌德以及稍有名望的学者，看到了布拉曼特的建筑，也只是洒下惋惜的泪水而已。算了吧！我并不想让你对于罗马存有先入为主的观点，它到底是什么样子，你在亲眼见过之后就会知道了。我所要告诉你的，只是罗马从1871年以来，一直是意大利王国的首都，城内还有一个叫梵蒂冈的城市。梵蒂冈于1903年归属教皇统治，从此教皇就有了统治全城的自主权。1870年9月，意大利的军队攻进了罗马城，颁布了宪

设计师讨论圣彼得大教堂的建筑方案　贺拉斯弗奈　18世纪

圣彼得大教堂是全世界第一大教堂，也是罗马基督教的中心教堂，其建设之初请来了当时在意大利最有名的艺术家参与设计。图中身穿红衣、留着白胡须的长者是当时的教皇朱利叶斯二世，布拉曼泰在他的前面手拿教堂平面图为他讲解教堂构造，拉斐尔站在一旁等待着教皇验收壁画草图，教皇左侧的米开朗基罗也参与了讨论。

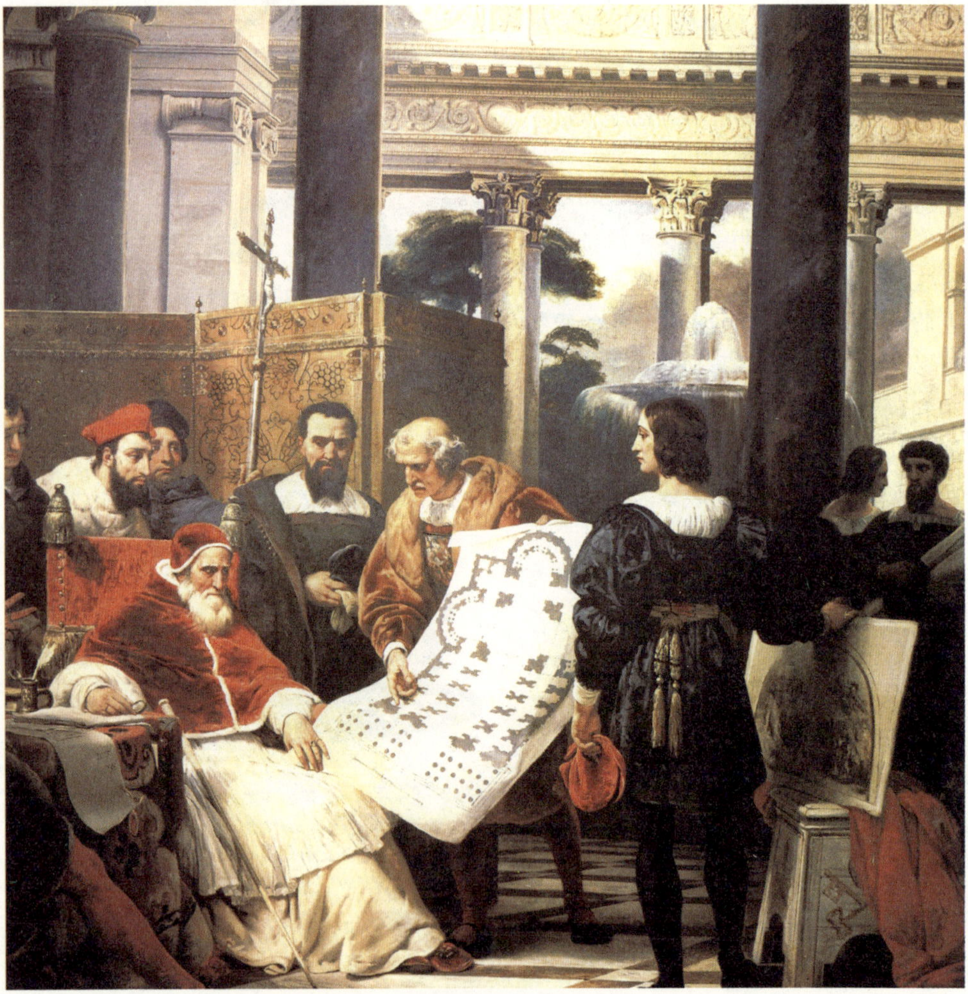

法，取消了教皇历年来的至高无上的权利以后，直到1930年为止，教皇连统治梵蒂冈的权力都没有了。

现代的罗马工业很不发达，城内有几座狰狞可怕的纪念碑、一条跟费拉德尔菲亚相似的大街，以及许多穿着制服的人们，制服倒都很整齐。

离开罗马，我们到达另一个城市。这个城里的人口很稠密，在意大利半岛上可说首屈一指，它是神奇的地理与历史的锤炼场地，并且很容易让我们联想起一个烦人的质疑："罗马位于小河边的死角里，这座城市却享受到各种天然的利益，但为什么它不能把罗马的统治权夺过来呢？"

那不勒斯位于海滨，刚巧在一个地势优越的海湾的顶端。它的历史比罗马早，附近的土壤非常肥沃，意大利西部的沿海各地都不能与它相比。从前，希腊人发现了那不勒斯城后，在埃斯切尔岛的附近和野蛮的亚平宁部落有了商业上的往来。但埃斯切尔岛上经常有火山爆发的危险，不适合作为稳定的贸易市场，因此希腊人就相继迁移到大陆上去。迁居之后，他们时常发生不可避免的争执（一方面是由于离祖国太远，另一方面由于统治者过于严酷，治理不当），以致内战不断，三四个小居住点互相攻击。幸好就在这时候，一大批新的希腊人开始联合起来到达这里，自己建立起了一个叫"新城"，或称"Neapolis"的城市，随后又改称那波利，就是英语中的那不勒斯。

当罗马只是个游牧民族聚居的小村落时，那不勒斯已经是繁盛的商业中心。但那些牧民也很厉害，很有政治天赋，因此公元前4世纪时，那不勒斯就做了罗马的"同盟"，同盟二字本来是褒义的名词，表示平等的关系，不像"从属"那样不雅。从此以后，那不勒斯就逐渐处于次要地位，不久就遭受到来自野蛮民族的侵略，最后更落入西班牙波旁王朝之手。波旁王朝在那不勒斯的统治成为了一切打压言论自由和行动自由的代名词，是一个政治的坏榜样。

但那不勒斯自有它的先天优势，因此居民日渐增多，最终拥挤不堪，欧洲各城市没有一座能与它相比。当时，这么多人是如何居住的，并没有人知道，也从来没有人过问。直到1884年发生了霍乱，才迫使这个现代王国进行全城大扫除。当然，它是以一种很聪明、很郑重的方式进行的。

那不勒斯后面矗立着一座美丽的维苏威火山，维苏威火山与其他火山相比，喷发相对很有规律，它大约有4000英尺高，四周遍布着许多美丽的小村落，村落里酿造一种特别的烈酒，叫作基督的眼泪，极负盛名。村里人的先祖从罗马帝国时代，就已经住在那边了。为什么不呢？从前的维苏威是座死火山。自从有史料记载以来，近千年中，它从未喷发过一次。但是在公元63年，它的内部虽然会隐约地发出隆隆的声音，但像意大利这样的国家却满不在乎。

直到公元79年，才发生了一件非常恐怖的事情。在不到两天的时间里，赫基雷尼亚城、庞贝城和另外一个小城，完全被覆盖在火山灰下面。从此以后，维苏威火山在100年中至少要活动一次，让人们知道它离死期尚远。新火山口比旧火山口的遗迹高1500英

B
C
E
M

那不勒斯附近的景色　版画　17世纪

那不勒斯是意大利南部的第一大城市，也是重要的沿海港口城市，位于维苏威火山西侧山脚下。这里景色优美，是地中海著名的风景区之一，现在也是钢铁和石油的主要出口区之一。

尺，永远在喷发浓烟，我们只要看近300年来的统计：1631、1712、1737、1754、1779、1794、1806、1831、1855、1872、1906……我们就能知道，那不勒斯是非常有可能成为第二个庞贝城的。

从那不勒斯往南，我们就到卡拉布里亚。卡拉布里亚的缺点在于离这个国家的中心太远。虽然它也有铁路可以跟北方相连，但是沿海地区疟疾横行，中部地区是花岗岩地质，农业耕种从罗马第一次共和时期就开始了。

狭长的墨西拿海峡，在卡拉布里亚与西西里岛之间。这个海峡只有一英里多宽，但

墨西拿海峡　版画　17世纪

墨西拿海峡位于西西里岛和意大利之间，沟通了第勒尼安海与爱奥尼亚海，以考古遗迹和沿岸风景著称。但是海中的大漩涡使这一带的水流十分湍急，为航运造成了相当大的困难，西岸的墨西拿港和东岸的雷焦卡拉布里亚港是主要港口。

在古代却非常有名。因为那里有两个漩涡，一个叫斯库拉，一个叫卡里布狄斯。据说，航海的船只只要偏离航向，便会被它们吞噬。这种由漩涡所引起的恐惧心理，可以让我们对古代船只的落后有所了解。现代的游轮已经能够在漩涡中顺利地驶过，非常平稳，丝毫不会察觉水里有什么异动。

说到西西里岛，它的位置让它成为古代世界天然形成的中心。这个地方气候温和、土地肥沃，人口也非常稠密。就和那不勒斯一样，人民的生活太好了、太舒服了、太容易了。西西里人在2000多年的漫长时间中，对于外国势力强加于他们的苛政，总是心平气和地承受。他们先后被腓尼基人、希腊人、迦太基人（他们离非洲北部的海岸只有数百英里的距离）、汪达尔人、哥特人、阿拉伯人、诺曼底人、法国人，或被120个省份、82个公爵、129个侯爵、28个伯爵、356个男爵统治过。等到统治者不去掠夺和折磨他们的时候，就把那些被地震震坏的房屋修理一下。岛上的火山叫作埃特纳，1908年那次的喷发至今还深深地印在人们的记忆中。当时它不仅把最重要的城市墨西拿完全震毁，而且还杀死了7.5万人。

马耳他岛实际上是西西里岛的水上邻居，它从政治上来说，虽然不是意大利的一部分，但也要在这里叙述一下。它是一个资源丰富的海岛，位于西西里岛与非洲海岸之间。由欧洲经苏伊士运河进入亚洲的航路，必须经过该岛。十字军东侵失败以后，它就被圣约翰的武士们占领。这些武士自称为Maltese Order，意思是马耳他武士。1798年这个地方又被拿破仑顺手夺去。那时拿破仑想经由埃及和阿拉伯，到印度去赶走英国人（这实在是一条妙计，不幸的是埃及和阿拉伯的沙漠非常辽阔，终究没有成功），两年后，英国人便用这个借口把它占领了，至今仍未放弃。对于英国人的做法，意大利人当然很不高兴，可是马耳他人却满不在乎，因为他们只在意安逸的生活，而不在意是由谁来统治。

对于意大利的东部海岸，我以前也没有特别注意，它确实也并没有什么了不起的地方。首先，亚平宁山脉蜿蜒到海边，在那里很难找到宽广的平原，再加上亚得里亚海的西岸山势险峻，非常不适于人类居住，商业的发展也就不得不落在人后。从北方的里米尼直到南方的布林迪西（邮车到非洲和印度就从此地出发），那里没有一个重要的港口。

长靴的后跟是阿普利亚，阿普利亚的缺点和卡拉布里亚一样，都是离文化中心太远。这里的耕种方法，自从汉尼拔（他曾经在那边等候迦太基的救兵，等了12年，但救兵始终没有来）时代起，直到现在也没有一点变化。这和卡拉布里亚的情形很相似。

阿普利亚有一座城市，虽然拥有良好的天然港口，可是从来没有顾客光临。这个城市叫作塔兰托。“塔兰托”一词，同时又指毒蜘蛛和一种舞蹈。据说只要是被塔兰托蜘蛛咬过的居民，都会跳着塔兰托舞，这样他们就能防止陷入昏迷之中。

世界大战使地理状况变得非常复杂，如果我们要提到现代的意大利，就应该提一提伊士特里亚半岛。这个半岛之所以归意大利人统治，是意大利人背弃了同盟与敌军合作后的结果。的里雅斯特本来是奥匈帝国的主要港口，现在它的资源供给城市已经丢掉了，不再像从前那样繁盛了。最后要叙述的是阜姆，阜姆在瓜尔内诺湾的末端，也是哈布斯堡家族的旧领土，日耳曼人在亚得里亚海上很难找到比它条件更优良的港口，只有阜姆才是他们的天然出路。但意大利人却害怕它会变成的里雅斯特的劲敌，一心想占领它。当时签订《凡尔赛和约》的各国代表，不同意他们的要求，他们就直接把它夺取过来，不，简直是那位大诗人兼大恶棍的邓南遮替他们夺取过来的。随后，协约国虽曾一度把它变成一个“自由国家”，但自从意大利和南斯拉夫长期谈判之后，阜姆终于被让给意大利了。

我要再说一下萨丁岛，本章就可以结束了。萨丁实在是一个很大的海岛，可惜位置僻远，岛上的居民又很稀少，有时候我们可能会忘了它的存在。但是它确实坐落在那里。它的面积约10000平方英里，是欧洲的第六大岛。虽然岛上的山脉与亚平宁山同为史前大山脉的一部分，但因为它们是那座大山脉的两个极端，都背向意大利本国。岛的西海岸有很多优良的港口，东海岸异常峻峭，没有一片平坦的登陆点。过去两个世纪中，

意大利海港和古代遗迹 油画 弗朗西斯·瓜尔迪 18世纪30年代

在这幅图中，画家以浪漫的手法描绘了灰蒙蒙的云彩下的壮丽景色，画风洒脱随意，抒情色彩浓厚，带有威尼斯的晚期洛可可风格，其令人感叹的诗意是作品的魅力所在，也不乏印象派的特色。

它在意大利历史上占有举足轻重的地位。1708年以前，它是西班牙的殖民地；1708年以后，它落到奥地利人手里；1720年，奥地利人又把它让给萨伏伊公爵，而用公爵的领地西西里作交换条件。萨伏伊公爵先是把波河边的都灵作为首都，此时得到了萨丁，便高傲地称自己为萨丁国王了（因为公爵可以很容易地升为国王）。但是这些都不能说明萨丁岛上的居民都是意大利人，因为事实上到过撒丁岛的意大利人寥寥无几。

知识山

在文艺复兴时期，知识的大门向所有人敞开，无论男女老少，都有学习知识的权利。人们从最基本的说话、写字开始，逐渐学习文学、医学、音乐、数学和天文。这一时期，教育也逐渐对女性开放，人们可以根据兴趣选择自己想学的知识。

意大利文艺复兴代表作

13世纪末，文艺复兴开始在意大利各城市兴起，并出现了许多画家、文学家，他们创作了大量作品，其中米开朗基罗、达·芬奇、拉斐尔就是当时的代表人物。

作为文艺复兴三杰之一，米开朗基罗在《创世记》中描绘了男子气概的理想形象，是对永恒世界的辉煌的完美表达。

在拉斐尔的《雅典学院》中，画家将多名不同时代的学者绘制在画面上，寄托了他对美好未来的向往以及对希腊精神的崇拜。

达·芬奇创作了这一幅动人心魄的作品——《蒙娜丽莎》，她的微笑神秘莫测，也是有史以来最炫目的画作之一。

第十章

西班牙

欧洲和非洲的冲撞点。

西班牙	
中文名称：西班牙王国	所属洲：欧洲
首都：马德里	主要城市：巴塞罗那、塞维利亚
官方语言：西班牙语	货币：欧元
时区：东一区	国家代码：ESP
国歌：《皇家进行曲》	国花：香石竹

伊比利亚半岛的居民，一直以来都以非常明显的“种族”特点而闻名。在旁人看来，西班牙人跟其他民族完全不同。无论在任何地方，或任何情形之下，他们总会比其他种族的人更容易被辨认出来。他们有一种种族的优越感、狂妄的姿态、故意克制情绪、拘泥礼节以及弹六弦琴和击响板的技术，甚至把音乐也作为宣传“种族理论”的工具。

情形或许的确如此。你看到了西班牙人的傲慢、狂妄以及弹琴和击响板的能力，你也许真的会把他们辨认出来，但是我对于这种论调仍然深表怀疑。西班牙人之所以喜欢六弦琴和响板，只不过是因为那边的气候干燥而且温暖，它们是一种适合户外的乐器罢了。如果美国人和德国人也来学习这种演奏技巧，那么他们的技术一定会远胜西班牙人。事实上，他们的学习时间不如西班牙人多，这也完全是由于气候的影响所导致的。你总不能在柏林阴雨连绵的寒冷夜晚，把响板敲击出清脆的声音吧；你总不能在手指冻僵的时候，把六弦琴弹出美妙的音乐吧。至于傲慢和拘泥礼节等性格，难道不是数百年来严格的军事训练的产物吗？而那种严格的军事训练，难道不是因为西班牙在地理上一半属于欧洲、一半属于非洲的缘故吗？既然地理造就了这样的环境，那么西班牙就不得不成为欧洲和非洲的混战之地，只有对战的双方分出胜负后才会得到宁静。虽然西班牙人最终得到了胜利，但他们的领土长期作为战场使用，这一点也让他们的生活受到了极大的影响。如果一个西班牙人出生在哥本哈根或伯尔尼，长大之后他会成为什么样的人呢？我想他一定会变成小巧玲珑的丹麦人或瑞士人的。他会丢掉响板，用高亢的声音唱着山歌，山谷环绕着峻峭的悬崖峭壁，崖壁能传出神奇的回声，在这里是最适合放声歌唱的。我又想，他一定不愿意再花费很多的心思与忍耐力，从荒地上（由于欧洲与非洲的冲突，那边又成了荒地）收获一些粮食，得到些干面包和酸酒来苦苦度日。他会吃着大量的奶酪，或是痛饮芳香的烈酒，使自己的身体抵挡住外来的湿气，在农产品丰富的国家，烈酒只不过是普遍的饮料罢了。

现在，你先看一下地图。你还记得希腊和意大利的山脉吧。希腊山脉的蜿蜒路径就像对角线一样，意大利的山脉从北到南几乎成为一条直线，把全国分成了两半，不过两边都留有宽广的平地，可以修建铁路，让南北相互连接，而且北方又有突出的波河平原，使亚平宁半岛成为整个欧洲的一部分。

西班牙示意图　版画　17世纪

图中绿色的区域为西班牙，它与红色区域的葡萄牙同处于伊比利亚半岛上，其东北部与法国接壤，南部与非洲的摩洛哥相隔一条直布罗陀海峡，正好处于非洲与欧洲的中间。西班牙的全境分为5个区域：北部山区、中央高原、阿拉贡平原、地中海沿岸山地和安达卢西亚平原。

西班牙的山脉完全呈平行状延伸，我们绝对可以把它们称作“有形的纬线”。你只要看一看地图，就知道这些山脉是如何成为前进路上的障碍的。而这些山脉的起点，便是比利牛斯山。

比利牛斯山脉长240英里，从大西洋到地中海一路笔直地蜿蜒，几乎没有中断的地方。它没有阿尔卑斯山那样高，按照常理判断，只要是有山口，就一定方便攀登，但事实并非如此。阿尔卑斯山虽然很高，但同时也非常宽，虽然山路都很长，但都是缓缓地向上，对于行人或牲口来说完全没有困难。比利牛斯山则不同，它只有60英里宽，山路异常险峻，只有山羊和骡子可以攀爬，对人们来说实在是太陡峭了。据阅历丰富的旅行家说，就算是山羊也经常会遇到困难。经过训练的高山居民（大都是走私犯）虽然上得去，但也只限在夏季的几个月。关于这一带的地形情况，铁路工程师最熟悉了。他们修建过两条铁路，使西班牙与其他国家互相连通。一条从巴黎沿大西洋海岸到马德里，一条从巴黎沿地中海海岸到巴塞罗那。阿尔卑斯山有6条铁路，有些在山上，有些从山洞里穿过。从西边的爱隆，直到东边的菲格拉斯，而比利牛斯山从来没有挖掘过一条隧道。实际上，60英里长的隧道是非常不容易挖掘的。至于40度斜坡的山路，更不是火车能开上去的。

抽雪茄的西班牙人 17世纪

1612年，定居在北美洲的欧洲人开始种植烟草，直至50年代，这种作物被带到欧洲，并广泛流传。当时，大多数欧洲人都抽烟斗，而西班牙人则更喜欢抽雪茄。

比利牛斯山的西部，有一个相对来说比较容易通过的山口，叫作隆塞斯瓦尔斯，这个山口非常有名。公元778年，著名的武士罗兰曾在这里抵抗撒拉森人的攻击，为了效忠他的主人——法王查理曼，他最终战死沙场。700年以后，法国的军队又借助这个山口进攻西班牙。他们占领了山口，在攻到山口南端的潘普洛纳重镇时，却被西班牙的军队截住。在这次战役中，有一个名叫易格内细阿的西班牙士兵，腿上中了子弹，伤势非常严重。等到伤口痊愈之后，这位兵士受到了梦境的启示，创办了一个教会，也就是有名的耶稣会。

耶稣会成员对各国地理上的发展，都有着非常大的影响，甚至比那些不屈不挠的旅行说教者们——圣方济会的影响还要大。他们的发祥地，就是这条唯一贯通比利牛斯山的山路。

由于比利牛斯山的悬崖峭壁难以攀登，所以巴斯克人能够从远古时期直到现在，一直安定地生活在那里。也正是由于这个原因，安道尔共和国能够独立存在于世，不畏惧外来民族的侵袭。安道尔共和国位于比利牛斯山的东部，这里海拔非常高。大约70万左右的巴斯克人居住在这个像三角形的区域，北边靠着比斯开海湾，东邻西班牙的纳瓦拉省，西面以桑坦德城直到埃布罗河边的洛格罗尼奥城为界。巴斯克人又被叫作加科涅人，罗马人把他们称作伊比利亚人，把整个西班牙的所在地称作伊比利亚半岛。至于巴斯克人，他们自豪地把自己称作爱斯基尔杜那克人，这实在不像欧洲人的名字，和爱斯基摩人的名字倒很相像。

威灵顿公爵　油画　劳伦斯·托马斯　1818年

威灵顿公爵是拿破仑战争时期的英军将领，也是世界历史上唯一获得7国元帅军衔的人，曾出任第二十一任英国首相。在这幅图中，画家运用了浪漫主义的手法，呈现出威灵顿公爵沉稳、内敛的姿态，比起两军交战时的场景，倒像是在军队前华丽阅兵。

关于巴斯克人的起源，有几种比较可靠的说法：一种是从头盖骨和咽喉来研究种族理论的教授们认为他们与巴巴里人有关，在之前的几章中，我曾提过巴巴里人，他们是克劳墨族的后裔，可能是最早的欧洲人；还有一种说法认为巴斯克人是离奇的亚特兰蒂斯岛沉没时逃到欧洲大陆上的人，巴斯克人就是这些亚特兰蒂斯人的子孙；还有一些学者认为他们只是欧洲本地的土著，根本不需要去追溯他们的来历。这三种学说，究竟哪一种才是对的其实无关紧要。总之，既然巴斯克人能与世隔绝地生活数千年，可见他们的能力确实不小。他们非常勤劳，已经有10万多人移民到南美洲。他们还是杰出的渔夫、性格活泼的水手、技艺精巧的铁匠，他们只管自己的事情，绝不会去关注报纸上有什么重要新闻。

里斯本 版画 17世纪

葡萄牙的首都里斯本是全国最大的海港城市，也是葡萄牙经济最发达的城市。从这里通过太茹河经内陆，可以直接到达东边的西班牙，这使它不仅成为欧洲与非洲之间的重要通商口岸，也为西班牙的商品出口作出了贡献。

这个国家的第一大城市是维多利亚，是公元6世纪时哥特国王所建。1813年，维多利亚是一次著名战役的战场，最终，一位爱尔兰人把科西嘉大将军的军队打败，强迫他永远退出西班牙。这位爱尔兰人叫威灵顿，那位科西嘉大将军其实就是法国的拿破仑大帝。

至于安道尔这个奇怪的国家只有5000居民，只有一条狭窄的道路直通外面的世界。中世纪时期，它是那些奇怪的、面积很小的、却能保持独立的国家的最佳样本。正因为如此，在那时它们被当作边境的重要营地，为远方的君主提供有用的服务，后来，这些地方与外界相隔很远，以致于无人关心。

在安道尔的首都中只有600个居民，但这些安道尔人却跟冰岛人，或意大利的圣马里诺人一样，至少在美国实行民主法制800年前，就已经凭借人民自己的意志来治理国家了。安道尔是一个历史悠久的共和国，它应该获得我们的同情与尊重。800年实在是个漫长的时间，美国到了2732年会变成什么样子，谁知道呢？

比利牛斯山还有一点与阿尔卑斯山不同，因为在那里并没有冰川。虽然在很久以前，它上面覆盖的冰雪比瑞士所有的高山都要厚，可是现在只留下几平方英里的冰川了。西班牙的其他山脉也都是这样的，它们都非常崎岖险峻，难以攀登。就算是安达卢西亚南部的山脉，如内华达山，也只有少数山峰上披着白雪，而且只有从10月到次年3月才能出现少得可怜的冰帽。

这些山脉的走向直接影响着西班牙的河流。这些河流都发源于中部荒凉的高原，有些就在高原之上（在远古时这里就有非常险峻的山脉，数百万年来经受风吹雨打，最后留下了这些荒凉的高原）。河流向着大海流去，速度非常快，瀑布非常多，因此不能用来航行。更糟糕的是这个地方夏季严重干旱，大部分的河道都干涸了，在马德里，至少有五个月你能看见曼泽拉雷斯河的河底，河床上的泥沙曝露在外面，让首都的孩子们能在沙滩上尽情玩耍。

这就是我不厌其烦地告诉你其中绝大多数的地名的原因。但是，对于葡萄牙首都里斯本的太茹河是个例外，太茹河的航道几乎和葡萄牙与西班牙的边境线一样长。西班牙北部的埃布罗河流经纳瓦拉和加泰隆尼亚，能容纳较小的船只，至于较大的船只，只好

卡斯蒂利亚示意图　版画　17世纪

卡斯蒂利亚是西班牙历史上的一个王国，由西班牙西北部的老卡斯蒂利亚和中部的新卡斯蒂利亚组成，奠定了西班牙王国的基础，现在西班牙的君主就是由卡斯蒂利亚王国一脉相传，卡斯蒂利亚文化也是西班牙的主体文化。

在跟它平行的运河里行驶。瓜达尔基维尔河（或称摩尔人的大河）连接着塞维利亚与大西洋，只能容纳吃水小于15英尺以下的小船。塞维利亚东北的科尔多瓦城是摩尔人的首都，在基督教征服摩尔人之前，那里有900个公共浴池，现在却从900个减至0个，居民也从20万减至5万。瓜达尔基维尔河在塞维利亚与科尔多瓦间的一段只适合小船航行，从科尔多瓦向上，它跟西班牙大多数的河流一样，变成了峡谷河（就像美国的科罗拉多河）。这种峡谷河不仅不利于沿岸的贸易，反而是非常大的障碍。

所以，照这样说来，大自然对于西班牙人并没有给予特别的恩惠。这个国家的中部一带全是高原，一条低矮的山脉把它划分成两半，北半部是旧卡斯蒂利亚，南半是新卡斯蒂利亚，两个卡斯蒂利亚之间的那条山脉，叫作瓜达拉马山。

卡斯蒂利亚的意思是城堡，是一个非常不错的名字。可是它就像西班牙雪茄的烟盒一样，尽管宣传得天花乱坠，但质量也不过如此。实际上，卡斯蒂利亚只是一片寻常的贫瘠的土地。美国的谢尔曼将军经过佐治亚之后，曾经说，如果一只夜莺想飞过圣伦多哈河流域，应该自己带上口粮。其实，这两句话是抄袭罗马人的。罗马人在2000年前就说过，如果一只夜莺想飞过卡斯蒂利亚，应该自己带上食物和水，否则它只能死于饥渴。因为在高原的四周，全是崇山峻岭，虽然有大西洋与地中海的云气升起，但都被它们挡住，不能飘到这块贫瘠的土地上来了。

因此，卡斯蒂利亚一年中有9个月像地狱一样炎热，其他3个月都刮着干燥的寒风，当寒风扫过寸草不生的荒野，无情而又狂暴。在动物中，只有羊群才能安然生活；在植物中，只有蒲草才能在这里生长。蒲草质地坚韧，可以用来编织篮子。

大多数西班牙人喜欢把这片平原称作墨塞塔（只要是到过新墨西哥，或跟随克拉奇·卡探险的人，都认识这个词），它就相当于一片常见的平原、一片单调的沙漠。这样，你就会明白为什么西班牙与葡萄牙的面积比英国大，而人口却只有英伦群岛的一半了。

如果你还想要了解这里穷苦的情况，我劝你去读塞万提斯的小说，读过之后，你一定会记得那位“异想天开的绅士”，书中的主人翁，就是在曼卡鼎鼎大名的堂吉诃德先生。很早以前，卡斯蒂利亚高原上散布着内陆沙漠，塞万提斯所说的曼卡，就是其中之一。曼卡离西班牙古代的首都托雷多不远，是一片萧条冷落的荒地。西班牙人认为，Mancha一词实际上是不祥的预兆，意思是“荒芜之地”，这位可怜的堂吉诃德先生，也只不过是“荒地的主人而已”。

大自然对这个国家如此吝啬、如此无情，居民也就只能依靠辛苦的工作，来获得生活上的必需品，否则就要和普通的西班牙人一样，把全部的家当装在一只驴子的背上。这些悲剧，在地理位置不佳的国家是必然会发生的。

伊比利亚半岛上蕴藏着丰富的重金属资源，因此它总是会受到外敌的侵略，这种情况已经不止一次发生了。2000年前，铜、锌、银三种金属，就和现在的石油一样宝贵。一个地方只要有铜、锌、银的矿产，敌对的军队就会为了争夺所有权而采用武力，最后导致战争的爆发。当闪族人（住在腓尼基的殖民地迦太基一带）与罗马人相互争夺世界上的财富时，却给西班牙人带来了噩运。它就和现代的很多地方一样，蕴藏着丰富的天然资源，最终变为战场。

闪族人和罗马人走后，北欧的野蛮民族又把它当作便利的桥梁，以备入侵非洲时使用。

7世纪时，一位阿拉伯驼夫率领许多以前从未听说过的沙漠民族东征西讨，到后来居然威震天下。100年后，他们征服了非洲的北部，而且想要入侵欧洲。711年，塔里克向着著名的猴子岩驶去，一路全无抵抗，他率领军队在直布罗陀附近上岸。直布罗陀是一片著名的岩礁，在过去200年中，大多数时间是英国人的殖民地。

直布罗陀与对岸的人猿山统称“赫拉克勒斯的双柱”。希腊的神话中说，从前赫拉克勒斯把欧洲和非洲的高山向两边一推，就推成了一个海峡。

冬日的暴风雪　戈雅　1786～1787年

戈雅运用清晰的笔触、写实的手法描绘了西班牙寒冷的冬天。在图中，白雪皑皑的山路被青灰色的天空笼罩着，人们在山路中艰难前行，所有的家当都驮在了一头小驴子的背上。在这里生活的人们，抵抗着像地狱般恶劣的天气，只有依靠辛勤的劳动才能勉强填饱肚子。

西班牙人能抵抗这些外来侵略吗？他们肯定是想这样做的，可惜地理环境不能让他们的想法与行动同步。平行的山脉与峡谷中深邃的河流，把全国分割成无数独立的小区。请你记住，就算到了现代，西班牙仍然有一些村庄与外界完全没有接触的机会，各村庄间也没有直接的交通，即使有些狭窄的小路，也只能让那些行动灵敏的人在一定的季节里行走。

你还要记好一些历史与地理告诉我们的事实：这样的国家都是氏族制度的诞生地。氏族制度也有它的优点，它会让同属一个宗族的人们互相团结，它会让个人利益服从于宗族利益。但同时，苏格兰与斯堪的纳维亚半岛又在向我们昭示着，氏族制度是经济合作与国家组织的劲敌，海岛的居民虽然远离群体被孤立着，并不关心本岛以外的事情，但至少他们能够抽出一点空闲时间，坐着小艇跟邻居们聚谈一个下午，或是拯救那些遇险的旅客与水手，或是听听大陆上的奇闻怪事。至于溪谷里的居民，他们被无法飞越的高山隔绝着，不能与外界通讯，除了自己和邻居外，再也没有其他伙伴了，他们的邻居的情况也是这样的。

塞维利亚、加的斯和马拉加 版画 17世纪

塞维利亚、加的斯和马拉加这3个城市都在欧洲最南部，即西班牙最南部的安达卢西亚自治区内，与南端的非洲大陆仅仅相隔一条狭窄的直布罗陀海峡，是欧洲与非洲大陆通商的第一道大门。其中塞维利亚位于内陆，承担着管理马拉加与加的斯两大港口城市的责任。

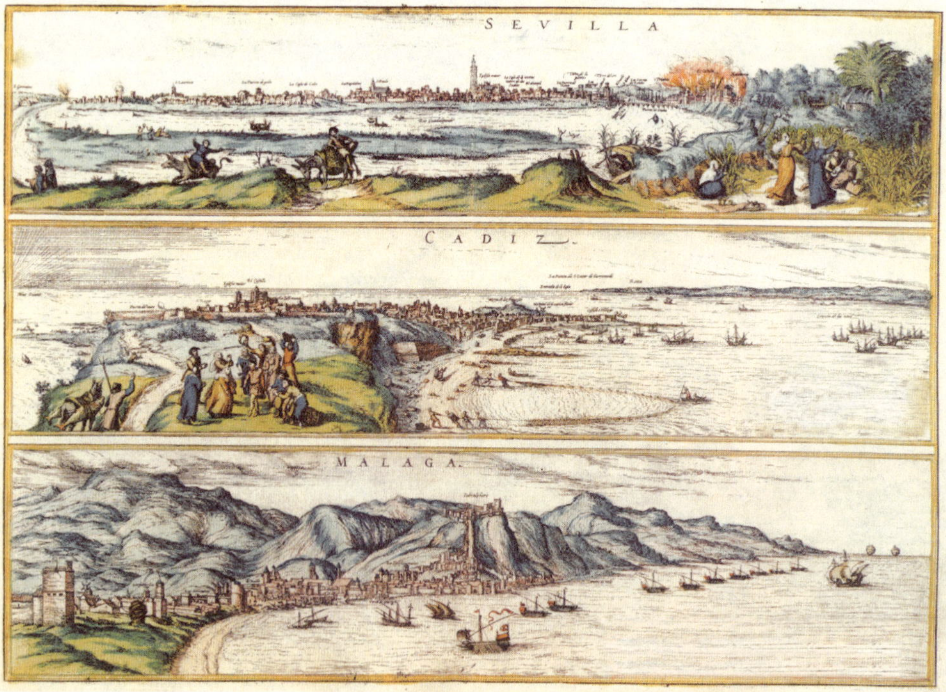

持续了700年之久的西班牙独立战争，实在是一部无穷无尽、背信弃义、相互猜忌的史诗。这些背信弃义与相互猜忌的戏码，都是在北方的基督教小国上演的。他们虽然把比利牛斯山作为屏障苟延残喘，但却不想退过比利牛斯山与法国人相安无事。原因是，法国人在查理曼好几次纸上谈兵后，早已对这些小国置之不理了。

同时，摩尔人已经把南部的西班牙建造成了一座真正的花园。他们懂得水的价值，酷爱故乡所没有的花草。他们建造了伟大的灌溉系统，把橘树、枣树、杏树、甘蔗、棉花等移植过来。他们利用了瓜达尔基维尔河，使科尔多瓦与塞维利亚间的溪谷变成了巨大的花园，在这里，一年之中，农夫能收获4次。他们充分利用流入地中海的胡卡尔河，在原有的农田之外，又增添了1200平方英里肥沃的土地。他们聘请工程师，创办大学，运用科学的方法从事农业研究。他们还修建了很多平坦的大道，至今西班牙所有的道路还是他们留下来的杰作。他们对于天文学及数学的贡献，我在此书的开端已经讲述过了。在当时的欧洲，只有他们注意到了医药与卫生，他们用极大的耐心研究这些学问，把古希腊的著作译成阿拉伯文，并且介绍到西方来。摩尔人还尽量使用一股强大的力量为他们工作，这样做无论对于他们，还是受雇于他们的人都是有益的。这股强大的力量就是他们不但不把犹太人监禁在规定的区域内虐待他们，反而给他们人身自由，让犹太人发挥他们在商业上的天赋与能力。这种举措对于国家来说是非常有益的。

不可避免的事件发生了，几乎整个西班牙都被占领了，来自基督教那边的反抗也不足以构成威胁。其他的阿拉伯人和巴巴里人本来在荒芜的沙漠中过着苦日子，此时也听说了这座人间的乐园。在这种奢侈的环境下，由强悍的农民所建立的王朝便逐渐衰败，他们势力越来越小。至于其他强悍的农民，依旧在汗流浃背地拉着耕牛犁地，但只要他们一想起格拉那达的阿尔罕布拉宫和塞维利亚的阿尔卡塔宫，就不禁开始嫉妒。于是，内战发生了，谋杀发生了，到处都是杀戮，有些家族整个垮台了。同时，北方的一位强者崛起了。一些小集团联合在一起形成小侯国，小侯国联合在一起形成国家。卡斯蒂利亚、里昂、阿拉贡及纳瓦拉的名字，开始被世人所知道。最后，他们把一直以来的仇视心理完全放下，促成了阿拉贡的斐迪南与卡斯蒂利亚的伊萨贝尔的结合。

在解放战争时期，发生了3000次以上激烈的战斗。基督教教会把民族斗争演变成了一次宗教战争。西班牙人变成了十字军战士——他们怀有非常高尚的抱负，但是却给他们为之英勇战斗的国家带来了毁灭性的灾难，在最后的要塞格拉那达从摩尔人手中被争夺过来的那一年，哥伦布发现了通往美洲的航线。6年之后，达·伽马绕过了好望角，发现了直接到达印度的通路。而这时，西班牙人已经回到了昔日的故土，利用摩尔人之前的发明，增强了他们的国力，并且利用这些成果大发了一笔横财。他们凭借着狂热的宗教热情，自认为是神圣的传教士，但是事实上他们既冷酷又贪婪，就像强盗一样。他们在1519年征服了墨西哥，在1532年征服了秘鲁。从此以后，他们就一落千丈。笨重的帆船把黄金载到了塞维利亚和加的斯的库房里，他们的锐气便被葬在了这源源不绝的到来的财富中。他们是“金领阶层”中的人物，享受着从墨西哥人与秘鲁人手里夺来的财

西班牙最后的胜利 詹巴蒂斯塔·提埃坡罗 1764～1766年

经过数百年发展，西班牙已经从一片荒地变为强大的殖民帝国。镶嵌在马德里皇宫的这幅天顶壁画，象征着君主的伟大统治使西班牙取得了最后的胜利。图中上方的天神与天使表示上帝为这里注入了强大的力量，下方还加入了西属美洲殖民地的土著，而西班牙的士兵骑着战马征服世界，最终举起了胜利的旗帜。

宝，却什么都不用付出，深怕辱没了自己的身份。

摩尔人的所有努力全部付诸流水，他们不得不离开西班牙。随后，犹太人也走了。他们走的时候非常可怜，大批大批的人挤在一艘破船里，全身赤裸，他们的财产都被掠夺走了，然后，船长随心所欲地把他们随便抛弃在某一块陆地上。犹太人的心中充满了仇恨，但是颠沛的生活磨炼了他们的意志。然而，仿佛上帝也在故意为难他们，他一定要让这些不幸的难民受到一位国王的统治，而这位国王的人生观又是非常狭隘的。卡斯蒂利亚荒原的旁边有座伊斯库利亚宫，这位国王就在这个宫殿里登基，同时他的新国都也从马德里迁到了伊斯库利亚。

从此以后，三个洲的财富与整个国家的人力完全被用来抑制那些对国家抱有怀疑态度的人，而西班牙在长达700年的宗教战争中已经变为“唯命是从”的民族，许多奇迹在他们眼里都化作平凡的东西。他们忠于国君，但最终却很难避免家破人亡的悲惨结局，这种情形，就像他们的财富积累得越多，反而最后越贫穷一样。

伊比利亚半岛让西班牙人变成了现在这个样子。他们无法正视自己的过去，只好把眼光放在未来，希望能改头换面，将数百年的伊比利亚半岛变成理想中的乐园。

他们正在努力，比如巴塞罗那等各个城市的人民正在不懈地努力着。

然而，那是多么艰巨的工作啊！

西班牙的地理区

从自然地理而言，西班牙可以分为5个地理区。

北部山区	比利牛斯山脉一带。	木材产地，以及牧区和工业区。
中央高原	旧卡斯蒂利亚高原和新卡斯蒂利亚高原。	有大片著名的橄榄树林和动物保护区。
阿拉贡平原	比利牛斯山脉东南面的埃布罗河流域。	西班牙的天然粮仓，以及葡萄、柑橘产地。
地中海沿岸山地	从东南部安达卢西亚到东北部加泰罗尼亚。	有沿岸山地以及伊比利亚半岛的最高点。
安达卢西亚平原	莱纳山脉和安达卢西亚山脉之间。	拥有一马平川、坦荡的大平原，气候干燥。

第十一章

法国

拥有梦想的一切的国家。

法国	
中文名称：法兰西共和国	所属洲：欧洲
首都：巴黎	主要城市：马赛、里昂
官方语言：法语	货币：欧元
时区：东一区	国家代码：FRA
国歌：《马赛曲》	国花：鸢尾花

我们时常听人家说，法国并不把自己当作世界的一部分，法国人虽然住在大陆上面，但相比住在多雨的、孤岛上的英国人显得更为孤立。总之，法国人有着固执的态度，并不愿关心世界上的一切事情。

为了要把事实彻底弄清楚，我们必须要探究他们的根源。任何民族的根源都埋藏在土壤和灵魂的深处，土壤影响心灵，心灵也影响着土壤。如果我们没有弄清楚其中的一方面，也就不能理解另一方面了，假如两方面的真实含义我们都理解了，那么每个国家的国民特性我们就能洞悉无遗了。

我们时常听到攻击法国人的言论，这些言论大部分是有根据的。但在世界大战时期，法国人也赢得了不少好名声。那是因为，他们的优点与缺点都直接受到他们所处的地理环境的影响。他们的领土在大西洋与地中海之间，这个国家所需要的一切资源都可以自给自足。如果你能在自家的后花园中享受各种气候带给你的好处，欣赏各种风景的变化，你还愿意到别处去吗？只要你搭乘任意一列火车，就能从20世纪回到12世纪，就能从满眼碧绿到处是古堡式村庄来到遍布沙丘和松树的村庄，你还愿意游遍世界，研究不同的语言与风俗习惯吗？如果你日常所需的食物、饮用水、睡觉的床都是一流的，如果你居住的地方人们能把菠菜加工成美味佳肴，那么你还愿意为护照、粗劣的食物、酸酒和北方暴躁粗野的农民而烦恼吗？

当然，只见过高山，除此之外没见过其他地区的人，只见过放牧着几个牛群的草原，除此之外没见过别的的人，他们都应该时不时去出国看看，看一看外面的世界以免抱憾终身。一个人从出生就开始听悦耳的音乐，吃同样的香肠三明治，一定会厌烦的；一个人，不能一生一世只吃意大利通心粉；一个人，也一定不想为了领半磅奶酪去排6小时的队才能美餐一顿。

法国人真是天之骄子，他们住在人间的天堂里面，这里物资非常丰富，甚至不需要经过长途运输就能够得到他们想要的一切东西。因此，法国人就会问你：“我为什么一定要离开我的国家呢？”

你或者认为我这种论调是荒谬的偏见，我所讲述的法国人的特性全部都是错误的，我也很想对你的话表示赞同。不过，我还要承认，从各方面来看，法国确实是受到了自然与地理环境的特别恩赐。

法国示意图　版画　17世纪

图中所示区域为17世纪的法国领地。法国全称为法兰西共和国，位于欧洲西部，是西欧面积最大的国家。它的地理位置得天独厚，三面临海，大部分领土都是平原和丘陵，拥有丰富的自然与文化遗产。

法国南部的风景 油画 安德列·德朗 1927年

在宽阔的天空下，前面是繁茂的树木，后面则是暗色的群山和山上的小石屋，对比鲜明的色彩使画面分为3个部分，表现出画面中蕴含的丰富情感，带有画家这时期特有的诗情画意，是一幅饱含自由与自信的佳作。

第一，法国有丰富多样的气候。它有温带气候、热带气候，还有温带与热带之间过渡的气候。欧洲最高的山峰位于法国，这足以让它自豪。同时，法国人在平坦的地面上开凿出了许多运河，使所有的工业中心连通起来。如果一个法国人想在山坡上滑冰，以此来度过冬季的闲暇时光，只需要搬到萨伏伊的村落里去住，这个小村庄位于阿尔卑斯山的西部支脉；如果他不喜欢滑冰而喜欢游泳，只需要乘车到大西洋的比亚利兹湾，或地中海沿岸的戛纳；如果他很喜欢看着熙熙攘攘的人群，特别是对那些做着君主梦但却被多次放逐的王侯们感兴趣；如果他想认识还没有成名的男演员、已经成名的女演员、技艺高超的小提琴师、演奏娴熟的钢琴师、倾国倾城的舞女以及其他能让他为之如痴如醉的各色人物，他只需要到巴黎的咖啡店里去，要一杯咖啡和一块奶酪，坐在那边等！那些知名的时尚男士、女人和孩子，都会一个个在他身边经过。最难得的是，他们坐在那里不会引起任何人的注意。因为在这里，这种景象差不多已经有1500年的历史，就算是国王或教会中有身份的人从这里走过，也就像新生在校园里走过时不引人注意一样。

就在这里，我们遇到一个有关政治地理上的无法解释的奇迹。2000年以前，这片飘扬着三色国旗（它不分昼夜地飘扬着。以前法国人把国旗挂起之后，直到它受到时间与天气的侵蚀，变成褪色的布条时，才会把它降下来）的领土，大部分地区属于西欧平原的一部分。但后来，大西洋与地中海之间的这片地方又变成了中央集权的国家，那是地理因素解释不了的。

有一些地理学家认为，气候与地理环境是决定人类命运的重要因素。有时这种说法当然是对的，有时还有一些其他因素在起作用。摩尔人和西班牙人生活在同一块大陆上，1200年的太阳和1600年的太阳一样平等地照耀在瓜达尔基维尔河流域上。然而，它在1200年所照耀的是一座长满了奇花异果的乐园，1600年所照耀的却是一片沟渠失修、野草丛生的荒野。

瑞士人经常使用四种语言，但他们都觉得自己是同一个国家的成员。比利时人的语言只有两种，但他们都互相仇视，甚至把亵渎仇人的坟墓当作星期日下午的例行消遣。冰岛人所住的是小岛，然而他们能够抵抗外来异族的侵略，在1000多年里，一直维持着独立与自治。爱尔兰人也住在岛上，然而他们却不知道独立是什么。无论机械与科学进步到什么程度、各种指标如何标准化，而人性在事物的发展中永远是最不稳定，也最不可靠的因素。由于这种不稳定、不可靠的人性，才会有许多神奇的、出人意料的发展。现在的世界地图就是这些发展的明证。至于法国，是一个相反的例证，它使我的理论难以自圆其说。

从政治上说，法国是一个统一的国家。但是如果你认真看一看地图，就会知道法国由两个独立的部分组成，而且这两部分又是背靠背相连的：东南方的罗讷河流域面向地中海，西部和北部的大平原面向大西洋。

我们先讲述两部分中最早的时候吧。罗讷河发源于瑞士，最初的那一小段无足轻

午后的图书馆　法国　18世纪

在周末的午后，孩子们和女人们利用闲暇时间到图书馆里阅读自己感兴趣的书籍。设计师用庄严的半身大理石像作为装饰，桌脚与椅背也都是经过精心雕琢的，墙壁上通天的书柜也代表了各种文化。

来自亚述王的西南宫殿的石嵌板碎片　伊拉克

公元前704～前681年

这个碎片展现的是一艘腓尼基的船。所谓腓尼基，是希腊人对迦南人的称呼，他们利用海路与各国通商，获取了巨额的财富。作为一个航海的民族，腓尼基人的造船技术相当高，如本幅碎片中的船只就很有设计感，船舷上缘有一层被加深的壳，两列的桨交错，不仅节省空间，还方便划行。而在古代，腓尼基人经常经法国罗讷河前往中欧。

重，直到离开了日内瓦湖，流到法国的工业中心里昂，跟索恩河交汇之后，才成为一条重要的河流。索恩河从北方缓缓流淌而来，发源地距默兹河只不过数英里远。默兹河把北欧连接在一起，就像索恩河把南部连接在一起一样。罗讷河并不是一条适合航行的河流，它向着利翁湾（有些地图上写的是里昂湾，其实是错误的）流去，一路长达6000英尺，因此这段河道上有很多段激流，即使是现代的轮船行驶在上面也不可能如履平地。

但在古代的腓尼基人和希腊人看来，它依旧是一条直达欧洲中部的快捷路线。原因是那时的人工（奴隶）的工资非常低。大小船只由远古时期的伏尔加船夫（他们的命运并不比其他俄罗斯人更好）牵着，就能逆流而上，若是顺水行舟，只需要几天的时间。因此，古代地中海文明初次传入欧洲内陆时，罗讷河就是必经之路。说来也奇怪，马赛虽然是罗讷河流域上最早的商业中心（至今仍然是法国地中海上的重要港口），可是它并不位于河口处，反而在河口以东数英里处（现在那边已经开凿了运河，与罗讷河相连通），这确实是一个非常不错的地段。因为，在3世纪时，马赛已经是重要的商业中心，马赛的货币已经传到了提洛尔和巴黎的附近。没过多久，马赛以北的地区就公认马赛是它的首府了。

但后来，风云变幻，马赛人受尽了来自阿尔卑斯山的野蛮民族的压迫，就请求罗马人的援助。罗马人果然来了，来到这里以后就不肯搬走了。从此，罗讷河河口一带就变成罗马的一个省，普罗旺斯也在历史上占有着重要地位。而且，从这个名字上面我们还可以知道，它是罗马人的，尽管腓尼基人和希腊人早就开始重视这块肥沃的三角洲。

就在这里，我们遇到一个最难解决的地理与历史的问题。普罗旺斯既然继承了希腊文化与罗马文化的结晶，享受着温和的气候与肥沃的土壤，前边面向着地中海，后边又直通中欧与北欧的平原，看起来应该会成为第二个罗马。可是，它虽然有丰富的天然资源，却没有好好地利用它们。当恺撒与庞培争雄的时候，普罗旺斯站在了庞培一方，结果马赛便遭受了恺撒军队的侵袭。但那次的损失并不算重大，因为不久以后，马赛人还会在老地方重新建设的。同时，罗马的文学、艺术、科学和文雅的风度等，因为不能安然地在罗马发展，就漂过了利古里亚海，传到普罗旺斯来，使普罗旺斯变成一块围在野蛮民族中的文化区域。

随后，教皇就失去了权势与财富，不能再留在台伯河边的城里了（中古的罗马人比豺狼好不了多少），便把他们的教廷迁移到阿维尼翁，在那里建造了一座城堡，用以抵御外来的侵略。阿维尼翁之所以著名，是因为这个城市尝试建造大跨度的桥梁（现在，大多数的桥梁都是从河上通过的，但在12世纪时，这种工程却是人间的奇迹）。自教皇迁居后，将近100年中，普罗旺斯就成为了基督教首领的家园，它的骑士在十字军中占有极重要的地位，一个普罗旺斯贵族成为了君士坦丁堡世袭的统治者。

但不知道为什么，尽管大自然已经替他们提供了这么多肥沃清新而又富有情趣的溪谷，普罗旺斯人却总不能秉承大自然的意志，干一番轰轰烈烈的事业。普罗旺斯虽然出现过沿街歌唱的诗人，建立了一

普罗旺斯的圣维克多山　油画　塞尚·保罗

塞尚是野兽派的代表作家，在他的画作中有很多是描绘其家乡法国地区的风景。一个风景优美的地方才会产生出各种鲜艳的色彩，圣维克多山给了画家大量的灵感，使画家运用对比的色块和简化的几何图形为大家呈现出了一个质朴又充满活力的普罗旺斯。

派文学，在诗歌、小说与戏剧的历史上占有相当重要的地位，可是他们并不能把柔和的普罗旺斯方言变成通行的法语。倒是北方的居民把他们的方言变成通行的法语，虽然北方的居民不像南方人那样拥有丰厚的天然优势，却能建立法兰西王国，把法国文化传播到全世界。在1600年以前，谁也不会想到会有这样的发展，因为那个时候，整个平原从南边的比利牛斯山，直到北边的波罗的海，仿佛注定要变成条顿帝国的一部分，人们认为那才是自然发展的结果。但人们对于自然的发展是不感兴趣的，于是一切事情就迥然不同了。

在恺撒时代的罗马人看来，这一部分的欧洲是“远西”。他们又把它称作高卢，因为那边的居民全都是高卢人。因为在当时有一个男人和女人的头发都很漂亮的神秘民族，希腊人都把他们叫作赛尔特族，高卢人便是赛尔特族的一个分支。当时的高卢有两部分，一部分是在阿尔卑斯山与亚平宁山之间的波河流域，叫作“阿尔卑斯山南边的高卢”。在那里，很早就有头发漂亮的野蛮人在活动。当恺撒孤注一掷、毅然决定渡过卢比孔河时，“阿尔卑斯山南边的高卢”便是他行经之地。另外一部分叫“阿尔卑斯山北边的高卢”，包括了欧洲的其他各部分，但自从恺撒在公元前58年至公元前51年征服高卢人以后，“阿尔卑斯山北边的高卢”就跟近代的法国关系更为密切了。它是一大片肥沃的平原，少量的赋税让居民可以轻松支付，也没有激烈的抗捐运动，因此它也可以说是罗马人理想中的殖民区域。

罗马佃户交租场景 浮雕

早在3世纪的罗马统治时期，就有了佃户交租的制度，这一制度在奴隶社会被广泛使用，甚至沿用到封建社会。每到一定时间，地主就会向佃户收取出租田地的租金，而辛勤的奴隶就算日出而作、日落而归也未必能填饱肚子，而整日消遣的地主阶级却大吃大喝、奢华无度。

北方的孚日山脉与南方的侏罗纪山脉中的山路并不崄峻，大队的步兵可以毫无阻碍地在那里行走。因此，在法国平原上没有多久就布满了罗马的壁垒、村落、集市、庙宇、监狱、戏院和广场。塞纳河上的琉提细亚小岛（即巴黎的古称）上面，依旧存留着赛尔特人当初居住的那种打有木桩的小屋，但同时也有了罗马人新建的庙宇，现代的巴黎圣母院便是在这座庙宇的旧址上修建的。

琉提细亚岛的水上交通很便利，可以直达大不列颠（公元纪年最初的400年中，大不列颠是罗马人最富饶的殖民地）。同时，它又是极好的军事中心，可以监视莱茵河和默兹河间的不安定区域。因此，它就很自然地成为罗马人统治远西时的重镇了。

有时候，我们只要想到古代的罗马人能够开辟这么多航路、开发这么多海岛、侵占这么多大陆，总是觉得不可相信。其实这是毋庸置疑的——罗马人在修建港口、城堡或贸易市场的时候，都有一种杰出的本能，这种本能指引着他们选择最适合建设的地区。这种情形，我在前一章里已经告诉你了。如果一个观察者在巴黎住上6个星期，看到了那边的阴雨和迷雾以后，或许会暗暗自问："天哪！罗马人为什么偏偏要选择这么惨淡的地方，作为他们统治西北两部分殖民地时的行政中枢呢？"但是地理学家有着不同的观点，他只要带着法国北部的地图，就会把理由告诉我们。

数百万年以前，这一带不停地遭受着地震的折磨，山岭和溪谷从这边到那边来回移动，就像棋盘上的棋子一样无法捉摸。这时，4个不同年代的岩石堆叠起来，一层层堆积着，仿佛中国茶具里叠放着的4只茶碗。最下面最大的一只从孚日山起，到大不列颠为止，终端浸入到英吉利海峡中。第二只东起洛林，西至沿海的诺曼底。第三只便是有名的香尼巴。第四只在第三只里面，通常被称作法兰西岛。法兰西岛的四周被塞纳河、马恩河和华斯河所围绕，巴黎刚好在全岛的中心。巴黎的地理位置非常安全——几乎是万无一失的，因为它利于防守，可以抵抗外来的侵略。例如，当敌人爬上第一只茶碗的峭壁时，碗内的军队就可以占据险要的地方尽力抵抗。即使不幸战败，他们也能从容后退，借由第二只茶碗的边缘作为屏障。万一四战全败，退到了塞纳河的小岛上时，他们也只需要把桥梁烧断，就可以让这座小城变得固若金汤了。

如果敌军有坚强的意志、良好的武器，也有可能夺取巴黎，但终究是非常困难的，世界大战就是最近的例子。德国人之所以不能攻下巴黎，一方面由于英法联军的奋勇抵抗，一方面也由于数百万年前产生的地理变化，使东方的侵略者处处遭遇天然的障碍。

法兰西的民族独立战争虽然持续了将近1000年，虽然在此期间法国也是四面受敌，然而，其他国家都需要保卫四面的国界，法国只需用全部力量保护西部的疆土。法国之所以会发展成近代的中央集权国家，这种发展之所以会比欧洲其他国家发生的时间更早，或许就是这个原因。

法国的西部位于塞文山脉、孚日山脉与大西洋之间，形成了许多天然的半岛与溪谷。各个半岛与溪谷间蜿蜒着低矮的山脉，因此互相隔绝，其中最西边的溪谷是塞纳河及华斯河两流域。华斯河流域与比利时平原连接在一起，那边有一条天然通道，在古代

巴黎圣母院

巴黎圣母院位于法国巴黎市中心，是塞纳河畔的哥特式大教堂，耗时80多年才修建完成，历代国王都曾经在这里举行过重要的仪式和活动。教堂正面的3个拱门雕刻了《新约全书》中的故事，如图中的中央拱门雕刻着耶稣的“最后的审判”。

就建成了用来防守的圣昆丁城。圣昆丁城现在已经是全国重要的铁路枢纽，1914年，德军向巴黎进发时，这里就是他们的攻击目标之一。

塞纳河流域与卢瓦尔河流域间的交通非常便利，奥尔良是它们的必经之地。正因为这样，奥尔良在法国历史上占有着很重要的位置。法国的民族女英雄（圣女贞德）被称作奥尔良女英雄，巴黎的最大的车站也叫作奥尔良站。正因为奥尔良的地理方位适合作为南北要塞，因此人物和车站都由它来命名。中世纪时期的骑士们为了争夺这块要地拼得你死我活，近代的铁路公司也为了这块要地而纷争不已。世界已经改变了，虽然表面上变得面目全非了，实际上它的本质却是丝毫没有变化。

至于卢瓦尔河流域和加龙河流域间的连通全靠一条铁路，普瓦蒂埃成为连接它们的必经之地。732年，查理·马特尔曾在普瓦蒂埃附近打败了摩尔人的入侵，使摩尔人不敢深入欧洲。1356年，黑太子也在普瓦蒂埃附近摧毁了法国军队，在长达100年的时间里使法国成为了英国的殖民地。

至于辽阔的加龙河流域，它的南部便是有名的加斯科涅，是亨利四世和穿着迷人的达达尼昂的故乡。普罗旺斯与罗讷河流域之间有直接的通路，只需要经过一个溪谷。这个溪谷西自加龙河岸的图卢兹，东至地中海海滨的纳博讷。在罗马人所有的高卢殖民地中，纳博讷的历史是最早的。

就像远古时期的其他大道（在有历史记载前的数千年前，这种大道已经被人类利用了）一样，某些人往往把这条山路（从加斯科涅到普罗旺斯及罗讷河流域的山路）当作发财的工具，而欺诈和牟取暴利的历史和人类一样久远。如果你不相信这句话，不妨走到那边的山路上去看一看，待在它的附近，直到你确认你已经找到了这条山路在8000年前最为狭窄的那一段。在那个地方，你会发现至少有6~12座城堡的废墟。如果你十分了解古代文明的话，那里不同的岩石层还会告诉你："公元前50年、公元600年、800年、1100年、1250年、1350年、1500年时，这里曾有打家劫舍的强盗修建过一座城堡，为了向过路的客商收取钱财。"

有时，除了废墟之外，你还会发现一座繁华的城市，例如喀卡孙。城市内所有的高塔、围墙、城垣以及半月形的城堡等，都能使你恍然大悟，一座山口要塞应该达到怎样的坚固程度，才能在强敌的袭击中保存下来。

关于法国的地理方面的情况，已经讲了不少了。现在，我要说一说法国人的普遍性格。法国人住在大西洋与地中海之间的陆地上，有一点是完全一致的，那就是他们喜欢平衡与匀称。假如"逻辑"二字总会被人误解，总会使人一见到就联想起枯燥无味的陈词滥

圣女贞德

圣女贞德是法国人民心中的自由女神、民族英雄，她在英法百年战争期间带领法国军队抗击英国入侵，为法国查理七世加冕作出了贡献，直至被俘，之后被宗教裁判所判处死刑，年仅20岁。

调，那么我可以说，法国人是把“逻辑”这个词表现得最到位的。

法国是欧洲最高峰的故乡，勃朗山脉的最高峰现在是法国的领地，但那也只不过是偶然的机会而已。大多数法国人对这座披满了冰雪的荒山并没有兴趣，就像大多数美国人并不关心色彩鲜艳的沙漠一样。法国人最爱的是像默兹河流域及加龙河、诺曼底、皮喀特等地秀丽的丘陵、清澈的小溪、溪旁碧绿的杨柳、溪内闲散的船只以及那曾被华托描绘过的溪谷里的片片晚霞。法国人最欣赏的是仍然留存旧貌的小村落、气象升平的小县城，因为那里的居民生活，还能跟50年前或500年前他们的祖先们生活过的一样。此外便是巴黎，因为在1000多年以来，最完满的人生与最高尚的理想在这里代代相传。

在世界大战时期，我们听到很多关于法国人的无稽的流言。实际上法国人的性格刚好相反，他们并不是多愁善感的梦想家，而是聪明、热心的实践家。他们愿意脚踏实地地做事情。他们知道，人死了绝对不会复活，他们懂得人生七十古来稀的深刻含义。因此，他们用聪明才智，趁活着的时候尽情享受，从不愿意浪费一点时间去冥想空虚的极

普罗旺斯农舍 文森特·凡·高 1888年

在这幅图中，农庄被茂密的小麦包围着，这些成熟的麦穗就像燃烧的火焰，以至于几乎吞没了行人，呈现出张扬、野性的氛围，画家将自然的力量以咄咄逼人的姿态展现出来，洋溢着一种富庶。

法国人的娱乐　油画　乔治·德·拉·托尔　17世纪

法国人可以称得上是世界上最会享受生活的人，从他们考究的服饰、步骤繁多的用餐礼仪以及别出心裁的娱乐项目都能显现出来，掷骰子就是在17世纪时很流行的游戏。图中的女人们在晚餐后的烛光中开心地玩着掷骰子的游戏，叼着烟的男士在一旁观看。

乐世界。这就是人生，我们应该好好利用它！食物有益于文明的人们，并且借助精湛的烹饪技巧，把不好的东西做成美味的佳肴。香醇的美酒自古就被认为是信仰基督教者的饮料，那么，就让我们犁松了泥土，种植最好的高粱吧！既然上帝让许多东西出现在这个世界上，来满足我们的耳朵、眼睛、嘴和鼻子的需要，那么，就让我们尽情享受它们吧，不要自以为目空一切，舍弃这些神圣的礼物，辜负上帝的一番美意。人在群体中能比孤军奋战时发挥出更大的力量来，那么，就让我们紧密地团结在一起，组成一个个家庭，并且把家庭当作社会的基本单位，家庭的幸福或灾难，就是个人的幸福或灾难，而且家庭成员要为整个家庭的幸福负责任。

法国人有了上述各种性格，一方面让他们得到了幸福的生活，同时也出现了很多问题。家庭不仅不是理想中的乐园，反而往往会变成恼人的噩梦。那些长寿的祖父与祖母主持着家政，就像屏障一样，妨碍着进步。为子孙开源节流本来是很好的事情，但后来却渐渐失去了原本的意义，最终变成欺诈和吝啬的恶习，甚至对于附近的邻居也不肯施舍一点善意。如果一个人没有良好的人际关系，那么幸福的生活也会变得枯燥。

可是，从各方面看来，每个普通的法国人，不论地位如何低下，总有着切合实际的人生哲学，让自己花费最少，获得最大的满足。有一件很值得注意的事，那就是法国人通常都没有野心。他们知道人类生来就是不平等的。人家对他说：“在美国，每个在银行里当普通职员的孩子，将来都有做银行行长的希望。”但在他看来，那又有什么意义呢？他并不想自命为大人物！如果他想要做一个大人物，那么每天在点心店里三个小时的消遣时光，就要被牺牲掉了。能在事业上赚钱固然很好，但对幸福与安逸的牺牲终究太大了。正是因为有了这样的观念，每个法国人才勤恳地工作着，他们的夫人在工作，子女也在工作。是的，整个法国都在工作着、储蓄着，过着自己想要过的生活，不顾虑其他人的谈论，不因为别人说什么样的生活是合理的，他们就去过什么样的生活，这实在是法国人的聪明之处。这种聪明虽然不能让人致富，但比起风行在全世界的成功主义来说，更能使人获得最后的幸福。

法国惬意的乡村生活　油画　1786年

在18世纪的法国乡村中，人们有自己的田地，自耕自足，并饲养牲畜来帮助耕种或出行。在这幅绘画作品中，仆人们正在院子中为家畜喂食，他们各司其职，呈现出一幅繁忙、兴旺的景象。

无论你在什么时间来到海边，我都不用再告诉你那里的居民是热爱捕鱼的，他们当然以捕鱼为生。除此以外，你还能希望他们做些什么呢？养奶牛吗？开煤矿吗？

我们一谈到农业上的问题，就会发现一件有趣的事情。在过去100年间，各国的人口都向城市集中，法国却依然有60%的人住在乡村里。在现代欧洲，也只有法国才能抵抗连绵不断的压迫，不需要向国外购买粮食。虽然现在，祖传的耕种方法在逐渐消失，已经慢慢被进步的科学新方法替代了。如果法国的农民不再像他们的祖先一样，使用着查理曼大帝和克洛维时代的耕种方法，法国完全是自给自足的国家。

如果要使农民不离开故土，唯一的方法就是要让他们做自耕农。他们的农场尽管不是很有规模，但终究是属于他们自己的。在英格兰和东普鲁士两地，原本是旧大陆上农业很发达的地方，可惜，所有的农场完全在莫明其妙的远方大地主手里，法国就并非如此。自从大革命以后，大小地主都被驱逐出去，他们的财产也被小农均分，这对于原来的地主来说当然是很痛苦的。但他们的财产也是由他们的祖先掠夺而来，和这次的举动有什么两样呢？而且这样一来，半数以上的人就会关系到全国的幸福，因此，国家也将获得非常大的利益。这种情况就和其他情况一样，有它自己的缺点。法国人对于国家主义的感情之所以会过分浓厚，都是来源于这个理由。也因为这样，国内才染上了地方主义的色彩，甚至每个人到了巴黎之后，也只愿意和同乡人在一起。因此，巴黎开设了许多小旅馆，每家旅馆专门接待来自某个地方的旅客，这种现象真的很少见。例如，纽约的旅馆不会只让芝加哥人、弗雷斯诺人或纽约马头乡的人光顾。也因为如此，法国人才坚决不愿意迁往外国。但客观来说，如果一个人在家乡过着幸福的生活，又何必迁往其他国家去呢?

除了农业之外，葡萄的种植也使大批的法国人不愿意离开家乡。一眼望去，整个加龙河流域都是葡萄园。加龙河口附近的波尔多就是葡萄酒的输出中心，就像地中海岸的塞特，它是罗讷河流域的温暖区域的名酒主要出口地。波尔多的南边有片辽阔而泥泞的平原，那里的牧民都踩着高跷走路，羊群常年都是放养的。勃艮第的酒会齐聚在第戎，香槟酒会集中运送到在法国古代举行加冕仪式的城市——兰斯。

当谷类和酒类带来的收入不足以维持人们的生活时，就出现了工业来辅助。许多法国古代君主是一些外强中干的人物，他们不仅压迫百姓，把无数的钱财浪费在凡尔赛美女身上，而且他们还把宫殿变成时髦与风雅生活的中心，让全世界的人都争相效仿他们闲逸的作风，他们让这世界上的其他人知道什么叫作大宴、什么叫作小酌。这样挥霍无度的生活最终导致国家走向了衰落。距那次革命党人把末代君主的头颅悬挂在两脚中间、扔到巴黎郊外的一个陶工作坊的石灰堆里，虽然经过了150年，可是巴黎却依然保持着原来的样子，教全世界的人穿什么衣裳、怎样穿才会漂亮。这个地方为欧洲和美洲提供了生活中必不可少的奢侈品，虽然绝大多数人需要的还是生活必需品，但是生产这种奢侈品的工厂都集中在法国，而且还为数百万巴黎夫人和姑娘提供了就业机会。里维埃拉有一望无际的花圃，那里制造的香水运送到美国，一瓶要值6美元~110美金（很小很小的一瓶，这倒是美国人的聪明之处，他们自己不能生产这种香水便征收重税）。

此外，便是法国煤矿和铁矿的采掘。皮喀特和阿都

潮湿天气中的巴黎街景　油画　居斯塔夫·开依波特　1877年

在这幅描绘1877年巴黎的一个午后，细雨纷飞，行人走在巴黎潮湿的街道上，尽管天空阴暗、光线冷峻，但画家仍以热情的笔法让我们感受到19世纪的巴黎生活，绘制了一幅富于创造性的作品。

葡萄酒的盛宴　油画　皮埃尔·奥古斯托·雷诺阿　1881年

在夏天的午餐聚会中，塞纳河上的富尔内斯酒店内的人们正愉快地饮酒畅谈。那些产自法国的优质葡萄酒，是人们餐桌上每天必备的佐餐饮品，而餐盘中新鲜饱满的葡萄则是酒品的原材料。正是因为法国人对葡萄酒的喜好以及悠久的酿酒历史，才让它闻名于全世界。

瓦等地方大量的煤渣和铁屑堆积如山，放眼望去都是肮脏的一片灰色。在1914年蒙斯之战中，英国的远征军想阻止德军进攻巴黎，这些煤渣和铁屑就有了用武之地。洛林是钢铁工业中心，中部高原是炼钢的地区。阿尔萨斯在过去被德国统治的50年中，纺织业极为发达。等到战争一结束，为了能够供给他们更丰富的钢铁，法国人就立刻把它夺过来。由于这方面的发展，现在已经有1/4的法国人从事工业生产，而且他们还得意洋洋地说，这些工业城市的外表，就像英国和美国的工业城市一样丑陋、一样笨拙、一样不合乎人道。

法国历代王朝

自从公元5世纪法兰克人建立王朝以来，法国历代王朝更迭不断，直至现在的法兰西第五共和国。

墨洛温王朝（481～751年）→ 加洛林王朝（751～987年）→ 卡佩王朝（987～1328年）→ 瓦卢瓦王朝（1328～1589年）→ 波旁王朝（1589～1792年）→ 第一共和国（1792～1804年）→ 第一帝国（1804～1814年）→ 波旁王朝（1814～1815年）→ 百日王朝（1815年）→ 波旁王朝（1815～1830年）→ 七月王朝（1830～1848年）→ 法兰西第二共和国（1848～1852年）→ 法兰西第二帝国（1852～1870年）→ 法兰西第三共和国（1871～1940年）→ 维希政府（1940～1945年）→ 法兰西第四共和国（1946～1958年）→ 法兰西第五共和国（1958至今）

自由引导人民　德拉克洛瓦　1930年

第十二章

比利时

一纸条约缔造的国家，除了同舟共济的精神以外，它什么都不缺。

比利时	
中文名称：比利时王国	所属洲：欧洲
首都：布鲁塞尔	主要城市：布鲁日、安特卫普
官方语言：弗拉芒语、法语	货币：欧元
时区：东一区	国家代码：BEL
国歌：《布拉班人之歌》	国花：虞美人

现代比利时王国包括3部分：北海沿岸的佛兰德斯平原，佛兰德斯与东部山脉（有丰富的煤铁资源）之间海拔较低的高原，以及东部的亚耳丁山脉。默兹河在亚耳丁山中绕了个大弯，向北方低地国家的沼泽地流去。

煤矿与铁矿集中在列日和蒙斯等城市附近（说来真奇怪，第一次世界大战竟然会让这几个煤炭和钢铁城市的名字出现在报纸的头版上），蕴藏量很丰富，就算英、德、法三国的煤铁都用完了，比利时也依旧能够把这两种近代生活上必需的东西供给世界，而且还能供给好多年。

奇怪的是，比利时虽然是德国人常说的重工业国家，但是它连一个近代的优良港口都没有。比利时海峡附近的海滩大多是浅滩，而且被错综复杂的沙堤与狭窄的浅滩分割开来，没有一个名符其实的优良港口。虽然比利时人在奥斯坦德、泽布吕赫等地修建了人工港口，但是安特卫普是当时比利时最为重要的港口，距离北海50英里，从斯科尔特河到达北海的最后30英里已经是荷兰的领地了。这种安排当然有点离奇，从地理的角度上看来也是不合乎情理的。但在一个被条约统治着的国家里（那些条约又是国际会议中的各国代表们签订的），这种情形就不能避免了。比利时既然是从许多国际会议中产生的国家，我们就应该知道一些它的历史，当那些大人物悠闲地围坐在桌子周围安排各国

奥斯坦德　版画　17世纪

奥斯坦德是比利时西部著名的港口城市，经过多年海运商业的发展，城市设施建设已经非常完善，因其地处多个国家的交界，一直以来都是兵家的必争之地。在荷兰的80年独立战争中，西班牙人牺牲了4万名士兵，耗费了3年的时间与荷兰人交战，才将它占领。

命运的时候，我们至少要知道他们讨论的究竟是什么事情。

迦力卡·贝尔奇卡为罗马人的殖民地，是古代比利时的旧称。最初的居民是赛尔特族（与英、法的土著同族）及许多日耳曼小部落。这两个民族都屈服于罗马人之下，承认罗马人是他们的统治者。因为之前罗马人曾经向北穿过了佛兰德斯平原，越过亚耳丁山脉，一直抵达了几乎不能行走的沼泽地才停止。就在这片沼泽地里，诞生了荷兰人的王国。后来，比利时变成了查理曼帝国的一个省份。公元843年，由于《凡尔赛条约》的缘故，它变成洛泰尔王国的一部分。随后，它又被分成许多半独立的公爵领地、伯爵领地以及主教区域。到了中世纪，哈布斯堡家族占领了它。哈布斯堡家族是当时最精明的不动产经营商，不过他们所需要的并不是煤铁，而是农场上的稳定收入与贸易投资上的报酬。因此东部一带（实际上非常重要）常被认为是半荒地。佛兰德斯一带却能得到各种机会，不断挖掘它的潜力，在14世纪和15世纪，这里成为了北欧最富裕的地区。

佛兰德斯之所以成为北欧最富裕的地区，有两个原因：第一，它的地理环境非常优越，能够让中世纪的小船深入内陆；第二，佛兰德斯初期的统治者都是英明的君主，竭力鼓励工业的发展。其他地方的封建领主大多完全依赖农业，极度厌恶资本主义，就像教会极度厌恶放贷赚钱的观念一样。

由于这种明智的政策，布鲁日、根特、伊泊尔等城市都非常富裕、物资充足。其经济环境绝对不是其他各国所能比的，因为别国的君王都很固执，不让他们的人民利用这些条件。直到后来，这些初期的工业中心受到了地理与人性（人性的原因更大）的影响，才渐渐地衰败下去。

所谓地理因素的影响，就是北海中有几条洋流发生了变化，突然把大量泥沙塞进了

贝尔塞尔城堡

贝尔塞尔城堡位于比利时首都布鲁塞尔以北的贝尔塞尔市内。3座巨大的瞭望塔和绕墙而建的人工河，让这座城堡成为了欧洲中世纪建筑的代表之一。作为首都的重要防御屏障，这里曾经担负着极其重大的军事责任，虽然久经战乱，但多次修复让我们仍然可以见到它的风姿。

布鲁日和根特的港口，使它们完全变成内陆城市。另一方面，劳动联合会又不再像最初扮演着活力发动机的角色，反而变成残暴而且目光短浅的机构，除了牵制各种工业活动外，没有其他工作了。

本地原有的统治者被消灭后，佛兰德斯暂时合并进了法国，从此便无人过问。潮水的不断侵袭，再加上残暴的劳动联合会的统治，佛兰德斯变得没有活力了。满目荒凉的田地以及凄凉的废墟古迹，只能作为英国的老人们绘画的地方。只有当年农家的石垣依旧还在，石垣的缝隙里长满了茂盛的野草。

宗教改革完成了剩下的工作，佛兰德斯人热衷于路德的新教，发生了非常大的动乱，但这仅仅是昙花一现，不久他们仍旧回头信奉原来的宗教了。这时，他们北边的邻居荷兰人已经获得独立，把深恶痛绝的死敌逐出了国境。而整个比利时从安特卫普遭遇大劫之后，长期陷入了衰败状态中，直到詹姆斯·瓦特发明了蒸汽机，世界上其他地方的人都注意到了它蕴藏的丰富宝藏，它才从困境中抬起头来。

外国的资本争先恐后地输入到默兹河流域，不到20年的时间里，比利时已经变成了欧洲工业国家的领袖。就在这时候，华隆人（在布鲁塞尔以西，华隆人占有最多的势力）虽然只占总人口的42%，但他们的势力已经如日中天，变成全国最富饶的群体。也就在这时候，一半的佛兰德斯人变成了已经被征服的农夫，他们的语言只被允许在厨房里或马厩里使用，绝对不能在上等人家的客厅里使用。

1815年的维也纳会议，虽然号称是为世界的永久和平奠定了基础（可以说是百年前的凡尔赛会议），实际上反倒把事情弄得更复杂了。当时，各国为了要抵抗法兰西人，觉得有必要建立北方强国，于是力图把比利时与荷兰合并成一个国家。

利奥波德银币　德国　1632年

在16世纪，硬币可能被大规模发行，很容易被视为装饰性的货币，从至今尚存的硬币可以看出镀金或镶嵌的款式，在17世纪的德国，一些硬币也变成了时髦的玩具。图为镶有利奥波德头像的硬币。

这种离奇的政治联姻，直到1830年才算缘尽。比利时人反抗着荷兰人，而法国人（这是在意料之中的）做了他们的保镖。各大国（已然是姗姗来迟了）也相继参加。科堡的一位亲王（即维多利亚女王的叔叔利奥波德，这位叔叔真是非常严肃的人，他的亲爱的小侄女也受到了他极深的影响）被推举为比利时国王。一开始，希腊人也曾经有过同样的请求，但被他毅然谢绝。但这次他无怨无悔地接受了比利时的王冠，因为这个新王国是向着成功之路走去的。斯克尔特河口仍旧在荷兰人手里，但是安特卫普变成了西欧最重要的港口之一。

虽然欧洲各国正式宣布比利时为“中立

国”，但利奥波德二世（利奥波德一世的儿子）异常狡猾，不相信这种咬文嚼字的条约。他励精图治，使比利时不再看他人的脸色，不再委屈地做三流小国。后来刚好有这样一个机会，有个名叫亨利·斯坦的人从非洲中部回来，国王请他到布鲁塞尔去商谈，商谈的结果就是成立了所谓刚果国际协会。经过一段时间，竟然使比利时成为了近代世界最大的殖民国家之一。

比利时位于北欧最富饶的区域的中心，有非常良好的地理环境，因此它目前最重要的问题，不是在经济方面，而是种族问题。无论是科学与文化的发展，或是教育的事业，多数佛兰德斯人的水平已经日渐增长，追上了少数的华隆人。自建国以来，国内的政权一直在华隆人手里，他们在这时奋起反抗，想夺回他们应有的权利，并要求两种语言的绝对平等，佛兰德斯语与法语必须受到同样待遇。

不过，我不愿详细讨论这个问题，我不知道它为什么会这么复杂。佛兰德斯人和华隆人原属同一人种，也有大概2000年相似的历史，然而他们竟然一直在相互仇视中生活着。在下一章里，我们将遇到说着4种不同语言（法语、德语、意大利语、罗穆斯切语）的瑞士人，但他们能够相安无事，没有本质上的冲突。这其中必定是有原因的，但就我个人而言，我很愿意坦白地承认，那种原因不是像我这样知识浅显、孤陋寡闻的人所能了解的。

比利时的三大行政区

作为世界上工业最发达的地区之一，比利时共分3个大区，分别是弗拉芒大区、瓦隆大区、布鲁塞尔首都大区。

比利时

弗拉芒大区

语言主要为荷兰语，是欧洲人口密度最大的地区之一。

瓦隆大区

语言主要为法语，位于比利时南部。

布鲁塞尔首都大区

语言主要为荷兰语和法语，位于荷比法铁路干线的心脏。

第十三章

卢森堡

历史长河中的奇迹。

卢森堡	
中文名称：卢森堡大公国	所属洲：欧洲
首都：卢森堡市	主要城市：申根
官方语言：法语、德语	货币：欧元
时区：东一区	国家代码：LUX
国歌：《我们的祖国》	国花：月季

在开始讲述瑞士之前，我还要将一个奇怪的独立小公国叙述一下。这个小公国的名字，如果不是在第一次世界大战初期扮演过重要的角色，或许谁都不会知道它的名字。当卢森堡还是罗马人的比利时省的一部分时，它只有25万居民，这些居民的祖先就已经居住在附近了。中世纪时，卢森堡的首都被修建得非常坚固，被视为当时世界上的最难以攻克的要塞之一，因此它在历史上有着举足轻重的地位。

一方面是因为它的地位重要，另一方面是因为普鲁士和法国都想占有它，所以1815年的维也纳会议，就让它成为了一个独立公国。但是，事实上这个小公国归荷兰国王统治。荷兰国王亲自治理这个小国家，以弥补这个国家的领土曾被德国占据带来的损失。

19世纪时，由于这个小公国的关系，德、法之间曾经有过两次险些爆发的战争。为了避免更大的纠纷，所有的城垣和壁垒全部都被拆除，从此卢森堡就和比利时一样，被人们公认为“中立国”了。

第一次世界大战爆发时，德国人一面想攻打法国，但又只愿意从东北两部分的平原发起进攻，不愿意做无谓的牺牲去进攻西部地势崎岖的盆地。因此，卢森堡就成为当时军事上必争之地。它的中立地位也被德国破坏。直到1918年，它才从德国人的掌控中摆脱出来，只因为这个国家有着丰富的铁矿资源。

卢森堡　版画　17世纪

卢森堡位于欧洲西北部，是欧洲仅存的公国。它的东面和南面分别为德国和法国，北部与比利时接壤，是西欧的军事要塞之一。现在，卢森堡是全球最大的金融中心之一，因古堡很多，也被称为千堡之国。

第十四章

瑞 士

山地国家，教育情况良好，使用 4 种语言，人民十分团结。

瑞 士	
中文名称：瑞士联邦	所属洲：欧洲
首都：伯尔尼	主要城市：苏黎世、日内瓦
官方语言：德语、法语	货币：瑞士法郎
时区：东一区	国家代码：SUI
国歌：《瑞士诗篇》	国花：高山火绒草

瑞士人常把他们的国家称作瑞士联邦，一个名叫赫尔微西亚的村妇的形象，也经常出现在22个独立小共和国的货币上与邮票上。每当联邦内发生了重大事件的时候，这22个小共和国的代表就聚集在首都伯尔尼一起讨论解决的办法。

第一次世界大战开始以后，大部分的国民（70%说德语，20%说法语，6%说意大利语，2%说罗穆斯切语）有些偏向德国（虽然谨慎地保持着中立地位）。这时，一位理想化的少年英雄出现了，颇有赶超赫尔维西亚女神的倾向。但这位女神的容貌，有些像维多利亚时代英国名画家所描绘的大不列颠女神。这种货币与邮票中神像的争执（不仅瑞士如此，像这类奇怪的问题几乎各国都有），显然说明了瑞士共和国的二元性质，这一切对于其他国家的人民自然无足重轻。在我们这些非瑞士人看来，瑞士只不过是一个风景秀丽的山地国家。所以这一章里所叙述的，也以这方面居多。

阿尔卑斯山从地中海蜿蜒至亚得里亚海，路线的长度是大不列颠的两倍，所占的面积也和大不列颠大致相同。其中1.6万平方英里的山地归属于瑞士（面积和丹麦差不多）。在这1.6万平方英里中， 1.2万平方英里的面积被森林所覆盖，还有一些葡萄园和零星的几个小牧场，适合进行种植。剩下的4000平方英里不是被湖泊占据，就是布满了悬崖峭壁，其中还有700平方英里被冰川所覆盖。瑞士每平方英里只有250人，相对于比利时的655人、德国的347人实在是逊色。但挪威却只有22人，瑞典也不过35人。所以，如果你认为瑞士只有高山，并且以经营旅馆和招待客人为主，那就有些先入为主了。瑞士除了日常生活用品的生产以外，还把北部的阿尔卑斯山与杜拉山之间辽阔的高原，变成欧洲最繁荣的工业区之一，而且在不需要进口任何原材料的情况下，也能够做到这一点。瑞士拥有丰富的水资源，又位于欧洲的中心地带，地理优势十分优越。因此，瑞士联邦的工业产品，能悄无声息、源源不绝地运往周边的十多个国家。

在前面几章里，我曾经讲述了阿尔卑斯山及比利牛斯山等山脉的起源，还让你拿6块干净的手帕，一块块叠起来，把它们团在一起，然后再观察它们团挤后所产生的褶皱、折痕以及重叠地连接着的圆圈。这张你在上面做地质游戏的桌子，就是最原始（已经有无数万年的寿命）的基础，或称花岗岩的核心，在这种基础或核心上面，比较年轻的地层在数百万年中逐渐褶皱起来，变成奇形怪状的尖塔。又经过了数百万年的时光，不断受到风雨冰雪的侵蚀，形成了现在这种模样。

瑞士示意图　版画　17世纪

瑞士依靠阿尔卑斯山，四周被德国、法国、奥地利、意大利和列支敦士登包围，正因为瑞士独特的地理位置，它也有“欧洲的十字路口”之称。由于瑞士一直战争不断，全民动员的民兵制军队也是瑞士在军事上的最大特色，他们享有世界上最昂贵军队的美誉。

这些硕大的折痕，约有1万至1.2万英尺高，早已慢慢地褶成了许多平行的山脉。这些平行山脉到达瑞士中心（圣哥斯德山口的安德马特村，是瑞士的地理中心）的时候便会汇集起来，形成一座高大的复合山（即圣哥斯德山）。这座复合山一方面把莱茵河移往北海，把罗讷河移往地中海；一方面又是许多山溪的发源地。有了这些山溪，便产生了北方的卢塞恩湖、苏黎世湖以及南方意大利的许多著名湖泊。圣哥斯德山有很多崄峻的悬崖峭壁、不见天日的深谷和不可逾越的山溪与雪顶。12条冰川充满了冰冷澈骨的溪水，被这些溪水滋润着的地区一眼望去都是绿油油的一片，瑞士的发源地就是这里。

巴塞尔 版画 17世纪

巴塞尔是瑞士仅次于苏黎世和日内瓦的第三大城市，位于德国、法国、瑞士三国的交界处。莱茵河将整个城市一分为二，西岸为大巴塞尔区，东岸为小巴塞尔区。在古代，这里出产的质量上乘的纺织品顺着莱茵河，远销到其他各国，化学工业也成为了这个城市的支柱产业。现在，巴塞尔已经成为了瑞士生命科学的中心。

大家都承认，由于政治上和地理上的某种特点，瑞士人在很早的时候就获得了独立的机会。半开化的农民住在深邃的山谷里面，将近1000多年的时间里都不曾受到比他们更厉害的邻居的侵略。对于瑞士境内的居民来说，既然没有外敌的入侵，又何必耀武扬威地举起帝国的旗帜来呢？即使外面的人想掠夺他们的财物，最多也只能抢到一两张牛皮罢了。他们自己才是最危险的野蛮人，他们残酷好战，擅于投掷巨大的石块，大石块从山上滚下来压在盔甲上面，就会把盔甲压得像羊皮纸一样薄。因此，外人对瑞士人的看法，就像大西洋边的居民看待阿勒格尼山后的印第安人——现在，这种印第安人已经无人知晓了。

很早以前，原本有两条从日耳曼到意大利去的山路：一条是圣伯纳德，一条是伯伦纳。但是选择走圣伯纳德山路必须在里昂绕一个大弯，从日内瓦湖绕过整个罗讷河流域。如果走伯伦纳山路，又要经过税率极高的哈布斯堡家族的领地。自从十字军东侵以来，教皇的地位日益显赫。意大利的商业迅速发展，北欧的人民都急切地需要一条更直接、更方便的通路。

就在这时，安特瓦尔德、尤利、锡维茨等各州的农民共同议定，各州捐出一点钱（天知道他们哪里会有这么多钱），来协力开辟道路。从莱茵河流域开始，到提奇诺河流域为止。他们把很多地方的岩石都凿掉了。如果岩石太硬，尖斧凿不开（虽然他们没有炸药，但也想修建山路），他们就把狭窄的木桥搭在山壁上，以便渡过险峻的地方。莱茵河除了在盛夏，其他时间是不能通过的，现在，居然让他们修建了几座简陋的石桥。他们所开辟的路径，一部分虽然依照着400年前查理曼时代的工人们修建的古道所建，但在当时他们并没有完成。到了13世纪末期，一个商人已经可以带着一个商队，从巴塞尔出发，经过圣哥斯德山路走到米兰去。途中完全没有危险，就算是有，也只不过是丢失了两三头驴或者被山上滚下来的石块击伤，或者摔了一跤把腿骨摔断罢了。

听说，在1331年，在这个山口上修建了简陋的旅馆，以方便旅客投宿。但是在1820年之前，这个山口并不向马车开放，这之后不久，这个山口就变成了南北之间最重要的商道了。

安特瓦尔德、尤利、锡维茨的百姓很善良，他们付出了如此多的努力，并没有嫌弃所获得的报酬太少。有了这种源源不绝的微薄利益，再加上国际贸易在卢塞恩、苏黎世等城市掀起的巨大的波浪，小小的农业社会里便产生了一种独立的情绪，撒下了日后反抗哈布斯堡家族的种子。其实哈布斯堡家族的祖先也出身于瑞士的农民，但是他们的家谱上并没有提及这个事实。他们的家谱藏在哈布斯堡内，城堡的地址在阿勒河与莱茵河汇合点的附近。

我很抱歉，我的叙述如此枯燥乏味。不过你也要知道，威廉·退尔虽然被奉为发展近代瑞士共和国的开山始祖，但事实上他是个并不存在的人物。瑞士的收入并不是从他的勇敢中得来，而是从那条生意兴隆的阿尔卑斯山商道上赚到的。近代的瑞士共和国就好像一个很有趣的政治实验，它拥有世界上最完善的公立学校的制度，政治机器运转得

日内瓦湖示意图　版画　17世纪

日内瓦湖是阿尔卑斯山湖群中最大的一个，其将近2/3的面积属于瑞士，1/3属于法国，那里气候温和，有许多游览景点。现代人在湖中建设的巨大的人工喷泉，也吸引着世界上无数的游客前往观看。

平滑而有效，因此，如果你遇到了一个瑞士人，问他现任总统是谁，他可能一时回答不出来。因为瑞士的政治全由班得斯拉特（联邦议会）处理，班得斯拉特由7人组成，每年的新总统（往往是上任的副总统）也由他们任命。依照常理（虽然法律上并无规定），本年度的总统如果是说德语的人，下年度就换成说法语的人，第三年则轮到说意大利语的人，以此类推。

可是，这个总统和美国的总统完全不同。他只不过是联邦行政院的临时主席，行政院的一切决议，完全由七位委员共同议定。除了主持联邦行政院议会的开会事宜外，总统同时还兼任外交部长的职务，不过他的地位并不是很重要，甚至连宫邸都没有。瑞士没有“白宫”，每逢招待佳宾的时候，就在外交部的礼堂内举行宴会，而且这种宴会也只像是山村里的简单酒席，相比于法国总统或美国官吏的盛宴有很大差距！

这些行政方面的细节过于复杂，这里不细述。但是只要是到过阿尔卑斯山这一带的旅客，常常会被提醒，总有一个时刻关心着这里、聪明又务实的人在意这些事情是否按照这个原则做好。

就拿铁路的修建和经营来说，所遇到的困难已经一言难尽了。两条联系着意大利与北欧之间的铁路线，都直接从瑞士的阿尔卑斯山中经过。塞尼斯山的隧道连接着巴黎与杜林（萨伏伊王国的古都），行经第戎与里昂。伯伦纳线连接着德国南部与维也纳，让他们可以直接相通。不过，虽然这条铁路要经过阿尔卑斯山，却不需要穿过任何隧道。至于辛普隆与圣哥斯德两条铁路线，不但开凿了隧道，而且还翻越了山岭。圣哥斯德线比辛普隆线的历史更早，它动工于1872年，10年后才完工。其中8年的时间，都花费在了开凿隧道的工程上，这条隧道有9.5英里长，有些地方的海拔高达近4000英尺。更有趣的是，它是瓦松与乔斯切恩之间的螺旋形隧道。因为那边的山谷非常狭窄，连安置单轨的位置都没有，铁路不得不在崇山峻岭中盘旋而上。除了这种特殊的隧道以外，圣哥斯德线还有59座隧道（有几条几乎长达1英里）、9座大的栈道、48座大铁桥。

第二条最重要的阿尔卑斯山铁路线便是辛普隆线。辛普隆线经过第戎、洛桑和布里格一带的罗讷河流域，使巴黎与米兰之间有直接的通路。它于1906年开始通车。辛普隆铁路比圣哥斯德铁路修建起来相对容易，它缓缓地爬上罗讷河流域，到2000英尺高的地方就是隧道的起点。这是一条12.5英里长，铺有双轨的隧道。此外，洛兹伯格隧道（9英里长）也铺设了双轨，连络北部的瑞士的辛普隆线和意大利。

辛普隆铁路所穿过的平宁的阿尔卑斯山虽然是所有山脉中最小的一座，然而也有很别致的地方。在这座方形小山上面，有21座1.2万多英尺高的山峰、40条急流奔放的河流。最危险的情况就是在国际特别快车到达前数分钟内，铁路桥会被这些危险的急流冲击得荡然无存。但实际上，辛普隆铁路自从通车以来，从未被损毁过，这不能不归功于办事认真的瑞士铁路人员了。我早已说过，在这个精诚团结的

瑞士火炉　17世纪

图为17世纪的一个瑞士火炉，其外面是镀锡的瓷砖，可以吸收、保持和散发温度，而仆人可以在另一个房间向火炉里加柴，使其发热，并将热量散布到屋子的各个角落。在15世纪，这种火炉广泛流传于中欧和西北欧。

图恩湖　油画　贺德勒·费迪南德　1905年

图恩湖位于瑞士伯尔尼州阿尔卑斯山区，因图恩城而得名。在贺德勒的画作中，他以高度的秩序和对称的形式为要素，表现出简约、平静的景色，湖面在太阳的照射下呈现出紫色，明亮而有力的色彩让人感到平衡而宁静。

联邦共和国里，任何事情都不是听天由命的。那里的生活太艰难、太危险了。得过且过的哲学或许很动听，但在瑞士却并不流行。你要知道，瑞士总有一个人在日夜不停地监督着、观察着、关心着。

谁都知道，一个国家有了这种务实又重视效率的特质，在艺术方面就不会获得很大的成就。无论在文学或艺术，包括绘画、雕刻、音乐等方面，瑞士从来没有出产过任何杰作，让外国人欣赏和称赞。但是，世界上不愁没有在艺术造诣上登峰至极的国家，所缺少的倒是数百年来政治和经济都能不断发展的国家。瑞士的制度既然适用于普通的瑞士人，我们还要苛求什么呢?

切克丝布锐斯的日内瓦湖

在这幅作品中，霍德勒描绘了一个宁静的日内瓦湖，那里气候温和、湖面似镜，有许多游览胜地。

作为一位热衷于组织的画家，霍德勒经常以日内瓦湖这种伟大的题材创作。

空中的云彩被安排得很规律，呈现出宁静的氛围。

规整的草地位于湖畔，与云彩、湖水形成了一个和谐的整体世界。

平静的日内瓦湖是画面的中心，在画家心中更意味着博大的精神世界。

第十五章

德国

诞生太晚的国家。

德国	
中文名称：德意志联邦共和国	所属洲：欧洲
首都：柏林	主要城市：汉堡、伯恩
官方语言：德语	货币：欧元
时区：东一区	国家代码：DEU
国歌：《德意志之歌》	国花：矢车菊

为了方便起见，我把欧洲各国分成不同种族或文化群体，我会先来讨论在独立前就显示出殖民地特征的国家，这几个国家曾是罗马的殖民地。

不错，罗马人曾经征服过巴尔干半岛，而且直至今日在这个半岛上还有一个国家（罗马尼亚）把拉丁文作为自己的语言。但是，自从中世纪起受到蒙古人、斯拉夫人和土耳其人的侵略之后，罗马文化在半岛上的一切特征都已经荡然无存了。所以如果把巴尔干各个王国在这里一起叙述的话，那就大错特错了。我现在只好拜别地中海沿岸，来讨论另外一种文明形式，它就是条顿文明，集中在北海与大西洋的沿岸。

在俄罗斯东部的山脉（这里是第聂伯河、德维那河、涅瓦河、伏尔加河的发源地）与比利牛斯山之间，有一片辽阔的半圆形平原（我在叙述法国的时候，已经讲述过了）。从日耳曼族开始莫名其妙地西迁以后不久，这片半圆形平原的南部就落到了罗马人手里。东部一带，被斯拉夫游牧民族占领，这些游牧民族虽然日后被人残杀，像大洋洲的兔子一样在这个世界上绝迹，但在当时却很强盛。饿鹰般的条顿民族是后起之秀，他们出现的时候，只剩一片巨大的方形平原。这片平原东起维斯杜拉河，西至莱茵河的三角洲，北以波罗的海为界，南面是一长排罗马人的坚固壁垒，这仿佛在警告那些后起的英雄们说：再过去就是“禁地”了。

这个区域的西部有很多崇山峻岭，亚耳丁山脉、孚日山脉都位于莱茵河西岸，坐落着黑森林、厄尔士山脉（有一座铁矿，现在叫作波希米亚）等以及远达黑海沿岸的喀尔巴阡山脉，大部分都是东西走向的。

这个区域内的河流都是向北奔流的。我们如果把它们从西向东一条一条地叙述，那么第一条就是莱茵河。莱茵河是最富有文学气息的河流，历史遗留在河岸上的战迹与泪痕，比其他任何河流都丰富得多。莱茵河实在是一条精致又温顺的小河，亚马孙河比它长5倍，密西西比河和密苏里河比它长6倍，就算是不能算作独立河流的俄亥俄河，也要

德国示意图　版画　17世纪

德国位于欧洲西部，是欧洲邻国最多的国家，其人口主要为日耳曼人。因为境内纵横多条水道，让这个民族以至于整个国家日渐强大起来。通过便捷的交通，德国利用多个港口出口产品，被公认为欧洲四大经济体当中最为优秀的国家。

比它长500英里。其次是威采河，河口附近有现代城市不来梅。再次是易北河，今天的汉堡之所以繁盛完全归功于它。此外还有奥得河，它使柏林物产的输出港以及柏林工业腹地的斯德丁日渐发达。最后便是维斯杜拉河，河口有但泽城，现在已经变为利伯维尔，由同盟国所任命的官员来管理。

数百万年以前，这一带覆盖着冰川。冰川消退之后，留下一大片荒凉的沙地，这片沙地靠近北海与波罗的海的部分就成为了一望无际的沼泽。随后北方的沼泽逐渐发展，形成连绵不断的沙丘，从佛兰德斯海边起，一直蜿蜒到普鲁士的旧都加里宁格勒，离俄罗斯的边界已经很近了。这些沙丘一旦形成，沼泽就得到了保护，可以不受到海潮的侵袭。再加上土壤日渐肥沃，植物都开始繁殖，森林也就跟着出现了。这些森林后来又变成泥炭田，可以提供优质的燃料，让古代的人们取之不竭、用之不尽。

这片平原的西岸和北岸，分别以北海与波罗的海为界。其实这两片海也只不过是浅水池，但却背负着“海”的虚名。北海的平均深度只有60英寻（1英寻为6英尺），最深的地方也只有400英寻。波罗的海的平均深度约36英寻。至于大西洋和太平洋，便迥然不同了。大西洋的平均深度为2170英寻，太平洋的平均深度甚至有2240英寻。我之所以举出这些数字来，只是想让你们知道，北海与波罗的海只不过是被淹没的溪谷，只要地球的表面抬高一些，它们就会重新变成陆地。

现在我们先来看一看德国陆地的地图。这里所说的地图，指的是现在的地图。因为从人类随着冰川的后退而前进、永久居住在旧大陆的这部分地区的时候起，直到现在地形并没有发生很大的变化。

这里最初的居民都是些野蛮人，全靠狩猎和种植生存。虽然他们很野蛮，却有极强的审美天赋，他们因为自己的领土内缺少可以做装饰品的金属，便走到外面去，搜寻黄金与白银。

下面的叙述，许多读者看了或许会惊讶，但那是真实的。初期的商道，全都是为了获得奢侈品的欲望才开辟的；初期的民族争斗，也都是以奢侈的欲望为动机的。罗马人之所以会知道北欧地理的大概情况，是因为当时有许多商人，为了要获得美丽的琥珀——一种树脂的化石，罗马女人常用以涂染头发——从很远的地方跑到神秘的波罗的海沿岸。对太平洋和印度洋的航海发现，虽然也有其他原因，例如一些虔诚的人想到东方去传播福音，但最重要的还是妇女们想获得坚硬的石灰石，这种石灰石可以附在牡蛎的壳内，作为妇女们喜欢佩戴的装饰品，好让人家关注她们美丽的耳朵以及细嫩的手指。

龙涎香原本是附在大头鲸肠壁内的物质，取出它往往会让不幸的鲸鱼患上英国人所说的胆汁病。但在那时，人们都想要这种东西，因此大批的船只陆续开往巴西、马达加斯加、摩鹿加的沿海，大批搜捕。其狂热程度与捕捉鲱鱼、沙丁鱼以及其他可作食物用的鱼类相比，简直是天壤之别。龙涎香可制作各种香料，其中蕴藏浓郁的花香，而且还有异国乡土的风味。至于食物，最多也只不过是食物，有什么可稀奇的呢？

到了17世纪，服装的式样变了，妇女们喜欢在外衣里面裹一件紧身胸衣，使腰部纤

正在打扮的女人

中世纪时，欧洲很多国家已经相当富有了，对华丽服饰的需求也成为更高层次的享受。但女人仍然不能随意在街上抛头露面，因此很多商人不得不携带着最新的商品到权贵家里，让上流社会的女人们挑选。如图中一位穿着腰封长裙的女人，正在挑选当时最流行的丝绸制品。

细得就像柳枝（虎背熊腰在当时是不雅的），这样一来，我们对于北极圈内的情况，才开始有了了解。后来巴黎人认为帽子上应该装饰羽毛，于是很多猎人深入美国南部的咸

日耳曼贵族打猎

贵族的马蹄踏过了农民的庄稼，农民还要帮助他们围捕猎物，头戴羽毛、穿着华丽的权贵总是有大把的时间来消遣娱乐，却完全不顾他人的利益。而前人累积的大量财富，让他们对奢华的物品和享受有了过多的欲望。

水湖，搜寻美丽的白鹭，拔取它们的顶毛（完全没有考虑到在这个世界中从此将会减少一种如此美丽而高贵的生物）。这类咸水湖在很早以前曾经有过猎人的足迹，但当时他们只为求生而来，所到的地方也没有这么的遥远。

这类残酷的事实，我可以写上十几页。物以稀为贵，凡是稀少而昂贵的东西都会引起人们的欲望，很多人浪费他们的钱财，来点缀浮华的场面，为了向贫穷的人们炫耀他们的财富。有史以来，对于各种事业进步的真正推动力，其实是人们获得奢侈品的欲望，而不是日常必需的物品。我们如果仔细看一下史前的德国地图，就会看到那些为满足奢侈欲而开辟的道路，因为总体说来，那时候的人和中世纪的人以及现代人并没有什么不同。

只要看3000年前的情形，就可以知道了。北方许多山脉，如哈茨山脉、厄尔士山脉及雷斯森山脉等，距离海边都有数百英里。北海与波罗的海一带的平原，早已从泥沼变成了陆地，覆盖着茂密的森林。此时大冰川开始往斯堪的纳维亚、芬兰等地退落，人类就前进至此，把整个荒地占为己有。在南方的群山中，住在山谷里的条顿人以砍柴度日，当时罗马人占据着莱茵河与多瑙河沿岸的军事要地，居民把砍下来的柴火都卖给了他们。至于其他的早期条顿人，或者种田，或以游牧为生，很少见到过罗马人。有一次，罗马人组织了远征军，想要深入内陆地区，结果却被困在幽深的沼泽里，无一生还，吓得罗马人不敢再去尝试了。但那也并不是说，德国的北部地区从此与世隔绝了。

史前那条贸易大道，西起伊比利亚半岛，东至俄罗斯平原。比利牛斯山与巴黎中间的那一段，必须经过普瓦蒂埃与图尔，这些我在法国的那一章里已经讲过。到了巴黎以后，它沿着亚耳丁山，经过中欧高原，直到现在的俄罗斯领土内——北部低平原。每当遇到河流阻挡的时候，它就选择方便的浅滩横渡过去。就像罗马城是从台伯河的浅滩上发展起来的一样，早期德国北边的城市也只是许多史前和早期的定居点，如果这些小镇的样子至今不曾改变，我们或许还会找到当年的驿站和仓库。汉诺威、柏林、马格德堡及布雷斯劳等城市，都是这样发展起来的。莱比锡在最初的时候，虽然是斯拉夫城区里的一个村落，但同时也带有商业站点的性质。因为撒克逊山里的许多矿产，如银、铅、铜、铁等，都被运送到那里聚集起来，顺着河道运出去卖给商人，让他们在这条横贯东西的欧洲贸易要道上做生意。

当然，这条商道到达莱茵河河岸之后，水上贸易和陆地贸易便开始进行激烈的竞争。水上贸易往往比陆地贸易价格低廉，品种又多。因此，当恺撒还没有注意到莱茵河的时候，已经有不少商客带着货物，从斯特拉斯堡（莱茵河是法兰哥尼亚、巴伐利亚及渥特堡在这里的分岔路口）运往科隆，由科隆运往低地国家，再从这些国家运送到大不列颠各个岛屿。

整个中世纪时期，德国都维持着半独立的状态，直到距今300年前，欧洲大平原的西部才显示出，它将来也许会变成世界强国的细微迹象。说来也许有些奇怪，德国几乎是十字军失败后的产物。当领土扩张至亚洲西部的希望幻灭以后，那些没有继承权的欧洲人，就想寻找其他地方获取农业财富的其他来源。刚好在奥得河与维斯杜拉河之间，有一个地方居住着许多普鲁士人，他们开始觉得有机可乘了。13世纪初期，大部分属于条顿民族的骑士从巴勒斯坦往东普鲁士迁移，他们的活动中心也由加利利的亚克移到但泽以南30英里的马里恩贝格。在之后的200年中，他们征服了斯拉夫人，把斯拉夫人的田产分给从东边来的贵族和农民。1410年，他们和波兰人发生了坦能堡战役（1914年，兴登堡曾经在这里歼灭了俄罗斯的军队），当时造成了巨大的损失。但是不知道为什么，这些骑士虽然受到了如此沉重的打击，却仍然没有销声匿迹。宗教改革的时候，他们依旧还是很重要的群体。

马丁·路德

马丁·路德是16世纪的欧洲宗教改革的倡导者，他在社会危机和教会危机的情况下，对教会中落后的条例进行了抨击，也是新教路德宗的创始人。图为马丁·路德被教皇和罗马皇帝逐出教会后，留起长发和胡须的样子。在这一艰难时期过后，宗教改革开始有了效果。

当时的骑士都由霍亨索伦家族统领，这位精明的大主教不仅支持新教，而且在马丁·路德的建议之下，宣布自己是世袭的普鲁士公爵，同时把但泽湾上的加里宁格勒作为首都。17世纪初期，这个公国被勤劳而精明的霍亨索伦部落的一个旁支统治。这个部落的人从15世纪中期就开始统治着这片沙地。百年之后（精确地说是1701年），这些勃兰登堡暴发户已经非常强大，不再安于像从前一样只拥有“国君选举权”，他们开始游说他人承认他们也是国王。

神圣的罗马皇帝并不反对这件事。同类之间不互相残杀，这是世界上所有人都知道的道理，哈布斯堡家族当然很愿意出力帮助他们的好朋友——霍亨索伦家族。难道这两族的血统不是相同的吗？1871年，霍亨索伦家族的第七代普鲁士王，变成德国的第一任皇帝。47年之后，德国的第三任皇帝，同时也是第九代普鲁士王被逼退位，离开了自己的国家，庞大的合资公司从此便关门大吉。这家公司最初只不过是聚集了一些破落的骑士，但到了结账的那天，却被当时盛行的工业主义和资本主义强大而有效率的权力终结了。

一切都已经成为过去，霍亨索伦家族的后裔这时成了荷兰的伐木工人，我们可以没有任何偏见地说，这些非提洛尔的山地居民的确有惊人的才干，至少是非常聪明的，非常善于利用出类拔萃的人才。他们并没有出生在拥有丰厚的自然财富的地方，普鲁士从来不是一片拥有农场、森林、沙地和泥沼的地方。一个国家应该靠出口来维持贸易的平衡，但是普鲁士却没有一样可以卖到外国去的商品。

后来一位化学家发明了制作蜜糖的方法，情况便开始好转了。但因为甘蔗糖依旧比甜菜糖价格便宜，而且还可以从西印度群岛运输进来，所以这种发明，并不能让普鲁士人或勃兰登堡人致富。直到拿破仑在特拉法尔加战役中丧失了自己的海军，实行“反封锁”政策来摧毁英国后，普鲁士的蜜糖才突然畅销起来，并且销量一直很稳定。就在这个时候，国内的化学家发现了炭酸钾的效用，而普鲁士蕴藏着大量的炭酸钾，于是德国就能用它制造一些化工产品销往国外的市场。

霍亨索伦家族真是幸运。拿破仑战败后，普鲁士得到了莱茵河沿岸的地区。刚开始的时候，这个地区还没有显现出它的价值来，此后的工业革命增加了煤铁的需要，这个地区才显现出它的特殊价值来。普鲁人为自己拥有如此丰富的煤矿和铁矿而暗自窃喜。从此以后，近500年中一直在穷困线上挣扎的国家，开始繁荣起来。德国人受到了穷困的教训，早已变得非常勤奋了。现在，他们能想出许多致富的方法，如怎样去提高产量、怎样使出口物品的价格低于其他国家。因为国内人口日渐增多，大陆上已经容纳不下那么多人口了，于是他们便把海洋作为开发的对象。不到50年的时间，他们已能和其他强国一样，从国际贸易中获得了巨大的财富。

当北海还是文化中心（直到发现了美洲，大西洋成为贸易要道之后，北海开始渐渐失去了它原来的地位）的时候，汉堡与不来梅的地位就已经非常重要了，现在它们又恢复了活力，大有赶超伦敦以及其他英国港口的趋势。基尔运河连接着波罗的海与北海，于1895年竣工，可以适合大轮船航行。此外如莱茵河、威采河、奥得河、维斯杜拉河、

普鲁士首都的游行示威

长期保守政体的统治压得人们喘不过气来，百姓迫切希望得到更多的自由。于是，在1848年的普鲁士首都柏林，游行的民众与镇压民众的警察在街道上发生了冲突，呼吁政府颁布新宪法，最终国王妥协了。但当整个欧洲的革命被彻底镇压后，国王又反悔了。

柏林街景　水彩画　格罗茨·乔治　1930年

在这幅水彩画中，一个衣衫褴褛的老人正在伸手乞讨，而他所乞讨的对象——一个穿着高跟鞋和皮领大衣的女子，正在和一个穿戴整齐的男人调情，这不仅是第一次世界大战之后的德国社会状况的显现，也是对道德扭曲、自私贪婪的社会的讽刺。

马恩河和多瑙河都有运河连接（马恩河与多瑙河之间只完成了一段），这让北海与波罗的海之间有了直接的水上交通要道。柏林与斯德丁之间也开凿了运河，从此首都的人就可以直接到达波罗的海了。

只要是人类的智慧做得到的事情，例如让大众获得幸福的生活之类的，德国都完全做到了。世界大战以前，德国的农民和工人虽然不算富裕，还经常要受到严格的约束，但如果和其他国家比较起来，他们的衣食住行，以及与生老病死相关的福利等，都要好很多。

第一次世界大战以后，不幸的结局把原有的一切全部都摧毁了，这是一件很让人十分伤感的事情，应该属于上一章的内容。德国战败之后，失去了富饶的工业区——阿尔萨斯和洛林，失去了所有的殖民地和所有的商船，以及石勒苏益格（荷尔斯太因州的一部分）。这一区域原本是丹麦的领土，是德国人在1864年战争之后夺回来的。数千英里的波兰旧领土（完全德国化了），也是在此时脱离普鲁士，重新划归波兰。此外，维斯杜拉河的沿岸从托伦起至格丁尼亚直到波罗的海，也由波兰统治。这样，波兰就能直接和大海相接了。西里西亚原本是18世纪时腓特烈大帝从奥地利夺来的，虽然现在仍然在德国人手里，但他们享受到的只是纺织方面的利益，至于更宝贵的矿产，已经归波兰人所有了。

此外，德国在过去50年得到的一切都已经丧失殆尽，它在亚洲和非洲的殖民地也被其他国家所瓜分。实际上，这些国家并没有过剩的人口需要迁移到其他地方。

从政治上来说，《凡尔赛和约》或许是很了不起的东西。但从实际的地理观点上来看，它只会让我们为欧洲未来的命运担忧。许多中立国都持怀疑的态度，希望洛埃·乔治——后来的克列孟梭，读一些初级的地理教科书，我觉得这种希望不能算是错的。

德国历代名人

在德国，曾出现了许多文学家、科学家，他们不仅为德国的发展作出了贡献，也对世界的文化发展起了推动作用。

康德	德国古典哲学的创始人、德国古典美学的奠定者，也是对现代欧洲最具影响力的思想家之一。
歌德	18世纪中叶到19世纪初在德国乃至欧洲最重要的诗人、剧作家、思想家，也是世界名人。
贝多芬	德国最伟大的音乐家之一，维也纳古典乐派代表人物之一，对世界音乐有深刻的影响，被尊为乐圣。
黑格尔	德国近代客观唯心主义哲学的代表人物，其思想是西方近代资产阶级革命时期政治理论的终结。
爱因斯坦	理论物理学家，现代物理学的开创者、集大成者，创立了相对论，在理论上作出了根本性的突破。
伦琴	发现了X射线，对医学诊断和现代科学有很大的影响，也是第一位诺贝尔物理学奖获得者。
古登堡	发明了西方活字印刷术，导致了一次媒体界革命，对西方科学和社会的发展有很大的影响。
普朗克	量子力学的创始人，被称为20世纪最重要的物理学家之一，对物理学的发展作出了重要贡献。

第十六章

奥地利

一个不受重视的国家，除非它不复存在。

奥地利	
中文名称：奥地利共和国	所属洲：欧洲
首都：维也纳	主要城市：因斯布鲁克、萨尔茨堡
官方语言：德语	货币：欧元
时区：东一区	国家代码：AUT
国歌：《让我们拉起手来》	国花：火绒草

现在的奥地利共和国有600万居民，其中200万住在首都维也纳。这种反常的安排，一方面显得头重脚轻，另一方面使多瑙河（河水已经浑浊不堪）畔的古都渐渐变为死城。在那里，颓废沮丧的老年人在废墟中彷徨，追忆已逝的繁华。至于年轻人，他们或者遗弃了祖国，前往幸福的环境中寻求新生活，否则会因为受不了国内的惨淡生活而自杀。维也纳当年原本是一个快乐家园（那里的人们大多能得到真正的快乐，虽然那种快乐有些幼稚、轻浮），而且是重要的科学、医学、艺术中心，也许再过100年，它就变成第二个威尼斯了。很早以前，它是一个拥有5000万人口的大帝国的首都，现在却只能依靠交通和旅游业来延续这个城市的生命。虽然每当波希米亚与巴伐利亚的物产运到罗马尼亚和黑海去的时候，它依旧是一个重要的商业港口，但它也只剩下了这点作用。

古代多瑙河君主国（这是奥地利的旧名，就像其他事物一样充分显示了奥地利的情况）的疆域，现在已经变得非常复杂。因为它自从决定放弃主权任人宰割之后，原本的面目几乎已经辨认不出来了。从前的奥匈帝国，就是个很好的例子，足以证明自然环境会严重影响到强大的中央集权制的国家组织。现在先抛开疆域的观念，仔细观察这一带的地形。这一地区位于欧洲大陆的中心，与意大利的靴尖和丹麦半岛的鼻尖的距离相同。其实它是一个庞大的圆形区域，由平原和起伏的丘陵构成，四周被崇山峻岭围绕。西部有提洛尔山脉和瑞士的阿尔卑斯山脉，北部有厄尔士山脉、波希米亚的雷斯森山脉

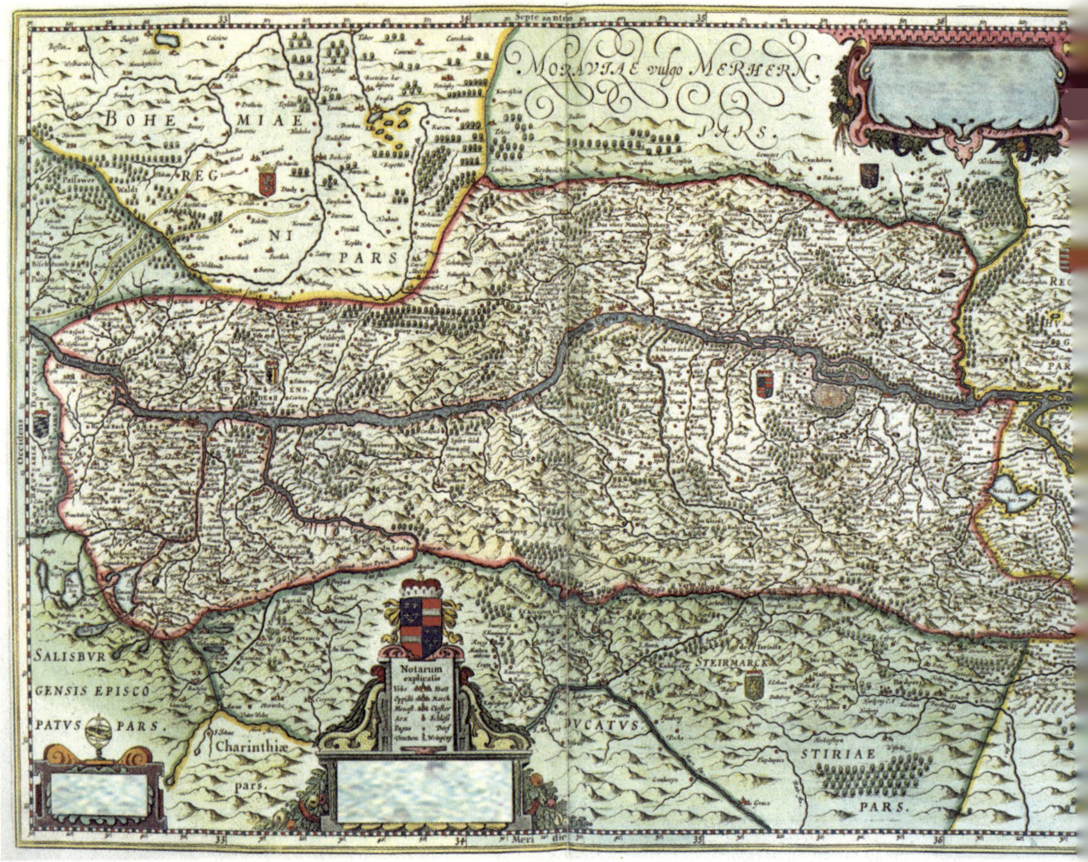

奥地利示意图 版画 17世纪

奥地利位于欧洲中部，是中欧从南向北、从西向东的重要交通枢纽，阿尔卑斯山贯穿全境，这里曾经是艺术和音乐的殿堂，孕育出莫扎特、舒伯特等举世闻名的音乐家。在哈布斯堡家族长达640年的统治下，它逐渐变成了一个庞大的帝国。

（巨人山）以及喀尔巴阡山脉。它们形成一个半圆形，保护着匈牙利大草原，让它可以避免斯拉夫平原受到外族人的侵略。多瑙河隔开了喀尔巴阡山脉与巴尔干半岛上的山脉，迪纳拉山就好像天然的屏障一样挡住了亚得里亚海吹来的强风，保护着这片平原。

建立这个国家的人所用的地图非常简陋，地理知识也非常浅显。我们还记得，从前美国的开荒队征服了美洲的西部以后，随便找几条好走的路向前行进，并没有先考察路径的情况和这些路所到达的地方。中世纪的欧洲征服者，也像他们一样，为了要获取大量的财产、获得更多的土地，只做能达到他们目的的事情，完全不顾忌这样做是否合理，一切都任凭自然的变化。然而自然终于使它们产生了不可避免的“结果”。这是自然规律，就算是再聪明的人也要遵守自然规律。

公元1000年之前，匈牙利大平原可以说是无人之地，当时，黑海岸边的许多民族虽然沿着多瑙河向西对这一带进行侵略，但是并没有固定的形式。查理曼大帝发起了对东方的斯拉夫人的战争，曾在这里设立过一个小小的机关，相当于近代的边防哨岗，正是这块公地为日后小王国的诞生起到了关键的作用，最后它竟成为了雄霸全欧洲的国家。当匈牙利人与土耳其人在平原上横行的时候（土耳其人最后一次围攻维也纳，已经是在哈佛大学成立很久之后了），这个小小的国家仍然能屹立不倒，内部的行政也依然很有效力。它的统治者最初是巴伦堡家族，随后是哈布斯堡家族——瑞士人的同族兼死敌，我在前面已经提到过了。到了最后，这个边疆小国日渐强盛起来，它的统治者被推举为神圣的罗马帝国的皇帝。其实，这个神圣的罗马帝国并不神圣，也不是罗马人的，更不是帝国，它只是一个散漫的日耳曼民族的联邦罢了。但他们一直坚持使用着这个头衔，直到1806年，平民出身的拿破仑自己想做皇帝，才把这个头衔废止了。

神圣罗马帝国的头衔虽然被废止了，但是显赫的哈布斯堡家族依旧保存着相当的势力，对于德国内部的事情，也往往起到了决定性的作用。直到1866年普鲁士人把他们驱逐到高山的另一面，并且让他们安分守己地待在自己的领土内。

这个古老的国家现在已经变成一个末等国家，内部四分五裂，将来也不会有复兴的希望了。这个国家拥有大量的山地，其中的大部分是瑞士境内的阿尔卑斯山脉的延续，其中还包括著名的提洛尔山脉。

维也纳　版画　17世纪

维也纳背靠阿尔卑斯山，位于多瑙河畔，因为优越的地理位置，成为西欧至巴尔干半岛的交通枢纽。在罗马帝国和奥匈帝国这两个辉煌的时期，维也纳一直是帝国的首都。作为享誉世界的文化名城，维也纳以音乐著称，被称为音乐之都。

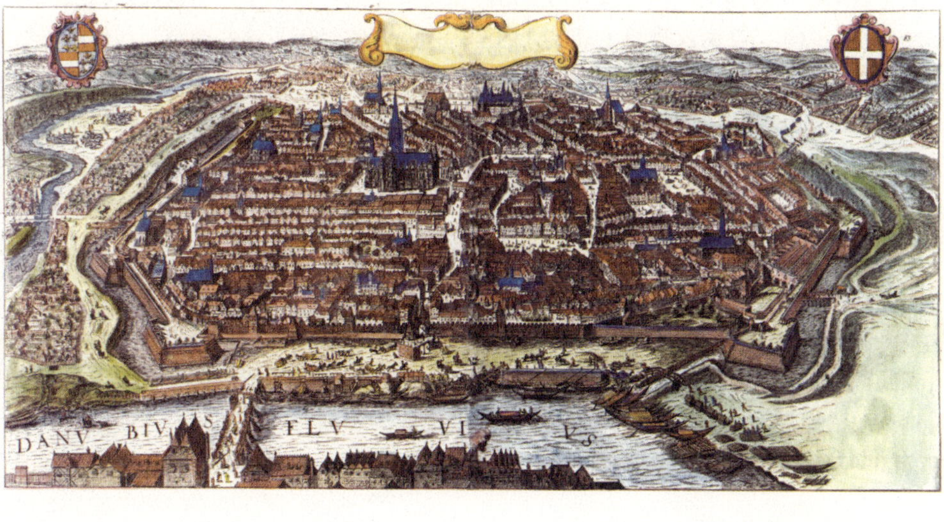

茜茜公主

作为巴伐利亚公爵的女儿、奥地利皇后和匈牙利女王，茜茜公主象征了奥匈帝国无比的权力与财富。匈牙利人民选择了她，将王冠戴在了她的头上，她见证了帝国的形成、繁盛，再逐渐走向衰败的全过程。

境内大部分领土由山地组成，一部分是瑞士的阿尔卑斯山的支脉，另一部分是提洛尔山的余峰。据说著名的提洛尔山脉原本是罗马帝国的一部分，《凡尔赛和约》签订之后被意大利人占为己有。在这一带只有两座城市比较重要：一座是因斯布鲁克，古代前往意大利的古道就在那里，即布伦内罗山口经过因河的那条路，那里的一切都还保持着中世纪时的模样。另一座城市是萨尔茨堡，就是莫扎特的出生地，也是欧洲最美丽的城市之一，在那里，音乐与戏剧非常著名，直到今天它还保持着向上的活力。

不论是这些山脉还是波希米亚高原上的山脉，都不能出产优良农作物，维也纳盆地也是这个情况。很久以前，罗马人曾经在这里建过一座营地，取名为温多波那或维也纳。温多波那虽然是个小小的堡垒，但却很有名气。因为，在公元180年4月，奥勒利乌斯（罗马皇帝兼哲学家）征服了北方日耳曼平原上的野蛮民族后，就在这里去世。不过维也纳城的兴起，还是因为10个世纪之后的中世纪大移民侵略运动（也被称为十字军东侵）爆发了，许多人都想到圣地去。但他们只想沿着多瑙河过去，不敢把自己托付给那些热那亚和威尼斯的黑心船主，因此维也纳就成为了他们的出发点。

哈布斯堡家族的领地非常广阔，拥有上面提到的所有山脉间的土地。1276年，维也纳成为这个家族的都城，同时又成为了这片土地的中心。1485年，它被匈牙利人攻破。1529年至1683年，又两次遭受土耳其人的围困。虽然它经历了这些磨难，却仍能安然无恙，直到18世纪，由于决策的错误，国内重要的官职不得不让给了具有德国血统的贵族，这座城市才开始走向衰落。过多的权力对于大多数人来说都是一种负担，对于温和的奥地利骑士来说也不例外。这时候，不仅可以用和蔼可亲来形容他们，甚至变得软弱无力了。

在这个具有双重特性的古老国家中，47%的人具有斯拉夫血统，只有25%的人是德国人，剩下的人中19%是匈牙利人，7%是罗马尼亚人，有1.5%（大约60万）的意大利人和10万吉卜赛人。这些吉卜赛人大多依附于匈牙利，被当作值得重视的市民来对待。

欧洲的其他国家都渐渐吸收新思想，而那些德国贵族们却依旧固步自封。君主政体与贵族政治如果想要延续下去，当局者必须要有作为领袖的毅力与雄心，如果他们抛开权力，一起讨论服务的问题，那么他们的末日就要到了。在拿破仑战争中，奥地利的军队屡战屡败，于是所有的王公贵族便成为维也纳人民的眼中钉，人们把他们驱逐出城，赶回乡下的田庄去种地，于是他们以此来度过余生，不再和外界有所联系。

就在这个时候，地理因素帮了维也纳不少的忙。贵族已经销声匿迹，工人和商人便慢慢得势。维也纳的古堡（它们的面积非常大，土地的出售所得已经足够扩充城区的各个部分了）被拆除了。没过多久，这里就成了东欧最重要的商业、科学与艺术的中心。

第一次世界大战爆发之后，富裕与繁荣都被扫荡一空。现在的奥地利与十几年前的奥匈帝国完全不同，它的明天不知道在哪里，现在只剩下一个名存实亡的空壳了。法国人反对它和德国共和国合并，就相当于毁灭了它最后的希望。

奥地利著名音乐家

作为以音乐著称的国家，奥地利的首都维也纳被称为音乐之都，那里曾有许多世界著名的音乐家，如莫扎特、海顿等。

莫扎特

欧洲最伟大的古典主义音乐作曲家之一，钢琴协奏曲的奠基人，对欧洲音乐的发展有巨大的影响。

海顿

维也纳古典乐派的第一位代表人物，也是古典音乐风格的杰出代表之一，被称为“交响乐之父”。

舒伯特

早期浪漫主义音乐的代表人物，也是古典主义音乐的最后一位巨匠，留下了大量的不朽名作。

第十七章

丹 麦

小国胜过大国的典范之国。

丹 麦	
中文名称：丹麦王国	所属洲：欧洲
首都：哥本哈根	主要城市：博恩霍尔姆、菲特烈堡
官方语言：丹麦语	货币：丹麦克朗
时区：东一区	国家代码：DEN
国歌：《有一处好地方》	国花：冬青

丹麦是一个小国（它只有350万左右的居民，其中75万还住在首都），但是在人类的事务当中，如果认为数量比质量重要的话，那么往往会忽略它的存在。但是，它就和斯堪的纳维亚半岛上的国家一样，能够怀抱着充满智慧的人生理想，运用天赋的才能把无足轻重的物资打造成有用的东西，这是一个非常好的榜样，值得我们特别注意，并且由衷地敬佩。

丹麦的面积虽然只有几万平方英里，并且完全没有矿产资源、山脉（最高的山峰只有600英尺高，还不到帝国大厦的一半）、海军、陆军以及其他天然资源，但是它却能与其他面积比它更大、更加自负、野心也更大的国家相匹敌。这并不是凭空捏造的，我可以列举出来。丹麦人凭借着自己的努力，把文盲的数目降为零，并使自己成为全欧洲第二富有的国家（以每人平均所得的财富计算）。他们确实消除了贫富差距，让每个人都能过上小康的生活，这种均衡的现象，简直是绝无仅有。

只要看一看地图，你就会知道，丹麦由一个半岛和一些小岛组成，各小岛间有宽阔的水道，两边的渡口上架设着铁轨，可以用来通行火车。丹麦的天气非常恶劣。整个冬季，平原上都刮着猛烈的东风，东风更带来了冰冷的阵雨。因此，丹麦人不得不像荷兰人一样（他们的共同点很多），把大部分的时间消磨在室内。丹麦之所以会变成阅读气氛浓郁的国家，这种恶劣的环境也有很大的功劳，正是因为这样，这个国家的人民拥有丰富的知识，人均拥有书籍的数量是其他国家无法相比的。

风和雨使牧场保持湿润，青草长得很快，牛也长得特别健壮。所以，丹麦能供应全世界所需黄油的30%。其他国家的土地都在不耕而食的大地主手里，丹麦人有很强的民主意识（这里的民主，与其说是政治方面的，倒不如说是社会与经济方面的），从不鼓励像我们在其他国家里时常遇到的那种大产业的发展。

丹麦现在有15万自耕农，耕种着小小的农场，面积从10英亩至100英亩不等。至于100英亩以上的农场，全国只有2万个。他们运到国外去的牛奶，都是用最新的科学方法生产出来的，这些养殖畜牧技术全靠农村的农业学校来教授，这些农业学校只是遍布全国的高等学校系统中的附属机构。提炼黄油后剩下来的酪浆，往往被当作副产品，用来生产猪饲料，日后肥猪变成了腌肉，就可以销往大不列颠的所有市场了。

生产黄油品与腌猪肉的利益大大高于种植粮食，所以丹麦人不得不进口谷物。他们进口

丹麦示意图　版画　17世纪

丹麦的南部与德国接壤，北部相隔厄勒海峡、斯卡格拉克海峡、卡特加特海峡与瑞典和挪威相望。这个拥有温带海洋性气候的国家，培养出了许多作家和学者，其中最著名的是安徒生，他的童话故事影响着全世界无数的儿童。

安徒生

安徒生是19世纪的丹麦作家，因童话故事而享誉世界，他著名的《拇指姑娘》《卖火柴的小女孩》《丑小鸭》等童话一直流传至今，已经被译为150多种语言，在全球各国出版发行，为孩子们带来了快乐。

的渠道很多，并且价格低廉，因为哥本哈根与但泽之间乘船只用两天，而但泽又是久负盛名的出口港，向波兰和立陶宛出口数量惊人的粮食。一部分的谷物用来饲养家禽，每年就能生产出无数禽蛋运往不列颠群岛。说来也奇怪，不列颠群岛上生长的东西总不如布鲁塞尔的东西那么好吃。

为了在农产品方面维持垄断的地位，丹麦人就利用国家的力量，对一切出口的商品都进行严密的检查，这让他们获得了诚信的美名，他们的商标都是品质的保证。

丹麦人就和所有的条顿族人一样，都是无可救药的赌徒。在过去几年中，他们在银行业和股票市场上投资，结果亏损严重。后来，银行虽然倒闭了，但孩子、母牛、猪等都安然无恙。现在，他们又回到原来的位置，做自己该做的事情了。而他们邻邦的银行相继陷入破产，是让丹麦人最担忧的问题。这样会使腌肉和鸡蛋成为普通人吃不起的奢侈品。

大陆上的城镇都不重要。日德兰（这是一个古老半岛的古名，最初开辟英格兰的人大多来自这里）的西海岸有埃斯比约，它是各种农产品的主要出口港。在日德兰的东海岸，有奥胡斯，它是丹麦最古老的基督教中心。事实上，在美洲被发现的400年前，丹麦人依旧供奉着自己的神明——奥丁、瑟斯和巴尔狄斯。

一个小海峡（我相信，现在已经有横跨海峡建设桥梁的计划了）使日德兰与菲英——波罗的海群岛中最大的一个岛屿相隔。菲英岛（岛上有许多奶牛、猪和小孩）的中央有奥登塞城，安徒生就出生在这里，他虽然是一个贫穷的鞋匠的儿子，但对于人类来说却是一位伟大的恩人。

渡过海峡，我们便来到古丹麦帝国的中枢——西兰岛。岛上有美丽的城市哥本哈根，它是中世纪的商业港，倚靠着宽广的海湾。哥本哈根的前方是阿麦儿亚小岛，它既帮海湾挡去了波罗的海的巨浪，又是首都的菜园。

在9世纪和10世纪时，丹麦人统治着帝国，这个帝国拥有英格兰与挪威的全部领土，以及瑞典的一部分领土。那时，哥本哈根还只是一个小小的渔村，在它西方15英里的罗斯基勒才是皇家的驻地和发号施令的中枢。现在，罗斯基勒已经无足轻重，而哥本哈根的面积却日渐扩大，地位也日渐增高，为全国1/5的人口提供休闲娱乐。

哥本哈根是王宫的所在地，每逢国王出外游泳、捕鱼或是闲逛着去买雪茄的时候，就有好几个穿着漂亮制服的护卫全副武装，紧随其后。然而，如果你想要看显示军威的阅兵式，就会大失所望了。虽然在很久以前，这个小国曾经参与过最艰难的战争（在1864年，长期抵抗普鲁士军队）。现在，他们已经自行废除了海军和陆军，只留下一小

哥本哈根的街景

油画 克里斯滕·柯勃克
1836年

在清晨的哥本哈根，人们正要出门工作，而牲畜们则在街道上悠闲地行走，一切看起来都十分正常，但是早晨的阳光使画面带有了一种惊人的美丽，画家抓住了一个特殊的时间和空间描绘了哥本哈根的街景。

队国家警察，以备在下一次全欧冲突爆发时，以维持他们中立的立场。

关于丹麦的介绍，就到此为止了。这个国家平稳地走着自己的路，王室的消息远离各大报章杂志中的头版。有三件外套的人虽然很少，但是没有人没有外套。有汽车的人很少，可是每个男人、女人和小孩至少都有两辆脚踏车。如果你在午餐前走过丹麦的街道，一定会亲身感受到这些。

在崇拜“领土巨大”的世界里，丹麦很难扮演重要的角色；但在崇拜“伟大”的世界里，丹麦应该占有非常重要的地位。假如大众的最大幸福是政府努力的最终目标，那么，丹麦所做的一切事业，已经足够让它成为一个永远独立的国家了。

哥本哈根的湖泊

哥本哈根是丹麦的首都，也是最大的城市及港口，在这幅描绘哥本哈根的湖泊的作品中，画家以细腻的笔法突出了哥本哈根一带的美丽与静谧。

两个女人互相依偎着，一半处于阴影中，一半处于阳光里，似乎体现了画家心中的人类精神。

白色十字红旗是丹麦的国旗，被称为丹麦人的力量，在这幅画中则控制着整幅画面，是画面的标志。

在哥本哈根附近的湖泊中，一条小船缓缓地划来。

第十八章

冰 岛

北冰洋中的政治实验室。

丹 麦	
中文名称：冰岛共和国	所属洲：欧洲
首都：雷克雅未克	主要城市：阿库雷里、哈夫纳夫约杜尔
官方语言：冰岛语	货币：冰岛克朗
时区：西一区	国家代码：IS
国歌：《千年颂》	国花：三色堇

曾经雄视北欧的丹麦，到现在只留下了几块寥落的领土。在这些领土中，一个是被称为第六大洲的格陵兰岛。这座岛屿有丰富的锌、铁、石墨等矿产，只是到处都被冰河遮盖（无冰地带只占总面积的1/30），因此对人类而言毫无价值。如果地轴的方向不会发生大的变动，永远不让格陵兰再次得到热带的气候，那么，这片辽阔的区域就只好永远被荒废了。但据我们的推测，格陵兰在数百万年前一定属于热带气候，大煤田的发现就是一个很好的证明。

丹麦的第二个殖民地是法罗群岛（意思是绵羊群岛），位于设得兰群岛以北200英里，人口约2万，首府名叫托尔豪斯恩。哈得孙远涉大洋到曼哈顿去探险的时候，就从这里出发。

冰岛虽然远在北冰洋中，但却是一个非常有趣的地方。平时我们一谈到火山爆发的奇观（使冰岛成为各种奇观的储藏室），总会联想起罗马火神伍尔坎及其熔铁炉中的神秘之火。但冰岛之所以有趣，还因为它特殊的政治发展。它是地球上具有自治记录的最古老的共和国。在公元前8世纪，它就有了自治政府，随后虽然经历了几次短暂的间断，但古老的政府至今仍然健在。

岛上最初的居民是一群挪威的流浪者，他们在9世纪的时候，就发现了这个遥远的海岛。

在冰岛几万平方英里的面积中，5000平方英里终年被冰河及白雪所覆盖，真正适合耕种的地方只占1/14。但岛上的生活情况，却比那些逃亡者的岛国要好得多，所以在9世纪初叶，已经有4000座农庄，自由农民住在里面。这些农民有着日耳曼部落早期的习性，不久就建立了自治政府的雏型。其政府的中心是“Althing”，意思是会议，以会集各种事务或提议。每年仲夏，都会在广大的火山平原上举行一次Althing，那片平原叫森格维尔，距雷克雅未克约7英里，而后者是冰岛的首府，它的历史还不到100年。

冰岛居民在独立之后最初两个世纪中，曾经表现出了非常伟大的力量。他们创作了绝妙的英雄传奇，发现了格陵兰和美洲大陆（比哥伦布早500年），还把这个冬季只有4小时白昼的海岛，变成比丹麦还要重要的文明中心。

但日耳曼民族的劣根性——极端的个人主义——使他们西进路上的政治和经济分崩离析，其祸害一直伴随着这个国家。9世纪时，挪威人把整座岛屿征服了，但当挪威并入丹麦后，冰岛就像新娘的嫁妆一样，落到了丹麦人的手里。但丹麦人对它毫不重视，冰岛重获了自由。从此以后，它就遭受着法国人和阿尔及利亚海盗们的摧残。往日的繁华荡然无存了，初期的文学与建筑也被人遗忘，除了泥造的矮屋，古代贵族和自由民的木屋都不知去向了。

冰岛示意图 版画 17世纪

冰岛是位于英国与格陵兰岛之间的欧洲第二大岛，虽然陆地上盖满了冰川，但却分布着200多座火山，其中有40多座活火山至今仍在喷发。因为地理上形成独立的海岛，所以它与外界交流较少。地图中众多外形奇怪的生物，有很大一部分都是外界的人们对这个神秘小岛的想象。

三色堇

三色堇属于双子叶植物纲堇菜目，是两年生或多年生草本植物，每个茎上有3~10朵花，通常每朵花有紫、白、黄三色。从来源而言，三色堇为冰岛的原产花卉，也被定为冰岛的国花。

直到19世纪中叶以后，岛上才渐渐恢复了往日的繁荣，重新产生了要求独立的愿望。现在，这个海岛表面上虽然还承认丹麦国是它的君主，但它已经能像11世纪前一样，自己管理自己了。冰岛最大的城市是雷克雅未克，虽然人口不到1万，但也拥有一个大学。而全岛的居民虽然还不到10万，但也有自己的文学杰作。岛上只是分布了一些零星的农庄，没有村庄。孩子们一到适当的年龄，就由流动的教师进行教育，并被管教得非常好。

总而言之，冰岛实际上是世界上最有趣的小国家之一。它和其他的小国一样，充分地表现着人类的智慧面对逆境时的伟大成绩。实际上，冰岛并不是一座人间的乐园，虽然冬季因为受到湾流支流的影响，并不是特别冷，但夏季却非常短，终年不断地下着雨，以致于谷物果蔬没有生长的机会。

29座火山遍布在这个岛屿上，最著名的是海克拉火山，据史料记载，它已经爆发过28次，使岛上覆盖上火山岩，甚至有1000平方英里大。有时候，地震还会摧毁无数农舍，使固体火山灰上裂开数量惊人的裂缝。而硫磺温泉和沸腾的泥浆到处都是，游客往往会感到行进艰难。虽然岛上著名的间歇温泉有些危险，但是非常有趣，其中著名的大间歇泉虽然会喷出高达100英尺的沸水，但它的活力已经逐渐减弱了。

现在，岛上的居民不仅仍然住在岛上，而且还愿意永远住在那里。过去60年中，虽然有2万多居民迁往美洲（大部分前往加拿大中部的马尼托巴），但是许多人都迁回了冰岛。虽然冰岛常年下雨，生活并不舒适，但这里终究是他们的故乡。

冰岛的地理

冰岛作为一个火山岛，以“极圈火岛”之名著称，同时它的温泉数量也居世界之冠，因此拥有独特的自然环境。

火山

拉基火山、华纳达尔斯火山、海克拉火山等200多座。

冰岛

温泉

蓝湖等250座温泉，是世界上温泉最多的国家。

冰岛拥有火山和温泉，因此被称为冰火之国，非常奇特。

第十九章

斯堪的纳维亚半岛

瑞典与挪威的领地。

瑞典	
中文名称：瑞典王国	所属洲：欧洲
首都：斯德哥尔摩	主要城市：哥德堡、马尔默
官方语言：瑞典语	货币：瑞典克朗
时区：东一区	国家代码：SWE
国歌：《你古老的光荣的北国山乡》	国花：铃兰

住在幸福的神话世界里的中世纪人民，都知道斯堪的纳维亚半岛为什么如此奇形怪状。据说，当上帝完成了开天辟地的工程后，有一个魔鬼独自溜出来，想看看上帝在离开宫殿的7天里究竟做了些什么。当他看到了我们的地球年轻又美丽时，就大发脾气，并在狂怒之中把一块大石头投向了人类的新家。这块石头落在北冰洋里，变成了斯堪的纳维亚半岛，岛上非常荒芜贫瘠，生命似乎无法生存。但幸运的是，仁慈的上帝想起来自己在创造其他大陆时，曾经留下一小块肥沃的土壤，他就把播散的残余土地洒在了挪威和瑞典的山上。但是，那里没有什么余地，因此挪威和瑞典的大部分地方就只好成为穴居巨人、侏儒及狼人的巢穴，毕竟人类无法在如此荒芜贫瘠的土地上生存。

现代人也有自己的神话，不过这种神话是科学的，是以所能观察到的事实作为根据的。按照地质学家的说法，斯堪的纳维亚半岛只是古大陆的遗迹，这个大陆早在泥炭纪之前，就从欧洲开始，中间经过北冰洋，一直延长到美洲。

我们当然知道，美洲的格局只不过是最近才形成的——南北美洲像飘浮在池塘中的树叶，永远在移动，而其他大洲现在虽然被海洋所隔离，但很久以前却是完整的陆地。当包含挪威和瑞典的那一整块大陆沉没的时候，只有最东部的山脊——斯堪的纳维亚山脉——存留在水面上。冰岛、法罗群岛、设得兰群岛及苏格兰的情况也是这样。至于其他的部分，都沉在北冰洋海底了。或许有一天，会调换角色。到了那时，北冰洋就会变成一片大陆，瑞典与挪威则变为巨鲸和小鱼们的家乡。

挪威人并没有因为家园有石沉大海的危险而人心惶惶，他们还有其他值得担忧的困难，比如生存问题。挪威可以用于耕种的田地，还不到全部面积的4%（只有4000平方英里），你就会知道生活问题决不是个简单的问题。虽然瑞典可以用于耕种的面积为10%，比起挪威稍好一些，但也并没有起到什么作用。

大自然也给了他们一些补偿。瑞典一半的国土生长着森林，而挪威1/4的地方覆盖着枞树林和杉树林。这些森林都在慢慢地被砍伐，不过这并不是对自然的摧残，因为他们所使用的方法已经尽量科学了。瑞典人和挪威人都知道，他们的国家无论如何都不适合发展单一的农业。之所以会这样，是因为大量冰川覆盖在整个半岛上。很久以前，从北角到林德斯内斯都是冰川，冰川流过岩石峥嵘的山坡，把上面的泥土刮得干干净净，就像猎狗把食盘中的食物吃得精光一样。它们刮去了山坡上仅有的泥土（这一大片土地如果想要拥有大量的泥土，必须要经过数百万年的时间），一路带着它们，最终积淀于北

拉普兰德示意图 版画 17世纪

拉普兰德位于挪威与芬兰的北部，紧邻斯堪的纳维亚半岛。这里常年被冰雪覆盖，3/4的面积处在北极圈内，传说中是圣诞老人的故乡。作为欧洲最后一块原始保留区，它看不到任何工业污染，有独特的极光风光和土著风情。

欧大平原。关于这些，我在德国的那一章里已经讲过了。

4000年前，亚洲人入侵欧洲的时候，他们的先锋队一定知道这个事实。他们渡过了波罗的海，发现斯堪的纳维亚半岛上零星地住着芬兰血统的牧民。当然，将他们赶到拉普兰德去非常容易。但是把他们赶出去之后，这些新来的人要依靠什么生存呢？

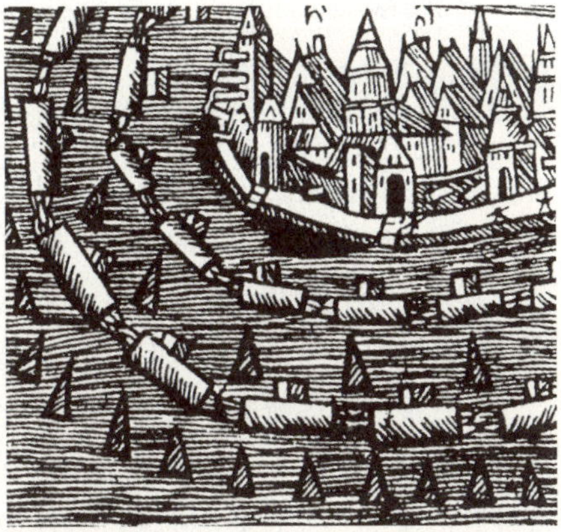

海盗的防御设施

北欧环境恶劣，因此很多北欧人做了海盗，以打劫过往船只为生。他们不仅拥有很强的攻击力，防御的本领也是首屈一指的。如图中的沿海地区被漂浮的帆木板围绕着，每层木板之间还竖起了长钉，敌人要想靠近也要费很大功夫。

不过，谋生的方法还是有好几种：第一，他们可以外出捕鱼。在冰川向洋底进发的时候，曾经在岩石上凿出了很多深槽，这些深槽实际上就是海湾和海峡。由于挪威的海峡和海湾非常多，所以海岸线也非常长，假如它像荷兰或丹麦一样，有直线型的海岸，那么它的海岸线比现在要长6倍。直至现在，挪威人依旧以捕鱼为业。湾流使所有的港口终年开放，即使偏北的哈默弗斯特也是这样。清澈寒冷的北冰洋海水最适合鳕鱼繁殖。海边就是罗弗敦群岛，它有很多裂口和深湾，足以让10万名渔民在那里捕鱼，同时还能为10万人提供就业机会，他们可以将捕鱼船带回来的东西装在罐里。

第二，假如他们不愿意捕鱼，他们还可以当海盗。整片挪威海域坐落着无数岛屿，这些岛屿占去了国家总面积的7%，它们被纵横错落的窄峡、沙滩、港湾构筑的水路相隔离，彼此独立。因此，从斯塔万凡格到瓦尔德的船上，不得不使用两个领航员，以便每6小时换一次班。

在中世纪，那一带还没有浮标和灯塔（林德斯内斯虽然是挪威海边最古老的灯塔，直至最近还在使用），任何外来者都不敢走到距海岸十多英里以内的骇人领域。罗弗敦群岛之间，就是著名的大漩涡，虽然其他人过度夸大了它的故事，但是如果没有六七个当地人的指引，一个完全没有经验的船长是绝对不敢驶进这个危险地区的。而海盗们对于峡谷非常熟悉，往往把它作为打劫的优势。他们知道只要还能看到家乡的山脉，就不会有什么危险。对这个天然形成的地势，他们很好地加以利用。他们改良了船只和战术，甚至能够远涉重洋，到达英格兰、冰岛以及荷兰等地。当他们发现了这些在自己领土附近的航路后，就会逐渐把行程延长。最后，法兰西人、西班牙人、意大利人甚至是遥远的君士坦丁堡人，只要一听到回来的商人们谈起一列海盗船在附近出现时，就会胆战心惊。

在9世纪早期，巴黎被他们打劫了三次。他们在莱茵河里逆流行驶，远至科隆和美因茨。而不同部落的北欧海盗为了争夺英格兰自相残杀，就像现代欧洲各国，为了一块特别好的油田而大打出手一样。

大概在冰岛被发现的同时，北欧海盗建立了第一个俄罗斯国，做了将近700年的统治者。随后，他们组织了远劫队，200只小船（必要时可以拖到岸上去）从波罗的海出发，开进黑海，而东罗马帝国的皇帝立刻把这些野蛮的海盗招来，请他们做特别护卫队。

从西方到达地中海后，他们分布在西西里、西班牙海岸、意大利以及非洲等地。后来，在教皇与欧洲各国战争时，他们还屡次帮助教皇，承担了很重要的任务。

古代北欧海盗所有的繁荣，现在变成什么样了呢？

现在只剩下一个让人钦佩的小王国。这个小王国专门捕鱼、卖鱼，经营运输事业，从事政治斗争——为了领土上的人民应该使用哪种语言的问题而进行激烈的争斗。每隔两三年，挪威当局总要把重要的城市和车站换一个名字。如果他们没有这种坏习性，他们的战争都不会被世人注意到。

说到挪威的城市，大部分也只不过是繁盛的村落，甚至所有村民养的狗都互相熟识。特隆赫姆（原来被写作Nidaros，后来改称Trondheim）是挪威王国的旧都，那边有一个设施完善的港口，在波罗的海冰冻之后，特隆赫姆就变成码头，许多瑞典木材都由此运往世界各国。

挪威现在的首都奥斯陆，建在一个古挪威村落的附近，这个村落早已被烧毁，只剩下些废墟遗址了。奥斯陆是丹麦国王克里斯丁四世所建，以前曾被称为克里斯丁亚那，直至挪威人清除语言中所有的丹麦语成分，才改成现在的名字。它位于全国农产最丰富的区域，前面的奥斯陆海峡，最终流入宽广的斯卡格拉克海湾，正是这个海湾把挪威与丹麦分隔开，它其实是大西洋的一部分。

挪威三文鱼

在挪威寒冷清澈的海水中，滋养着营养价值极高的三文鱼。三文鱼的蛋白质含量高，脂肪含量极低，每年的产卵期都要逆水回游，肉质的口感是其他鱼类无法比拟的，其体内富含的不饱和脂肪酸可以延缓衰老、强化脏器。

斯塔万凡格、奥勒松及克里斯蒂安桑等城市，只有当轮船汽笛八点鸣响之时才会热闹起来。卑尔根是古代商业公会的驻地，作为整个挪威沿海商业的供给站，现在那里已经有了与奥斯陆连接的铁路。特隆赫姆也有一条支路，直达瑞典的波罗的海海岸。纳尔维克位于特隆赫姆的北边，已经进入了北极圈的范围，来自拉普兰德的瑞典铁矿石

斯德哥尔摩　版画　17世纪

瑞典的首都斯德哥尔摩位于波罗的海西岸，是瑞典政治、文化和经济的中心。这里景色优美，教堂、宫殿、博物馆遍布全城，同时也是诺贝尔奖金的授奖仪式举行地。

都由此输出。特罗姆瑟和哈墨弗斯特终年带着鱼腥味。我之所以要写下这么多地名，只因为那边的人竟然能够在北纬70度的地方安居，实在是非常罕见。

挪威是一个奇怪的地方，也是一个条件艰苦的地方——它一方面把成千上万的人逐出海滨，逼他们用自己的力量在其他地方谋生；但另一方面又牵动着他们的思乡之情，让他们想念着祖国的山河。如果你有机会去北边旅游，不妨坐着船四处看看。那里到处都是同样荒凉的小村落，村外是只能养活一只山羊的小草地，还有五六间破屋和三四只破船，小轮船每星期只来一次，船上的人潸然泪下，因为他们又投入了它的怀抱，它是他们的故乡，是血肉的一部分。

四海之内皆兄弟是个高尚的梦。

当你坐了10天的汽船，悄无声息地到达德或瓦尔德时，情况又不一样了。北极大高原沉没到大西洋时，留下了一座山脉，而山脉的另一面就是瑞典，它与挪威迥然不同。很多人常常感到奇怪，为什么这两个国家不合为一体呢，那样就可以节省不少行政费用。这种办法说起来很动听，但因为地理背景的影响，它们不能这样做。挪威受到了湾流的影响，气候温和，雨水多而降雪少（在卑尔根，如果人们不带雨伞或雨衣，就算是马也会惊讶）。瑞典纯粹是大陆性气候，冬季漫长而寒冷，大雪纷飞。挪威有深邃的峡谷，延伸到内陆，往往能达到数英里。瑞典有低洼的海岸，但天然的海港却很少，而且它们的地位也不如卡特加特海峡上的哥德堡重要。挪威国内没有矿藏，瑞典却蕴藏着几种世界最重要的矿产。但不幸的是，瑞典缺少煤炭，因此不得不从德、法两国大量进口。只有在最近20年，瑞典利用了许多重要的瀑布，煤炭的需求量才逐渐减少。同时，其境内大部分的面积被茂密的森林所覆盖，火柴制造业慢慢使它们的资本逐渐雄厚，造纸厂也闻名于全世界。

瑞典人就像挪威人和丹麦人一样（我可以说，所有的日耳曼民族除了英国人之外，都和瑞典人相像），深信人类的智慧有着非常大的力量。瑞典国内的科学家能够自由地进行研究，从木材工业中发现了许多副产物，例如假象牙与人造丝绸。否则，这些东西只能被当作废物而已。瑞典的农业虽然比挪威发达得多，但一座高山把斯堪的纳维亚半岛分成了两半，再加上它的位置又在寒风侵袭的一面，气候条件非常恶劣，因此农业也受到了影响。也许，这就是瑞典人爱好花草的原因。漫长而寒冷的冬季让每户人家用美丽的花朵和常青的矮树来点缀房屋，以增添愉悦的元素。

瑞典和挪威还有很多不同的地方。在挪威，古代的封建制度已经跟着黑死病（中世纪晚期的大瘟疫，当时北欧海盗的一切野心与活动均因此停顿）而破灭。瑞典则相反，大片的土地使国内的贵族直到今日仍然拥有很大的势力。现在，这个国家虽然由社会主义政府统治（与欧洲大多数国家相似），但斯德哥尔摩依旧是以贵族为主的城市，与奥斯陆及哥本哈根形成了鲜明的对比。奥斯陆与哥本哈根充满了极端简朴的平民气息，但在瑞典的首都中却盛行高雅的举止。

这种情况或许应该直接归因于瑞典特殊的地理环境。挪威面向大西洋，瑞典却是一

关于猎人的铁画

12世纪

在这幅12世纪的瑞典铁画中，猎犬在追赶着鹿，而猎人则以号角指挥着它们，训练有素的猎鹰在这时常会啄瞎猎物的眼睛，使其失去行动力。

厄勒海峡　版画　17世纪

厄勒海峡位于瑞典南部与丹麦西兰岛之间，沿岸有丹麦的哥本哈根和瑞典的马尔默两大海港，是连接波罗的海和北海的主要通道，也是世界上最繁忙的河道之一。图中大量的战船驶出丹麦的港口，向赫尔辛堡前进，战火弥漫在整片海域的上空。

个面向内陆海的国家，它全部的历史与经济生活，都与波罗的海发生着密切的关系。

假如斯堪的纳维亚半岛都是一片荒地，那么无论是西海岸的诺斯人，还是东海岸的纳维亚人，都没有什么选择了。在外国人看来，他们都是北欧海盗。古代有句著名的祈祷辞："来自复仇女神的仁慈的主人，请解救我们吧！"当虔诚的信众们朗诵这一句的时候，并不会特指是哪一种纳维亚人。

但10世纪以后，却发生了变化。当时，北方的塞维兰德（它的首都位于马拉湖畔，就是现在的首都斯德哥尔摩所在地）的瑞典人，与南方的哥特男的哥特人，发生了非常激烈并且规模巨大的内战。他们的血统非常相近，祭神的圣地也在一起，这个圣地叫作"神之城"，位于现在的乌普萨拉城（北欧最古老而且最重要的大学之城）附近。内战持续了2个多世纪，贵族的地位由此迅速增高，国王的势力却江河日下。在内战期间，基督教进入斯堪的纳维亚半岛，传教士和修道院维护着贵族的利益（在许多国家的情形却与此相反），瑞典的国王便变成了落日余晖，全国被丹麦人统治长达150年之久。

那次不可饶恕的大屠杀，就像昨天才发生的晴天霹雳，震碎了全欧洲人的心。他们仿佛都已经忘记，当时瑞典已经存在了。在1520年，丹麦国王克里斯丁二世邀请了所有的瑞典贵族，举行了一个盛大的宴会，意在一劳永逸地解决与瑞典之间的纠纷。当宴会将要结束的时候，所有的宾客全部被捕，或被砍头，或被淹死。只有一人幸免于难，就是古斯塔夫。他的父亲叫爱里克·瓦沙（几年前就已经被这个国王处死了）。不久，古斯塔夫逃往了德国。他在听到大屠杀的消息后，便回到了瑞典，在年老的自由民中发动革命，终于把丹麦人赶回了丹麦，自立为瑞典国王。

那是个非凡的时代——民族竞争与国际竞争的开端。俄罗斯人在长期沉默之后，开始进行领土扩张的事业。因此，这个穷困的小国成为了欧洲新教运动的拥护者，瑞典也

瑞典示意图　版画　17世纪

瑞典位于斯堪的纳维亚半岛东部，与丹麦隔北海相望，是北欧最大的国家。其首都斯德哥尔摩地处波罗的海与梅拉伦湖的交界处，逐渐发展成为北欧的经济中心。森林、铁矿和水力是其三大自然资源，斯德哥尔摩港的出口收入也是瑞典的财政收入的主要来源。

变为抵御斯拉夫民族侵略的最后屏障。

瑞典显然是唯一认识到这种威胁的国家。在整整2个世纪中，它全部的精力都集中在唯一的目标——防御俄罗斯人的入侵，使他们退出波罗的海。这次战争的结果对俄罗斯来说，只是把所向披靡的脚步停顿了数十年而已，却耗尽了瑞典的国库。战争以前，瑞典统治着波罗的海的绝大部分海岸：芬兰、英格曼兰德（现在的列宁格勒所在地）、爱沙尼尔、利物兰德和波美拉尼亚等地。战争完全结束后，它降级成为二等国，面积只剩十几万平方英里（介于亚利桑那州与德克萨斯州之间），人口还不如纽约多（当时瑞典的人口为614.167 1万人，纽约的人口数为693.044 6万人）。

石灰石碑　瑞典　5世纪

图为公元5世纪的瑞典石碑，圆形的图案代表太阳。在早期，北欧人在冬至节日时常向太阳祈祷，希望将力量赋予生命。

国内一半的土地依旧覆盖着森林，为欧洲大陆供应了一半以上的木材。冬季，居民把树木砍下来存放起来。直到次年春季，将它们拖过雪地，到达最近的河边，堆在山间的峡谷里。当夏季来临，山上的冰雪开始融化，河水变成了急流，便将所有的木头都冲下峡谷。

在铁路运输上很有意义的河流，现在又为锯木机提供动能。木头被捞出来后，经过了机器的切割，变成了各种物品，从火柴到4英寸厚的木板。而且这些木制品价格低廉，只能付起伐木工和锯木工的工资。当波罗的海的冰融化了，船只就可以再次驶向西部海岸各地了，已经完成的木制品就可以通过虽然耗时但运费低廉的轮船装运了。

这些轮船有双重用处。当它们回程时，会购置一些货物，因此，瑞典就能以一种合理的价位获得大部分进口货物。

铁矿石的运输，也是使用同样的方法。瑞典铁矿石的质量非常好，就算是其他产铁国家，也都争相购买。这个国家最宽阔的地方只有250英里，到达海边是比较容易的。瑞典的北部有拉普兰德，靠近格拉纳与耶利瓦德，蕴藏着丰富的铁矿。说来也很神秘，大自然竟然会把这些铁矿堆在地上，形成两座矮山。夏季，许多矿石被运往波斯尼亚湾

（波罗的海的北部）的吕勒奥；冬季，吕勒奥结冰，因此被运送到挪威的拉尔维克，那里受到了湾流的影响，一整年都可以航行。

离铁矿不远的地方，矗立着瑞典的最高峰，即克伯列克埃斯山（将近7000英尺高）。在那里有欧洲一个非常重要的发电厂，这个发电厂虽然在北极圈内，但因为电力不受地理纬度的影响，所以依然可以用很低的成本，来带动铁道与矿山内的机器工作。

北方的冰川经过瑞典的南部地区时，把携带的一些土壤积淀在了这里，所以南部实际上是斯堪的纳维亚半岛最肥沃的地带，人口也最稠密。那里有非常多的湖泊，仅次于芬兰，总面积多达1.4 万平方英里。瑞典人用运河来连接这些湖泊，所以全国的交通非常便利。这不仅让几个工业中心如北雪平等有了收益，其余的商港——最为重要的是哥本哈根和马尔默——也得到了很大的利益。

在几个国家中，人们完全服从着自然的命令，最后变成了自然的奴隶。而另一些国家的人们，竭尽所能地破坏着自然资源，以至于最后无法接近这位育化万物的母亲了。世界上还有几个国家，在那里，人与自然能够互相了解、互相敬爱，最后为共同利益达成一致。如果你想寻找第三种例子，那么，请你向北去，看看斯堪的纳维亚半岛上的国家吧。

瑞典和挪威

在欧洲最大的半岛——斯堪的纳维亚半岛上，有挪威、瑞典两个国家，它们虽然同在一个半岛上，但却因地理位置等因素而使它们颇有差异。

	瑞典	挪威
位置	斯堪的纳维亚半岛的东南部	斯堪的纳维亚半岛的西部
自然地理	地势自西北向东南倾斜，南部及沿海地区多为平原或丘陵，全国约15%的土地在北极圈内。	斯堪的纳维亚山脉纵贯全境，全境的2/3以上是高原、山地、冰川，是南北狭长的山地国家。
气候	温带针叶林气候、温带阔叶林气候	温带海洋性气候
概况	冬季漫长而寒冷，有茂密的森林，但缺少天然的海港，森林、铁矿和水力构成了瑞典的三大自然资源。	海岸线曲折，构成了特有的峡湾景色，有许多天然良港，水力资源丰富，也是欧洲最大的产油国。

第二十章

荷　兰

北海沿岸的洼地，人定胜天的王国。

荷　兰	
中文名称：尼德兰王国	所属洲：欧洲
首都：阿姆斯特丹	主要城市：鹿特丹、海牙
官方语言：荷兰语	货币：欧元
时区：东一区	国家代码：NLD
国歌：《威廉颂》	国花：郁金香

仅仅在非常正式的场合中偶尔才会用到的“尼德兰”（即荷兰）一词，含义是海平面以下2英尺至16英尺的低地，对于荷兰而言是比较准确的。如果再发生一次远古时期的洪水，那么阿姆斯特丹、鹿特丹及其他重要城市，就会瞬间消失得无影无踪。

这种地理上的先天缺陷，看上去好像对国家不利，其实却是国家的最大精力之源。像这些北海沿岸的沼泽，不会轻易被人类征服，只能依靠人们去创造。荷兰人用尽了他们的聪明才智，与大自然残酷的暴力相抗争，结果取得了胜利。而这种抗争也使他们产生了坚强的意志，使他们变得警戒。在我们这个世界里，这些素质是很好的美德。

当罗马人来到西欧这片穷乡僻壤时（约在公元前50年），整片地区都是沼泽与湿地。从比利时到丹麦，蜿蜒着一排狭窄的沙丘，以防御北海对陆地的侵袭。这些沙丘断断续续，被无数的河流与小溪截断。其中最重要的是莱茵河、默兹河及斯凯尔特河。

由于人们并未修建堤坝来阻碍它们，而且让其放任自流，因此这三条河流能够为所欲为。每到春季，他们就改变河道，创造出原来没有的岛屿，或冲毁像曼哈顿岛那样广阔坚实的陆地。我并没有过分夸张，在13世纪时，7个村落，将近10万人在一夜之间消失得无影无踪。那凄惨的往事，我想我们是永远不会忘记的。

如果把早期荷兰人的生活，和住在坚实大陆上的佛兰德斯邻居相比，荷兰人是相当可怜的。但是后来，不知道是水的温度还是其他事情发生了神奇的变化，给了他们一个机会。就在某一天，出人意料的事情发生了，波罗的海中著名的鲱鱼等迁到了北海。在

荷兰示意图　版画　17世纪

荷兰位于欧洲西北部，全境都是低平的洼地，1／4的土地低于海面，也有低地之国之称。作为以风车和海堤著称的国家，荷兰地处沿海，有多个贸易中心，也为欧洲与其他洲之间的交流作出了巨大贡献。

过去的那个时期，鱼类所占的地位远胜于今日，欧洲人每星期五都要吃鱼，鱼类成为了欧洲人的主要菜肴。这样一来，波罗的海的许多城市完全衰败了，大批的荷兰城镇突然兴起。当时，这些城镇为南欧的各个国家提供鱼干，这也是今天罐装食品的起源。这些鲱鱼捕鱼场从事谷物贩卖，并用谷物交换印度群岛的香料，这种现象并不算奇怪，只是商业国家自然发展的历程而已。

可是，当命运迫使低地国家受到哈布斯堡家族的帝国统治，使健壮的农夫与渔夫受治于脾气暴躁的官吏时，纠纷从此产生了。原本这些农夫与渔夫身强体壮、拳头粗壮，从来没有受到过风雅文化的教育，并且注重实际。而那些官吏却一直在皇帝的宫廷中受到长期训练，并且那位专制的皇帝又住在西班牙帝国的荒山上，高高在上，禁卫森严，命运就与现实发生了强烈的冲突！这次战争前后共持续了80年，表现出为自由而奋斗的精神，低地国家的人民最终取得了完全的胜利。

新国家的统治者都是务实的人，他们尊崇生活法则，并服从生活，而且只要是对自己有益的理论，都会付诸实践。他们为那些逃难者提供保护，无论他们之前是生活在不幸的国家，还是因宗教信仰或其他原因遭到迫害。

在这些外来的难民（英国的少数身份低贱的人却是例外，因为他们并没有长时间居住在这里）中间，绝大多数人看到了这个国家愿意给他们新生的机会，都心甘情愿地成为了忠臣良民。虽然他们全部的财产和积蓄，都被原来的主人掠夺，但他们的才干却仍然留在头脑中，并为第二个祖国的商业和学术的发展作出了极大的贡献。独立战争结束后，100万人住在小城镇——建在过去湖泊的湖底或内陆的海底，完全掌握了欧、亚两洲的领导权，并且维持了长达三代的统治。

从此，他们就开始做投资的生意——购买大国的田产和外国的名画（它们要比本国画家的作品精美得多），过着奢华的生活。他们用尽心机，想要让邻国人忘掉这些金钱的由来。但没有多久，金钱也开始远离他们了。在这个世界里的一切，都不是恒久不变

风车

在荷兰的各个港口，我们经常可以看到造型各异的大风车在不停地转动着。它最初从德国被引进时，只是被用于研磨谷物。当这种能量转化的技术被荷兰人熟练使用后，风车就有了锯木造纸、加工香料、航海等更多功用。

的，更别说人类微不足道的能量了。如果人们不努力保持已经得到的东西，那么要不了多久，他们便会失去一切。这并不仅仅是指金钱，还有思想。

19世纪初叶，尘埃落定。拿破仑宣称，低地国家既然是法国的三条河流——莱茵河、默兹河、斯凯尔特河所形成的三角洲，那么，从地理根源来说，它应该隶属于法国。拿破仑的地理知识本来是非常有限的，他只知道军事所必需的地理知识，于是，纸张末尾签上的大“N”字将300年来的事业一扫而空。从此，地图上不再有荷兰这个国家，它变成了法国的一个省。

1815年，它重新独立了，并开始重新工作。它拥有比本国领土面积大62倍的殖民地，让阿姆斯特丹及鹿特丹一跃成为并维持了印度物产的分配中心。荷兰本国没有优质的原料，只在最南部有些质量差、藏量极小的煤炭，因此，它从未成为一个工业国家，而输出到殖民地去的东西只有进口货物的6%。但是，爪哇、苏门答腊、摩鹿加群岛、婆罗洲与西里伯斯岛各地的茶叶、咖啡、橡胶、金鸡纳霜种植园等事业日渐发达，需要大量的资本，这样一来，阿姆斯特丹的股票交易所便独占鳌头。同时，由于殖民地的商品需要在欧洲销售，于是荷兰的船舶运送货物的吨数，就一直维持世界第五位的好成绩。

船舶在荷兰国内贸易中的重量，要比任何一个国家都高得多。它就像蜂巢一样，纵横错落地散布着便捷的水路，运河里的船只可以算是铁路的最大劲敌。因为直到最近，时间在荷兰的男女老少，甚至在牛羊犬马构成的日常生活中，并没有占据重要的位置，所以船只能用最低廉的成本运营。

实际上，大部分的运河都是排水沟渠。因为严格来说，荷兰1/4的领土，并不能算作陆地，只能算是一片海滩。这句话是说，荷兰人将这一小块鱼类与海豹的故乡夺来，费了相当大的心血，运用人为的方法，使它不会有沉入大海的危险。从1450年以来，荷兰人把沼泽内的水排空，让湖泊变成农田，以此增加了数千平方英里的领土。而只要你懂得方法，围湖造田并不是难事。第一，你需要先选定一片适合的水地，在其四周建筑堤坝，并在坝外开凿一条深邃宽广的运河，让它与最近的溪流相连，以便通过溪内装置复杂的水闸让运河里多余的水排出。这步工作做完后，你要在堤坝上建造几十架风车，每个风车内安放一架水泵。其他的工作就可以让小小的汽油机和海风去做了。当湖水被完全抽出来并流入运河之后，你还需要在新的田地里开出几条平行的沟渠。如果抽水风车和抽水站不停地工作，这些沟渠就自然会把剩余的水量排泄出去。

这些田地有的占地面积非常大，可以居住2万多人。假如须德海也变成了陆地（目前各国都濒于破产，这种工程的花费或许过于巨大），至少能够容纳10万居民。你只要想一想这样的田地占有荷兰田地总面积的1/4，你就会马上明白，为什么荷兰水利部每年所用的财政支出，会比其他各部门要多了。

荷兰的东部则与低地形成了对比，它位于莱茵河、默兹河、斯凯尔特河尚未形成的大三角洲，以及中欧平原与海洋相接的地方，无论对谁都没有太大价值。数千年来，北

阿姆斯特丹的证券交易所

阿姆斯特丹位于艾瑟尔湖西南岸，是荷兰的首都。在这幅图中，弧形的穹顶和宽敞的庭院，让这座交易所看起来华丽精美、气势磅礴。每天有众多的投机商会集在这里，无论交易的数额是大是小，在这里都有他们的一席之地。

欧冰川流过那里时，卸下许多大大小小的鹅卵石。那里的土壤和新英格兰的土地很像，只是泥沙比新英格兰要多一些。这些极其贫瘠的土地，占有荷兰总面积的25%以上（法国不到15%，德国不到9%），而荷兰每平方英里的人口密度又达到了629人（法国只有191人，俄罗斯只有17人），这使荷兰的统计表的曲线显得别开生面。

由于东西两部分的显著区别，以及土壤肥沃与贫瘠的过大差异，因此比较重要的城市都集中在圩田中央的小三角地带上。阿姆斯特丹、哈勒姆、莱顿、海牙、代尔夫特、鹿特丹等各个城市，都紧靠着那些著名的沙山，而它们为了防御的考虑，距离非常接近，完全可以把它们当作一个大城市来看。在这些沙山脚下，荷兰人在300年前种植了一

荷兰贵族的收藏室 油画

在17世纪时，荷兰的文化发展到了一个巅峰，基本上所有的贵族家里都建有收藏室，用来陈列他们花了大把金钱换来的精致藏品。用餐后，他们通常会邀请客人到这里一起探讨文化、交流艺术。图上的收藏室中我们可以看到油画、雕塑、小提琴和地球仪，反映了在艺术、音乐、天文等方面，荷兰此时都处于世界前列。

种漂亮的小型球茎植物，这种植物叫郁金香，原是波斯和亚美尼亚的特产，之后通过荷兰商人传入。

雅典城只有纽约的8条街区大，一辆普通的汽车要把你从荷兰的一端送到另一端，也只需要几个小时而已。这块位于北海、须德海与莱茵河之间的狭长土地，比起其他面积相似的区域（阿提卡除外），在近代的科学与艺术上都有着更多的贡献。雅典是一片贫瘠的岩地，荷兰是一片水田，但它们在突然声名鹊起方面，都是相同的。首先，从国际贸易的立场上说，它们都有非常好的地理位置。其次，从民族的精神上说，它们都曾经为了生存而奋斗，留下了肉体的勇气与求知的欲望。除此以外，它们有着与生俱来的荣耀。

荷兰

荷兰位于欧洲西北部，其1/4的土地低于海面，以风车和海堤著称。

作为缺乏动力的国家，荷兰利用风车提供动力，风车对荷兰的经济有着特别重大的意义，一直沿用至今，被称为风车之国。

由于荷兰近1/4的面积低于海平面，所以为了抵御风暴潮及围海造田，修建了大量海堤，其也成为了荷兰的标志之一。

第二十一章

英国

荷兰对岸的海岛，为世界 1/4 的人谋福利。

英国	
中文名称：大不列颠及北爱尔兰联合王国	所属洲：欧洲
首都：伦敦	主要城市：曼彻斯特、利物浦
官方语言：英语	货币：英镑、欧元
时区：东一区	国家代码：GBR
国歌：《天佑女王》	国花：玫瑰

如果我在几年前写这篇文章，我会写成“大不列颠与爱尔兰”。当时人类修改了大自然的手工艺品，使一个地理单位变成了两个分离的个体。所有顺从的作者也只能遵循习俗，把这两个国家分开叙述，否则可能会引起重大的纠纷。我也不想眼睁睁地看着爱尔兰的军舰开到哈得孙河，要求我因侮辱“爱尔兰民族的尊严”向他们道歉。

恐龙不会画地图，在它们灭绝后留下来的化石，给我们讲述了它们的故事。我们现在还可以看到，喷出之后在地面上冷却的火山岩；由压力所产生的花岗岩；逐层沉淀在湖底与海底的冲积岩；以及构成岩，比如石板和大理石，它们只不过是石灰石与黏土，因为经过了地壳中微妙的化学作用，才变成了比较贵重的物质。

它们都还健在，就好像旋风过后室内的物品那样凌乱地散布着，为我们提供了一个非常珍贵的地理实验室。有了这个实验室，即使像英格兰这样猎兔之风盛于科学研究的国家，也依旧会出现许多一流的地理学家来。我们也可以反过来说，正因为有了这么多优秀的地理学家，才让我们对英国的情况了解得比其他国家多。但事实上，也不能这样讲。游泳冠军大多出自海边，出自卡拉哈里沙漠的中心则比较罕见。

既然有了丰富的地理和伟大的地理学家，那么，他们对于故乡的来历与成因，有什么样的见解呢?

请你先把已经知道的欧洲地图忘掉，来想象一个刚刚升出水面的大陆，它因为创造的压力而不停颤抖。你也可以画一个冒出水面的大洲，它满目荒芜，更因为猛烈的地球爆发作用而有无数个裂口，就好像纽约的街道被下水道的爆炸劈开一样。同时，大自然实验室里的力量依旧在认真地工作。风运载着无数吨的水分，不断地从海洋吹来，从西向东浸润着土地，让地上铺满了青草与羊齿植物，长出森林和灌木。夜以继日，年复一年，浪涛不知疲倦地扑打、锤击、磨锉、践踏、侵蚀，直到陆地的边缘逐渐凋残破碎，仿佛白雪被强光长期照射后消溶瓦解一样。随后，冰雪突然出现了，就好像一面残酷的死神之墙，它缓慢而不情愿地从高山最陡峭的一面慢慢上升，又发出隆隆巨响沿着宽阔的山谷斜坡滚落下去，使又深又窄的峡谷里填满了坚固的冰块和冰冷的水。

在人类刚出现的时候，人们看到了这样的景象：阳光照耀，密雨倾洒，冰块不断攀爬，浪涛侵蚀，四季循环。其中有一条狭长的陆地，被洪水淹没的山谷与外部世界分割。山谷北起北冰洋，南至比斯开湾。另一片地区是浮在浪涛上面的高原，它与那片狭长的陆地之间隔着大海，十几块孤零零的岩石矗立在海浪之上，只能作为海鸥的栖身

英国示意图　版画　17世纪

英国位于大不列颠群岛，四周是北海、英吉利海峡、凯尔特海、爱尔兰海和大西洋，隔北海、多佛尔海峡、英吉利海峡与欧洲大陆相望。工业革命后，英国成为了世界上第一个工业化的国家，在19世纪~20世纪早期是世界上最强大的国家。

地，人类根本无法在上面居住。

以上就是对英国来历的说法，的确非常模糊。现在，让我们翻开近代的地图，看看地图能告诉我们什么。

从设得兰群岛到地端岬的距离，等于哈得孙湾中部或阿拉斯加南部到美国北境的距离。如果一般欧洲人不明白这个比喻，那我就再换一个，就是挪威的奥斯陆到波希米亚的布拉格的距离。换言之，英国的纬度，与阿拉斯加对岸的堪察加半岛一样，在北纬50度至60度之间。但堪察加的居民只有将近7000人，而且都以鱼类作为食物的来源。英国却有4500万人，是世界上人口最稠密的国家之一。

英国的东部以北海为界。北海其实并不是海，只是一个积满了水的古老洼地。你只要看一下地图，就会很清楚了。其右面（东方）是法国。而英吉利海峡和北海就好像横在路上的一条壕沟。随后是英格兰的中部大平原，平原最低的一带就是伦敦的所在地。再过去是威尔士群山。另一个洼地是爱尔兰海，就是爱尔兰的中央大平原。再往西一些，是几块孤零零的岩石矗立于浅海之上，就是爱尔兰群山。最后是圣启耳达岩（非常不容易到达，所以至今还是杳无人烟）。再过去，我们最终到达了海洋，欧亚大陆的边

伦敦桥下的泰晤士河河段　油画　德兰·安德烈　1906年

在这幅图中，泰晤士河的一处码头位于画面中间，远处可以看到伦敦塔的侧影，画家用亮丽的色彩扭曲了远近法，将风景转变为原始色彩的一道彩虹，强烈的色彩显示了他对印象主义技法的理解。

缘（无论是全部沉入的或是半沉的）已经到了尽头。

至于英国四周的海、海湾和海峡，我想最好把它们详细叙述一下。我在前面已经竭尽所能地少提到那些不必要的名字，因为当你从一页翻到第二页时，就会把上一页的忘掉。但现在，我们所叙述的这个奇怪的小岛却非同小可，它至少在整整400年间，影响着世界上每一个男人、女人和孩子的生活。英国人竭尽所能地抓住了每一个机遇，这是千真万确的。但是，也不能抹杀大自然的功绩，它把这个美丽的小岛放在西半球陆地的中心地带，让英国人从此捡到了大便宜。如果你想要理解这句话，只需要想一想可怜的澳大利亚，它孤独地漂浮在无边无际的大海里，一切都要靠自己，没有邻居，也没有学习新思想的机会。而拿澳大利亚和英国的地理位置相比，英国仿佛网中的蜘蛛，距离世界的四角都一样远，但它周围没有充满咸水的壕沟将其与其他地方安全地隔离。

英格兰

在地中海仍然是文明中心的时代，这个特殊的位置并没有什么用处。直到15世纪末叶，英格兰还仍然是一个无足轻重的孤岛，它给人们的印象就好像现在的冰岛。“你去过冰岛吗？”“没有，不过我有一个姑姑到过那边。那是一个有趣的地方。可是，那里太远了，晕船也要晕五天呢。”

公元最初的10世纪中，人们心目中的英国完全是这样——晕三四天船——而且你要想想，那时候的罗马帆船，与从雷斯到雷克雅未克的700吨蒸汽船相比，无疑更让人不舒服。

但是，人们对于这些文明边缘的知识，渐渐增加起来了。很久以前，那些全身涂满油彩的野蛮人，住在圆形的茅舍中，屋子的四周围着矮矮的土墙，一天比一天依赖土地。罗马人将他们驯服了。罗马人听到他们的语言，断定他们与北高卢地区的塞尔特人同族，同时还发现他们很听话，乐于进贡缴税，并不过分强调他们的“权利”。其实，他们对于所住的土地是否拥有“权利”，是个非常大的疑问。因为，可以确定的是，他们都是后来者，他们的土地都是从那些来得更早的人的手中抢夺来的。而这些古老种族的踪迹，在比较荒僻的东方和西方还能找到。

概括起来，罗马人统治英国的时间持续了400年，几乎与白人耀武扬威于美洲的时期一样长。突然之间，这个时期几乎是不可思议地结束了。在过去的5个世纪中，罗马人一直将虎视眈眈的条顿族拒于欧洲领土之外。但现在，野蛮人像洪水一样涌过了欧洲的西部和南部，防御不利的壁垒全被攻破了。罗马不得不召回国外的精兵，来抵抗外敌。当然，这种举动是暂时的，因为从没有一个帝国在短时间内承认战败，直到真正灭亡的那一天。少数军队依旧留在英格兰，防守着高大的土墙，让英格兰平原免于遭受野蛮人的侵袭，那些野蛮人定居在苏格兰不可逾越的山脉中。另外还有几座土堡，保护着威尔士的边界。

伦敦大桥

气势磅礴的伦敦大桥横跨在泰晤士河上，连接着首都的心脏地带。由于城市的高速发展，越来越多的人口向这个城市聚集，我们可以看到密密麻麻的红顶房屋遍布在这里，而尖顶的堡垒为了抵御外敌，时刻都在监视着城中的一切动向，塔楼上悬挂着叛徒的头颅，以警示那些不怀好意的敌人。

可是，有一天，粮船不再渡水西来，也就意味着，高卢已经被占领了。从此，在英国的罗马人便与祖国断绝了往来，双方的联系永远没有恢复。又过了一段时间，沿岸的各个城市传来了警报，在亨伯河和泰晤士河河口发现了敌船，达勒姆郡、约克郡、诺福克郡、萨福克郡、埃锡克斯郡等地的村落，遭到了抢劫与袭击。罗马人一向以为东部的边界平安无事，因此从来没有进行防御工程的建设。但是现在，神秘的压力（究竟是饥饿、梦游症还是后方追赶的敌人，我们永远都不会知道了）却带着撒克逊海盗从丹麦和荷尔斯太因奔向了英国海岸。这种情形，就好像古代条顿人的先锋队受到了神秘压力的驱使，奔过多瑙河、巴尔干与阿尔卑斯山的山路一样。

从前，罗马统治者、官吏、士兵、女人和孩子，都住在美丽的别墅（我们至今还能发现它们的遗址）里面，现在却神秘地消失了，就像弗吉尼亚河与缅因海边早期莫名消失的白人定居者一样。他们其中的一部人被自己的部下所杀害，大部分女人嫁给了善良的土著——这种命运在别人看来，特别对一个曾经风光的征服民族来说是非常奇怪的。其实，人们一定能看到一群殖民地居民，他们没能乘上回家的最后一班船。

之后，便是混乱的时期——苏格兰的野蛮人成群而来，他们手执大斧，肆意屠杀他们的邻居——塞尔特人。而在罗马人统治的时期中，塞尔特人已经安静地生活了几个世纪。在这样危险的处境中，人类常见的错误产生了一个看似英明却导致不幸的念头："我们还是去其他地方找一些强壮的人来，让他们替我们作战。"强壮的人果然来了，他们来自艾德河、易北河间的泥泽。他们属于撒克逊部落，但其来源无从考证，因为德国北部到处都有撒克逊人。

至于他们为什么又会和盎格鲁人有了联系，那是另一个问题，或许永远都找不到答案。"盎格鲁—撒克逊"一词的产生，已经是在他们进入英国数百年后了。现在，盎格鲁—撒克逊成为了鼓励人民战争的口号："盎格鲁—撒克逊血统、盎格鲁—撒克逊传统。"一个个神话被说得天花乱坠，如果这样能让人们自认为是更优秀的民族，为什么不欢欣鼓舞呢？但是，历史学家偏偏不会顾及这些情面，他们说盎格鲁人在人种上其实是迷失的希伯来部族的兄弟，这个部落经常出现在虚假的记述中，但谁都追溯不出他们的来历。至于撒克逊人，他们和30年前常在海船的下等舱里出现的北欧移民差不多，只不过他们要强壮得多，无论是工作、战争、游玩还是抢劫。在500年间，他们从容地把世袭统治的土地组织起来，强迫可怜的土著（塞尔特人）使用他们的语言。很早以前，当塞尔特人在罗马贵妇们的厨房里工作的时候，曾经学会了一些拉丁词语，这时被迅速忘掉了。后来，英格兰的条顿移民浪潮到来了，这些撒克逊人就被赶出了家园。

1066年，英格兰变成诺曼人的殖民地，这时大不列颠群岛第三次被迫屈服于海外的君主。但没有多久，这条尾巴使这只狗动摇起来。当诺曼人看见大不列颠这块殖民地比自己的临时故乡——法国，更能得到回报，便离开大陆在英国长期定居了。

英国人最后一次的失败，丧失了他们在法国的财产，这对于英国人来说很不幸，但从此他们就不再盯住大陆不放了，并且开始意识到大西洋的存在。虽然如此，如果没有一件离婚纠纷，英国的海上事业或许不会这么快开始。事情是这样的，亨利八世和一位名叫安妮·博林的女子坠入了爱河，这个女子对他说，他必须履行正式手续才能赢得她的芳心。也就是说，亨利八世应该先与他的合法配偶，即布拉狄·玛丽的母亲离婚。这样一来，英国与教皇至上的基督教国家——罗马发生了争执。当时西班牙站在教皇一边，因此，英国必须学会航海技术以自卫，否则它要么以一个独立国的身份战死，要么沦为西班牙的一个省。在这种稀奇古怪的、严重偏离轨道的情况中，离婚案件确实是英

下午的诺里奇河　约翰·克罗米　油画　1819年

诺里奇位于英国东部，曾是英国第二大城市，美术学院曾经在那里达到全盛。在约翰的笔下，诺里奇河被描绘得优雅、清晰，小船平静地划过映在河面上的房子的倒影，呈现出一个温暖平静的氛围，美丽而赋有诗意。

国人成为航海高手的真正动力。此外，英国人也学会了新贸易，优良的地理环境也为英国提供了帮助。

但在这个变革之前，国内也发生了非常严重的斗争。没有一个社会阶层会为了另一个社会阶层的利益而自尽，这本来就是不理智的。当然，自从诺曼人胜利以来，那些封建统治者一向只手遮天，费尽了心机，以使国内保持着农业经济的状态，并抑制大规模的商业发展。封建主义制度与资本主义制度，往往是不共戴天的死敌。中世纪的骑士看不起商业，认为那绝对不是自由民应该做的事情。在他们的眼里，一个商人就和酒类走私贩一样，虽然也有需要他的时候，可是一定不会让他从前门进入。

因此，商业贸易就全部掌握在外国人手里，其中德国人的势力是最大的，还有来自北海和波罗的海的人。英国人受到了他们的影响，才第一次知道一种硬币，即英镑有着绝对而确定的价值。此时犹太人已被逐出境，再也无法回埃及了，甚至莎士比亚对于夏洛克都耳熟能详。沿海的各个城市悄悄地从事渔业，但国内主要地区的经济在数百年来，仍然跳不出农业的范围。大自然也非常慷慨，让这片土地可以配合他们的目的，尤其在家畜的饲养方面给予了他们很多帮助，因为那里的土壤贫瘠，不能种植谷物，但青草却非常茂盛，足够牛羊食用。

每年有2/3的时间，风都从西方吹来（而且不停地吹着）。这就是说，8个月里常常下雨，这一点只要是在伦敦待过一些日子的人都会记得。我在讲述北欧各国的时候，早就说过，近代的农业不再像1000年前，甚至100年前那样，只能依赖大自然的恩赐了。虽然我们还不能造雨，但化学工程师已经教会我们很多种方法，去克服各种困难。而在乔叟和伊丽莎白女王时代，人们就只会把它们当作上帝的意旨，从不试图挽救或整顿。这片土地的地理构造让东部的地主们获得了极大的利益。大不列颠各岛的横剖面就好像一个汤盆，西部很高，东部很低。之所以会这样，我在前面已经说过了，英国是古代大陆的一部分，东部最古老的山脉受到了风雨侵蚀，已经消耗殆尽了；而西部较年轻的山脉，却依旧安然无恙地高高矗立着，除非再过1000万年，或1500万年，否则它们是不会消灭的。这些年轻的山脉占据的地方叫威尔士（原始塞尔特语的最后壁垒之一），在大西洋里的暴风雨到达东部低地之前，就如同屏障一样。由于暴风雨的力量被消减，所以东部大平原就能享受到很好的气候，谷物和牛群都得益于此。

自从轮船发明以后，美国人可以从阿根廷或芝加哥去采购粮食。自从冷藏法传入以后，冷冻肉类可以销售到世界各地。没有任何国家只依赖自己的农场和土地来养活国内的人，即使它可以做到。而在100年前，粮食供应者就是世界的主人，一旦他们把谷仓的门锁起来，数百万人就会渐渐饿死。由于英格兰有一片宽广的平原，它南临英吉利海峡，西接塞文河（威尔士与英格兰的分界线，注入英吉利海峡），北沿亨伯河和默西塞河，东临北海，这片平原也因出产大量的食物而成为古代英国最重要的部分。

我这里所说的平原，当然与平时所说的不同。英格拉中央大平原不像美国的堪萨斯州平坦得像薄煎饼一样，而是由峰峦起伏的原野构成。泰晤士河（几乎和美国的哈得孙

亨利八世和他的家人 油画

在金碧辉煌的宫殿中，都铎王朝的第二任国王亨利八世坐在中央。在他右手边的小男孩就是他的独子爱德华六世，左侧是他的第三任妻子——爱德华六世的母亲简·西摩。在画面的最左侧，是未来的女皇玛丽，最右侧是童贞的伊丽莎白一世女王。这幅精美的油画作品，几乎描绘了都铎王朝的整个时代。

河一样长，不过哈得孙河有315英里，它只有215英里）就在它的中部流过。泰晤士河发源于著名的科兹伍德丘陵，因绵羊和巴斯城而著称，自从罗马时代起，一群可怜的英国厨子就自找苦吃地来到这个含有钙和钠的温泉里洗澡，吃厚块的半熟牛肉和半生不熟的蔬菜，以增强体质。

之后，泰晤士河又在切尔顿丘陵山和白马山之间流过，让牛津大学的皮划艇可以在此练习。最后，它汇入了低洼的泰晤士河河谷。这个河谷位于东盎格鲁山脉的低矮群山与北当群山之间。泰晤士河本可以直接流入法国，但因为多佛尔海峡通过白垩质底层阻拦了前进的道路，否则泰晤士河可能会使大西洋与北海相连。

全世界最大的城市就在泰晤士河畔。伦敦，就像罗马和其他遥远岁月的古城一样，它的诞生绝对不是偶然，也绝对不是因为统治者一次幻想的结果。伦敦之所以坐落在这个位置，完全是经济需要的结果。很久以前，英格兰南北两方的人为了避开著名的贪婪的野蛮部落的摆渡者而互相往来，造桥就是一件非常必要的事情。而伦敦就位于河流不适合航行的地方，但不是很宽阔，所以，2000年前的建筑师能够在上面搭建一些东西，

伊丽莎白一世女王　油画　尼古拉斯·希里阿德　约1575年

伊丽莎白一世是都铎王朝的最后一位君主，她在近半个世纪的统治中，维护了英格兰的统一，使其成为欧洲最强大的国家之一。在这幅近似女神的画像中，伊丽莎白一世被黄金、珠宝、红宝石所装饰，她脖子周围所饰的褶边使苍白的脸庞形成飘浮的姿态，令人敬畏又惊讶。

让两岸的居民能够携带货物在上面行走，还不会弄湿鞋子。

罗马人离开后，大不列颠群岛上的许多东西都变了，只有伦敦保留至今。现在它已有800万人口，比纽约还多100万左右。它的面积比巴黎大4倍，比古代最大的城市巴比伦大5倍。由于伦敦的建筑都很低矮，英国人注重隐私权，并且喜欢在适宜的环境里工作，所以不愿意居住在像蜂巢似的楼房里。因此，伦敦便专注在平面上的扩张，与竭尽所能向垂直发展的美国城市恰巧相反。

伦敦的中心，即市区，现在已经变成了一个大车间。1800年，城内只有13万居民，后来逐渐减到1.4万人以下。但每天总有50万左右的人来到城里，处理数十亿的资本。这些庞大数量的财富被用于国外的投资事业上，也监督那些殖民地生产的不过关产品的销售。这些货物都堆在仓库里，从塔桥起，直到伦敦桥下游20英里以外的地方，遍布的都是仓库。

既然泰晤士河上的贸易终年不断，那么管理航运的唯一方法就是在两岸建筑码头和仓库。只要是想了解国际贸易的真正意义的人，就不能不去参观这些码头。去过的人也许会觉得很不愉快，觉得纽约毕竟还是个小村落，离商业重镇的距离还很远，也没有什么特别了不起的地方，但将来情况或许会改变。商业中心仿佛在慢慢地向西迁移，不过，伦敦在国际贸易的技巧上，依旧独占鳌头，纽约只是刚刚开始起步学习基础知识而已。

话题扯得越来越远了，我得回过来讲述1500年的英格兰平原，它整个南部的边缘都是层层叠叠的高山。最西部的康沃尔郡，从地理上说，本来和法国的布列塔尼相接，但现在已经被英吉利海峡隔断。康沃尔郡是一个很奇怪的地方，直到200年以前，那边的人都讲塞尔特语，附近又有许多奇怪的石头纪念碑，就好像布列塔尼的石碑一样，足以证明这片地区的居民应该属于同一种族。当地中海里的水手们来到英国的时候，首先发现的就是康沃尔郡。腓尼基人为了寻求铅、锌和铜等矿产（别忘了，他们在铁器时代初期是很强大的），往往会到达北部的锡利群岛。而岛上有不少的野蛮人来自雾气弥漫的内陆，他们与腓尼基人进行物物交换。

整个区域中最重要的城市，就是普利茅斯，它是一个小港口，偶尔会有一两只大西洋上的轮船开来，但平时很少见到船只。布里斯托海峡坐落在康沃尔郡的北岸，在17世纪的地图上被叫作“错误的海峡”，因为，当时从美洲回来的许多船长往往把它错认为英吉利海峡，以至葬身于那片危险的水域中，那里的潮汛甚至高达40英尺。

布里斯托海峡的北面，蜿蜒着威尔士群山。它们过去毫无价值，直到安格尔西岛附近发现了煤矿、铁矿和铜矿，这个区域才成为全国最富饶的工业区。加的夫只不过是古代罗马人的一个要塞，现在已经成为了世界上最大的煤矿中心之一。它与伦敦之间有铁路相通，其实有一段从塞文河底的隧道上驶过。这条隧道在工程界的名誉，几乎可以与连络威尔士与安格尔西岛、荷利黑德岛的桥梁一样著名。而从荷利黑德岛动身，人们就可以到达爱尔兰都柏林市的港口——金斯敦。

在英格兰这块古老的四方形区域中，每一个城市和村落，都有相当长久的历史，我不敢举出它们的名字，就怕这本书会失去了世界地理的原意，变成一本英国地理书了。这块方形区域，从古代起就是英国地主阶级的大本营，至今还是这样。在法国，虽然并不是没有巨大的田产，但数量终究很少，而且地主的数目也是威尔士地主的10倍，丹麦

伦敦城　版画　17世纪

经过千百年的发展，伦敦已经成为英国第一大城市和第一大贸易港，泰晤士河流经整个城市，为这里带来食物与财富。横跨在泰晤士河上的伦敦塔桥、大本钟、威斯敏斯特宫都是伦敦的标志性建筑。

的比例则与威尔士相差更大。现在，这些乡绅阶层已经失去了往日的尊荣和地位，仅仅作为一种社会阶层而存在，让其他世界的人知道如何正确地穿上高尔夫球衣、猎杀被称为“沉默的朋友”的动物以消磨岁月罢了。但这种现象的发生，并不是因为他们品质不良，而是因为在詹姆斯·瓦特发明了实用的蒸汽机以后，我们的经济生活发生了巨大的变化。当这位格拉斯哥大学的喜欢数学的仪器制造者开始玩祖母的茶壶时，蒸汽还只是一种玩具，只被运用在少数迟缓而费力的抽水工程上。但在瓦特去世前，蒸汽已经独霸一切，土地不再是财富的来源了。

就在19世纪最初40年中，有史以来一直位于南方的经济重心开始北移到兰开夏郡。蒸汽推动了曼彻斯特的纺织业，后来转到约克郡。蒸汽使利兹与布拉福特成为全世界的木材中心，至于黑区的伯明翰，马力使其成为数百吨铁板与铁梁的供应地，它们可以被用于制造轮船，大不列颠群岛的工业品则由此运到地球的任何一个地方。

由蒸汽代替人力后所产生的变化，可以说是人类史上空前的大革命。机器不会自己运行，它们需要人类保养、驯化并支配工作与休息的时间。这种工作其实是非常简单的，而劳动后所得到的酬劳被许诺给农场的工人。乡下人不断地受到城市的诱惑，城市日新月异地成长。在很短的时间里，乡村的人口已经有80%迁进城市。这样一来，英国便积累了数

普利茅斯港之战

图为西班牙的无敌舰队深夜聚集在普利茅斯港准备入侵英国，舰队的后方排列成月牙状，在第二天与英国海军进行了首次交战。最后，左下方已经破损的“罗塞理奥”号最终沦为了德雷克爵士率领的“复仇”号的战利品。伊丽莎白一世女王更亲自慰问军队，表示了捍卫本国领土的决心。

约克郡的布匹交易大厅 1814年

在这幅1814年创作的插图中，头戴黑礼帽的商人和布商们正在鉴定布匹的质量和价格。在18世纪，约克郡的棉纺业得到了空前的发展，在1780年至1790年之间的年均增长率甚至达到了12.7%。

量惊人的财富，这些财富会让它持续繁盛，就算其他所有资源都被耗尽也不致衰败。

许多人常常在反思，现在是否达到了这个地步。只有时间才能回答——也就是接下来的10年或20年。但那时究竟会发生些什么，也很值得思考。纵观古今，大不列颠帝国一直都是一系列意外事件的产物，它在这一点上和罗马帝国很相像。作为地中海文明的中心，罗马帝国不得不征服所有的邻邦，来维持绝对霸主的地位。而英国一旦成为了大西洋文明的中心以后，也必须采取同样的政策。那时，对世界的大规模探险即将结束。商业和文明开始向海洋前进。几年前还是大帝国中心的心脏地带，就要变成离荷兰海岸不远的人口过剩的小岛了，一切令人感叹。

如果变成那个样子，就太难堪了。但地球上发生的事情，就是这个样子。

苏格兰

大西洋沿海一带的美国人知道五国的存在，而从前的罗马人也知道苏格兰人的存在。在北方某处向北的地方，在最后一座王室的城堡和森伯兰的茅舍后面，伸展着一片荒凉的山地，上面住着野蛮的游牧部落和牧羊人。他们过着传说中的简单生活，和其他地方实行父系制度不同，盛行母系制度。他们没有宽阔的马路，只有过于陡峭的山间小径，就连马也不能轻易在上面行走。别人费尽了心思去教化他们，他们却用暴力抵抗文明化的进程，结果他们仍依照自己的方法生存。但是，他们又是相当厉害的盗牛贼，常常会突然从山上溜下来，把切维厄特丘陵的绵羊和坎伯兰郡的奶牛偷走。

工业的发展　油画　莱热·费尔南　1950年

在瓦特发明蒸汽机后，英国开始了资本主义工业化改革，资本主义的生产完成了从工场手工业向机械大工业过渡的阶段。大量原本从事耕作的农民涌入城市，变成了在铁架中工作的工人。他们建设的建筑越来越大、越来越高，我们可以看到他们身后蓝色背景的天空，红色和橘色的铁架象征着正在蓬勃发展的工业。

因此，阻止他们最好的办法，就是从泰恩河到索尔韦湾修建高墙，以保护这些区域，同时再用利剑与钉死在十字架上等酷刑来恐吓他们，使他们惧怕死亡的威胁而不再闯入。

这些工作都完成了。在罗马人统治英国的4个世纪中，苏格兰人除了遇到几次惩罚性的远征外，很少受到罗马文明的熏陶。他们和爱尔兰的塞尔特人继续维持着商业往来，但他们的物质欲望很低，因此他们不怎么跟外界联系。古罗马的城墙现在没有了，但苏格兰人却依旧过着简单的生活，发展他们自己的文化。

苏格兰虽然是一个贫困的地方，但也保持了苏格兰人特有的个性。在人类出现很多世纪前，这个地区的大多数山脉和阿尔卑斯山一样高。风雨侵蚀使它们渐渐削减，猛烈的地理活动继续侵蚀着山体。随后，冰川开始降临，也就是覆盖着斯堪的纳维亚半岛的冰川。从此，山谷里仅有的一点土壤也被刮尽。只有10%的苏格兰居民能在那块高地上生活，而剩下的90%都聚集在洼地上，这不足为怪。这块洼地是一块不到50英里宽的狭长陆地，西起克莱德湾，东至福斯湾。这个山谷的两座山脉（火山起源的地方）之间有一个宽广的裂口，而大部分的城堡都建造在死火山口。在山谷中，有两个大型苏格兰城市，一个是古都爱丁堡，一个是近代城市格拉斯哥——煤炭、钢铁、造船、加工制造中心，两城之间有运河连通。另外一条运河自福斯湾起，一直到达默里湾，可以容纳较小的船只，并使其从大西洋直达北海，而不必冒着危险，在奥克尼群岛及设得兰群岛之间的恶浪（爱尔兰与挪威北角的古代大陆遗迹）里航行。

可是，格拉斯哥的繁荣并没有使整个苏格兰富饶起来。野蛮的苏格兰农夫花费很多时间在食物上，却仅仅使他们免于饿死，并不能让他们感觉到是真正活着的人。因此，他们只能尽可能地勤俭度日，绝对不会浪费这得来不易的金钱。同时，这也让他们的性格变得刚强坚毅，完全依赖自己的努力和聪明才智，而不会顾及他人的言语。

伊丽莎白女王过世后，英国的王位由她的苏格兰表兄——斯图亚特王朝的詹姆士继承，这虽然只是历史上的一个偶然事件，但却使苏格兰变成英吉利帝国的一部分。从此以后，当他们觉得苏格兰给他们带来的机会不能满足他们的雄心时，苏格兰人就到英格兰去，并且可以在帝国的全境漫游。他们的节俭、智慧以及谨慎，都能使他们成为优秀的领导者，统治着远方国度的许多省份。

爱尔兰自由联邦

这是另外一个故事，一个非常悲惨的关于人类命运的故事。我们眼睁睁地看着一个充满智慧潜能的民族，毅然丢开了它应该从事的工作，浪费精力徒劳追求着失败的动机。与此同时，与它相邻的岛屿上又有凶恶的敌人，时刻准备侮辱这些不明白正大光明的自身利益才是生存的基本法则的人，决心要将他们变为自己的奴隶。

这能怪谁呢？我不知道，别人也不知道。难道怪罪给地理吗？这有些说不过去。爱

苏格兰示意图　版画　17世纪

苏格兰位于大不列颠岛北部，属于英国领土，红色的格子裙、风笛、威士忌与畜牧业是它的标志，其人口主要为凯尔特人，首府是爱丁堡，是联合王国内规模仅次于英格兰的地区。

尔兰是史前北极大陆的遗迹。在地质改造的时期中，这块陆地的中部一带全部下沉，地势比沿海的山脉低很多，导致全岛的形状就好像一个汤盘，岛上不多的河流无法入海，并且没有适合航行的大量海岸曲线。其实，如果爱尔兰的中央部分没有这么低陷，那么它的命运一定会好很多。

难道怪罪给气候吗？这也不行。因为爱尔兰的气候和英格兰并没有什么不同，只比英格兰稍微潮湿和多雾一些，这点区别微不足道。

难道要怪罪给地理位置吗？回答又是“不能”。因为，自从美洲被发现以后，欧洲各国如果想要和新大陆通商，爱尔兰所处的位置是最便捷的。

那么，应该怪谁呢？那也只能是人类因素了。它推翻了一切预言，使自然资源变成了地理缺陷，使胜利变成了失败，使勇气变成了对悲惨命运的逆来顺受。

气氛要不要负点责任的呢？我们都知道爱尔兰人是如何喜爱他们的童话的。每篇爱尔兰的戏剧和民间故事，都充满了小矮妖、狼人、妖魔和精灵。说句实话，生在这样无聊的时代，我们对于那些妖魔鬼怪及其古怪的亲人，有时也会觉得厌倦。

你可以在这个国家四处转一下，或许会有许多感慨。如果你原意，也可以对当地的地理发表感想。一个地理状况应该包括山脉、河流、城市、煤炭、木材进口统计数据，这样就无可挑剔了。但人类不仅是一个只懂得觅食的胃，他还有灵魂和思想。而在这个名为爱尔兰的国度中，有些东西不太寻常。当你从远方看到其他国家，会自言自语道：那边是一片陆地，它的地势不是高就是低，或是平。它的颜色不是棕色就是黑色，或是青色的。那边一定也有不少人，他们也会吃饭、喝水。他们的面容不是美丽的就是丑陋的，生活不是幸福的就是悲惨的。他们由生到死，在牧师的祝福中下葬，有时甚至没有牧师的祈祷。

爱尔兰的情况与其他地方的情况截然不同，它有一种超脱物外的气氛。孤独、寂寞之气弥漫在空中，甚至都能触手可及。昨天还是正确的东西，今天就已经罩上了疑云。几小时前还是简单的事情，现在突然复杂无比。它的西边躺着静默无语的海洋，但海洋的深渊还不如爱尔兰来得神秘。

残酷的命运使爱尔兰人被奴役的时间长于其他民族，这使他们无法忘记不幸的过去，总是怨天尤人。可是，他们的智力存在一种特性，即稍微缺乏洞察力，因此屈服的时期才会一直持续，成为古今稀有的现象。我想这种缺陷，或许就是从他们愿意为之牺牲却不愿为之而生的大地上产生出来的吧！

诺曼人征服了英国，把新侵占的房舍多少整顿一下后，便睁大了贪婪的眼睛，凝视着爱尔兰海。实际上，爱尔兰海就像北海一样，是一个被水淹没的溪谷，算不上海洋的一部分。当时，诺曼人对于这个富裕岛屿的野心，也因许多事情得以助长。岛上的酋长们相互争夺，一切统一全岛的努力，到头来都幻成了泡影。在与征服者威廉同时期的人看来，爱尔兰是一块“风吹草动的荒地”。那里有许多牧师，他们一心想用基督教的福音感化每一个异教徒，可是那边没有道路，也没有桥梁，没有任何交通工具。人们只有具备了这些最基础的东西，才能把日常生活过得更舒服、更和谐。然而在爱尔兰岛上，

爱尔兰示意图　版画　17世纪

爱尔兰位于大不列颠岛以西，与英国隔海相望，是北美通向欧洲的通道。作为一个历史悠久的国家，爱尔兰共和国于1922年从英国独立，而北爱尔兰至今仍隶属于英国，这里独特的文化气息，吸引着来自世界各地的游客。

这些都被不思进取的人们忽视了。这个岛屿的中部比边缘地区低得多，一直以来都是一片沼泽，从来没有变过，因为沼泽是不会自己排水的。当人类的灵魂充满了很多幻想时，连刷洗碗盘这么简单的事情，都很容易被忘记。

英、法两国的统治者都有见风使舵的好眼力，他们都会向当时统治世界的人示好。难道不是吗？如果教皇英诺森三世没有宣称爱子约翰的助手马格纳·恰塔无能，并且诅咒了一班贵族，别人怎么敢逼着爱尔兰国王签下毫无尊严的文件呢？当一个爱尔兰酋长求助于亨利二世，请他去帮忙攻打更厉害的敌人（那时候爱尔兰究竟有多少酋长，我已经记不清楚了）时，一种力量悄无声息地运作着，教皇阿德里安眉开眼笑地签下文书，强制地把世袭统治爱尔兰的大权，赐给了英格兰国王。由200名骑士和不到1000名步兵组成的诺曼人军队，就占领了爱尔兰，把封建制度强加给了沉浸在简单的部落制度的人民身上。但他们不知道的是，部落制度在其他地区早已消失，而爱尔兰人还享受着单纯和快乐。因此，矛盾就出现了，直到数年以前，才正式告一段落，而且就算是在现在，谁

移民代理所

19世纪中叶，爱尔兰被贫困、饥饿所困扰，仅1847年被迫移民美国的人就有21.4万，以至于爱尔兰不得不在科克港设立了移民代理所。图为科克的移民代理所，这里一直聚集着等待移民美国的穷人。

又能保证它不会像火山爆发一样，在报纸上出现爆炸性的新闻呢？

爱尔兰的地形就好像爱尔兰人的灵魂一样，是一个绝妙的陷阱与屠场。在这场冲突中，高尚的理想与卑贱的恶行，已经被混杂在一起，无法理清，似乎除了把当地的土著全部杀光以外，就再没有能够解决问题的其他办法了。不过，这些话都是无聊的废话。有好几次，胜利者都尝试实行过大屠杀和放逐的政策，没收他们的一切财物与货品，以供英王及其部下享用。例如在1650年，爱尔兰人因为“伟大的直觉”（不过在错误的时间做了错误的事），异想天开地帮助无能的查理叛变时，克伦威尔所用的镇压手段，就算是出生在惨剧发生数百年后的人们，也会对当时的情景心有余悸。他们原本是想利用这样的政策，切实而又永久地解决爱尔兰的问题，但其结果却相当惨烈，岛上的人口减少到了80万，饿死率（存活率一直以来都不高）也飞速增高。于是，通过乞讨、借到或偷到一笔海上旅行费用的人，都争先恐后地逃往外国了。至于被迫留在家乡的人，他们怀着满腔的悲愤，看守着祖先的坟墓，靠土豆充饥度日，期盼将来还能再过上好日子。但直到第一次世界大战爆发之后，他们才获了最后的解脱。

就地理上说，爱尔兰一直以来都是北欧的一部分。就精神上说，爱尔兰一直在地中海沿岸居民的心中有一定地位。现在，它已经获得了自主权，和加拿大、澳大利亚或南非一样，组织着自治政府，是世界必不可少的一部分。但是，岛上的人民不但没有为祖国的统一出谋划策，反而分成了互相攻击的两部分。南部（或称信奉天主教的区域）的人占有总人口数量的75%，维持着自由国家的身份，以都柏林作为他们的首都。北部一般被叫作乌尔斯特，包括6个郡，居民几乎全是新教移民的后裔，他们至今仍然自认为是英国的一部分，并派代表到伦敦出席英国议会。

以上便是本书装订时关于爱尔兰的所有情况，但是一年或十年后会有什么变化，谁也无法预料。但1000多年以来，爱尔兰的命运，总算是第一次掌握在爱尔兰人的手里了。现在，他们可以独立自主地发展他们的海港，科克、利麦立克和哥耳威已经变成名副其实的商港。他们能够像丹麦人一样，尝试成效卓著的农业合作制度，其日常出产的物品，也能和其他国家竞争。他们现在已经成为自由独立的人民了，也在世界上所有的国家中占有一席之地了。

然而，他们到底能不能把过去的恩怨和苦难忘记，明智地筹划未来呢？

英国历史简表

作为世界上举足轻重的国家之一，英国有过光辉的历史，在19世纪和20世纪早期是世界上最强大的国家。

罗马人统治时期	公元前55年	公元前55年，朱利叶斯·凯撒首次率军入侵大不列颠。 公元43年，罗马皇帝克劳迪厄斯率军征服大不列颠。
盎格鲁–萨克逊时期与七国时代与丹麦统治时期	410年	597年，圣·奥古斯丁到达大不列颠，使当地人皈依基督教。 7世纪，开始形成封建制度，许多小国并成7个王国，争雄达200年之久，史称“盎格鲁–萨克逊”时代。 公元2~860年，肯尼斯·麦克阿尔平统一皮克特人和苏格兰人。
诺曼底王朝	1066年	1066年，诺曼底公爵威廉征服英格兰。
金雀花王朝	1154年	1277~1288年，英格兰征服威尔士。 1337~1453年，英法爆发百年战争，英国先胜后败。
兰卡斯特王朝	1399年	1413年，苏格兰第一所大学圣安德鲁斯大学成立。 1455~1487年，约克家族与兰卡斯特家族之间爆发红白玫瑰战争。
约克王朝	1461年	1477年，第一本书由威廉·卡克斯顿出版印刷。
都铎王朝	1485年	1485年，亨利七世即位。 1536年，英格兰与威尔士合并。 1558年，伊丽莎白一世女王即位，统治英国45年。
斯图亚特王朝	1603年	1603年，苏格兰国王詹姆士六世加冕为英格兰詹姆士一世。 1642~1651年，英国爆发内战。
汉诺威王朝	1714 年	1760~1830年，英国工业革命。 1801年，大不列颠及爱尔兰联合王国成立。
温莎王朝	1917年	1921年，爱尔兰独立。 1952年，伊丽莎白女王二世加冕。

第二十二章

俄罗斯

从地理上很难断定属于欧洲还是亚洲的国家。

俄罗斯	
中文名称：俄罗斯联邦	所属洲：欧洲
首都：莫斯科	主要城市：圣彼得堡、叶卡捷琳堡
官方语言：俄语	货币：卢布
时区：东一区到东十二区	国家代码：RUS
国歌：《俄罗斯国歌》	国花：向日葵

从地理上来说，俄罗斯占有全世界1/7的陆地，它的面积是整个欧洲（除去俄罗斯）的两倍，是美国的3倍。它的人口数量相当于欧洲最大的4个国家的总和。可是，蒙罗维亚和亚的斯亚贝巴都有美国的外交使节，但莫斯科却没有。

之所以会出现这样的现象，一定是有原因的。从表面上来看，这个原因是政治方面的，而实际来看，它完全是地理方面的。因为我总觉得，俄罗斯是自然环境产生的结果，这一点相比其他各国都要明显得多。它自己也并不确定，到底属于欧洲，还是属于亚洲？这些混杂的情感，引起了文明的冲突，而文化的冲突更形成了目前的形势。我希望借由一幅简单的地图的帮助，能够阐述清楚一切。

不过，我们首先要解决这个问题——俄罗斯到底是欧洲的国家，还是亚洲的国家？为了便于说明，我先假设你是楚奇克部落的人，住在白令海峡沿岸，对于目前的生活很不满意（我并不会责怪你，因为一个人生活在天寒地冻的西伯利亚东部，需要过贫困的采集生活），于是决定听从贺瑞斯·格里利的劝告，向西方迁移。我再假设你对登山不是很熟悉，并决定住在童年时代生活的平原上。当你向西走了两年，不得不游过十几条宽阔的大河，但除此以外再也没有其他障碍了，最后，你会发现自己被乌拉尔山脉挡住了。不过，乌拉尔山脉从地图上来看虽然被标为欧洲和亚洲的分界线，其实也不能算是很大的障碍。因为当第一批前往西伯利亚的俄罗斯探险家（其实是许多亡命之徒，他们在发现了有价值的东西之后，便被尊称为探险家了）翻越乌拉尔山脉时，肩上还扛着船只，而你也可以扛着船只越过落基山或阿尔卑斯山。

越过乌拉尔山后，再持续半年左右的旅程，你会到达波罗的海。这样，你已经算是从太平洋漫游到了大西洋（因为波罗的海只是大西洋的支流），但却从未真正离开过一个平坦的国家。但这个国家只是大平原的一部分，而这个平原占去了亚洲的1/3、欧洲的1/2（因为它与蔓延到北海的德国大平原接壤），全程你都要忍受着极恶劣的自然条件，因为这个平原始终面向北冰洋。

这是古俄罗斯帝国的痛楚，为了这艰苦的环境，它不得不耗费了数百年的时间，牺牲了大量的血肉与钱财，努力追寻着温暖的海域，结果却是徒劳无功。这又是苏联的极大不幸。它不得不像一个有80层地板、8000个房间的楼房一样，除了与接近三楼后面的避火梯相连的两扇小窗，再没有其他的进出口了。

如果把英国和法国等国家与美国相比，当然会觉得美国的面积相当辽阔。可是，这

俄罗斯示意图　版画　17世纪

俄罗斯地域跨越欧亚两洲，是世界上面积最大的国家，它与多个国家接壤，境内主要以平原和高原为主，海岸线则从北冰洋一直伸展到北太平洋，拥有欧洲第一长河——伏尔加河和世界上最深的湖泊——贝加尔湖。

片飘扬着俄罗斯国旗的平原的面积比法国大40倍，比英国大60倍。它的第一大河——鄂毕河，与亚马孙河一样长，第二大河——勒拿河，与密西西比河一样长。说到它的湖泊与内陆海，西部的里海则是苏必利尔湖、休伦湖、密歇根湖和伊利湖的总和。中部的咸海比休伦湖大4000平方英里，东部的贝加尔湖差不多是安大略湖的两倍大。

南部矗立的山脉，把这片平原与亚洲的其他各地隔离开，高度并不比美洲的最高峰逊色。阿拉斯加的麦金利山是2.03万英尺高，高加索地区的厄尔布鲁士山的海拔是1.82万英尺。地球上最古老的陆地在西伯利亚的东北部，它已经进入了北极圈范围，那一部分的面积相当于英国、法国、德国、西班牙四国面积的总和。

这个地方总会使人们走向极端。这些生活在草原和苔原上的居民的性格，都受到了自然环境的强烈影响，在外国人看来，他们的行为与思想，都遵循着稀奇古怪的法则，遭到了嘲笑。他们在数百年间一直有着极其虔诚的信仰，但突然之间，他们也能够把上帝的观念完全抛开，甚至把上帝和上帝的名字从学校的课本上面除去——这种情形也不足为奇。几世纪以来，他们一直臣服于一个统治者，认为这是绝对正确的，而且是神圣不可侵犯的。但突然之间，他们又把他推翻了，并接受了一种苛刻的经济制度。这种制度也许会在将来带给他们幸福，可是现在看来，这种经济制度却是非常专横、残酷而又无情的，就好像俄罗斯沙皇的暴政一样，这难道也值得大惊小怪吗?

显然，罗马人从来没有听说过俄罗斯这个名字。希腊人就像现代的我们一样，偶然到波罗的海去寻觅食物（你还记得金羊毛的故事吗）的时候，遇到了很多野蛮部落，便给他们起了一个名字，叫作“取马奶的人”。我们可以从保留至今的花瓶图画上推测，这些“取马奶的人”或许就是现代哥萨克人的祖先。在历史的地平线上，俄罗斯人真正出现是在一片方形的平原上。这个平原南临德涅斯特河与喀尔巴阡山脉，西至维斯杜拉河，东部和北部以第聂伯河及普里皮亚特沼泽为界。北方的平原上，住着他们的堂兄弟——立陶宛人、列特人和普鲁士人，普鲁士人现在已经成为现代德国的统治者，而在以前只不过是斯拉夫族的一个分支。俄罗斯人的东部原来住着芬兰人，现在，他们定居在白海、波罗的海与北极圈的那块陆地上了。南方则住着赛尔特人和德国人，以及两族的混合人种。

随后，日耳曼族开始驰骋于中欧，当他们需要大量的奴隶时，就会侵略北方邻居的营地。他们的邻居是性格温顺的民族，当这些民族遇到残酷的命运时，只会耸一耸肩膀接受着，默默地对自己说“这就是人生”。

这些北方的邻居也有他们自己的名字，希腊人把它读成“sclaveni”。人贩子在侵略喀尔巴阡山区域的时候，每当捉到了很多“活商品”，总是说捉到了许多斯拉夫或奴隶。后来“奴隶”（slaves）一词渐渐演变，只要是被人当作财产的可怜人，都被冠上了这个名字。但是，历史开了一个大玩笑，这些斯拉夫人或奴隶竟然建立起了一个强大的中央集权国家，在近代世界中傲视群雄。不幸的是，这绝对是对我们的嘲讽。如果欧洲人稍微有点远见，他们也许就不会这样狼狈了。关于这一点，我将简略地阐述一下。

叶卡特琳娜女皇的梦想　理查德·牛顿　1791年

图为英国漫画家理查德·牛顿创作的漫画，画中魔鬼在叶卡特琳娜女皇的面前拿出华沙和君士坦丁堡，以此诱惑她，这反映了英国对俄国发动土耳其战争的质疑，他们怀疑俄国要以此攫取新的领土。

斯拉夫人原本居住在小块三角地中，人口日渐增多，因此就需要更大的土地。但当时，向西扩张的道路已经被强大的日耳曼人阻断，向地中海扩张的大门又被东罗马与拜占庭封锁，就只剩下东面了。他们蜂拥向东奔去，以占据更多的领土。他们渡过了德涅斯特河与第聂伯河，直到伏尔加河边还没有停止前进。伏尔加河是一条非常有名的大河，俄罗斯农夫称它为“百河之母”，因为河中有非常多的鱼类，足以养活数以十万计的居民。

伏尔加河是全欧洲最长的河流，发源于北方低矮的山岭中，这些矮山都位于俄罗斯的中央高原之上，便于修建堡垒，因此俄罗斯大部分早期城市都集中在那里。为了注入大海，伏尔加河不得不向东绕着这些矮山盘旋出一个大圈。它紧靠山脉的轮廓奔流，所以河的右岸高而陡峭，左岸则低矮平坦。由山岭形成的伏尔加河的弯曲弧度非常大，假如伏尔加河以直线流淌，那么，从发源地附近的特维尔城到里海，只有1000英里的距

身穿荷兰造船工服装的彼得大帝

18世纪

图为彼得大帝身穿荷兰造船工的服装。相传他在西欧的一次旅行中，在阿姆斯特丹的一家船舶修造厂工作了4个月，并取得了修船工的合格证书。此后，他吸引了上千名欧洲专家来到俄罗斯，斯拉夫人建立的国家逐渐兴起了。

离。但是，它实际上所走的路程，达到了2300英里。至于这条全欧第一大河的流域面积，比密苏里河流域大4万平方英里（伏尔加河的流域面积为约56 万平方英里，密苏里河的流域面积为约53 万平方英里），比德国、法国和英国面积的总和还要大。可是，它就好像俄罗斯的其他事物一样，地位有点奇怪。它是一条著名的利于航行的河流（第一次世界大战以前，河内经常有4万只小船往来），但一到萨拉托夫城后，它的水面与海平面持平，这样一来，最后的数百英里就相当于在海平面下流淌了。这种情形，听起来似乎荒唐，实际上是有可能的。因为，它要流入的里海都是咸水，海面日渐下陷，现在已经比地中海低了85英尺。再过100万年，它或许就有资格跟低于海平面1290英尺的死海相比较了。

凑巧的是，伏尔加河被认为是我们常吃的鳟鱼子酱的来源。我之所以用“被认为是”这种说法，是因为伏尔加河只不过是鳟鱼子酱的继母，与鳟鱼相比，金枪鱼才成就了名闻四海的俄罗斯美食。

在铁路普遍应用之后，河流与海洋是人们经商或掠夺财物时的天然大道。俄罗斯人的西部被条顿部落阻挡，南部被拜占庭阻挡，没有办法与大海相接，因此，他们在需要向外发展的时候，就不得不依赖河流了。从公元600年直到今天，俄罗斯的历史一直与两条大河发生着密切的关系：一条是上面说过的伏尔加河，另一条是第聂伯河。但在两河之中，第聂伯河的作用更加重要，因为它是波罗的海与黑海之间的重要通道的一部分，与贯通德国大平原的商道一样古老。现在，请你们一边看着地图，一边听我介绍。

我们从北边起程，会看到芬兰湾与拉多加湖通过涅瓦河相连，列宁格勒就位于涅瓦河畔。从拉多加湖向南流出一条小河，叫作乌尔克霍夫河，是拉多加湖与爱尔蒙湖连接的通道。在爱尔蒙湖的南方，我们又发现了卢瓦特河。从卢瓦特河到普那河的距离并不长，地势也相当平坦，这里的居民常常把它作为陆地运输的最佳道路。北方的旅客只要克服了许多问题，就能悠闲地泛舟到达第聂伯河，最后抵达离克里米亚半岛数英里的黑海了。

贸易无国界，商业无种族。商人们把古斯堪的纳维亚的商品运到拜占庭，往往能够获利，因此，他们就在这一块土地上定居。公元后最初五六百年中，这是一条便捷的商道，它靠着一块下陷地，一面是加里西亚丘陵和普多利亚丘陵（喀尔巴阡山脉的小区），另一面是俄罗斯中部高原。

但当这些区域逐渐被外来的斯拉夫人住满后，情况发生了改变。当时，商人已经变成了政治的领袖，不再长年奔波经商，而是在这里定居，奠定了俄罗斯王朝的基础。俄罗斯人缺少条顿民族的严肃而精确的观念，即用尽聪明才智也不能成为优秀的统治者。他们有着多疑又散漫的性格，会将心力放在别的事情上。他们大部分时间只是在空谈和

莫斯科街道　油画　冈查洛娃·娜塔里亚　1909年

在这幅散发着低沉的氛围的画中，穿着优雅的黑衣女人走在宁静的街道上，她后面的马车夫则在车上安静地等候着乘客，街道和建筑的正方形和长方形、车轮的圆形使画面呈现出简单的平面造型，悲伤的情绪迎面而来，而一种微乎其微的希望似乎若有若无。

妄想，并不适合做需要专心决断的工作。于是，许多人就能在相对的安逸之中得到了统治的地位。他们最初并没有很大的野心，但争取赖以生存的土地还是非常有必要的。当他们修建完极豪华的房屋后，又需要更多的房子来让他们的臣民居住。而古代俄罗斯的许多城市，就是这样一个个产生的。

作为一个年轻而生机勃勃的城市，很容易引起外界的注意。君士坦丁堡的君王们，都觉得这是一个绝好的传教机会。他们沿着第聂伯河泛舟北上，就好像数百年前的斯堪的纳维亚人乘船南下一样。他们联合当地的统治者，把修道院变成了皇宫的一部分。俄罗斯的罗曼诺夫王朝，也在此时打下了基础。南部的基辅与大诺夫哥罗德（不同于下诺夫哥罗德，因为下诺夫哥罗德是在伏尔加河与奥卡河的交汇点上）变得非常繁华，就连西欧的人民也知道它们的存在了。

同时，耐心十足的农夫与过去的数万年一样，继续增加着他们的人口，这让他们感觉到寻找新农场的必要性。他们突破了家乡的束缚，离开了乌克兰肥沃的山谷——全欧洲最富饶的谷仓，开始向俄罗斯中央高原迁移。他们走到海拔最高的地带，再沿着西流

工作中的农奴

在俄罗斯变得强大前，大部分俄罗斯人作为地主和外来入侵者的农奴艰苦地生活着。图中的工人正在制作木桶，柔弱的女人也不可避免地加入这些重体力劳动之中。正是这些辛勤的工人，突破了重重阻碍，日后建立起了庞大的俄罗斯帝国。

的河流慢慢地（俄罗斯农民似乎并没有什么时间观念）爬下奥卡河河谷，最后到达伏尔加河，创立了一个新城，也就是诺夫哥罗德，为了统治他们永久的领土。

但至少从历史上来看，是不可能达到“永久”的。到了13世纪初叶，他们所有的雄心，被一场灾难严重地打击了。矮小的黄种人冲过了乌拉尔山与里海（乌拉尔河附近的盐碱荒地）之间的大平原，向西驰骋，仿佛全亚洲的人民都在不断地涌向欧洲的中心。西方斯堪的纳维亚—斯拉夫小侯国被这个事件弄得不知所措。短短三年时间，俄罗斯的所有平原、山川、海洋、湖泊，完全被鞑靼人掌控了。德国、法国及西欧的各个国家也只是因为运气较好（鞑靼人的马匹发生了瘟疫），才能幸免于难。

当鞑靼人把新的马种养壮之后，再次大举进攻。但德国与波希米亚的城堡在防御方面起到了有效的作用，入侵者就绕了一个大圈，一路挥舞刀剑、烧杀掠夺冲过了匈牙利，在俄罗斯的东南部安营扎寨，享用他们胜利所带来的财宝。随后200年中，信奉基督教的男人、女子和孩子，只要是遇到成吉思汗的子孙，都要跪下双膝，亲吻他的马镫，否则就会被就地处死。

欧洲人听到这件事的时候，并不会有怜悯之心。因为斯拉夫人都遵循希腊的仪式祭祀天神，而西欧人却依照罗马的仪式。那么，就任凭异教徒去侵袭吧，任凭俄罗斯人变成可怜的奴隶吧，让他们在入侵者的马鞭下噤若寒蝉，反正他们是异教徒，无福享受好运！最后的结果是，欧洲人冷酷无情的态度，让他们得到了极大的损失，因为俄罗斯在强者的压迫下也默默承受，在鞑靼人统治下的250年中，他们养成了只知道一味屈伏的坏习惯，并且自己从未摆脱掉束缚。

他们之所以会恢复自由，全靠莫斯科小公国（斯拉夫人在东部边疆上的边防哨所）的力量。1480年，约翰三世（在俄罗斯史上被称作伊凡大帝）不愿再向金帐汗国的统治者进贡。这可以说是公然抵抗的开端。50年后，外国的统治者总算销声匿迹了。虽然他们不在了，但其建立的制度却依然存在。

新王朝的创建者，都深刻地明白人生的“真理”。之前的300年，土耳其人攻破了君士坦丁堡，把东罗马帝王的末代君主杀死在圣索菲亚教堂的石阶上。当时，这位末代帝王有一个叫作若伊·芭拉诺娃的远亲，并没有遇害。她是一位虔诚的天主教信奉者，教皇竭力促成她与伊凡的婚姻，意在使希腊教堂的迷途教众皈依他的统治。婚礼举行了，若伊把自己的名字改成了索菲娅，但教皇的处心积虑最终却付诸东流。伊凡反而比之前的态度更坚决，他恍然大悟，这是效法拜占庭历代君主的勋功伟业的好机会。他采用君士坦丁堡著名的盾形文章——代表东罗马帝国和西罗马帝国的双头鹰。他把贵族降为奴仆，在自己的莫斯科小宫廷里施行东罗马的古老而严格的礼仪。他有莫大的雄心，觉得当今世界上，只有自己才是唯一的“恺撒”或皇帝。

1598年，西斯堪的纳维亚入侵者的末代子孙（也就是留里克族的末代子孙）死去了。经过15年的内乱，一位罗曼诺夫家族（并不重要的莫斯科贵族）的英雄自立为沙皇。从此以后，俄罗斯的地理便真实地反映了罗曼诺夫家族的政治野心。虽然罗曼诺夫家族有许多缺点，但同时也有着许多值得敬佩的功绩，足以掩遮所有的失败。

在寻求直达大海的通路方面，他们都怀着刚毅的决心，不畏任何牺牲。他们首先在南方寻找，冲过黑海、亚速海和塞瓦斯托波尔，试图到达地中海，最终被土耳其人挡住了。但经过这几次战役后，10个哥萨克部落都成为了他们的忠实部下。这些哥萨克部落是古代哈萨克人的后裔，或者是冒险者、逃奴的后代，在此前的5个世纪中，这些人陆续逃往荒地，以躲避波兰人和鞑靼人的压迫。他们曾与瑞典人作战，而瑞典人在三十年战

彼得大帝 油画

手拿利剑、身穿盔甲、佩戴着圣安德鲁星形徽章的彼得，是俄罗斯第一个称帝的人。他学识渊博，在建筑学与航海学方面都有很深的造诣，并让俄罗斯摆脱了长期保守封建的制度，建立了一个在欧洲大陆上傲视群雄的强大帝国。

争后拥有了波罗的海四周的领土。这些哥萨克人便去争夺土地。经过了50年的奋斗，彼得大帝最终取得了胜利，他率领着数十万属下，在涅瓦河沼泽地上建立了一个新都圣彼得堡。可惜的是，芬兰湾一年中有4个月处于冰冻状态，想利用“大海”来为他们带来利益的愿望，依然非常遥远。他们沿着奥涅加河和德维纳河，穿过苔原区域（北极圈内的青苔原）的中心，在白海的海边建起了一个新城，取名为阿甘折。但是卡宁半岛非常荒凉，离欧洲极远，就像哈得孙湾到欧洲一样，而摩尔曼海滨又成为了荷兰和英国船长的禁地，一切工作都是枉然。除了向东发展外，他们再也没有别的出路了。

1581年，欧洲几个国家的一群逃跑的奴隶、冒险者以及战犯，组成大约1600人的队伍，在饥饿的压迫下，越过了乌拉尔山脉。他们在东进途中遇见了西伯利亚王——第一位鞑靼可汗，便与之作战。他们知道莫斯科的手臂很长，就把这些土地献给沙皇，因为他们害怕“小国王”的军队赶到，将他们作为逃亡者或叛徒绞死。而沙皇则因为他们的贡献，将他们称为忠君爱国的英雄。

这种古怪的殖民政策，施行了将近150年。这些“坏人”前方的大平原上的居民寥寥无几，但那里的土壤异常肥沃。其北部是草原，南部覆盖着茂密的森林。没过多久，他们就离开了鄂毕河，走到叶尼塞河附近。1628年，这批抢劫者的先锋队抵达勒拿河，1639年，他们已经到达了鄂霍次克海的海滨。1640年后不久，他们又继续向南行进，在贝加尔湖上建设了最早的城堡。1648年，他们冒着极大的风险，远至黑龙江。同年，一个名叫德佳勒夫的哥萨克人，沿着西伯利亚北部的科雷马河而下，沿着北冰洋的海岸，驶到了亚洲和美洲交界的海峡。回来之后，他向人们讲述了他的发现，但并没有引起多少人的注意。80年过去了，一个服务于俄罗斯的名叫白令的丹麦航海家，重新发现了这个海峡，并用自己的名字命名了那里。

从1581年到1648年，整整过去了67年。而美国人从阿利根尼山脉到达太平洋海岸一带时，一共花费了200年左右的时间。只要想到这点，你就会清楚地知道，俄罗斯人并不是像我们想象中的那么迟钝。他们获得了整个西伯利亚后，使其保持原貌。但他们并不就此满足，他们还跨过了亚洲，到达美洲。在乔治·华盛顿逝世前很长时间，美国已经有了一个繁盛的俄罗斯殖民地，以阿切昂格尔·加布里埃尔城为中心。这个要塞现在改称为夕特卡。1867年，俄罗斯人把阿拉斯加正式转让给美国的时候，会议就是在这个小镇上举行的。

就精力、毅力及勇气而言，这些初期的俄罗斯拓荒者远胜过美国人。可惜莫斯科与圣彼得堡的执政者不懂得亚洲的真正概念，所以，即使有一片未经开发的富饶地区，也不能得到充分的发展。他们不仅没有好好地经营牧场、森林和矿业，反而使西伯利亚变成了巨大的监牢。

第一批囚犯被放逐到西伯利亚，是在17世纪中叶，那时距乐马克翻越乌拉尔山脉，仅过去了50年。这些犯人全部都是神甫，因为不遵照东正教的仪式做弥撒，便被流放到了黑龙江边，让饥饿与寒冷去结束他们的生命。从此以后，大批的男女（往往还有孩

彼得大帝青铜雕像揭幕 版画

1782年，为了纪念彼得大帝登基100周年，叶卡捷琳娜女王委托了法国雕塑家制作了一尊雕像。8月7日，众人在广场上集合，庆祝彼得大帝的青铜雕像揭幕，而雕像上的铭文“叶卡捷琳娜二世至彼得一世”则表现了叶卡捷琳娜将自己的统治与彼得大帝的统治相联系的努力。

子）被毫无间断地发配到荒凉的西伯利亚。导致这种结果的主要原因，是由于亚洲的服从观念与欧洲的自由主义思想发生了冲突，而古俄罗斯政府是以服从为基本的法律。流放人数最多的一年，是1863年，那时波兰大革命的战火刚刚平息，5万多名波兰爱国者都被逐出维斯杜拉河畔，流放到托木斯克及伊尔库茨克的附近。这些被迫移民的人数一直未被精确地计算过，但从1800年至1900年，由于国外的沉重压力，不得不趋向正规，每年流亡的平均人数在2万人左右。但这个数目通常包括了在精神清洗中被流放的男女，他们的错误只在于对不值得热爱的同胞抱着过多的热情，而那些普通罪犯，如杀人犯以及偷盗犯等，并不在计算范围之内。

刑期结束后，活着的囚徒们能在小小的流放村庄附近分得一小块土地，变成自由农民。这种强迫白人迁移的举动，表面上看起来似乎很聪明，而且俄罗斯政府还可以向欧洲的持股人辩驳说，情况并不是他们所说的那么坏——一切在西伯利亚所发生的疯狂事件，都是有计划的，“囚徒”受到了教训，就可以成为社会上有用的生产者。但实际上，俄罗斯政府的手段之“好”使大部分“自由垦荒者”都消失得无影无踪，探听不到一点他们的消息。或许他们和土著人住在一起，舍弃了基督教的文明；又或是挣扎脱逃以后，被豺狼所吞噬，这些我们都无从知晓。俄罗斯的官方统计表告诉我们，大约有3万~4万的囚徒私自逃跑，躲藏在丛林深处或深山里面，心甘情愿地忍受着各种苦难，也不愿被囚禁在牢狱里面。

俄罗斯自从废止了以往的物物交换和奴隶制度，履行了资本主义和工业主义的新政体后，国内的情况到底变成了什么样子，就是我们应该知道的常识了。俄罗斯奴隶获得自由，比林肯批准黑奴解放案还要早几年。当时，政府为了维持奴隶的生活，便分给他们每人一小块土地，但实际上，政府是从奴隶主拥有的土地中分出了一小部分。因此，无论是奴隶的土地，还是奴隶主拥有的土地都根本不够他们维持生计。此时，俄罗斯大平原上的矿藏被发现了，外国的资本乘机侵入。他们修建了铁路，开通了蒸汽轮船的水上航路，欧洲的工程师翻越了巴黎式大剧场四周的小亚细亚村庄，自问能做些什么。

从前，俄罗斯王朝的奠基者，都有着原始时代那种不畏艰险的精神，他们充满勇气，就算明知做不到的事情都要大胆尝试。但现在，这种勇气已被消耗殆尽。此时，彼得大帝宝座上的执政者变得懦弱无用，四周都是神甫等人。他把自己的权力押给了伦敦和巴黎的债权人，接受了他们的建议，加入了让大部分人民感到深恶痛绝的战争，他的末日到来了。

一个曾经尝过西伯利亚铁窗滋味的矮小的秃头男人，收拾着残破的局面，开始了复兴的工作。他并没有模仿欧洲辉煌时期所用的方法，也没有依照古老的亚洲模式。他舍弃了一切陈旧的东西，用开创全新未来的目光从事建设，然而他的眼睛依旧是魅粗人的。

将来究竟会变成什么样子，百年后我们自然会知道。现在，我只需要给你描绘一个现代的苏联政府，但这个轮廓也只能是模糊的，因为那边的制度一直在变化着，希望对你有所帮

来自北西伯利亚的妇女　18世纪

西伯利亚是指西起乌拉尔山脉、东到太平洋、北临北冰洋、西南抵哈萨克斯坦中北部山地的区域，那里处中高纬度，气候十分寒冷。在这幅描绘北西伯利亚的妇女的画中，妇女身穿兽皮衣服、戴着手套，以抵御寒冷的天气。

马克思

马克思是伟大的哲学家、政治家，无产阶级的精神领袖，共产主义的创始人。他潜心研究哲学、经济与社会间的关系，写成了唯物主义指导思想的伟大著作《资本论》，并提出了解决当时社会问题的方法，写在了他另一本名著《共产党宣言》中。

助。布尔什维克正在做一个实验。他们就像化学实验师一样忽然醒悟到之前的工作用错了公式，因此将他们认为错误的部分全部废除。他们所使用的制度，和我们近500年来所熟知的所有东西完全不同，更没办法用欧美常见的政治术语来解释，诸如“代表政府”、“民主政体”、“少数派神圣的权利”对于受过布尔什维克党教育的青年是完全没有意义的。他从来没有听过这些，除非它们被用于证明祖先的愚蠢行径。

关于政府的布尔什维克概念并非建立在国家为全民所有、国家由全民统治、国家为全民服务的理论上，无论我们是否相信，都要对我们的孩子们说，那是最圆满的政治理想。苏联的布尔什维克主义只承认一个社会阶级，那就是无产阶级——工人，即用双手劳动、靠工资为生的人。为了使这个阶级获得以前从未拥有的利益，它在1932年与那些向往财产与利益私有化的中产阶级政府发生了激烈的斗争。

暴力冲突在这个世界上并不算新奇的事。英国的查理和法国的路易被杀，早在列宁诞生之前。不过，在那时牺牲的只是个人，并不是制度。但是尼古拉二世被杀时，不仅个人的生命结束了，就连他所代表的整个制度也被悉数破坏，俄罗斯人把这种制度从他们的意识中连根拔起。旧的账簿已经合上了，页底已经用短短的两条红线勾销了。新的账簿揭开了，页首的署名是“俄国共产党”。

苏联的共产主义作为一种经济制度，并没有多少创新。实际上，古代的修道院社团就已经是共产主义组织，之后则依赖初期的基督教会，那些教堂不主张拥有私有财产，认为富裕和贫穷都是不对的。英国的清教徒搬到美国以后，也曾经组织过共产主义的社区，他们想把“这个世界上的所有物品平均地分配给人们”，这些努力实施的范围相对不大，未能深入大众的生活。至于苏联布尔什维克的实验，与其他的一切都迥然不同。他们完全改变了波罗的海与太平洋之间的土地，让整个俄罗斯平原成为了他们政治经济的实验室，在这个实验室里，每个人都向着同一个最终的目标努力——大众的健康与幸福是最重要的，要舍弃个人的快乐与幸福。但这个新的俄罗斯，正受到热情的冲击，一切行为往往会被这种情绪所破坏，就好像俄罗斯人民不能摆脱的双重性格一样。其原因是，他们的国家根本就是拥有半欧半亚双重性的奇怪个体。

苏联社会的基本组织，当然是欧洲的产物。但运行时采用的方法，却完全是亚洲的方式。卡尔·马克思和成吉思汗两个人的力量相结合，产生出这个特别的现状，至于这个非常的实验会有怎样的结果，我实在不知道，这是很难用预言来预测的。

可是，布尔什维克确实已经获得了一定的成果，而其他的人群将不得不冒着挑战自己原有文明和它周旋。

俄罗斯沙皇的统治与鞑靼人的统治没太大区别，服务于一小群地主和沙皇的支持者的利益。而现在掌握俄罗斯政权的人，是苏联共产党人，他们的数量少于旧式贵族，却对布尔什维克更忠诚。

沙皇的独裁与布尔什维克党人的统治，这两者间有着巨大的区别。现在俄罗斯的统治阶级并非为自己的利益服务。他们工作们所得到的报酬，就连美国的铁匠或搬运工都会觉得少，对它嗤之以鼻。而且，这些专制君王（他们比俄罗斯沙皇的官吏严酷得多）

共产主义革命　油画　鲍里斯·库斯托蒂夫

在这幅作品中，革命者高举着象征共和体制、社会自由与解放的红色旗帜，穿过俄罗斯首都莫斯科的大街。寒冷的街道上挤满了充满热情的革命跟随者，他们推翻了沙皇的统治，开始信仰马克思主义。图中体型庞大的巨人，突出体现了共产主义至高无上的地位。

第三国际纪念塔　塔特林·符拉基米尔　1919年

作为俄国早期的构成主义艺术家，塔特林创作了富有幻想性的现代雕塑形态。这座现代复制件的模型，采用了倾斜的螺旋形装置，将纯艺术形式和实用性融为一体，如果建成会比纽约帝国大厦高一倍，虽然最终并未采纳，但一直被西方艺术世界所推崇。

所发展的真正伟业，又完全集中在单纯的目标上面——让世界上的每个人都劳动，并且让每个劳动者都得到充分的食物、足够的居住空间以及各种更高层次的休假机会，作为他们工作的报酬。

在西方人看来，这一切简直是莫名其妙，就好像爱因斯坦的四重或五重宇宙观一样。但一个面积相当于美国的3倍、拥有全世界1/7土地的国家，却正在这样的管理制度下生存，并且闻名于世。宣传这种制度的，并不是像挪威与瑞士这样的国家，而是世界上最富裕、拥有各种资源的大国。伪善的祈祷与狂怒的评论，并不能使他们转变思想，因为俄罗斯人是完全与世界隔离的。他们只阅读有限的几本外国著作，不能看没有受过严厉检查的外国报纸，仿佛是火星上的人类，却知道邻居的一切消息。

领袖们会对反动的评论严加防范，但他们并不在意。他们面对西方各国不承认的态度，而忙于其他工作，忙着组织白俄罗斯苏维埃共和国、乌克兰苏维埃共和国、苏维埃共和国外高加索联邦、吉尔吉斯苏维埃共和国、巴尔什尔苏维埃共和国、鞑靼苏维埃共和国。在他们看来，西方各国是历史复活的可怜虫。他们更设立了一个反宗教博物馆，在沙皇旧宫殿向公众开放。

这是一个非比寻常的实验，是亚洲的神秘主义与欧洲的现实主义相结合的产物，它将来会有怎样的结局，时间会告诉我们。但俄罗斯大平原已经重新获得了生命，共产主义或许只是梦想，但俄罗斯却是铁铮铮的事实。

俄罗斯历代王国

俄罗斯的历史始于东斯拉夫人建立的基辅罗斯，之后经历了历代王朝，直至今天的俄罗斯联邦。

882年	基辅罗斯	862年，诺夫哥罗德王公奥列格征服基辅及其附近地区，以基辅为中心，建立基辅罗斯，这是最早的俄罗斯国家。
1147年	莫斯科大公国	由弗拉基米尔大公尤里·多尔戈鲁基建立。1547年，伊凡四世加冕称沙皇，建造克里姆林宫，使俄罗斯成为一个独立的国家。
1613年	罗曼诺夫王朝	米哈伊尔·罗曼诺夫为新沙皇，建立了罗曼诺夫王朝，是俄罗斯历史上最强盛的王朝。
1712年	俄罗斯帝国	1721年，彼得大帝战胜瑞典，被授予俄罗斯帝国皇帝的头衔，俄国成为正式意义上的帝国。
1922年	苏联	由15个加盟共和国组成，全称为苏维埃社会主义共和国联盟，曾是欧洲第一、世界第二的工业强国。
1991年	俄罗斯联邦	1991年，俄罗斯苏维埃联邦共和国最高苏维埃宣布苏联解体，更名为俄罗斯联邦。

第二十三章

波兰

一直因身处他人的走廊所苦，现在它拥有了自己的走廊。

波兰	
中文名称：波兰共和国	所属洲：欧洲
首都：华沙	主要城市：卡拉科夫、罗兹
官方语言：波兰语	货币：兹罗提
时区：西一区	国家代码：POL
国歌：《波兰没有灭亡》	国花：三色堇

波兰被两种自然缺陷所困扰。它的地理位置很不好，与同属斯拉夫人的俄罗斯相邻。据说，真正的兄弟之情是非常宝贵的，但在相同种族组成的国家中，能够维持这种友情却绝无仅有。

波兰人来自何处，我们无从得知。他们和爱尔兰人很相似，极其爱国，能随时随地为国牺牲，但却不愿活下来为祖国工作，根据他们最重要的历史学家的描绘，他们的祖先是挪亚方舟的偷渡客。直至查理曼大帝及他的武士去世近两个世纪以后，可信的资料中才提及波兰人。而在哈斯丁斯战役过后50年，波兰这个名字被公认为遥远东部荒蛮之地的某个地方，不再只意味着一片迷茫的空地了。

目前，按照我们所能了解到的资料，波兰人原本居住在多瑙河河口附近，后来被来自东方的敌人所侵扰，以至于拨营并向西迁移，直至喀尔巴阡山下。之后，他们被斯拉夫种族的另一个庞大的支系——俄罗斯人所驱逐，被迫离开。最后，在奥得河与维斯杜拉河之间的欧洲大平原上，他们找到了一个安身避难之所。

但是，这里真是个糟糕的居住地，在这里耕种的农民，毫无隐私可言，宛如坐在中央火车站主干道的椅子上。作为欧洲的前门，无论谁要西征北海沿岸的欧洲陆地，还是往东征服俄罗斯，只能从这里通过。为了时刻准备两线作战，每一个波兰的地主都成为了专业的战士，所有的城堡都成为了堡垒。而军事化管理则需要沉重的代价，一旦战争变成了生活的常态，商业就无法发展。

波兰的一些城镇位于中部地区，都在维斯杜拉河畔。其中，克拉科夫位于南部，建在喀尔巴阡山延伸至加里西亚平原的地方。华沙在波兰平原中央，它和靠近维斯杜拉河河口的但泽都依赖外国商人进行商业活动。但是，再往里的腹地，几乎是一片空白，毫无障碍，直至俄罗斯境内的第聂伯河。而立陶宛的故都考那斯，只能算是王侯的一小块封地，一直没有壮大起来。

其生活必需品的交易，都被犹太人控制着。当十字军在战争中屠杀莱茵河流域的几个著名的犹太人集结地时，犹太人逃到了欧洲边境。正如俄罗斯的一些勇士，几个强

波兰示意图　版画　17世纪

波兰地处中欧，它东面邻近乌克兰和白俄罗斯，西面与德国接壤，南面是捷克和斯洛伐克，北面濒临波罗的海，地理位置十分重要。而世界著名科学家居里夫人、著名天文学家哥白尼、著名音乐家肖邦都出生在这里。

肖邦

肖邦是波兰作曲家、钢琴家，他从小就表现出非凡的艺术天赋，是19世纪欧洲浪漫主义音乐的代表人物，也是音乐史上最具影响力的钢琴作曲家之一。

悍的北欧海盗为这个国家带来了莫大的利益。即使如此，他们也不曾来到这片土地。毕竟，那里没有交通便利的商道，也没有像君士坦丁堡那样的大城市矗立在旅途的尽头，慰劳他们长途跋涉的辛苦，为什么要去那里呢？

在德国人、俄罗斯人及土耳其人的夹缝中，波兰人生活着，他们信奉罗马天主教，但也是斯拉夫人，所以德国人憎恨他们；他们虽然是斯拉夫人，但并非希腊天主教的信众，所以俄罗斯人藐视他们；他们是基督教的信众，但又是斯拉夫人，所以土耳其人厌恶他们。

如果中世纪那个强大的立陶宛王朝还存在，情况或许要好得多。但在1572年，这个王朝就灭亡了。在末代君王逝世之后，那些贵族把这个国家改造成一个选举制的君主国。毕竟他们在边境战斗多年，渐渐变得富有，并在自己巨大而独立的领土上享有独裁大权。从1572年到1791年，这个王国屹立于世，在被推翻前，已经腐朽成为一个令人痛心的笑话了。

由于波兰的王位可以随意被出卖，价高者得，毫无疑问，法国人、匈牙利人及瑞典人相继成为了这个王国的统治者。对于他们来说，这个王国的价值只在于贪污和收税，别无其他。当这些统治者未能将掠夺的财富分赏给亲信时，波兰的贵族就会像1000年前的爱尔兰人一样，请邻邦的人来帮助自己“获得权利”。而邻居们，如普鲁士人、俄罗斯人、奥地利人当然是乐于从命的。波兰一举成为一个独立的王国。

1795年，在三次大瓜分的最后一次瓜分时，俄罗斯获得了18万平方英里的土地、600万人口。奥地利获得了4.5万平方英里的土地、370万人口。普鲁士获得了5.7万平方英里的土地、250万人口。这种惨无人道的分割，直到125年后才结束。而协约国出于对俄罗斯的惧怕，就趋向另一极端。他们不仅使新的波兰共和国的领土面积空前扩大，还建设了所谓的“波兰走廊”，目的是让波兰有一个直接的出海口。这是一块狭窄的土地，从古老的波兹南省直到波罗的海，分割了普鲁士，至今都不能直接连接。

关于这条不幸的走廊，我们不需要运用高深的地理知识或历史知识来分析它的未来。可怜的波兰将成为俄罗斯和欧洲之间的缓冲地带，一如往日那样。

在刚刚取得胜利时，这似乎是一个很大的成就。但是在两国之间建筑起充满敌意的围墙，并不能使当时的经济和社会问题得到最终的解决。

华沙　版画　17世纪

华沙是波兰的首都，也是波兰的工业、经济、科学、文化以及交通运输的中心。它位于维斯瓦河中游西岸，自古就是中欧诸国贸易的要道，因华尔西和沙娃这对勇敢的恋人而得名。

波兰名人

在波兰的历史上，曾出现过肖邦、居里夫人、哥白尼等名人，他们或在音乐上有所成就，或在化学方面颇有造诣，都成为波兰的骄傲。

波兰

肖邦

波兰伟大的作曲家和钢琴家，欧洲19世纪浪漫主义音乐的代表人物。

居里夫人

发现镭和钋两种天然放射性元素，两次获得诺贝尔奖的科学家。

哥白尼

现代天文学创始人、日心说的创立者，沉重地打击了教会的宇宙观。

第二十四章 捷克斯洛伐克

《凡尔赛和约》的产物。

从经济观念与城市整体的文明状况来看，捷克斯洛伐克在近代斯拉夫民族的国家中，位置无疑是最好的。但是，作为一个人造国家，它凭借在第一次世界大战中脱离了奥地利帝国的行为，获得了自治权的奖励。现在，它分为3个部分：波希米亚、摩拉维亚及斯洛伐克，以至于很难确定它能否自力更生。

首先，这个国家处于一个封闭的环境中，其次，天主教捷克人与新教斯洛伐克人存在分歧。天主教捷克人是说德语的奥地利王国的一部分，经常与其他国家之间进行交流；而新教斯洛伐克人被匈牙利领主统治着，且统治非常糟糕，以至于从未摆脱小农的状态。

关于摩拉维亚，它的领地在波希米亚与斯洛伐克之间，是捷克斯洛伐克的农业区域中最肥沃的一块。但是，它在政治方面并不重要，所以当900万捷克人用仇恨的态度对待400万斯洛伐克人，摩拉维亚人并不会参与永无止尽的争吵之中。而直到最近，匈牙利人才对种族少数派有所尊重，以往，他们的态度就像捷克人对待斯洛伐克人那样恶劣。

如果有人好奇种族问题会严重到什么程度，那么中欧是最好的选择，那里已经无可救药了。与其他国家相比，捷克斯洛伐克的情况不算特别糟糕，但是它是由3个互相仇恨的斯拉夫群体构成的。特别在中世纪，某个条顿民族移民部落的后代——300万德国人为了协助开发厄尔士山脉和波希米亚森林的矿藏，开始来到此地，情况更加复杂了。

1526年，哈布斯堡家族占领了波希米亚所有的中欧地产。此后的388年，波希米亚沦为奥地利的殖民地。但是，奥地利对波希米亚并不算残酷，德国的中学、大学以及德国人的精确教育将捷克人培养成唯一的纯斯拉夫血缘的种族，他们带着某一个直接的目的来工作。但是没有一个被压迫的民族会因为主人的宽厚或馈赠就爱戴他，况且复仇又仿佛是一种天性。因此，捷克人一得到自由之后，就与以前的统治者反目成仇。在这个国家中，捷克语是全国的官方语言，德语被当成一种公认的方言，正如匈牙利语和斯洛伐克语一样。新一代的捷克儿童从小开始，就被迫在严格的捷克语系的文学传统中成长，这是一项爱国的壮举。但是，以前的波希米亚儿童都会使用德语，他们至少能与上亿人沟通。而现在，他们只能与几百万讲捷克语的人交流。一旦他们离开祖国，就将会迷失，毕竟没有人会愿意耐心地去学习毫无商业价值和文学意味的捷克语。捷克政府的行政人员的政治才能，在中欧政治家的平均水平之上，或许他们可以逐渐鼓励国民像往日一样同时使用两种语言。但是，这会是一个艰难的历程，因为他们会面临语言专家的抵抗，这些专家对通用语言十分反感，而政客也对统一的希望十分厌恶。

波希米亚不仅是哈布斯堡王朝最富饶的农业区域，而且是工业非常发达的地方，拥有煤矿、铁矿，还有举世闻名的玻璃制造工艺。而且，工业化的捷克农民也非常擅长家庭手工业，他们白天在农田中劳作了12个小时，在空闲时间总会找些事情做，波希米亚纺织物、波希米亚毛毯以及波希米亚鞋子，都驰名世界。过去，哈布斯堡家族享有为数不多但具体的优惠，这些产品输入原来的领地可以免费。而现在，这些领地被分裂为6个侯国，它们相互设立关税壁垒，想以此来摧毁其他国家的商业。以前，一车啤酒由比尔森运到阜姆去并不需要缴纳税款，从来不会因为例行检查而耽误时间。但是现在必须在六国的边境换车、缴纳6次税，以至于啤酒在延误数星期才到达目的地，并且已经变酸了。

单纯从理想的角度来看，那么小国独立自治或许是一件好事，但是当其出现领土

布拉格　版画　17世纪

布拉格是捷克的首都，也是欧洲的文化重镇之一。在布拉格市内，各种风格的建筑林立，复杂多变，色彩绚丽，因此被称为欧洲最美丽的城市之一，有千塔之城、金色城市等美称。

夏日　油画　阿奇姆博多·左杰贝　1573年

阿奇姆博多是意大利画家，他曾在布拉格受雇于哈布斯堡王朝，其代表作也完成于此时。在这幅作品中，阿奇姆博多用夏天的水果和蔬菜组成人像，形象怪诞，一直被认为是低级趣味，直至20世纪二三十年代才被人认可。

纠纷或经济生活难以忍受时，自治的小国就出现运转方面的问题。如果1932年的人们像1432年的人们那样思考，我们也一筹莫展了。

为了那些想到捷克斯洛伐克去旅行的人着想，我还要介绍一下：布拉格已经不在最终流入易北河的伏尔塔瓦河畔了，而普拉哈却在这条河沿岸。以前，你可以去佩尔森畅饮啤酒，那里现在已经改名为比尔森，但你依旧可以去那里喝啤酒；以前，不喜欢喝酒却喜欢美食的人可以去卡尔斯巴德，现在你可以去卡罗维发利大饱口福。从前偏爱马里恩巴德的人，现在也都到马里恩斯克·拉兹因了。如果你要从布尔诺乘车去布拉迪斯拉发时，你首先必须去问一下匈牙利列车员，他从布达佩斯统治斯洛伐克时就在那里服务了，你可以从他那里知道从布尔诺出发的马车。如果你不能说清楚布拉迪斯拉发（匈牙利语），他会白眼相对。捷克斯洛伐克的一切都是陈旧的，恐怕就连荷兰、瑞典以及法国殖民地，都不如它们古老。

布拉格的标志建筑

作为一座历史名城，布拉格的旅游业十分兴盛，拥有布拉格城堡等多处标志性建筑。

布拉格城堡	位于伏尔塔瓦河的丘陵上，历史长达千年，收藏了4000多幅古典绘画，60多年来也是历届总统办公室的所在地。
圣维塔大教堂	布拉格城堡最重要的地标，主要有彩色玻璃窗、圣约翰之墓和圣温塞斯拉斯礼拜堂，王室在此加冕、长眠。
旧皇宫	历代波希米亚国王的住所，以维拉迪斯拉夫大厅为重心，下层有哥德式的查理四世官殿和仿罗马式官殿大厅。
圣乔治教堂	位于圣维塔大教堂之后，是捷克保存最完好的仿罗马式建筑，教堂的基石和两个尖塔至今一直保持原貌。

第二十五章 南斯拉夫

《凡尔赛和约》的另一个产物。

这个国家的官方名称是塞尔维亚、克罗地亚以及斯洛文尼亚王国。这三个部族群体中，最重要的是塞尔维亚人，他们居住在东部地区，靠近萨瓦河一带。这条河在首都贝尔格莱德与多瑙河汇合。而在多瑙河的支流德拉瓦河与亚得里亚海之间，克罗地亚人在此定居。斯洛文尼亚人则占据了德拉瓦河、伊士特里亚半岛与亚得里亚海之间的三角地带。现在，塞尔维亚人由几个种族聚居地组成，其中就有蒙特内哥罗。那里是一个风景优美的山区，因400年前反抗土耳其人的战争而著称，自从我们跟着《快乐寡妇》的曲调起舞以来，它就被人们敬重并怀念着。另外，波斯尼亚和黑塞哥维那也属于塞尔维亚，它们原本就是这个国家的领地，但是被奥地利从土耳其人手里夺走了。最后，在1914年萨拉热窝的暗杀事件中，塞尔维亚与奥地利的恩怨做了个了断，这也成为了第一次世界大战爆发的导火索。

塞尔维亚（旧习惯已经根深蒂固了——在后面我说到“塞尔维亚”时，就是指塞尔维亚人、克罗地亚人以及斯洛文尼亚人王国）是位于巴尔干半岛上的国家。大战以来，它在亚得里亚海获得了一个海滨区，但是它也被迪纳拉山脉切断了它与海滨的联系。即使它能够修建铁路，翻越这一山脉（铁路的耗资巨大），但也没有优良的港口，或许拉古扎（现在称为杜布罗夫尼克）还可以勉强算作良港，这是中世纪的一个巨大的殖民地商品分销中心。自从美洲和印度的新航路被发现以后，在地中海各城市中，拉古扎没有受到大的影响，依旧有声名远播的大商船开往卡利卡特和古巴，直到后来参加一次失败的舰队远征，所有的船都被摧毁殆尽了。

不幸的是，拉古扎对于现代蒸汽船并无贡献。阜姆港、的里雅斯特港是塞尔维亚的天然出海口，却被凡尔赛的老头占为已有，并将另一个分给了意大利。实际上，法国不需要这两个海港，它们只是与威尼斯竞争，而威尼斯正想着要恢复古代的光荣地位——亚得里亚海上的霸主。最终的结果是，的里雅斯特港与阜姆港的修船厂都长满了荒草，而塞尔维亚必须通过三条路线中的一条来运输农产品。第一条，由多瑙河流入黑海，这就像纽约的商品运往伦敦时，必须通过伊利湖和圣劳伦斯河一样；第二条，从多瑙河逆流而上到达维也纳，从维也纳越过山道到达不来梅、汉堡及鹿特丹等地，不过这条路线耗资很大。第三条，可以通过铁路运到阜姆港，而那里的意大利人当然会竭尽所能阻挠自己的斯拉夫仇敌了。

这种情况从战前以来就毫无改变。那时，塞尔维亚在奥地利帝国的鼓动下，维持着闭关锁国的状态。更可悲的是，在那场可怕的灾难中，猪成了首要原因，因为它是塞尔维亚唯一的大宗出口买卖。只要奥地利人和匈牙利人对猪征收高额的税收，就可以破坏塞尔维亚唯一的获利途径。奥地利大公的去世，虽然是全欧洲武装动员的借口。实际上，巴尔干地区所有恩怨的潜在原因，却是对猪征税。

说到猪，食用橡树的果实能让它们迅速生长繁殖，而亚得里亚海、多瑙河与马其顿地区之间的三角地带覆盖了橡树林，所以猪的数量极多。假如罗马人和威尼斯人没有砍

塞尔维亚

塞尔维亚是巴尔干半岛中部的内陆国，位于欧洲东南部，为西欧、中欧、东欧，以及近东和中东之间的天然桥梁，其主要民族为塞尔维亚人，而首都贝尔格莱德被称为巴尔干之钥。

南斯拉夫人

南斯拉夫是第一次世界大战后，在南欧成立的一个国家。由于东欧俄罗斯地区的斯拉夫人迁移到南欧，所以这里的人就被叫作南斯拉夫人，在他们的服饰中可以看出与东欧国家有很多相似之处。

伐橡树来造船，并且使丘陵变光秃，那么那里会有更多的森林。

除了猪，这个国家还有什么资源能维持1200万人民的衣食呢？它还有一些煤矿和铁矿。但世界上的煤铁似乎已经太多了，而且这里的煤铁如果用火车全程运到德国的港口，价钱一定非常昂贵。我在前面已经说过，塞尔维亚并没有适合的海港。

第一次世界大战以后，塞尔维亚获得了匈牙利大平原的一部分，那里被称为伏伊伏丁那，土地肥沃，非常适合农业发展，而德拉瓦河与萨瓦河的河谷可以充分提供人民所需的谷物和玉米。摩拉瓦河河谷与德拉瓦河河谷相连，是连接北欧与爱琴海的萨罗尼卡的绝佳商道。它实际上

女人的节日衬裙 19世纪末～20世纪初

在巴尔干地区，妇女的传统服装都具备基本的元素。但是，地方风格和装饰细节可以标示出主人的村庄或族群，特别是妇女的身份地位。妇女的衬裙上带有刺绣，在脖子、袖子和下摆部位则特别加强，由母亲传给女儿的服饰也会带有个性化的装饰。

是贯通尼斯（君士坦丁大帝的出生地，也是巴尔巴罗萨在远征圣地时受到塞尔维亚王子史蒂芬宴请之地）和君士坦丁堡及小亚细亚的大干线的一个分支。

但是，总而言之，塞尔维亚无法成为繁荣的工业国。它就如同保加利亚一样，始终拥有众多的农业人口。假如有人将斯科普里或米特罗维察健壮的农民，与曼彻斯特或谢菲尔德的说伦敦话的工人相比，可能会觉得这种命运是否完全没有回报。布拉格或许和奥斯陆或伯尔尼一样，永远保持着乡村小镇的样子，难道它真的能在版图方面与伯明翰或芝加哥竞争吗？或许它会这样，近代人的精神很奇怪，塞尔维亚的农民也不是第一个看着祖先留下的价值标准，被好莱坞明星虚伪的文化理想所颠覆的人。

南斯拉夫的节日服饰

南斯拉夫位于巴尔干半岛上，其居民为斯拉夫人，其服饰也多与东欧国家的斯拉夫人有相像之处。

通常为一件亚麻布衬衫、厚宽松羊毛裤、棉布腰带和羊毛夹克，有的包括白色及膝衬衣。

男人的节日服饰

通常包括9个组成部分，如无袖、单独的流苏上臂套。

妇女的节日服饰

第二十六章

保加利亚

最健全的巴尔干国家，爱好收集蝴蝶的国王在第一次世界大战时押错了宝。

保加利亚	
中文名称：保加利亚共和国	所属洲：欧洲
首都：索非亚	主要城市：瓦尔纳、布尔加斯
官方语言：保加利亚语	货币：欧元
时区： 东二区	国家代码： BGR
国歌：《亲爱的父母邦》	国花：玫瑰

2000多年前，在斯拉夫人大举入侵时产生的小诸侯国中，保加利亚是最后一个。如果这个小国在第一次世界大战时不加入最后被证明错误的一方，那么从版图和人口数量方面来说，它会更为重要。不过，这类事情，就算是最守规矩的国家也往往无法避免，只能祈祷下次有更好的运气。而在巴尔干半岛上，所谓“下次”的战争便意味着几年或十几年。当我们提到这些半开化、永远互相残杀的巴尔干民族时，总会带有一种稍稍藐视的态度。但是，我们能否真正了解塞尔维亚和保加利亚的孩子们从出生开始，会继承怎样的争吵、残忍、奴役、偷盗、纵火、掳掠的传统呢？

关于保加利亚最初的居民，我们一无所知。考古学家虽然发现了他们的骸骨，但骷髅是不会说话的。他们是否与神秘的阿尔巴尼亚人有关系呢？阿尔巴尼亚人是希腊史上的伊利里亚人，也就是饱受苦难的奥德修斯的同胞，这个神秘民族使用的语言，与世界上任何民族都不同。从有史料记载以来，他们就生活在亚得里亚海岸的迪纳拉山脉中，现在已经建立起了独立的国家，由当地的宗教领袖统治，这些宗教领袖逐渐成为了世袭统治者。当维也纳海员将一套漂亮的新制服送给他后，他便穿着制服在地拉那（一个98%的人口都是文盲的首都）举行宫廷宴会。或者，这是罗马尼亚人的故乡？他们又称瓦拉几人，日后遍布整个欧洲，与威尔士人及比利时的瓦龙人都有一定的关系。而对于这种难题，我们只好坦诚并不清楚，还是留给语言学家去解决吧。

从有史料记载的时期开始，那里不断地受到外国的侵略，战争和灾难连绵不断。我前文已提到，那里有两条主干道由乌拉尔山与里海通到西方。一条从喀尔巴阡山以北，蜿蜒可达北欧平原的大森林地带。另一条沿着多瑙河，经过布伦内罗山路口，野蛮民族都是通过这条路到达意大利中心地带。罗马人非常清楚这一点，所以他们把巴尔干当作抵抗“外国贱民”的第一道防线。由于缺兵少将，罗马人最终被迫退回巴尔干半岛，任凭巴尔干人自生自灭。直至大迁徙结束，原始的保加利亚种族已经不复存在了。斯拉夫人已经完全把他们同化了，以至于现代的保加利亚人的斯拉夫方言中，没有一个古保加利亚语的单词了。

保加利亚的节日服装

保加利亚西部丘斯滕迪尔
20世纪

这种传统的女子服饰通常以一件外套为主，在领口和袖口上加以装饰编织，腰上则戴着华丽的盘带，附加一个带有精美图案的围裙，其材料大部分是本地生产的，再由妇女负责洗涤、纺织、染色、缝制和装饰。

然而，新征服者的地位也非常不稳固。在南方，他们与拜占庭相周旋，那是罗马在东部的残余，虽然仍冠以罗马之名，但其精神及组织都与希腊类似。在北方和西方，他们又必须时刻防备匈牙利人和阿尔巴尼亚人的突然袭击。同时，十字军从他们的领土上过境。这军队实际上都是各国被剥夺继承权的人，只想着用残酷的手段去抢劫土耳其人或斯拉夫人。最后，这些新征服者还要遭受不可一世的土耳其人的侵略，以至于不得不向欧洲各国发出绝望的呼救，以抵抗对基督教国家的共同领土的侵袭。可是，等到博斯普鲁斯海峡的逃亡者传来飞报，告诉人们土耳其国王骑着马，冲上圣索菲亚教堂的台阶，亵渎了希腊教堂最神圣的圣殿时，这片土地便默不作声了。接着，被焚毁的村落映红了天空，土耳其军队开始向这里进攻了。他们穿越血流成河的马尔查河谷，向西挺进，到处是一片恐慌。此后，土耳其开始了长达400年的愚昧统治时期。直至19世纪初，人们才看到了希望。一个塞尔维亚人乘机起义，自立为王。随后，土耳其与希腊之间的毁灭性战争，被一个英国诗人写成了欧洲的重大课题，这位诗人在密苏隆黑的一个发生瘟疫的村庄里，面临即将到来的死亡。于是，持续了100年的自由战争就开始了。当我们批评巴尔干人时，请持宽厚同情的态度吧，因为他们充当了人类殉教悲剧中的主角。

在现代巴尔干国家中，保加利亚是最重要的国家之一。它由两部分构成，土地都极其肥沃，非常适合农业的发展。一个是高大的巴尔干山脉与多瑙河之间的北部平原，另一个是巴尔干山脉与罗多彼山脉之间的南部菲利波波利平原。那里两面都被山脉保护着，因此得以享受到温和的地中海气候。布尔加斯港负责向外运输这里的产品，至于北

十字军占领君士坦丁堡 1840年 巴黎卢浮宫美术馆藏

图为1204年十字军攻陷东罗马帝国的首都君士坦丁堡的情景，图中佛兰德伯爵鲍德安率领的骑兵队站在山丘上，而战败者则在求饶。画家站在很高的视点上，将人物群体安排在近景中，全景立体画则带有放大的感觉。

部平原的农产品，如谷物和玉米，则由瓦尔纳港运往外国。

保加利亚的城镇不多，因为大部分保加利亚人都将农业视为主业。而其首都索菲亚，位于古代自北至南及东西相通的商道上，它大约在400年前是土耳其总督的驻扎地，这些官员在斯楚玛河河畔华贵的宫殿内，治理着整个巴尔干半岛，且对波斯尼亚和希腊虎视眈眈。

当保加利亚人长期处于入侵者的压迫之下而生活困苦时，欧洲逐渐意识到了保加利亚人的处境。格莱斯顿先生代表保加利亚人民，揭露了他们所受到的暴行。但最早采取营救行动的，却是俄罗斯人，俄罗斯军队两次越过巴尔干山脉，发动了夏普卡山口和普列文堡垒之战。如果世界要由奴隶制发展成相对自由的制度，一些战争就是不可避免的，而俄罗斯军队的这两次战争也永远不会被忘记。

经过持续的起义和1877年~1878年的俄土大冲突，保加利亚成为了一个独立公国，由一位具有德国血统的人治理。这意味着在有条款般秩序的人的统治下，吃苦耐劳而又聪明的保加利亚人受到了训练。如今的巴尔干各国中，保加利亚的学校是最好的，可能就归功于此。国内的大地主已经完全消失了，而农民就像丹麦和法国一样，都拥有自己的土地。文盲的比例已经大大减少，人人都在工作。作为由农民与樵夫所组成的淳朴的国家，它是忍耐力和能量的贮藏所。它或许和塞尔维亚一样，永远不能跟西欧的工业大国竞争，但是当其他国家都灭亡了，它依旧会矗立于世。

东保加利亚的面具

保加利亚位于巴尔干半岛东南部，是中欧与中东之间的一个重要中转国家，有自己独特的风俗，图为东保加利亚地区的一个面具。

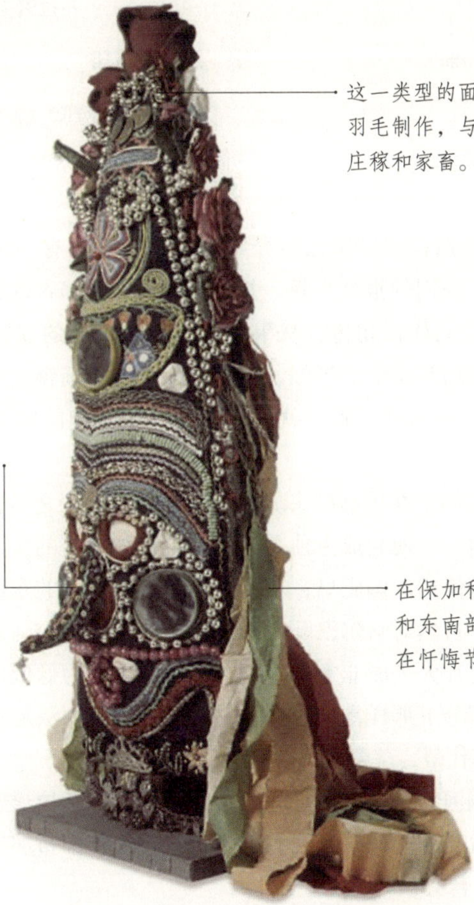

这一类型的面具多用农畜的皮和羽毛制作，与农业生产相关，如庄稼和家畜。

它带有人类的特征：鼻子、嘴和眼睛，表演者也佩戴铃铛来吓走恶魔、促进农业繁殖。

在保加利亚的东部、中部和东南部，这个面具通常在忏悔节上使用。

第二十七章

罗马尼亚

拥有石油和王室的国家。

罗马尼亚	
中文名称：罗马尼亚	所属洲：欧洲
首都：布加勒斯特	主要城市：布拉索夫、康斯坦察
官方语言：罗马尼亚语	货币：列伊
时区：东二区	国家代码：RO
国歌：《醒来吧，罗马尼亚人》	国花：玫瑰

巴尔干半岛上的斯拉夫国家已经介绍完毕，但是还有一个不应该忘记的巴尔干国家，因为它常常挤进我们的报纸头版，并且通常是充满痛苦的记载，不过这并不是罗马尼亚农民的过错。他们代代相传，从事农耕，与全世界的农民一样辛勤工作。由于盎格鲁—日耳曼王朝粗俗与卑劣的嗜好，这个王朝在30年前继承了霍亨索伦王族的查尔斯亲王的王位，这个王国的创立者，就是被称为优雅之神的俾斯麦亲王和一位叫作本杰明·迪斯累里的人。

1878年，这两位绅士在柏林碰头。他们在参拜了上帝之后，决定提升瓦拉几亚（瓦拉几人的故乡）的地位，使它成为独立的公国。假如当前的执政者能够依从众议，迁往巴黎（巴黎人只知道使用法国肥皂，却不管你有多少肮脏的东西要清洗），罗马尼亚就会蒸蒸日上。因为大自然对喀尔巴阡山脉、特兰西法尼亚—阿尔卑斯山脉（南喀尔巴阡山脉）和黑海间的这片大平原非常仁慈。它不仅可以成为像俄罗斯的乌克兰（这片平原是乌克兰平原的一部分）那样富足的谷仓，而且在特兰西法尼亚—阿尔比斯山和瓦拉几亚平原交会的普洛耶什蒂，蕴藏着欧洲最丰富的油田。

不幸的是，多瑙河与普鲁特河之间的瓦拉几亚和比萨拉比亚的农场，都握在大地主的手中，他们大多数身在外地，将他们的收入花费在首都布加勒斯特或巴黎，从来不花费在使他们致富的劳苦大众的身上。

至于投资油田的资本，一般来自外国。特兰西法尼亚的铁矿的情况也是如此。第一

多瑙河风景　阿尔布雷希特·阿尔特多费尔　约1520～1525年

作为第一批纯粹的风景画之一，这幅作品描绘了茂密的森林、绿水与青山，宏大精美，显现出画家对青山绿水的惊叹与迷醉，充满了德国风情。

图拉真记功柱局部 **雕塑　罗马　公元113年**

这座矗立在两层楼高的底座上的雕塑是为了颂扬图拉真皇帝而建造的，主要展示了图拉真在达契亚，也就是现在的罗马尼亚地区取得的一系列胜利场面，这种以三维手法体现平面艺术的技巧，对16世纪文艺复兴时的艺术家们产生了重大影响。

次世界大战时，协约国为了笼络罗马尼亚，便将地形极为复杂的特兰西法尼亚山脉从匈牙利夺来，给了罗马尼亚。但特兰西法尼亚原本是古罗马大厦省的一部分，12世纪又成为了匈牙利的领土。另外，匈牙利人对待特兰西法尼亚的罗马尼亚人，好像古罗马尼亚人对待特兰西法尼亚的少数匈牙利人一样。我们对此还是不谈为妙。只要世界上的民族主义思想没有被完全消灭，那么这些纠缠不清的民族问题就永远不能得到解决。在一段时期内，由于外界的推动，那里似乎出现了些许奇迹。

根据可靠统计，古罗马尼亚王国共有550万罗马尼亚人和50万吉卜赛人、犹太人、保加利亚人、匈牙利人、美国人及希腊人。至于新罗马尼亚（所谓的大罗马尼亚）的人口，共计1700万，其中73%为罗马尼亚人，11%为匈牙利人，4.8%为乌克兰人，4.3%为德国人。而在南方多瑙河三角洲的比萨拉比亚和多布罗加，俄罗斯人占3.3%。各民族之间仇恨极深，无论如何也无法属于同一群，他们之所以会合并成一个国家，是由于和平议会的决议，人为地被强迫绑在了一起，这也为内战打下了根基。如果不是外国债主为了保护他们投资的安全，时刻加以干涉，那么激烈的内战早就发生了。

俾斯麦曾经说过，整个巴尔干就连波米拉尼亚的一位掷弹兵的骨骸都比不上。从其他方面来看，这位日耳曼帝国爱发牢骚的奠基者，或许是正确的。

罗马尼亚的三大国宝

罗马尼亚是东南欧面积最大的国家，它有三大国宝，分别是多瑙河、喀尔巴阡山、黑海。

1 蓝色多瑙河	多瑙河是欧洲第二长河，也是世界上流经国家最多的河流，它流经罗马尼亚境内，形成了百川汇多瑙的水系。
2 喀尔巴阡山	喀尔巴阡山有罗马尼亚脊梁之称，绵亘在罗马尼亚的国土上，有茂密的森林，以及煤、铁、黄金等矿产。
3 黑海	绚丽多姿的黑海是罗马尼亚的旅游胜地，康斯坦察是黑海海滨城市和港口，被称为黑海明珠。

第二十八章

匈牙利

匈牙利或它的遗留物。

匈牙利	
中文名称：匈牙利共和国	所属洲：欧洲
首都：布达佩斯	主要城市：米什科尔茨、德布勒森
官方语言：匈牙利语	货币：福林
时区：东一区	国家代码：HU
国歌：《天佑匈牙利人》	国花：天竺葵

匈牙利人喜欢把自己称为马扎尔人，他们在欧洲自立，建立了自己的王国，而且作为唯一能做到这些的人群，他们常以此为傲。虽然芬兰人是他们的远亲，但是还是别的国家的组成部分。现在，正处于困苦中的匈牙利人或许过分强调了好战的性格，但是谁也不能否认，他们曾经在欧洲抵御土耳其人的侵略中，作出了极其重要的贡献。教皇认为这个缓冲国非常有价值，曾经将马扎尔人的首领史蒂芬提升为匈牙利十二使徒王。

在土耳其人攻打东欧的时候，匈牙利人曾经将他们阻拦在土耳其边界之内，匈牙利也成为第一道防线。当匈牙利沦陷后，波兰就成为了第二道防线。在拥有瓦尔迪克血缘的低微贵族约翰·匈雅迪领导下，匈牙利确实是宗教的保卫者，他们也被赐予这个称号。可是，鞑靼骑兵被蒂萨河与多瑙河两岸辽阔的大平原所吸引了，他们对这片地区抱有极大的兴趣，决定永远在此定居，于是这里就成为了欧洲祸乱的根源。

在广阔的空间中，少数的强者很轻松地统治着他们的邻居。因为无海无山，可怜的农民能向哪里躲避呢？匈牙利因此成为了一个拥有许多大地主的国家。在远离统治中心的地方，地主们常常会用残暴的手段来虐待农民，以至于农民将马札尔人和土耳其人视为一丘之貉。

1526年，在土耳其的苏莱曼大帝西征时，匈牙利的末代国王竭力进行抵抗，但只招募到了2.5万人。结果，匈牙利军队在莫哈斯平原上全军覆没，全部的2.5万人中，2.4万人战死，国王及谋士们也都被杀了。10万匈牙利人被押送到君士坦丁堡，卖给了小亚细亚的奴隶商。匈牙利大部分的土地被并入土耳其，其余的地方均被奥地利的哈布斯堡家族所占有。18世纪初，整个匈牙利都成为哈布斯堡家族的领土。

就在此时，新的独立战争又开始了。在整整2个世纪中，这场反抗德国统治者的战争一直延续着。匈牙利人不顾一切地勇敢抗争，最后得到了形式上的独立，他们承认奥地利国王是匈牙利的十二使徒王，接受了自治领土的身份。

当得到了他们认定的应有权利后，他们立刻施行了针对非马扎尔血统的人民的残酷政策。这种政策极为短视，不久他们就失去了与其他各国的友好关系。在凡尔赛会议中，这个古国的人口已经从2100万减少到800万，其中3/4的土地被分给了邻国，这时候他们才恍然大悟。

这样一来，匈牙利只留下了古代辉煌的影子，变成了与奥地利完全不同的国家，它只有一个大城市。匈牙利从来没有成为一个工业国。大地主们总是怀有偏见，嫌弃那些不雅观的烟囱（但这却是设备完善的工厂不可缺少的组成部分），憎恨那些难闻的煤烟味。所以，匈牙利平原就只能发展农业了。与其他国家相比，匈牙利的耕地占全国面积的比例，仍然是最高的。照理来说，那里的绝大部分土地都被开垦耕种，人民应该是非

布达佩斯　海报

布达佩斯是匈牙利的首都，由布达和佩斯组成，位于多瑙河中游两岸，现在仍保存有许多古建筑遗迹，布达皇宫区以及多瑙河畔的景色被世界教科文组织列入世界遗产，有多瑙河玫瑰之称。

玛利亚·特利萨 1745年

作为奥地利女皇、匈牙利和波希米亚的女王，玛利亚·特利萨在23岁时继承了王位，统治长达40年，直到1780年逝世。在这幅绘于1745年的作品中，她站在桌子旁边，几顶王冠则被放在桌子上。

常富裕的，但实际上，贫困的境况令人触目惊心。1896年至1910年之间，由于人民大量向外迁徙，国内的人口损失了将近100万。

至于这个古老王国的马扎尔少数派，也知道他们使附属者感到不适，都收拾了全部的家当乘船或火车相继离乡，对美国的发展作出了贡献。我可以告诉你们，匈牙利的这种现象，在一小群世袭地主使自己成功得势的国家中，也小规模地发生过。

在16世纪土耳其战争之前的匈牙利平原上，人口非常稠密，居民达到了500多万。在土耳其统治不到两个世纪后，人口数量减到了300万。当奥地利人将土耳其人逐出匈牙利平原（这个平原的马札尔语）时，匈牙利的人口所剩无几，中欧各地区的移民便相继而来，占据了荒芜的农场。但是，马扎尔贵族自认为是领袖的民族、善战的民族，他们不愿意把自己享有的权利分给那些新来的人。因此，那些几乎占有全部人口数量一半的附属民族心怀不满，也不会真心爱护收养他们的国家。

在第一次世界大战中，匈牙利统治者觉得人民缺乏忠心和团结，以至于这个双重性王国土崩瓦解，犹如地震中的一座古老建筑被夷为平地，这种现象又有什么奇怪呢？

第二十九章

芬　兰

人定胜天的又一个例子。

芬　兰	
中文名称：芬兰共和国	所属洲：欧洲
首都：赫尔辛基	主要城市：图尔库、埃斯波
官方语言：芬兰语、瑞典语	货币：欧元
时区：东二区	国家代码：358
国歌：《祖国》	国花：铃兰

在我们离开欧洲之前，还有一个国家要讲一讲。除了君士坦丁堡与色雷斯平原的一小块地方外，土耳其在欧洲所占有的产业已经很少了。所以关于土耳其的情况，我们最好还是留到以后再讲，但芬兰却不折不扣是欧洲的一部分。

芬兰人原本散居在俄罗斯各地，后来斯拉夫人日渐增多，便将芬兰人赶到北方去了，最后，芬兰人到达了俄罗斯与斯堪的纳维亚相连的一条狭窄的陆地上，便在那里安营扎寨，定居至今。当时居住在本地森林中的拉普人并没有给他们造成任何困扰，相继迁往斯堪的纳维亚半岛的拉普兰，自愿为欧洲的文明作出贡献。

与欧洲其他国家不同，芬兰在数万年间都被冰川覆盖着，这些冰川侵蚀了原来的泥土，使芬兰只有10%的土地适合耕种。在冰川石堆上面，流动缓慢的冰川又遗留下了许多石块和污物，使许多山谷的尽头被堆积。当冰雪大融解时，山谷被水灌满，就形成了无数个高山湖。然而当你看到了“高山湖”时，不要把芬兰当作第二个瑞士，因为芬兰是个地势低洼的国家，只有少数地方的海拔在500英尺以上。芬兰约有4万个湖泊，加上各湖之间的沼泽，占国内总面积的30%。在湖泊周围，环绕着非常有价值的森林，森林的面积约占总面积的63%或近乎2/3。全世界书籍、杂志制造等必需的纸浆，大部分都来自这里。虽然芬兰没有煤矿，但是这里有很多湍急的河流，水力应用可以得到很好的发展。与瑞典的气候不同，这些河流在一年内有5个月处于冻结的状态，水电厂此时也无用武之地。因此，当地的木材都是用船舶运往国外。赫尔辛基（以前称为赫星法斯，是这座城市的瑞典语名）不仅是它的首都，也成为了芬兰木材的主要出口港。

但在这章结束前，我还有一个很有趣的事实要说明，即教育对于个人的影响。在连接斯堪的纳维亚与俄罗斯的花岗石桥梁上，居民都是蒙古血统。但西半部分，也就是所谓芬兰人的那部分，以前曾经被瑞典人征服；而东半部的卡累利阿人所住的部分，就是俄罗斯的领土。在受到瑞典人500年的统治之后，芬兰变成了文明的欧洲国家，在很多方面比地理位置优越的国家还要优秀。而卡累利阿人在同样的时间内受制于俄罗斯人——他们希望开发科拉半岛与摩尔曼斯克海岸丰富的资源——还是保持着俄罗斯沙皇强迫卡累利阿人归顺时的情况。在1908年，瑞典卡累利阿省被俄罗斯占领，而在此之前，芬兰

芬兰示意图 版画 17世纪

芬兰位于欧洲北部，1/3的国土在北极圈内，到处都是茂密的森林和美丽的湖泊，其中湖泊约18.8万个，因此有千湖之国之称。作为欧洲第七大国，芬兰的历史十分悠久，形成了极富北欧特色的民族性格和文化。

从未与斯拉夫文化接触过。就在那时，卡累利阿省的文盲只占1%，而在莫斯科势力下的人种，文盲占到了97%。然而，这两个人群同属于一个民族，而且他们可能同样拥有把“cat”拼作“c–a–t”、“tail”拼作“t–a–i–l”的天赋。

铃兰

铃兰是一种优良的地被和盆栽植物，它的花为小型钟状花，呈乳白色，悬垂若铃串，落花在风中飞舞的样子犹如雪花，香韵浓郁，芬兰就以铃兰为国花。

芬兰妇女的节日服装

在欧洲北部的国家中，芬兰的纬度较高，其服饰也适应其地理环境，拥有自己的特色。

第三十章

亚洲的发现

亚洲逐渐被发现。

亚 洲

从地理区域的角度而言，亚洲一般被分为6个部分，分别为北亚、东亚、东南亚、南亚、西亚和中亚。

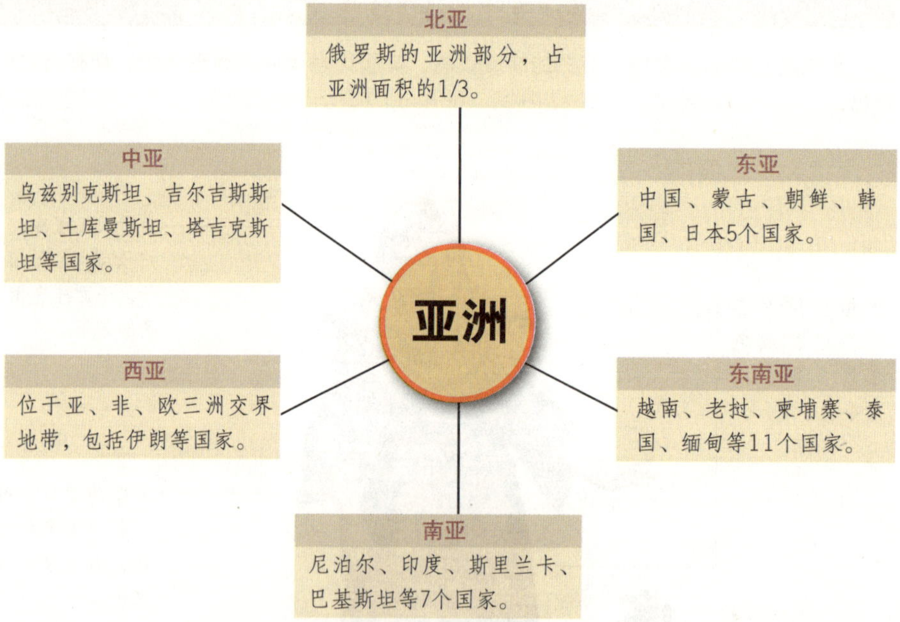

2000年前，在希腊地理学者之间，经常会辩论asia（亚洲）的原意。现在，解决这个问题毫无用处。有一种理论，是说单词ereb或darkness（黑暗）是来自小亚细亚的水手给予日落的西方地区的名称，而acu或glorious（光明）是他们给予日出的东方地区的名称。这种理论也和其他的理论一样，对事实并没有什么影响。

现在我们来讲另外一点，这点比亚洲的原意重要得多。欧洲人为什么会怀疑他们自己并不是世界的中心？这种怀疑是从什么时候开始的？在他们所在的领土之外，还有一片宽广无边的大陆，居住着更多的人，享有更高程度的文明，当特洛伊的英雄们用史前的各种武器打斗时，聪明的中国人已经将这种原始形态的武器保存在腐朽古老的博物馆里。而欧洲人的家乡，只不过是这片大陆的一个小半岛而已。

亚力山大大帝肖像

亚力山大大帝是古代马其顿国王，也是世界历史上著名的军事家和政治家，他在横跨欧洲、亚洲的辽阔土地上，建立起了一个以巴比伦为首都的疆域广阔的国家，创下了前无古人的辉煌业绩，对人类社会文化的进展产生了重大的影响。

大部分人都认为，马可·波罗是第一个到达亚洲的欧洲人，但是在他之前，已经有人先去过了，只是我们所知甚少。而对于拓展亚洲的地理知识，战争的力量远大于和平的力量，这也是地理学领域中常见的情况。希腊人因为与海外的人民有通商的机会，因此很熟悉小亚细亚的情况。特洛伊战争，也有它的教育意义。波斯的三次西征，对于许多知识的来源也有很大的帮助。我很怀疑，波斯人是否知道他们所到达的到底是什么地方。希腊人对于波斯人来说，与印度人对于布雷多克将军跋山涉水、进攻迪凯纳堡要塞相比，难道更有意义吗？我很怀疑。在200年以后，亚历山大大帝回访亚洲时，含有了超越军事行动的意义——欧洲对地中海和印度洋之间的那一片土地，得到了初步的科学认识。

罗马人认为外国的土地只是让他们获得财富的来源，并以此自满。为了获得更多收入、享受到更奢华的生活，罗马以外的所有国家都要转动磨坊。罗马人毫不关心他们所统治的人民，只要这些人民愿意纳税修路，那么他们的生死以及争执，都可以自由发展。而对于周遭发生的事情，罗马人毫不在意，一旦发生危险，他们就命令军队肆无忌惮地射杀，使秩序恢复，他们就算尽到了全部的责任。

彼拉多不是懦夫，也不是无赖，他只不过是一个典型的罗马殖民地行政长官，有良好的记录，并且因对自己辖区的土著一无所知而在家乡被广为称道。后来，一些怪人如奥勒利乌斯即位以后，曾经派遣外交使团到远东的神秘之地，从中获得了很多有趣的消息。使团回来后，将他们目睹的新奇东西告诉自己国家的人，却只是引起一时的轰动。几天以后，罗马的群众就厌烦了，又回到了日日上演令人感兴趣的戏剧的罗马大剧场去了。

十字军也曾经把关于小亚细亚、巴勒斯坦和埃及的少数知识传入欧洲，但当时他们能到达的地方还只限于死海东岸而已。

最后让欧洲形成“亚洲意识”的故事，并不是严肃正统的科学考察的结果，而是因为一个蹩脚作家的采风。这个贫穷的作家从来没有到过他描述的国家，而是一再在寻找新奇并且又能受到大众喜爱的题材。

亚洲示意图 版画 17世纪

亚洲是世界上面积最大、跨越经度最广、海岸线最长的大洲。它纵跨寒带、温带、热带三个气候带，气候类型复杂多样。而黄河流域、印度河流域以及两河流域是人类三大文明的发源地，同时也是世界三大宗教等的发源地。

马可·波罗的父亲和叔叔，原本是威尼斯的商人，商业往来让他们有了与忽必烈可汗相见的机会。忽必烈可汗是成吉思汗的孙子，是个见识远大的人，他认为如果把一系列西洋文化引进，他的人民一定受益匪浅。他听说有两个威尼斯商人偶尔来到了布哈拉，那是一个阿姆河与锡尔河之间的土耳其斯坦的小村庄，就邀请他们到大都（今北京）。他们到达这里后，被赐予了巨大的荣耀。数年之后，因为家中需要，可汗就让这两个威尼斯商人回家住一段时间，并嘱咐他们，把他们时常提起的小儿子马可带到大都。

波罗家族经过了三年半的长途跋涉，于1275年回到大都。年轻的马可被他的父亲和叔叔带到了大都，不久就成为了大都宫廷里的红人，被任命为一个行省的总督，得到了头衔与荣誉。24年后，他因思乡心切，便从印度（这段路为水路，必须乘船通过）经过波斯和叙利亚回到威尼斯。

他的邻居对这个故事没有任何兴趣，戏称他为“马可百万”，因为他总是给他们讲述可汗如何富有、寺庙里有多少金像、某位宰相的婢妾有多少绸缎做的睡袍。在那个时候，众人皆知连君士坦丁堡的皇帝的后妃也只有一双丝袜，他们怎么能相信马可·波罗所说的这些夸张的事情呢？

如果那时威尼斯和热那亚没有发生争执，如果马可没有成为威尼斯舰队长官，也没有被胜利的热那亚人擒获，那么在他死后，这些故事恐怕也和他一起长眠于地下了。马可·波罗在狱中待了一年，与一个叫鲁斯蒂卡罗的比萨人关在同一个监牢。鲁斯蒂卡罗是个作家，出版了许多亚瑟王传奇、粗俗的法国小说以及中世纪尼克·卡特（中世纪一些侦探小说中的神探）杂谈。他意识到马可·波罗的故事很有价值，就在狱中记录下马可·波罗叙述的所有事情。于是在14世纪初，他把一部至今还风靡全球的书贡献给了全世界。

这本书之所以如此成功，或许是因为里面提到了大量的黄金和各种各样的财富。当罗马人和希腊人在空泛

元世祖

元世祖即忽必烈，他是成吉思汗之孙，也是蒙古族卓越的政治家、军事家，在任蒙古国大汗期间，统一了中国，建立了元朝。马可·波罗就是忽必烈统治期间来到中国的。

马可·波罗在中国宫廷中的新发现 细密画 1091年

马可·波罗在跟随父亲和叔叔来到中国后，见识到了当时的亚洲文明，比如他发现早在其生活年代的3个多世纪前，中国已经有了印刷术。当欧洲仍然在使用沉重的贵金属进行商品交易的时候，中国人就开始印制纸质货币了。

地谈论东方君主的富有时，马可·波罗已经亲自到达那里，所见所感都是亲身体会。从那时起，欧洲人就开始努力寻找一条通往印度的捷径，但这件事情远比想象的要困难得多。

在1498年，葡萄牙人终于到达了遥远的好望角，10年后来到了印度，40年后抵达了日本。与此同时，麦哲伦从东向西进发，也到达了菲律宾。从此以后，对南亚的探索已经在运作中。

上述就是对亚洲的总述，言尽于此。西伯利亚是如何被发现的，我在前面已经说过了。我还会在后面提及那些最早到达其他国家的先行者。

亚洲的世界之最

作为世界上面积最大的大洲，亚洲跨越的经纬度十分广阔，其境内的许多山脉、河流不仅是亚洲第一，许多还是世界之最。

世界之最

- **最高的山脉：**喜马拉雅山脉
- **最高的山峰：**珠穆朗玛峰
- **最高的大高原：**青藏高原
- **最大的湖泊：**里海
- **最深的淡水湖：**贝加尔湖

世界之最

- **陆地的最低点：**死海
- **最大的半岛：**阿拉伯半岛
- **最大的群岛：**马来群岛
- **最长的运河：**京杭大运河
- **最深的峡谷：**雅鲁藏布江大峡谷

第三十一章

亚洲的意义

亚洲对于世界的意义。

欧洲给我们提供了文明，亚洲给我们提供了宗教。更有趣的是，现在人类所信仰的三种伟大的宗教，全都是亚洲赐予的。奇怪的是，当宗教裁判所烧死犹太人时，行刑者和受刑者都向源自亚洲的神明祈祷；当基督教传教士和儒家学者争辩时，却是纯亚洲式的思想交流。

亚洲不仅给我们带来了宗教信仰，还给我们奠定了整个文明发展的基石。西方近代的许多科技发明，的确值得自豪，我们的确可以向全世界夸耀“我们西方的进步”（我们偶尔会这样做）。但足以让西方人自豪的这些进步，都发源于东方，只不过是东方发明的延续。如果没有听说东方学校中的基础知识，那西方又能做出什么呢？十分令人怀疑。

希腊人的知识，并不是大脑自然活动的结果。数学、天文学、建筑学和医学，也并不是像帕拉斯从宙斯的脑袋上跳出来，全副武装，准备与人类的愚蠢作光荣的厮杀。知识的获取是一个漫长的、痛苦的、审慎成长的结果，最初的工作是在幼发拉底河与底格里斯河的两岸完成的。

后来，艺术与科学从巴比伦输入非洲，在这个地方，那些黑皮肤的埃及人把它们牢牢掌握。直至希腊人的文化发展到

孔子像　马远　中国南宋

图中身着长袍者为孔子，他拱手而立，神情庄严肃穆。在中国历史上，孔子是伟大的思想家和教育家，也是儒家学派创始人，其言行思想主要载于语录体散文集《论语》，上文的儒家学者也以孔子为至圣先师。

了很高的程度时，他们已经能够欣赏几何问题与平衡方程式的美妙。从那时起，我们才有了真正的“欧洲”科学。但是，那些真正的“欧洲”科学，都有一个亚洲的祖先，这个祖先在2000年前就很兴盛了。

亚洲赐予了我们更多的祝福。所有的猫、狗等家畜，以及有用的四脚动物，像驯良的牛、忠实的马和猪、羊等，全部都是从亚洲传过来的。这些有用的动物在蒸汽机发明以前，曾经在人们的日常生活中，扮演着非常重要的角色，我们也必须承认亚洲给我们的恩赐。

除此之外，我们菜单上绝大部分的蔬菜、水果、花卉以及所有家禽，也全都来自亚洲，希腊人、罗马人和十字军把它们带到了欧洲。

然而，亚洲却并不总是一个东方慷慨的大小姐，把富足从恒河和黄河之畔赐福给西方贫苦可怜的野蛮民族。5世纪，来自亚洲的匈奴人蹂躏了中欧。700年后，鞑靼人从亚

雅典学院　湿壁画　拉斐尔　1510～1511年

图为拉斐尔以古希腊哲学家柏拉图所建的雅典学院为题、以古代七种自由艺术为基础绘制的壁画，全画以纵深展开的高大拱门为背景，会集了不同时代、不同地域和不同学派的50多位学者，其中处于画面中心、正向我们走来的两位学者就是柏拉图和亚里士多德，画家以这种形式寄托了他对美好未来的向往以及对希腊精神的崇拜。

细亚的中央沙漠卷席而至，他们把俄罗斯变成亚洲的附属地，对其他欧洲各国造成了永久的伤害。在长达500年间，流血冲突不可计数。把东欧变成如今模样的土耳其人，也是亚洲的一个部落。

屏风与服饰

20世纪初，美国与亚洲的贸易已经非常繁荣，许多商品从亚洲传入美国，甚至进入美国家庭，如图中的屏风等摆设就是来自亚洲的商品。

从屏风上的图案判断，这应该是一个日本屏风，带有典型的日本特色。

坐在椅子上的美国女人身穿中国的刺绣衣服，当时的中国商品已经被许多美国人所接受、喜爱了。

第三十二章

中 亚

中亚的高地。

亚洲有1700多万平方英里的面积，分为5个部分。

第一个部分是最靠近北极的大平原，我在俄罗斯那部分已经提过它；其次是中央高地，再次是西南部的高原；然后是南部的半岛；最后是东部的半岛。由于北极附近的大平原已经说过，现在我们接着来说第二部分。

中亚高地发源于连绵不断的低矮山脉，或由东向西，或由东南向西北形成了许多平行线，但没有一条是从北向南的。然而，有许多地方因为火山爆发而被破坏，致使地壳发生了折叠、扭曲等严重变形，山脉也呈现极不规整的形状。如贝加尔湖以东的雅布洛洛夫山脉、贝加尔湖以西的杭爱山脉和阿尔泰山以及贝加尔湖东面的天山。这些山脉的西面是大片的平原，东面是蒙古高原，那里有戈壁滩，是成吉思汗祖先的家园。

戈壁滩以西地势稍低，是东土耳其斯坦高原。帕米尔河河谷在洛玻洛湖附近消失，这条河当年因瑞典旅行家斯文·海定的发现而闻名于世。在地图上，帕米尔河像一条沙漠中的小溪，但它是莱茵河的1.5倍长。你要知道，亚洲的面积很大，所以这条河看上去就变得非常小了。

在土耳其斯坦正北方，阿尔泰山和天山之间有一道鸿沟，在地图册中经常能见到，直通到一片大草原。那里有非常宽阔的溪谷，以往的沙漠部落如匈奴人、鞑靼人和土耳其人的远征队，都将其作为大门向欧洲远征。

塔里木盆地以南，更准确地说是西南方向，地势极其复杂。塔里木盆地与阿姆河（这条河最终流入咸海）之间，屹然矗立着帕米尔高原，它也被称为世界屋脊。古希腊人很早就已经知道帕米尔山脉，它位于从小亚细亚和美索不达米亚通往中国的道路上。虽然它们作为屏障很理想，但是借助盘山小道也可以通行。这些山口的海拔平均1.5万英尺~1.6万英尺。你要知道，这些山口的高山地带比欧洲和美洲的最高峰还要高，与它们相比，我们常见的因地球压力形成的任何东西都十分矮小。

但是，帕米尔高原只是许多大山脉的发源地，许多大山脉由此而向四方辐射出去。其中我们已经说过的天山山脉就是往北延伸。而昆仑山脉分隔中国西藏与塔里木盆地，喀喇昆仑山脉短且险峻。最后，喜马拉雅山在南面将中国西藏与印度隔开，它是全世界海拔最高的区域，高度超过了2.9万英尺或5.5英里，珠穆朗玛峰和干城章嘉峰都是这个高度。

至于青藏高原，平均海拔为1.5万英尺，是世界上最高的地方。南美洲的玻利维亚高原的海拔在1.1万英尺至1.3万英尺之间，已经不适合人类居住，而中国西藏则有200万居民。

在这里，人类身体所能承受的气压限度得到了体现。当美国人穿过格兰德河到墨西哥首都待几天，就会觉得身体不舒服，而墨西哥首都只有7400英尺高。他们要事先想到，不能像在家乡那样走路，无论何时，只要他们走了一小段路，就要休息一下，让心脏从大锤狂击的状态回复平静。而西藏人，他们一天不仅要走很远的路程，还要身负重担、翻山越岭。他们通过的山口对于骡马而言都显得过于崎岖险峻，但是这些山道也是他们与外界往来时唯一的通道。

虽然西藏（作者将西藏放在本章而不是在中国那一章中介绍是错误的，但是出于保持房龙作品原貌的考虑，本书不作改动）比亚热带的西西里岛偏南60英里，但是它每年至少有6个月的积雪，气温也经常在零下30度以下。另外，那里狂风肆虐，刮过南部荒凉的盐湖，尘土和雪花遮天蔽日，给生活蒙上暗淡的黑影。

天山积雪图　华岩　中国清朝

在这幅作品中，一个身披红衣、怀藏宝剑的旅人在白雪皑皑的天山脚下行进，他牵着一匹双峰骆驼，缓步在雪地上前进，而空中则是一只孤雁横空而过，画面雅致，高耸的雪山和暗淡的愁云则占据了大面积，以虚衬实，使人物和主题更加突出。

7世纪时，西藏仅是一个小部落，被“天神之城”拉萨的首领统治。其中一位藏王在妻子的劝说下皈依佛教。从此，佛教在西藏就日渐兴盛，但在亚洲其他地方并不为人所知。而拉萨对于信奉佛教的人来说，就像天主教信众心中的罗马一样，是一个圣地。

佛教信仰灵魂再生，相信乔达摩的灵魂会在地球的某一处再生，所以一定要找出他再现的灵魂，并对其保持必需的忠诚。而与佛教相比，基督教要年轻得多，但是它与年长的邻居一样有许多的规定和信条。远在浸信会教友约翰隐居荒漠之前，许多虔诚的信奉佛教的人就已经习惯避开“恶魔”和肉欲的引诱。在圣西门于尼罗河岸边攀上宝座的几个世纪前，和尚已经开始实行不娶妻、安守清贫的条例了，并参与上层的政治运作。

至于那片保卫西藏以免南方强邻入侵的山脉，使这块圣地在700年间没有外人涉足。人们在公开的出版物上看到这些山脉，知道这个山脉的人或许比知道佛蒙利山的人还多。因为我们生活的时代是喜欢挑战新纪录的时代，总是用好胜的眼光关注那些很重要但尚未被攀登的高峰。19世纪中期，一位上校将喜马拉雅山绘入了英国地学测量图中，珠穆朗玛峰也以他的名字命名，它高达2.9万英尺，无视人类企图到达顶点的努力。在上一次的1924年珠穆朗玛峰大探险中，曾经到达了距顶峰几百码的地方。当时有两个人自告奋勇，携带着氧气罐与其他队员告别，进行最后的冲刺。在他们距离顶峰只有600英尺时，队友还看到了他们。此后，他们音讯全无了。而珠穆朗玛峰依旧巍然耸立，没有被征服。

但在那些充满野心的登山者看来，攀登这个地方却是他们的理想。这里位于面积广阔的亚洲的中心，与它们比较，瑞士的阿尔卑斯山简直像海滩上孩子们堆的小沙堆一样。首先，这座印度人口中所说的“永恒的雪山”是阿尔卑斯山的2倍宽，土地面积是阿尔卑斯山的30多倍。某些冰川比瑞士最重要的冰川还要长4倍。而在那里，2.2万英尺以上的高峰就有44座，有几个山口是阿尔卑斯山山口的2倍高。

与西班牙笔直通往新西兰之间的大褶层中的其他部分一样，喜马拉雅山形成的时间比较晚（比阿尔卑斯山还要年轻），它的年龄只能以百万年计算，不能以亿年计算。如果要将它们夷为平地，需要大量日照与风雨的侵蚀。但是与岩石势不两立的自然力，却日夜不停地、孜孜不倦地做着这个工作。喜马拉雅山已经被50条溪流切成许多不规则的断片。而印度最重要的三条大河——印度河、恒河和布拉马普特拉河也以欢快的节奏协助进行这项分解工作。

喜马拉雅山在政治上来说，也比其他山脉表现出了更复杂的状态。它不仅像阿尔卑斯山和比利牛斯山一样，是两个邻国的天然疆界，而且它异常辽阔，将许多国家分割开来。这些国家，像尼泊尔，就是著名的廓尔喀人的故乡，他们现在已经获得了相当程度的独立，国土的面积比瑞士共和国要大4倍，人口将近600万。还有克什米尔（欧洲和美洲女人们所用的围巾都产自这里，英国有名的锡克军队也是在此招募），现在已经成为英国的一个殖民地，也有8.5万平方英里的面积和300多万人口。

最后，假如你再看一下地图，会发现印度恒河与布拉马普特拉河有一件奇怪的事。

这两条河并不像莱茵河从阿尔卑斯山流下、密西西比河从落基山流下那样，从喜马拉雅山顺流而下，而是在喜马拉雅山主要的山链之后抬升。其中印度河发源于喜马拉雅山和喀喇昆仑山之间。布拉马普特拉河最初由西向东流，经过西藏高原后忽然转为由东向西流，在一段短程后与恒河汇合。恒河则流经喜马拉雅山与印度半岛中部的德干高原之间的宽阔山谷的中心。

湍急的水流固然有很可怕的侵蚀力。但如果它们在喜马拉雅山脉形成后才开始奔流，就不能穿山而过了。因此，我们可以下一个结论：这些河流的年代，一定比这些山脉更久远。印度河与布拉马普特拉河在地壳没有突起前，就已经形成了。当地壳开始抬升、扭曲形成巨大的褶皱，最终形成了近代世界上最高的山脉。但是这些山脉的成长极其缓慢（时间终究是人类创造的名词，永久并不是时间能够相比的），而河流不断地侵蚀、开凿，依然能够存留在地面上。

恒河

图为印度的母亲河——恒河，它位于印度北部，流经世界上土壤最肥沃和人口最稠密的地区之一，也是阿育王的王国（公元前3世纪）至蒙兀儿帝国（16世纪建立）一系列文明的摇篮，被印度人民尊为圣河。

有许多地质学家认为，喜马拉雅山现在还在增高。我们居住的混凝土外壳和我们身上的皮肤一样，是经常伸缩变化的，这些地质学家的意见也许是对的。我们知道一个事实，瑞士的阿尔卑斯山确实是在慢慢地由东向西漂移。喜马拉雅山或许和南美洲的安第斯山一样，正在向上抬升。在大自然（对一切都漠然以对）的实验室中，唯一的规则就是世界始终在不断变化。如果不服从这条定律，最终一定会走向灭亡。

第三十三章

西　亚

西亚的大高原。

从亚洲中部的帕米尔高原开始，有一片广阔的山脉，它其实是一系列高原，蜿蜒向西，直抵黑海与爱琴海。

人们也都很熟悉这些高原的名称，因为它们在人类发展史上都曾经扮演过非常重要的角色。我也许要进一步谈一下它们的角色。如果我们在人类学方面的猜测没错的话，那么印度河与地中海之间的这些高原和溪谷，不仅是孕育出欧洲人种的家园，也是某种类型的学校，我们曾经在那里踏进了科学的大门，领会了道德原则，这也是人类有别于其他的动物的原因之一。

这些高原按顺序来说，首先是伊朗高原。这是一片广大的盐碱沙漠，海拔约3000英尺，四围都被高山围绕。它在北方与里海及突雷尼沙漠接壤，在南方与波斯湾及阿拉伯海邻接，但没有充足的降雨，因此没有一条可以称道的河流。在1887年成为英国殖民地的俾路支（克森山脉将它与印度完全隔离），有一些微不足道的河流流入印度河。那里的沙漠让人心生畏惧，当亚历山大经过印度回到家乡时，大部分的兵士因干渴而死亡。

几年之前，阿富汗被新的统治者所掌控。他为了宣扬自己和他的国家，举行了一次壮观的欧洲旅行，这个国家也轰动一时。阿富汗只有一条河，就是赫尔曼德河，它发源于帕米尔高原向南辐射的兴都库什山脉，流入波斯与阿富汗交界处的锡斯坦湖。与俾路支相比，阿富汗的气候要好得多，在许多方面也比俾路支更重要。印度、亚洲北部和欧洲最初的商道经过这个国家的中心。这条贸易路线从西北边境省份的省会白沙瓦起，通过著名的喀布尔山口，经过阿富汗首都喀布尔，最后再翻越阿富汗高原到达西部的赫拉特。

50年前，英国和俄罗斯开始争夺这个缓冲国的最终统治权。但阿富汗人是非常善于作战的民族，对其由南到北的渗透必须极其小心、静悄悄地完成。1838年~1842年，英国试图将一位不受欢迎的统治者置于阿富汗人的头上，导致了第一次阿富汗战争。当时英国的惨败，我们是永远不会忘记的，只有少数人劫后余生，回来报告了其他人是如何被屠杀的。在那以后，英国越过喀布尔山道，就变得相当谨慎了。1873年，俄罗斯人占领基发，开始大举进攻塔什干与撒马尔罕，英国人唯恐一觉醒来，会听到俄罗斯沙皇的军队在苏莱曼山脉北部边境进行小规模的射击演习，就出于自己的立场开始行动。于是在伦敦的俄罗斯沙皇的代表和圣彼得堡的英国女皇的代表，分别向英国政府和俄罗斯政府保证，他们针对阿富汗的计划完全不是自私的，而是有着值得敬仰和赞美的理由，两国的工程师都在拟订精细的计划，以造福于被残酷的自然所割断的、不能直接通海的阿富汗。他们打算建设铁路系统，让阿富汗人可以第一次享受到西方先进文明的福音。

但是，这个计划被第一次世界大战破坏了。俄罗斯进占了赫拉特。现在，你可以从赫拉特出发，经土库曼苏维埃共和国的马雷到达里海，再乘船抵达巴库与西欧。还有一条路线是从马雷经过布哈拉，至乌兹别克苏维埃共和国的浩罕，再继续前行到达巴尔克。在3000年前，巴尔克就如同现在的巴黎一样重要。那个具有完善道德体系的宗教运动——拜火教（又称波斯教）——就是从这里起源，这不仅征服了波斯，还渗透到了地中海，并在改变形式后，风行于罗马民间，在很长一段时期中，成为了基督教的劲敌。

与此同时，英国也在积极推进铁道建设，由海得拉巴通至俾路支的基达，再向前延伸到坎大哈。在那里，英军一雪1800年第一次阿富汗战争惨败的耻辱。

在伊朗高原上，还有一个部分相当值得关注。今天，伊朗高原只是以往辉煌的缩影，但它肯定曾是一片极有趣的陆地，波斯代表着一切极其优美的绘画和文学，以及在

波斯商人 细密画

波斯是伊朗在欧洲的旧称，它从3世纪以波斯帝国的称号著称于世，创造了文明。其中，沙漠的驼队、华丽又实用的帆船，都是波斯商人的标志。他们利用沙漠之舟骆驼负载货物，穿越炎热又干旱的沙漠，远赴外国经商。

艰难的生存状况下所有重要的东西。在早于基督600年前，波斯的第一个辉煌时代到来，它是西起马其顿、东至印度的大帝国的中心。500年后，这个帝国被亚历山大摧毁。在萨森王朝统治时期，波斯又恢复了古代薛西斯和冈比西斯统治时的版图。波斯人恢复了对祆教的忠诚，使其维持纯洁。他们搜集所有的宗教著作，编成一卷著名的《祆教经》，使这朵沙漠之花与新兴的伊斯法罕一起绽放。

7世纪早期，波斯被阿拉伯人征服。如果一个国家的文学真的可以代表一个国家，那么欧玛尔（一位尼夏普帐篷制造者的儿子）的作品可以代表了某一个时代、在库尔德斯坦和霍拉姆沙之间的沙漠地带的品位。这位数学教授，将研究代数的时间分出来赞美爱的喜悦和美丽的红酒，这种现象真是非常少见，只有在英明又温和的文明之下，他才能在讲台之上立足。

然而，在波斯，人们的兴趣变得无聊多了。任何一个国家如果过于衰弱而无力自保时，那么就会有糟糕的事情降临。从理论上来说，一个地方的人民，对于任何他们祖先的墓地下面的丰富矿藏，都是主要受益者。但实际上却不是这样，远在德黑兰的土耳其皇帝的亲信朋友被授予特许权，发了大财。此外，住在油井附近的数以千计的人民，偶尔也可以找到薪酬极低的工作。至于其余的人，却都拥向了外国的投资家，而这些投资家只认为波斯是一块毛毯的代名词而已。

不幸的是，波斯似乎成为了一个人民贫困、管理不善的国家。它的地理位置利少弊多，更多的是诅咒。这里满眼都是大片的沙漠，而如果一片沙漠刚好位于连接世界最重要的组成部分的交通要道上，那么这片沙漠一定会成为永远的战场，被利益冲突所牺牲。我刚才所说的波斯就是这样的地方，对于整个西亚同样也是确定无疑的。

这一系列高原的最后一个从帕米尔延伸到地中海，便是亚美尼亚和小亚细亚。亚美尼亚是伊朗大高原在西部的延续，其遍布火山的土地和人民所受的疾苦古来已久，也是一个非常古老的地方。它也是一个桥梁地段。在古代，旅人如果想从欧洲到达印度，必须经过高大的库尔德斯坦山脉的山谷。而从古至今，在那些旅行者中，总有几个是著名的杀手。这片地区的历史，可以追溯到洪水时代。当洪水初退时，挪亚方舟就在这一地区最高的阿勒山顶上登陆，这座山的海拔是1.7万英尺，比埃里温平原高1万英尺。我们之所以能确定这一点，是因为在14世纪初，比利时医生约翰·德·曼德维尔在这一地区，看到了古代船只的一部分遗留在山顶的附近。而亚美尼亚人是什么时候迁到这座山来的，还不能确定，他们属于地中海人种，是欧洲人亲密的表兄弟。但是根据最近的死亡率来看，恐怕他们不久就要灭绝了。仅仅在1895年至1896年一年之间，土耳其人屠杀了十几万亚美尼亚人，成为亚美尼亚高原的主人。实际上，土耳其人还不是他们最残暴的仇敌，因为土耳其人的残酷手段还比不上库德人的一半。

自始至终，亚美尼亚人都虔诚地信奉着基督教。不过，虽然他们在罗马以前就开始信奉基督教了，但是他们的教会仍然保持着几种固有的制度，例如教皇世袭制，这些都使亚美尼亚的教会被信奉天主教的人痛恨。

随后，在第一次世界大战时，协约国军队为了解救美索不达米亚的英国人，从后路攻入了土耳其，亚美尼亚全境受到了残酷的侵袭。而此前默默无闻的凡湖与乌尔米耶湖虽然位于高山中最大的湖泊之中，直到这时才出现在当时的报纸上。古拜占庭的亚洲边疆小镇埃尔斯伦也比十字军刚结束战斗时更引人注意了。

战争结束后，仍然风波不断。残余的亚美尼亚人想给压迫者还以颜色，便加入了苏联。他们被允许在里海与黑海之间的高加索山脚下，建立阿塞拜疆共和国与亚美尼亚共和国。早在19世纪前半期，高加索山一带已经被俄罗斯人据为己有了。

现在，我们先把这些不幸成为土耳其暴政下的牺牲者放在一边，稍稍向西，就可以进入小亚细亚高原。

小亚细亚以前只不过是土耳其苏丹帝国的一个省，如今却是土耳其人统治世界的幻想的残余。其北面频临黑海；西面连接马尔马拉海、博斯普鲁斯海与达达尼尔海，将小亚细亚与欧洲割裂；南边是地中海，不过地中海与内陆之间被托罗斯山所阻隔。小亚细亚比波斯、伊朗、亚美尼亚高原低得多，那里有一条著名的铁路横贯其中，被称为巴格达铁路，它在最近30年的历史上占有非常重要的地位。由于这条铁路将连接君士坦丁堡、幼发拉底河河畔的巴格达、亚洲西海岸最大的港口士麦那港、叙利亚的大马士革以及麦地那，所以，英德两国都想获得修建这条铁路的权利。

英德两国刚刚和解，法国政府却非要在未来的收益中分一杯羹。因此，小亚细亚的北部地区又被割让给了法国。这块地区有特拉勃森，它是亚美尼亚与伊朗的出口港，仍然等待着与西方相通。于是，外国工程师就开始在这个古国里勘测路线。雅典殖民地的希腊哲学家，曾在这里探求过人类与宇宙的本性；神圣的教堂会议在这里给世界带来了坚定的信仰，欧洲人依赖着这个信仰生活了1000多年；塔瑟斯的保罗在这里出生，也在这里传道；土耳其人与基督教在这里为争夺地中海霸权而战斗；一个阿拉伯赶驼人在这个古国的荒村中做过一个美梦。

根据计划，这条铁路不是沿海而建，而是沿着古代和中世纪那些神秘的海港——亚德那、亚历山大勒塔、安提阿、的黎波里、贝鲁特、泰尔、西顿以及巴勒斯坦荒地的唯一的海港雅法——蜿蜒穿行在高山之中。

当战争爆发时，果真如德国人所料，这条铁路扮演了重要的角色。这条铁路的设施非常精良，和君士坦丁堡的两艘德国大战舰一样，有着非常高的实用价值，这也是土耳其人比起协约国更偏向于加入同盟国的原因之一。从战略角度看，这条铁路的周密设计，在随后的4年中已经得到了印证。由于决定这场战争胜负的关键因素是海上的交通

亚历山大的伊苏斯之战 阿尔特多费尔·阿尔布雷克特 1529年

图为公元前333年波斯国王大流士与马其顿大帝亚历山大在伊苏斯发生的大战，画家通过活泼的笔触细致地描绘了这场决定性的战役，坐在战车上的亚历山大位于画面的中左方位置，图中的镶板装饰则介绍了亚历山大打败大流士的战绩，卧伏的阿尔卑斯山景则成了这场战争场面的重心。

与西方的通路，在西部战事已经平息后，东部战线始终没有溃败。令全世界都惊叹的是，在1918年，土耳其军队正如1288年那样充当了优秀的战士。在1288年，塞尔柱王朝统治时，土耳其人征服了整个亚洲，隔着博斯普鲁海峡对君士坦丁堡坚固的壁垒垂涎三尺。

当时，那片高原非常富饶。小亚细亚虽然是欧亚的桥梁地段，但从来没有像亚美尼亚和伊朗高原的波斯一样，遭受到严重袭击。这其中有一个事实：小亚细亚不仅是大商道的一部分，还是从印度或中国到希腊或罗马的通道的中转站。世界文明还在萌芽阶段时，地中海最活跃的文化和商业活动都不能在希腊本土进行。而在西亚的各个希腊殖民地城市中，这些已经发展得十分兴盛。在那里，古代亚洲的血统已经与新种族混合在一起了，形成了一个混血人种，他们的智慧出类拔萃。在现在地中海东岸的因商业诚信而

挪亚方舟　油画　希克斯·爱德华　1846年

挪亚方舟源自《圣经》的《创世记》一章，是上帝在毁灭世界之前，命令挪亚创造的方舟，用以躲避即将到来的大洪水。在这幅画作中，动物们都是一雌一雄、成双结对地进入方舟，而天边的乌云笼罩在方舟的上方，似乎预兆着即将到来的大灾难。

美名远扬的黎凡特人中，我们似乎还能看到抵御外敌长达500年之久的古老民族的特性。

塞尔柱王朝的土崩瓦解，是不可避免的。土耳其从未拥有盟友，这是它堕落的因素之一。现在，这个小小的半岛，却是古奥斯曼帝国往日光辉的遗迹。土耳其皇帝虽然已经不复存在了，然而他们的祖先（住在亚得连堡将近100年之久，亚得连堡与君士坦丁堡同样是土耳其人在欧洲的城市）在1453年曾经迁都君士坦丁堡，并且统治着一块很大的领土，包含了巴尔干、整个匈牙利，以及南俄罗斯的绝大部分。

长达400年无法言说的管理不善，终于摧毁了这个帝国，形成了土耳其今日的局势。作为商业垄断最古老、最重要的城市，君士坦丁堡掌握着南俄罗斯谷物贸易的钥匙。因为先天优势，这个城市的港口被称为“黄金角”、“富足之角”，那里遍布鱼群，人民从来不用为温饱担忧，但时至今日却降为三流的省城了。新土耳其的统治者在和平之际，挽救了剩余的土地，作出了英明决策。他们清楚地看到君士坦丁堡已经堕落。希腊人、亚美尼亚人、黎凡特人、斯拉夫人以及十字军遗留下来的人们混杂在此，如果把它定为首都，土耳其民族几乎没有可能再次复兴，成为现代民族。为此，他们挑选了一个

罗马随想曲　油画　潘尼尼·乔凡尼·保罗　1734年

在图中，潘尼尼将古罗马的景点建筑集合在一个画面中，左边的圆形建筑是大竞技场，其前方立着图拉真圆柱；而右边背景里则是康斯坦丁拱门，其前景是残留的三根一组的无靠背科林斯式立柱。正是通过错置地点的真实建筑物的想象图景，画家再现出罗马旧日的辉煌。

土耳其妇女　简提列·贝里尼　意大利　约1480年

在15世纪中后期，简提列·贝里尼被威尼斯政府派往君士坦丁堡，他在逗留期间绘制了许多肖像。这幅画描绘了一个年轻的土耳其妇女的服装细节及颜色，她戴着大帽子头巾，身穿一件简单的长袖条纹连衣裙。

新的城市作为首都，就是安纳托利亚山脉的中心地带安哥拉，它在君士坦丁堡以东200多英里。

安哥拉是个很古老的地方。公元前400年，一个高卢部落占据了这里，他们与后来占领法兰西平原的高卢人是同族。这个城市历经了商业干道的城市兴衰，也曾经被十字军和鞑靼人占领过。1832年，埃及军队甚至毁坏了它附近的所有地区。但是，凯末尔将军却在这个地方建立了新国家的首都。他清除了所有不服从的元素，用国内的希腊人、亚美尼亚人换回了居住在这些国家的土耳其人。另外，他组建了军队，树立了威信，让新土耳其成为一个蒸蒸日上的国家。但是经过了1500年的战乱，土耳其已经变得一片荒芜了，在追求投资回报率的华尔街银行家看来，它已经毫无价值了。

现在，大家公认小亚细亚地区对于欧亚未来的商业贸易非常重要。士麦那在尽力恢复以往的地位。在古代亚马孙族的女战士统治时期，建立过非常奇怪的国家，国内所有的男婴全被杀光，平时不准男子入境，每年只允许男子入境一次，以便繁衍后代。

因为亚马孙族的一个家族的缘故，以弗所城已经消失了，保罗在很久以前还在那里看见过许多土著，他们崇拜着戴安娜女神，而现在这一地区附近，也许会变成世界上品种最丰富的花园之一。

再向北行进，经过帕加马（古代世界文学的中心，为我们贡献了羊皮纸这个单词），铁路沿着特洛伊平原边缘，通向马尔马拉海边的班德尔玛。从斯库台乘船到班德尔玛，只有一天的路程。著名的东方快车（伦敦—加来—巴黎—维也纳—布拉格—索非亚—君士坦丁堡）在斯库台与开往安哥拉、麦地那的列车相遇。斯库台还有一些列车经过阿勒颇、大马士革、拿撒勒、卢德（换车前往雅法等）、加沙、伊斯梅利亚、盖塔拉，到达苏伊士，从尼罗河逆流而上，可至苏丹。

如果不是因为第一次世界大战，这条铁路将货物或乘客从西欧运至苏伊士，再通过水路运往印度、中国、日本，一定获利不少。但是，4年战争带来的损伤还没有修复，飞机也许会被普遍应用于载运旅客。

小亚细亚的东部，是亚美尼亚人的宿敌库德人的故乡。库德人也像苏格兰和绝大多数山民一样，分为许多部落，他们有很强的阶级观念，不愿意接受工商业贸易和工业文明。作为一个相当古老的种族，他们曾经被记载在巴比伦人的楔形文字碑铭中，色诺芬在他的《万人大撤退》也曾经提到。

和平降临之后，每个人都不满意，旧恨复加新仇，产生了很多新的纠纷。尤其是几个欧洲强国，自认为是土耳其古帝国领土的“委任统治者”，因而在对待当地土著方面完全不输给当年实施暴政的土耳其。

由于法国在叙利亚有大量的投资，因此占领了这里。为了治理剩下的300多万叙利亚人，法国政府在这里投入了充分的财力与军队，并且组织了一个法国高层委员会。所谓“委任统治地”，其实就是殖民地，只不过换了个让人听起来稍微舒服些的名词而已。不久，叙利亚各民族开始团结起来，共同对付法国人。库德人与它的世仇和平共处，黎巴嫩（腓尼基人的故乡）信天主教的马龙派人和基督教的信众不再虐待犹太人，而犹太人也不再鄙视基督教。为了威胁和处罚反抗他们的人，法国人不得不实施大量恐怖措施。秩序虽然在表面上恢复了，但叙利亚却变成了第二个阿尔及利亚。这并不是说人民喜欢他们的委任统治者，只不过因为他们的领袖被绞死，其余的人没有继续奋斗的勇气罢了。

底格里斯河与幼发拉底河流域在古代曾经显赫一时，是帝国的所在地。现在，巴比伦和尼尼微的废墟，都变成伊拉克王国的国土了。不过新国王的行动，却不能像汉谟拉

巴比伦空中花园

图为新巴比伦王国的空中花园，也是古代世界七大奇迹之一，相传它是公元前6世纪尼布甲尼撒二世为王妃所修建的，由于花园比宫墙还要高，远看犹如花园悬在半空中，故得此名。

犹太人来到埃及

图为约瑟的父亲雅各率家族来到埃及的情况，他被人搀扶着，正从牛车走下来，自此，犹太人离开了自己的故乡，迁到了埃及。此时，约瑟是埃及最高级的官吏，因此他可以施惠于自己的亲族。

比那样自由，因为他们必须承认英国的宗主权。如果要作出比清理古巴比伦废弃运河更重要的决定，国王菲赛尔无论何时都必须等待伦敦的命令。

腓力斯人的国家巴勒斯坦也是这个区域中的一部分，对于这个奇怪的国家，我只准备简单介绍一下。它只不过是一个很小的国家，不需要占太多的篇幅。这国家还不如欧洲某些九流公国比如石勒苏益格—荷尔斯泰因大。然而它在人类史上所占的地位，比很多一流帝国还要重要。

犹太人的始祖离开了美索不达米亚东边的贫苦的乡村，漂泊经过阿拉伯沙漠的北部地区，穿越了西奈山脉与地中海之间的平原，在埃及生活了数百年，最后又再次回来。当他们走到地中海和朱迪拉山脉之间的狭长的平原上，他们停了下来，与当地的土著展开激战。结果，犹太人夺走了土著的很多村落和城市，建立起了一个独立的犹太国家。

他们的生活并非特别舒适。在西方有来自克里特岛的非闪米特族的菲利士人，他们

沙漠中的夏甲母子

图为在沙漠中的夏甲母子，他们被亚伯拉罕驱逐后，不得不穿越沙漠前行。此时，他们无助地相拥哭泣，画面呈现出柔美的景致和凄美的悲情。

所罗门神殿

所罗门大建神殿，并为此收取苛捐杂税，最终建成了金碧辉煌的所罗门圣殿，人民也因此付出了沉重的代价，以至于开始产生了反叛的念头。

占据了整个沿海区域，完全割断了犹太人的通海之路。在东部又有一种非常奇怪的自然现象，据记载，一个巨大的裂缝从北笔直地向南延伸，深度达到海拔以下1300英尺，将犹太国与亚洲其他地区完全分开。这个峡谷仍然像从前浸信会的约翰选择这里作为居住地时的情形一样，它发源于北部的黎巴嫩山脉与背黎巴嫩山脉之间，沿着约旦河谷（或叫作泰比利厄斯湖、加利利海，在海拔以下526英尺）、死海（在海拔以下1292英尺，美洲大陆的最低处加利福尼亚的“死亡之谷”也仅低于海平面276英尺），并从那里（约旦河的终点流入死海，死海因为不断的蒸发作用，含盐量已经达到25%）经过古代以顿（默阿布人的故乡），到达红海的支流阿克巴湾。

这个峡谷的南部，是世界最炎热、最荒凉的区域之一，遍地都是沥青、硫磺和其他异常有害的东西。在近代的化学中，已经把这些东西变得有价值了（第一次世界大战前，德国曾经建立了一个规模很大的死海沥青公司），可是在很久以前，这里却让人民感到非常恐怖，并使他们将摧毁所多玛和俄摩拉的普通地震，归因于神对他们的报复。

他们越过与这个峡谷平行的朱迪亚山脉的山脊，气候和景象忽然改变了，这一定让来自东边的侵略者印象深刻，并对这个“流满了牛奶和蜜糖”的地方欢呼雀跃。而现在，前往巴勒斯坦的旅行者很少能看到牛奶了，而蜜蜂也因缺乏充足的花卉早已灭绝。然而，这并不是像有人说的，是由于气候改变导致的。在耶稣的弟子从达恩流浪到比尔谢巴的时代，这里的气候和现在并没有太大的差别，他们并未因为每日必需的面包和黄油而过分担忧，这个地方还出产充足的枣和酒，可以提供给旅客。其实，土耳其人和十字军才是真正的“气候”。十字军毁坏了在独立时代和罗马统治的数百间年建成的古代灌溉工程的所有残余，开始胡作非为。土耳其人更是步十字军的后尘，将它彻底销毁，

所罗门之梦

在犹太人的历史上，所罗门是最伟大的国王，图中他被上帝赐予了智慧之光，这也是犹太人黄金时代的象征。

上帝在天使的簇拥下出现在所罗门的面前，象征赋予所罗门神授的智慧之光。

所罗门是古代以色列王国的第三任国王，他在位期间，以贤明著称，被视为古代以色列最伟大的国王。

导致了只需提供水分就能丰收的肥沃土壤完全荒弃，而9/10的农民都家破人亡了，或者迁移至别处了。

其结果不出所料，无人满意凡尔赛和约。现在，巴勒斯坦成为英国的托管地了，而英国军队维持着各民族之间的秩序，总督则出自最著名的英国犹太人中。但是这个国家仍然是一个殖民地，政治上不能享有完全独立，关于这点，贝尔福先生曾经慷慨激昂且极为模糊地讨论过，他在巴勒斯坦战争爆发之初，指定这里为犹太人未来的家园。

如果在那时，犹太人非常清楚应该为古老的祖国做些什么，那么事情就简单得多了。东欧的犹太人，尤其是居住在俄罗斯的正统犹太教的信众主张保持现状，使其成为一个巨大的希伯来风俗纪念馆的神学院。但是，青年们牢记着先知“死者将埋葬死者”的话语，他们认为如果对以往的快乐与光荣过于感慨，就会严重阻碍将来的快乐与光荣。他们使巴勒斯坦变成一个像瑞士或丹麦一样的现代国家，成为一个男人和女人组成的、蒸蒸日上的国家。人民需要忘记外国的“犹太人住宅区”，应将大部分的精力倾注在修建道路、灌溉系统等事情上，而不是与阿拉伯人大声争辩，争夺那几块古老的石头。虽然这些石头可能是利百加的汲水井，但现在却只是进步的障碍而已。

巴勒斯坦的大部分领土都是起伏的山丘，从东向西有很明显的斜坡，这些被冷落和荒废的土地可以用作种植农作物。每天海风吹来水汽，变成雨滴遍洒全境，让这里非常适宜种植橄榄。而可怕的死海区域中，唯一的重要城市是耶利哥，可能再次成为一个贸易中心。

第三十四章

阿拉伯

何时成为了亚洲的一部分，何时又不属于亚洲？

按照普通的地图和地理书，阿拉伯是亚洲的一部分。但如果有个旅行家来自火星，对于我们这个星球的历史一无所知，那他所得到的结论或许就完全不同。他可能以为著名的阿拉伯沙漠是撒哈拉沙漠的延伸，只不过是被印度洋的一个断断续续、相当狭窄的海湾（红海）分隔。

红海的长度是宽度的6倍，水中遍布暗礁。其平均深度约300英寻，与亚丁湾相接。亚丁湾实际上是印度洋的一部分，深度在2英寻~16英寻。在红海中，有无数个小型的火山岛，也许红海原本是一个内陆湖，在波斯湾形成以后才成为了海，就像北海原本不是海，在英吉利海峡形成以后才变成海一样。

至于阿拉伯人，他们既不愿意做非洲人，也不想当亚洲人，他们称自己的国家为“阿拉伯人之岛”。虽然它的领土广阔无垠，是德国的6倍，但人口却与国家的面积完全不相称，这里的人口还不如伦敦多。但700万阿拉伯人的祖先肯定有异于常人的体质和心性，他们完全不借助自然的力量，就用一种非凡的方式给世界留下了深刻的印象。

首先，他们所居住的国家的气候并不适合人类生存。在这片撒哈拉沙漠的延长地中，不仅没有一条河流，还是世界最炎热的地方之一；而最南边和最东边的气温虽然稍微好一些，但太过潮湿闷热，欧洲人还是无法适应那里的环境。在半岛的中部与西南部，山脉的海拔大约有6000英尺，且温差很大，天黑后的半个小时内温度能从80℃降到20℃，无论是人类还是牲畜都不能生存。

在内陆，要不是有地下水，恐怕也完全不能居住。除了正北方的亚丁海畔的英国人聚居区，其他地方也好不了多少。

从商业的观点上看，整个半岛的价值还不如曼哈顿岛的洼地。如果曼哈顿岛想与阿拉伯在人类文明发展史上一较高下，还需要更努力。

奇怪的是，阿拉伯半岛从来没有成立过像法国或瑞典那样的国家。第一次世界大战期间，协约国急需大量的兵力投入战争，对所有同意帮助他们的势力，都作了无法兑现的承诺。其结果是，从波斯湾到阿克巴湾，有十几个所谓的独立国。在北方，一位酋长统治下的外约旦，将巴勒斯坦与叙利亚分开。但是在这些国家中，大多数只是名义上的

拿破仑在阿尔柯桥上　油画　格罗男爵安托万-让　1796～1797年

格罗是拿破仑指定的战争画家，他在这幅作品中绘制的拿破仑脸部个性鲜明，用色暗淡分明，构图自然，使人物形象呈现出极其真实的感觉。拿破仑曾与阿拉伯人有过接触。

而已，如波斯湾沿岸的哈塞与阿曼，以及红海沿岸的厄尔汉志南边的也门和阿西尔。或许只有汉志稍微重要一些，因为它不仅有一条铁路（巴格达铁路的最后一段，现在已经连通到了麦地那，将来一定会延长至麦加），还控制了两个地方麦加和麦地那。

这两个沙漠中的绿洲城市，在7世纪初成为鼓舞人心的事件的中心时，它们还没有引起人们的注意。在不到100年间，小亚细亚、叙利亚、巴勒斯坦以及整个非洲北岸和西班牙都被阿拉伯人征服了。

如果一个民族能在几年内完成这些事情，那么这个民族一定有过人的体力和优秀的才智。根据与阿拉伯人有过接触的人（包括拿破仑在内，他对女人而言是一个糟糕的评判员，但是却有一双识别精兵良将的慧眼）说，阿拉伯人具有非凡的天分，中世纪建在那里的大学，就是确实的证据。但是为什么他们后来又失去了早先的权威，这点我并不清楚。在这里，我们很容易证明地理环境对于人的性格的影响，并证明沙漠部落总是扮演着征服世界的角色，但地球上同时也存在着许多不值一提的沙漠人。而且，有很多山民曾经运用他们的智慧，做出很多壮举。但也有很多山民终日烂醉如泥、无所事事。不过，并没有一个标准的道德训条，可以适用于任何一个国家。

但是，已经发生过的事，总有一天是会重现的。这个半岛的民族辛苦工作，不喜欢笑，不爱玩耍，他们对物质的欲望很少，不觉得缺乏什么，因此富贵也就不能引起他们的兴趣。

白人在阿拉伯，就和在非洲、亚洲及大洋洲一样，是非之心并不如我们所希望的那样明确。

第三十五章

印度

自然与人类共同进行大规模生产的地方。

印度	
中文名称：印度共和国	所属洲：亚洲
首都：新德里	主要城市：孟买、加尔各答
官方语言：印度语、英语	货币：卢比
时区：东5.5区	国家代码：IND
国歌：《人民的意志》	国花：荷花

在耶稣诞生300年前，印度被亚历山大发现。但亚历山大只到达了印度河，没有再继续前进。尽管他跨过了锡克人的故乡旁遮普平原，却并没有深入到印度国的中心地带。那时的印度人和现在一样，住在恒河宽广的河谷里，而恒河则位于北面的喜马拉雅山和德干高原之间。经过800年，关于这个马可·波罗所称的神奇之地，才第一次被欧洲人证实，当时葡萄牙人达·伽马到达了马拉巴尔海岸的果阿。

从欧洲到这个充满了香料、大象和黄金寺庙的国家的陆上航路开通之后，地理学家吸收到了无数新知识，阿姆斯特丹的绘图员因此无暇休息。慢慢地，人们毫无遗漏地踏遍了这个多产的半岛。下面我将尽可能简短地介绍一下这块陆地。

在印度的西北方向，从阿拉伯海到兴都库什山脉之间，有赫达尔山脉与苏黎曼山脉，使印度与外界完全断绝。在北方，自兴都库什山脉延伸至孟加拉湾的喜马拉雅山形成了一个像屏风一样的半圆形。

你要知道，印度在地图上看起来非常庞大，以至于欧洲和它相比，真是小得可笑。首先，印度的面积相当于除去俄罗斯的欧洲。如果喜马拉雅山是欧洲的山脉，便会从加来延伸到黑海。喜马拉雅山有40座比欧洲最高峰还要高的山峰，冰川平均比阿尔卑斯山的冰川长4倍。

印度是世界最炎热的国家之一，同时有很多地方的降雨量也保持着世界纪录（每年

耶稣诞生　波提契利　15世纪

图中的婴儿是刚刚降生的耶稣，而在耶稣的旁边，他的母亲正跪在地上祈祷，在天上和地下则是欢欣鼓舞的天使，他们都沉浸在基督诞生的喜悦中。在耶稣诞生300年前，亚历山大发现了印度。

1270厘米的降雨量）。印度的人口为3.5亿，使用50种不同的方言。当降雨量不足的某些时候，有9/10的人民，只依靠自己的耕种收获来维持生计，仅在1890年至1900年之间，因为饥饿而死去的人民每年达到了200万。但是，英国人已经使灾难消退，制止了各个民族间的争斗，建设了大规模的灌溉工程，引入了初步的卫生学（这部分资金当然由印度人出）。印度人口大幅增加，以至于他们不久的将来，会像过去那样，瘟疫、饥荒、儿童的死亡率使贝拿勒斯的火葬场24小时日夜不息。

印度的大河都与境内的山脉平行。西部地区有印度河，流经旁遮普，洞穿北部的山脉，这里是所有北亚入侵者通往印度斯坦中心地带的便捷通道。而印度的圣河——恒河，径直往西，它在抵达孟加拉湾之前，又和布拉马普特拉河汇合。后者发源于喜马拉雅山的群峰中，向东奔流，直至被喀什山阻挡后被迫转弯，流向变为由东向西，不久就与恒河交汇。

恒河流域与布拉马普特拉河河口，是印度人口最稠密的地区。印度最重要的制造业中心加尔各答，坐落在这两条河边潮湿的三角洲西岸。

而恒河流域的物产非常惊人，它比印度斯坦或真正的印度大陆更加为人所知。如果不是千百年来被过多的人口所困扰，那么这个地区将会是有利可图的。首先，这里种植水稻。印度、日本及爪哇的人民都非常喜欢吃大米，而每平方英里（每平方英尺以及每平方英寸）的水稻比任何农作物的产量都大，因而被广泛播种。

稻米的种植既困难又烦琐。至于“繁琐”这个词当然不能让人们感到愉快，但是确实很恰当，这项工作必须要数千万人把他们大部分时间，都消耗在污泥和肥料之中插秧。当水稻长到八九寸高时，再将它们用手拔起来，移植到水田之中，直到收割时都要不断地向水田中灌水，这时，这种半流质物才借助复杂的排水系统流走，最后注入恒河。在注入地点，恒河为贝拿勒斯虔诚的信众提供了沐浴用水和饮用水。贝拿勒斯就像印度的罗马，也可能是世界上最古老的城市。

恒河流域也出产黄麻，这是一种植物的纤维，在150多年以前，就被输入欧洲，用来代替棉花与亚麻。黄麻是一种植物内皮层，和水稻一样都需要充足的水量。它的内层皮质必须先浸泡在水中几个星期，然后抽出纤维，被送到加尔各答的工厂，制成麻绳、麻袋和土著人做衣服的一种土布。

这里还出产一种叫靛青的植物，很早以前，我们用它来制取蓝色的染料，直至我们发现从焦炭中可以更经济地提取这种颜料。

最后，这里还有鸦片。这个东西本来是作为医疗药品来医治风湿的。这个国家的绝大多数人民常在齐膝的泥浆中跋涉，以种植每日所需的水稻，风湿病当然很难避免。

在山谷之外的山坡上，大片的森林都变成了茶园，这些叶子细小的灌木需要大量的湿热水汽，最适合种在山上，山坡上的水不会损伤它纤弱的树根。

恒河河谷以南，是三角形的德干高原，那里有三种不同的植被。在北部与西部的山上，是柚木的贸易中心，柚木是一种非常坚固耐用的木材，不易弯曲或萎缩，又不会像铁一样生锈。在蒸汽船被广泛使用以前，大量的柚木都被用来造船。当然，它也还有许多其他的用处。德干高原雨量很少，只生产棉花和少量的小麦，所以在这一带也时常发生饥荒。

至于沿海区域，西边的马拉巴尔海岸和东边的科罗曼德尔海岸雨量充足，大米和粟产量足以供给大量的人口。粟也是一种谷类，欧美人都用它喂鸡，而印度土著人却把它做成面包来吃。

德干高原是印度唯一出产煤、铁、黄金的地区，但大部分的矿产都没有真正被开

印度示意图　版画　17世纪

印度是四大文明古国之一，它位于亚洲南部，是南亚次大陆最大的国家，曾创造了光辉灿烂的古代文明，现在的人口仅次于中国而排名世界第二，也是世界上发展最快的国家之一，其首都为新德里。

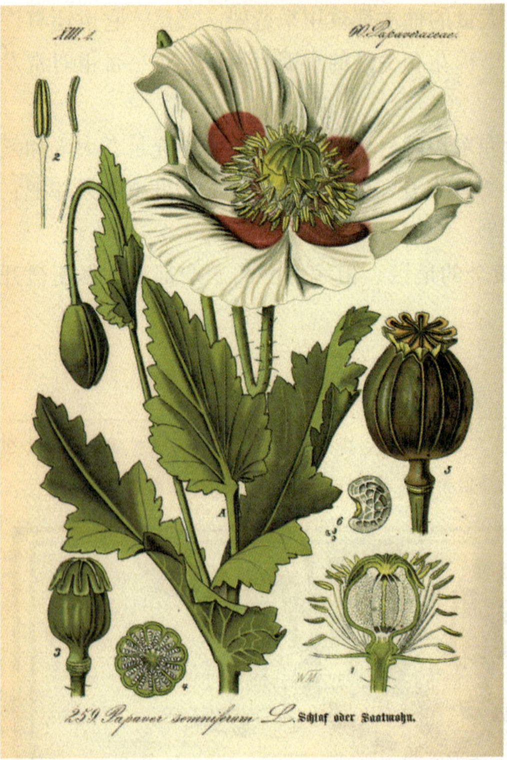

罂粟

罂粟是罂粟科植物，它的花绚烂华美，可供观赏，其提取物也是多种镇静剂的来源，具有麻醉性。同时，罂粟也是制取鸦片的主要原料，印度也是鸦片的主要产地之一。

采，因为德干高原的河流太湍急，并不能被用作运输的航道。当地的人民，从来没有走出过村落，到外面去从事经营，所以修建铁路有些得不偿失。

锡兰岛在科摩林海角的东面，也是印度半岛的一部分。保克海峡将锡兰岛与德干高原隔开，这个海峡遍布暗礁，必须不断疏通才能通航。这些暗礁和沙滩，成为锡兰和陆地之间自然的桥梁，被称为亚当桥，因为亚当与夏娃违背了上帝的命令，上帝勃然大怒，他们通过这条路逃出了伊甸园。根据当地人的传说，锡兰就是传说中的伊甸园。如果把锡兰和印度的其他部分相比，这里确实算是伊甸园。它不但气候好、土壤肥沃、雨水充足（虽然并不富足）、气温暖和，而且还躲过了印度最可怕的灾祸之一。

佛教虽然有崇高的精神价值，但是它超出了一般人的领悟能力，始终被印度人拒绝。而锡兰则始终信仰佛教，因此才得以避免了印度教严格的阶级制度。时至今日，这种制度仍然是印度教的组成部分。

地理与宗教之间有密切的关系，其程度已经超过了我们的想象。印度在数千年来，宗教绝对且完全地支配着人们的心灵，印度人的言论、思想、行为、饮食乃至禁忌，都离不开宗教。

在其他国家，宗教也会影响生活的发展。中国人敬仰死去的祖先，把他们的祖先葬在向阳的山坡南面，而在寒风凛冽的北坡上种植粮食。当然，他们对于祖先的情感是值得称颂的，但最终造成了子女饥饿而亡或被卖为奴隶的结果。当然，所有的民族

伊甸园　佚名　手抄本　1537～1546年

伊甸园是《圣经》中的乐园。相传上帝依照自己的样子用泥土创造了人类第一个男性——亚当，又用亚当的肋骨创造了人类第一个女性——夏娃。他们原本生活在伊甸园中，之后却受到蛇的蛊惑偷吃了智慧树上的禁果，因此被逐出了伊甸园。

（包括美国的民族）都被奇怪或神秘的祖先律条所制约，以至于整个民族的进程都时常被干扰。

我们要想了解宗教对印度的影响，就必须要追溯到史前时代，至少也要回到第一批希腊人抵达爱琴海湾3000年前。

那时，在印度半岛居住着一群黑皮肤的人，名叫达罗毗荼人，他们也许就是德干高原上最早的居民。后来，雅利安民族（今日欧美人的祖先）离开中亚的家园，到外面去寻找更适合的气候。他们分为两部分，其中一部分向西迁徙，在欧洲定居，然后又渡过重洋统治了北美洲。另一部分向南迁徙，经过兴都库什山脉与喜马拉雅山间的山口，占据了印度河、恒河及布拉马普特拉河之间的河口，深入德干高原。最后，他们顺着西高止山脉与阿拉伯海之间的沿海区域，到达南印度与锡兰。

耆那教寺庙的大理石柱子

印度　11世纪

图为中世纪印度耆那教寺庙的柱子，其底座为方形，八角形的柱身覆盖着几何图案、植物、动物、神祇等形象，顶部为圆形，是典型的耆那教雕塑，印度寺庙的建筑元素之一。

这些新来民族的攻击力，远胜于当地的土著，他们对待这些土著，完全是强者对弱者的欺凌。他们歧视土著，并把他们叫作“黑人”，夺取了他们的稻田。无论何时，只要他们缺少女人（喀布尔山道交通困难，不能从中亚带来很多女人），就偷走当地土著的女人。如果土著稍微有所反抗，就被立刻处死，幸存者则被驱逐到半岛上条件最恶劣的地方去，如意料中地忍饥挨饿。但达罗毗荼人的数目比雅利安人多得多，所以常常有低等文化影响高等文化的危险。防止这种危险发生的唯一方法，只有将这些黑人严格限制在其居住地。

雅利安人也像美洲的民族一样，一直持有将社会分成几个不同阶级或阶层的倾向。等级观念世人皆知，在人类启蒙时就已存在。即使是在美国，我们的社会总有一些不成文的偏见，从习惯地鄙视犹太人，一直到美国南部某些州出台了黑人只能乘坐他们的专用车的条例。

纽约可以算是个包容性很强的城市了，但我从出生到现在，都没看到过白人愿意请黑人（黑人、印度人或爪哇人）进餐。而列车上专门为我们设置普尔曼式和昼行列车，就是对我们现有的阶级观念致敬。关于哈莱姆的黑种人的阶级制度，我并不是很清楚，但我却看到了许多德国籍犹太人的家庭，如果他们的女儿嫁给一个波兰籍的犹太男人，他们会认为这是对他们的一种侮辱。由此可知，这种

"与人不同"的观念，在人类之中是很普遍的。

但是在欧洲和美洲，等级制度并没有发展成为左右社会行为与经济行为的定律。由这个阶层到另一个阶层，虽然门窗紧闭，但如果用力敲打，或有一把小小的钥匙，或在外面敲窗制造噪音，终究会被接纳。但是印度的征服阶级则不同，他们将由这个阶层通往另一个阶层的大门用砖石堵死，各个社会团体都被永远封闭在自己的房间里，无法与外界来往了。

这种制度现在已经司空见惯，人们也不是刚刚用这种制度来让自己快乐或让邻居不快。

印度的这种制度，是恐惧产生的结果。胜利的雅利安人的最初几个阶层，如僧侣、士兵、农民以及工人等人数自然远不如国破家亡的达罗毗荼人来得多。他们不得不采取一种隔离政策，把黑人限制在"适当的地方"。当他们实行了这个方法以后，又变本加厉，迈出了其他种族不曾迈出的一步。他们让人为制定的"等级"制度与宗教相连，规定佛教为三种上等阶级所特有的宗教。而所谓下等阶级的人则被抛弃在灵魂的领域之外。他们为了避免与出身卑贱的人接触，每个阶级就用仪式、礼节和宗教条例做成复杂的屏障，把自己包围，以至于只有他们内部的人才能在毫无意义的"禁地"中找到路径。

如果你想要知道这种制度是如何占据了日常生活的重要地位，那么就想象一下：假如在过去的3000年中，所有人都不能在父亲、祖父或曾祖的基础上前行，我们的文明又怎么会进步呢？个人私有财产又将会变成什么呢？

从各方面都可以看到，印度社会就要觉醒了。但到后来，这种改革还是会受到社会统治阶级和最高阶层世袭制神职人员——婆罗门的阻挠。他们是被人崇拜的宗教领袖，婆罗门教的信条也借助他们为人所知。婆罗门可以被称为印度的奥林帕斯山上的宙斯或朱庇特，被认为是创造万物的神灵、宇宙中一切事物的主导者。但是它只是一种抽象的、模糊的概念，普通人并不能理解。因此，所以人们又把他当作一个可敬的长者，他在尽职地创造了世界以后，便把我们地球上的管理权，委派给了婆罗门的代理人，这样的代理人是天神，或是一位魔鬼，他虽然不如婆罗门那样地位显赫，但也是上帝的亲属，应该受到尊崇。

人们被灌输了各种幽灵鬼怪等稀奇神秘的东西，比如湿婆神、护持神以及精灵、幽灵、食尸鬼等，它们将恐怖的成分带入了婆罗门教。人们不再认为行善是理所应当的事情，反而是逃避恶魔的愤怒的唯一方法。

比耶稣早6个世纪出生的大宗教改革家——佛陀认为更纯正的婆罗门教可以成为高尚的宗教，他尽力让当时流行的信条重焕生机。在一开始，他所向披靡，但是他的理想对于大多数的村民来说并不实际，太过贵族化，高深莫测。在最初的热诚消退后，婆罗门立刻又恢复了以前的势力。直到50年前，印度领导人才不得不承认，一种宗教如果完全建立在仪式和空虚的礼法之上，最终一定会灭亡。就像一棵外强中干的老树，如果不再吸收大地的养料，就会枯死。现在，印度教已经与数代以前不同了，不再是那种死气沉

沉的灵魂枷锁了。寺庙的窗户都已经敞开，青年男女已经知道，如果他们仍旧像以前一样四分五裂，那么就无法共同抵抗外敌，等于是自取灭亡了。在恒河两岸，新的希望产生了。如果这些希望的种子在3.5亿人之中真正兴起，那么他们就可以在世界的历史上翻开崭新的一页了。

印度虽然拥有几个大城市，但实际上还是一个乡村国家，71%的人民还住在乡村之中，其余的人口散布在你应该听说过的城市中，如恒河与布拉马普特拉河河口的加尔各答。它最初只是个不起眼的渔村，但到了18世纪成为了克莱夫抵抗法国的中心，发展为印度的头等海港。当苏伊士运河开通后，加尔各答的地位大幅降低，因为印度河区域或旁遮普的货物经过蒸汽船装运后，直接开到孟买或卡拉奇，比到加尔各答更方便。坐落于东印度公司所开辟的小岛上的孟买，本来是打算成为海军基地和德干高原棉花贸易的出口港。因为这里有明显的优势，吸引了亚洲各地人民，并且成为波斯先知琐罗亚斯德最后的信众的家园。这些信众是最富有、最聪慧的一群土著，他们将火视为圣物，绝对不可亵渎。

马德拉斯在德干半岛的东岸，是科罗曼德尔海岸的主要港口，它的南边就是法属的本地治里。这是一个时代的产物，当时法国人是英国人最大的竞争对手，迪普莱克斯与克莱夫为了争夺印度全境，导致了那次可怕的加尔各答“黑牢事件”的爆发。

但是，印度大多数重要城市都在恒河流域。西部的德里是蒙古皇帝的旧址，他为了控制中央亚细亚进入恒河流域的入口而选择这个城市，而一旦掌控了德里，就等于掌控了整个印度。沿恒河而下，有安拉阿巴德。在附近地区，是勒克瑙和坎普尔，它们因1857年的大叛乱而声名远播。

随后，继续沿河而下，就到达了贝拿勒斯，这里就像印度人的罗马。他们不仅来这里在圣水中沐浴，而且还会在河边的火葬场中焚化，他们的骨灰就可以洒在最纯净的圣水中了。

讲到这里，我先告一段落。总之，印度的一切问题，都与道德问题和精神问题相联系，当你无论何时遇到关于印度的课题，或是以历史学家、化学家、地理学家、工程师或旅行者的身份去接触，都会被这两个问题所困扰。当陌生的或是新来的欧洲人，走入这个迷宫的时候，都必须小心谨慎地前行。

在尼西亚、君士坦丁堡，人们召开大会，开始着手编纂西方的宗教信条（后来这些教条征服了西方世界）。在这以前的2000年，我刚刚简明描绘过的这个民族的祖先，已经定下了许多清晰明确的信条了，而这些信条依然扰乱着我们邻居的精神，可能会持续十几个世纪。我们很容易谴责那些奇怪的东西，认为它们是不好的。就我所知道的印度

大梵天　唐卡

图中身骑白马者为大梵天，它是婆罗门教的最高神，被婆罗门教视为宇宙的创造者。而在印度神话中，相传它是从漂浮在宇宙洪水上的金卵中孵化出来的，有求必应。

释迦牟尼 唐卡

公元前500多年，悉达多在古印度伽耶村菩提树下开悟得道，所以被称为“佛陀”，意思是觉悟的人，释迦牟尼也因此成为佛教的创始人，佛教的历史自此展开。

的事物，大部分都很奇怪，它们常给我一种不安又烦恼的感觉。

但我也知道，对于我的祖父母，我也常有同样的感觉。

现在，我承认他们是对的，或者说并不是完全正确，但至少也不像我想象中那样完全错误。这是一个很困难的功课，但是却让我得到了一点谦逊的教训。老天知道，我正需要它！

雅利安人的四大种姓

自从雅利安人统治印度半岛后，他们就将印度人分成4个地位不同的种姓，以此来维持社会的稳定与婆罗门的特权地位。

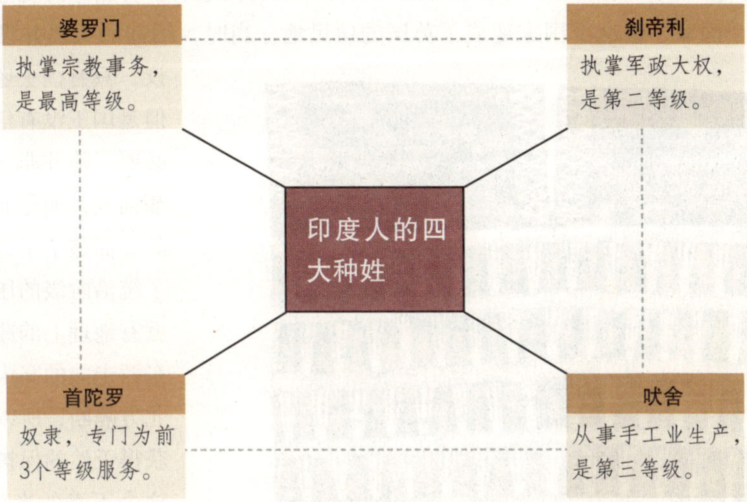

第三十六章

亚洲南部的大半岛

占据亚洲另一个南部大半岛的缅甸、暹罗、安南和马六甲。

这个半岛是巴尔干半岛的4倍大，共有4个独立的、半独立的以及附属的古国。从西边起，第一个是缅甸，很早以前它一直是完全独立自主的国家。直到1885年，英国人攻占了缅甸，在取得当地人的认可和世界上大部分国家的同意后，将当地的统治者放逐，吞并了这个国家，使这个国家变成了英国的殖民地。当时，缅甸的人民并没有对此抗议，只有国王还在挣扎。但是国王没有任何存在的必要，他并非土生土长的缅甸人，而是北方的舶来品。而整个半岛，都受到了统治阶级的压迫，其中就有地理上的原因。印度东西走向的高山，将它与北方隔断，所以印度能够获得天然的保护。至于在这个不幸的半岛上，5座独立的山脉都是由北向南延伸，给那些想从贫瘠的中亚草原迁往富饶的孟加拉海湾、暹罗湾和中国南海沿岸的人，提供了几条理想的入侵通道。在地图中，有许多废弃的城市和劫后的村落，我们可以遇到那些来自中亚的种族。

女人的无袖连衣裙　缅甸　19世纪末

图为缅甸东中部的一个凯伦人制作的无袖连衣裙，裙子上的白色装饰是用一种茂密的草，即薏苡的种子制成的，而别的地方也带有装饰贴花和丝绸刺绣。从制作方法来说，它的剪切非常简单，两块狭长的蓝染棉布被缝在一起，并留出了袖子和颈部的位置。

缅甸最后一位国王的命运看起来很可悲，但当你知道了他为了庆祝自己加冕，便恢复了亚洲一种古老的风俗——杀光自己所有的宗室成员，你就不会再为他流泪了。这种事情土耳其苏丹为了王位也曾经做过，就像南美各国的总统，在竞选前购买预防不测的保险一样。在19世纪80年代，数百名宗室成员倒在血泊中的故事让人不寒而栗。后来，英国总督替代了过去的君主。从那时开始，这个仅有3%的印度人，却有90%的佛教信众的国家，慢慢发展起来。因为伊洛瓦底河从仰光流往曼德勒的一段可以被用作航运，畅通的水路成为了贸易动脉。江上的米船、油船以及轮船的数目，远胜于昔日。

暹罗　海报

暹罗是泰国的古称，它在文化上受到了中国文化和印度文化的双重影响，全民信奉佛教。本图是古代泰国旅游的宣传海报，可以看到头顶金色宝塔、手部和颈部带着金色饰品的鹰身人面形象，这是泰国传说中的神灵形象。

暹罗在缅甸的正东面，达乌纳山脉和他念他翁山脉将两国分隔开来。暹罗之所以能够继续保持独立，与环境有很大的关系，尤其是位于西方的英国与位于东方的法国之间的相互猜忌是主要的原因之一。而对于逻罗来说，最幸运的是它有一个好国王。18世纪后半叶，有一个中国人曾经从缅甸手中拯救了暹罗，他的后代，就是在位40多年的楚拉隆克恩国王。他很聪明地利用他西方的邻居，来抵抗东方的邻居，同时又利用无足轻重的让步来维持它的地位。更重要的是，他并不聘请英国或法国的顾问，而只从没有威胁的小国中挑选专门的人才。在开明的统治下，暹罗境内文盲率已经从90%减至20%。他设立大学，修建铁路，疏通了湄南河，使其400多英里的流程用于航运。他更建立了健全的邮政系统和电报系统，拥有训练精锐的军队，使自己的国家成为其他国家羡慕敬仰的同盟，以及令人畏惧的劲敌。

曼谷位于湄南河三角洲上，有将近百万的居民，大多数人都居住在河中的木筏上，让曼谷有了东方威尼斯般的风景。暹罗并没有闭关锁国，禁止外国人民进入，反而鼓励中国工人迁往他们的首都。直到现在，中国工人的数量已达到曼谷人口总数的1/10，他们为暹罗成为最重要的稻米出口国作出了巨大的贡献。暹罗内陆覆盖着价值不菲的森林，柚木就是一种重要的出口品。因为暹罗统治者的幸运与明断，始终在马六甲半岛占有一席之地，这里是世界上最富有的地方之一。

总而言之，暹罗都一直反对国家工业化。在热带地区的人民，将来或许要永远从事农业及其他简单的追求，如果他们愿意一直从事这种职业的话。暹罗似乎也像亚洲其他几个国家一样，认为这种政策是非常必要的。只要亚洲仍然保持着村庄和田地，就任凭欧洲去发展工厂吧！这种村庄与田地，或许与西方的不同，但却很符合东方人的性格；至于工厂，就和他们的性格合不来了。

暹罗的农业，与其他国家略有不同。这个国家除了有中国人饲养的100万头猪以外，还有足以夸耀的600万头驯良的水牛和6822只大象。它们可以被用于家政服务，也可以租给别人来搬运货物。

法属印度支那——这个名称通常针对半岛上所有的法国领土而言——包含5个部分。南北走向的是柬埔寨，它占据了湄公河流域及其三角洲，那里盛产棉花和辣椒，名义上虽然仍然被称作王国，实际上已经由法国管理了。在它的内陆洞里萨湖以北茂密的森林之中，有几个曾被掩盖的遗迹，由一个叫作高棉的神秘民族所建立，关于这个民族我们所知极少。9世纪时，高棉人在柬埔寨北部建立了自己的首都，名叫吴哥。这个工程相当浩大，城墙和城池为正方形，每面都长于2英里，高于30英尺。最初，高棉人受到印度传教者的影响，都信奉婆罗门教，在10世纪时又以佛教为国教。这种由婆罗门教转为佛教所激发的精神，被充分地表现在了大量修建庙宇的活动中，这些庙宇都建于12世纪至15世纪之间。15世纪时，首都吴哥虽然被摧毁，但还是留下了非常伟大的建筑物遗址，有名的玛雅工程如果与它相比，简直是头脑简单的学徒的手艺。

有一种理论说，在湄公河三角洲形成之前，吴哥原本建筑在海面上。这样说来，这里的海面已经后撤了300英里，这种情况真是非常罕见的。因为在关于海面缩退的史料记载中，拉文纳的海面缩退了5英里，比萨的海面缩退了7英里，而其他地方没有超过这一记录。而吴哥那边的海到底为什么会这样，恐怕永远是个不解之谜。这里曾经有一座城市，它在当时的重要性就像现在的纽约。这个城市现在已经消失了，变成了明信片上的图画了，以一便士一张的价格卖给前往巴黎的殖民地展览会参观的客人。然而这里曾经是文化的中心，那时的巴黎还只不过是个拥有几间茅屋的小村落。现在看来，真是沧海桑田。

至于湄公河三角洲，后来成为法属印度支那的一部分。1867年，法国占领这里，那时他们在墨西哥远征中惨败，法国便想借由这里重振威望。这里有一个非常完美的港

陶瓷赌博令牌　泰国曼谷　19世纪

图为从19世纪早期到1870年，在泰国首都曼谷的赌场所生产的陶瓷筹码，它主要被用于柜台的小额交易，并逐渐取代了同时期的银色金属硬币和贝壳货币。在筹码的绿色那一面，有四个粉字白边的汉字，显示了发行人的名称与公司。

口，就是西贡。数千名法国官吏在西贡管理着400万交趾支那的人民，政府极力使他们相信在做完艰难的工作之后可以回到家乡去享受荣华富贵。

从交趾支那向东，是一个叫安南的国家，它在1886年以后受到了法国的“保护”。安南的内陆盛产木材，山脉纵横，没有方便通畅的大路，维持着未开发的状况。

东京（越南北部一个地区的旧称）是北方一个非常重要的地区，因为这里不仅有一条很好的河流——沱江，而且还出产煤、水泥以及棉花、丝绸和糖。在1902年以后，首都河内成为法国的印度支那政府所在地。除了刚才所说的4个国家外，还有内陆一块狭长的地方，它于1893年被法国吞并，我之所以提到是出于统计学的需要。这个大半岛的最南端分为两个部分。一部分被称为马来联合王国，包括受英国保护的4个小公国，剩下的地区为王属殖民地，行政上被称为海峡殖民地。这里对于英国掌握马来半岛至关重要，因为这里的山岭（有些高达8000英尺）蕴藏着非常丰富的锡矿，而且气候又适合各种热带植物自然生长。橡胶、咖啡、胡椒、淀粉及棕儿茶等都大量地从马六甲海峡的槟榔岛和新加坡，出口到世界各地。新加坡有50万以上的居民，位于一个小岛上，可以控制四面八方的航海路线。

新加坡也被称作狮城，几乎和芝加哥一样古老，是由著名的斯坦福·那佛勒斯爵士所建。当荷兰还是拿破仑帝国的一部分时，他在荷兰殖民地服务，预见了新加坡在军事上的重要性。新加坡在1819年时，还是个寸草不生的荒地，现在已经拥

镀金青铜湿婆像　柬埔寨　11世纪

图为古代高棉帝国的印度教神祇湿婆的镀金青铜雕像，它的额头上应该有第三只眼，而在它的右手，还应该持有湿婆特有的武器——三叉戟，但是现在已经下落不明。而其宽大的脸庞、明确界定的嘴唇和眼睛、宽松的王冠则是高棉雕塑的风格特色。

有50多万居民，是亚洲各地区人民的种族和语言的会集地。这里筑有坚固的要塞，就像直布罗陀海峡一样牢不可破，又是连通暹罗与曼谷的铁路的终点，不过这条铁路还没有跟缅甸的仰光相通。将来如果东西之间不可避免的冲突爆发，新加坡一定占据着非常重要的地位。新加坡人了解这种情况，所以开设了许多吧厅，富丽堂皇，声名远扬，每年赛马会的花费几乎与都柏林相等。

割胶 1888～1911年

图为新加坡种植园的主管亨利·李雷在展示割胶法，这是他发明的一种在树皮上切出“人”字形的切口来收集溢出的树汁的方法，据说使用这种方法，受损的树皮可以很快复原。

缅甸、暹罗、安南、新加坡

在亚洲南部的大半岛上，有4个独立的、半独立的以及附属的古国。分别为缅甸、暹罗、安南和新加坡。

	现称	首都	语言	货币
缅甸	缅甸	内比都	缅甸语	缅币
暹罗	泰国	曼谷	泰语	泰铢
安南	越南	河内	越南语	越南盾
新加坡	新加坡	新加坡	英语、华语等	新加坡元

第三十七章

中国

东亚大半岛。

中　国	
中文名称：中华人民共和国	所属洲：亚洲
首都：北京	主要城市：上海、广州、天津
官方语言：汉语	货币：人民币
时区：东五区至东九区	国家代码：CHN
国歌：《义勇军进行曲》	国花：未定

中国是一个幅员辽阔的国家。其边境线长达8000多英里，几乎与地球直径相等，国土面积比整个欧洲还大。

中国的人口数量占全球人口总数的1/5，当欧洲人的祖先将蓝色的颜料涂在脸上、用石斧狩猎野猪的时候，他们就已经知道如何使用火药、如何写字了。这样一个大国，要想在几页之中充分清楚地讲述，是决不可能的，所以，我只简单概述一下。至于详细情况（假如你有兴趣），以后你可以自己填补。关于中国的记载资料非常多，几乎可以摆满两三个图书馆了。

中国与印度一样是半岛，只不过是半圆形而不是三角形。在另一个重要方面，又和印度不同，中国没有高大的山脉可以让它与外界隔绝。相反，中国的山脉都像五指一样向西伸张，这就导致了黄海沿岸富饶的中国平原永远敞开着大门，任由中亚凶猛的冲锋军出入。

为了克服这个不利的形势，公元前3世纪（正好是罗马与迦太基争夺地中海霸权的时代），一位中国皇帝修建了一座高大的城墙，长1500英里，宽20英尺，高30多英尺，从辽东湾直达戈壁沙漠以西的嘉峪关。

这个巨大的屏障很光荣地尽到了职责。17世纪时，它在满洲人的猛烈攻击下被攻破。一个要塞能矗立2000年之久，确实非同小可。现在我们建筑的要塞，10年之后也就没有什么作用了，除非再花费大量的钱财重新修建。

在写这本书的时候，中国刚好是一个巨大的圆形，南部的长江和北部的黄河将它分成大致相等的三大部分。北部，即北京的所在地区，冬季很冷，夏季也很炎热，人民只能吃小米，没有大米可吃。①中部因有祁连山脉抵抗北方吹来的寒风，气候比较温暖，人口也很稠密，这里的人民食用大米，而不清楚谷粒的形状和味道。第三部分为华南地区，冬季温暖，夏季炎热潮湿，出产各种热带植物与果蔬。

华北地区又分两个部分：西部山区与东部平原。西部山区是有名的黄土带。黄土是一种质地良好的土壤，颜色为黄灰色，土质非常疏松，天上降下的雨水落到地上就会立刻消失。小溪与河流冲刷出深邃的峡谷，使各地往来举步维艰，就像在西班牙境内。

东部平原在渤海湾沿岸，渤海湾因为黄河携带的淤泥充塞，不能通航，没有更好的港口了。稍稍向北一些，又有一条比黄河小的河流，在航运方面毫无意义，它与“北京的芝加哥河”——这个大的排水运河是中国首都的污水排放沟——并非同一条河。

但无论如何，北京是个古老的城市，历经兴衰。986年，它被鞑靼人攻陷，改名为南京，即“南方的都城”。12世纪时，中原人将其收复，不过并没有把都城建在这里，而将其改为二等省会，名为燕京府。半个世纪后，它再次被另一支鞑靼部落所占领，名称被改为中都。百年之后，成吉思汗攻占北京，然而他不想在这里过安逸的生活，而是仍然向往蒙古沙漠中心的帐幕。他的继承者忽必烈就不同了，他重建北京的废址，将它的

青铜樽　约公元前13世纪～前12世纪

图为中国商朝的青铜酒器，应该被用于仪式中，樽上有一对公羊，形象十分逼真，是当时中国南方装饰形态和风格的体现。在中国古代器皿中，大部分都是用公羊装饰的，其制造方法应该是首先铸造羊角，然后再插入铸造的模具当中。

---

① 编者注：房龙将中国东北（当时称满洲）置于中国之外，这种观点是不可取的。

北京示意图　版画　17世纪

早在西周时期，北京就是燕国的都城。直至金朝，北京成为了古代中国的首都，元朝忽必烈也在此定都。明成祖之后，北京被大规模扩建，清末时已经成为当时世界上最大的城市之一，拥有众多名胜古迹和人文景观。

名字改为燕京，但在那时，燕京的蒙古语名称甘巴努克或“可汗之城”更为著称。

此后，鞑靼人又被逐出，明朝第一代皇帝即位。燕京变为了北京。从那时开始，北京一直是中国的统治中心，但它与世界其他地方相隔遥远。直到1866年，一位欧洲使节奉命进入北京，还有一个贵族——他的父亲曾经赠给大英博物馆埃尔金大理石石雕——被允许进入北京。

这个城市在最兴盛时，肯定异常庞大。它的城墙厚达6英尺，高度将近50英尺，有防御用的正方形塔楼和大门，壁垒森严。城内就像个迷宫，又包含了好几个小城，小城之

三教图　丁云鹏　中国明朝

图为明代丁云鹏绘制的《三教图》，图中释迦牟尼坐在菩提树下，双目低垂，似乎正在认真思考；释迦牟尼之右、头戴峨冠的人是孔子，他对中国传统文化有着深远的影响；释迦牟尼之左是老子，他身着褐色布袍，似乎准备随时发问。本图将佛陀、孔子、老子三个人物放在一个画面中，体现了明朝三教合一的思想。

中又有小城，有一座皇城、一座满人城和一座汉人城，19世纪中叶以后，还有外国城。

1900年义和团运动爆发之前，外国的外交代表都居住在他们自己的小区域内，这个小区域正好在满族人居住的区域与汉人之间。围攻发生后，这片外交区域就建筑起了坚固的防御工事，驻扎各国军队，以防止再次发生这种不幸的事件。当然，北京也有许多宫殿和庙宇。不过在这里我所要关注的，是中国人和印度人气质上的差异，这种差异可以解释中国和印度为什么只在过剩的人口方面有相同之处，其他地方都完全不同。

印度人始终把神视为至高无上的，就算是贫困的农民也倾其所有来建造巍峨华美、造价高昂的庙宇。婆罗门的口号是“为了公共利益，一分不出；为了天神，则倾其所有。”中国人名义上虽然信奉佛教，其实无论是莫特大街的洗衣匠，还是有权有势的清朝官僚，都受到了古代圣人孔夫子的影响。在公元前6世纪后半叶，孔夫子已经宣扬他的理论，教育人们不要花费无数时间去空谈来世。中国皇帝将国家大部分的收入，用于公共事业的改善上，以及运河、灌溉、堤坝、河流的修缮上，这些都出自孔子“慎行”的观念。至于庙宇和圣殿的花费，只要不让天神觉得被藐视，就足够了。

古代的中国人，是一个拥有非凡艺术天赋的民族，他们所花费的精力，比恒河流域的人民少，但成就却远比他们大。前往中国旅行的旅行家，没有看到任何能与印度巨大的建筑相比的东西。只有北京以北约60英里的明代皇帝的陵墓，有几个动物塑像守护庭院。另外，还有一些大型佛塔。其他建筑虽然朴实且比例得当，但都不算大型。奇怪的是，中国艺术比印度艺术更受到西方人的欢迎。中国的绘画、雕刻、陶瓷、漆器，非常适合用在欧美人的房屋里。至于印度的装饰，反而破坏了和谐，并不能得到西方人的重视，即使在博物馆里也是这样的。

中国对于现代的商业世界至关重要，因为中国蕴藏着丰富的煤矿，又有世界第二大铁矿。等英国、德国和美国的矿藏消费殆尽的时候，我们还可以到山西省去挖煤取暖。

直隶的东南方为山东省，山东半岛因此得名，它将渤海湾与黄海分开。除了黄河河谷，山东境内有很多山峰。黄河原本向南流入黄海，却于1852年忽然改道，而这也表明了中国的洪水才真正称得上洪水。我举个例子来形容黄河的改道，假设莱茵河忽然流入波罗的海，或塞纳河不流入比斯开湾而是流入北海。17世纪以来，黄河十多次改变了入海口，即使是现在的河道，我们也不能确定将来是否改变。在其他地方，堤坝对于约束河流、制止泛滥，起到了很好的作用，但对于黄河和长江这样的河流，就变得毫无用处了。1852年，黄河冲垮了堤坝达50英尺，仿佛撕一张薄纸那样毫不费力。

然而还有其他因素促成河流的灾害。我们总是把黄色和中国人的肤色联系在一起。但是中国帝王自称皇帝，意思是黄色地球的主宰，他们着眼于人民所居住的这片土地，而不是土地上的人民。黄河携带着高原上的黄土把华北的所有东西染黄，比如河水、海水、道路、房屋、田地以及男女服饰。这个民族之所以有黄种之称，想必也是这些黄沙的原因，其实这个种族相比西方城市的居民也黄不了多少。

13世纪时，一位皇帝下令开辟了一条运河，连接了黄河与长江，其目的是使人民由华北迁往华中和华南时，不用冒航海的危险。这条运河长1000英里，出色地完成了它的使命。直到1852年，在黄河由黄海改道渤海湾时，这条运河被冲毁。不过这条世界最长的大运河，的确可以表现出中国古代帝王的高瞻远瞩。

让我们再次回到山东半岛，这里的海岸是由坚硬的花岗岩石构成的，为几个重要海港的形成奠定了基础。如威海卫，后来处于英国的掌握中。而英国人之所以向中国租借威海卫，是因为当时俄罗斯占据了渤海湾另一边的亚瑟港（旅顺），将其作为海军根据地和西伯利亚支线的车站。租借条约规定，只要俄罗斯从辽东半岛退出，英国应该立即撤退。但1905年日本攻取亚瑟港时，英国人依然不把威海卫归还给中国。德国不甘落于人后，于是便攻占了稍南一点的胶州湾和青岛，这两个地区都在山东半岛。这就表示，第一次世界大战在远东也开始打响了。德国人与英国人经常为了不属于自己的东西而开战，而日本算是鹬蚌相争，渔翁得利。

为了向中国人示好，英国和德国分别把威海卫和胶州湾归还给了中国。但如果日本夺取了中国东北，那么旧戏恐怕又要重新上演了。其详细情形，我会在下文中为大家讲述。

在中国东部，即华中有一片广大而肥沃的平原，实际上是北部平原的延长，只不过其中

两江名胜图

中国明朝　沈周

在这幅描绘长江、淮河两岸的名胜风景的画作中，沈周用笔质朴而凝重，将繁笔勾皴的山峦和简笔勾勒的屋宇形成了疏密的对比，使画面产生强烈的装饰美感，营造出诗意盎然的境界。

战火中的武昌城

1911年10月11日，革命军在湖北武昌发动了起义，吹响了各省脱离清政府的号角，在随后的几个月内，十几个省份纷纷建立军政府，史称辛亥革命。图为武昌起义中北洋军炮轰武昌时起火的住宅。

有些山脉而已。长江蜿蜒曲折地绕过这些山脉，最后流入东海。长江途经的四川省的面积几乎与整个法国相等，这里有非常肥沃的红土，人口数量也比法国多。不过这里有几座南北走向的山脉，使它与外界完全隔绝。因此，白人几乎很少涉足，而四川省与中国其他地区相比，人口更多。

长江入海的沿途，进入的第二个省为湖北省，是著名的汉口的所在地。汉口在1911年时是大革命的中心，这次革命最终的结果是，推翻了清王朝的末代皇帝，世界最古老的帝国变为了共和国。在到达汉口之前，长江可以行驶排水量不超过1000吨的海上轮船，汉口至上海这一段因此成为华中地区的商业大动脉。上海是中国的国际贸易中心，是1840年至1842年中英鸦片战争结束后，对外开放的首批港口之一。

长江三角洲以南有杭州，苏州在三角洲的东部，这个名称中暗含茶叶的意思，含义确实非常恰当。长江下游的土壤极其肥沃，位于三角洲起点的南京长久以来不仅是华中最重要的大城市之一，而且是许多朝代的都城。

南京有悠久的历史，并且它位于广东至北京的中间，不会直接受到外国大炮的威胁，战略位置相当重要。

至于华南的大部分都是山脉，虽然出产茶叶、丝绸、棉花等产物，但相对于中国其他地区还是相当贫穷的。过去，这里曾经森林密布，但后来森林全都被伐光了，泥土被雨水冲走，只留下光秃的石块，致使这里的人民纷纷往世界各地移民。不过目前为止，世界上还没有一个国家，颁布了限制中国移民的法律条例。

华南地区最重要的城市为广州，这里是中国主要的进口港，而与它相对应的上海，是面对欧洲最重要的出口中心。珠江口上有两个外国领地，右岸为澳门，是葡萄牙在中国仅存的殖民地，现在只是东方的蒙特卡罗而已。另一处为香港，英国在鸦片战争时期夺取它。

在华南远离海岸的两个岛屿中，海南岛属中国所有，另一个中国岛屿台湾，从1894年至1895年的中日战争以后，就被日本占领了。

90%的中国人在过去、现在或许将来一直是农民，他们一直以来都是自给自足，如果遇到收成不好，就难免会忍饥挨饿了。但是，现在已有48个港口与国外通商，主要出口丝绸、茶叶和棉花。奇怪的是，他们并没有出口鸦片。中国皇帝极力设法避免人民受到鸦片的侵害，以前的罂粟田也渐渐变为棉花地了。

相对于其他民族，中国人民在建设铁路的问题上，有相当长时间的斗争。他们尊敬父母与祖先，害怕工程师的到来扰乱了地基之下祖先的清静。1875年，在上海到吴淞口之间修建的几千米长的铁道，引起了强烈的反对，被命令立刻停止运行。即使是现在的中国铁路，还要避开墓地而绕了一个大弯。不过，现在已经有数万米的铁路投入使用，而济南附近的黄河大桥则是世界上最大的铁路大桥。

中国对外贸易的60%是由英国及其殖民地来掌控的，这也许可以解释为什么英国不得不停止对当时中国人实施以往残暴的政策了。如果英国的货物被天朝勤劳的工人抵制一天，那么就要损失数百万美元。与一个代表全人类1/5人口的利益的消费者保持友好的关系，才是最聪明的政策。

中国人的远祖出现在这个混沌的世界时，就一直在中国心脏的西北部黄河两岸繁衍生息。这片肥沃的黄土地，在农业民族的眼中，有着重要的价值。此外，黄土可以解决人们居住的问题，可以倚靠高山找到一个便利的地方，挖出一个房间居住，而且完全不用担心墙壁透风或屋顶漏雨。

根据很多熟悉此地情况的旅行家记载，在这里有许多人口稠密的地方，但是不到清

长江万里图部分 吴伟 中国明朝

图为吴伟传世水墨写意山水画中仅见的长卷巨制，描绘了长江沿岸的风光，用笔简逸苍劲、一气呵成，营造出浩荡而含蓄的意境，构图则起伏多变、富含生机，尽显长江沿途的壮丽云山、城乡屋宇、江上风帆等。

人面鱼纹图　西安半坡　新石器时代

图为仰韶文化的绘画艺术的代表作之一，属于黄河中游地区的新石器时代文化。在这件彩绘陶盆中，内壁绘有人面鱼纹，其中人面呈圆形，有三角形的鼻子，嘴上衔着一条鱼，头上戴着锥状的帽子，形象生动逼真，富有质朴的艺术魅力。

晨是看不到人类居住的踪迹的。当早晨太阳升起的时候，男女老少都像爬出洞窟的兔子似的，开始一刻不停地到处寻找食物，直到暮色降临，又隐藏到山洞中去了。

中国人拥有了这些山脉以后，便向东迁移。异常活跃的黄河也将山区数百万吨黄土带到了平原，使平原更加肥沃，即使平原上有几百万人口，也完全可以衣食无忧。中国人顺流而下，在公元前20世纪（罗马城建立前1500年）到达长江，帝国的中心也由黄河区域移至华中大平原。

耶稣诞生前四五百年，中国出现了三位伟大的宗师，分别是孔子、孟子、老子，他们的名字尚未拉丁化。这三位伟大的哲学家出现时，中国人的宗教观念是什么样子的，我并不知道。不过，大自然总是受到人民的崇拜，而依赖大自然为生的人民，没有不崇拜它的。从适用于基督、佛陀的这句话来看，孔子、孟子、老子都不是宗教的创立者。

他们只是根据人的接受能力来宣传道德准则，它并不高级，但是有巨大的发展可能性，对人们讲述多做善事，或是接受长辈和贤能者的教导。从基督教的观点看来，这三个人宣传的是一种世俗的实利主义的观念，会受到指责。他们提倡一种理论：犯错就应该得到惩罚，欠别人的债就应该偿还，遵守契约，尊重和怀念祖先。

这三位中国哲学家传播观念的范围虽然非常小，但是中国的每个人都受其感染。我并不是说这种体系比欧美的宗教是好或坏，但是这种观念也有许多实际的好处。它至少给予了这个包含4亿人民、持几十种方言（一个来自北京的中国人很难听懂南方人的语言，就像一个瑞典人和一个意大利人在交谈）、生活在完全的不同环境之下的民族一个共同的东西——那就是对待人生中的波折特有的果敢态度，这是一种适用的人生哲学，能让处在社会底层的苦力忍受艰辛的劳作。

这种思想并不深奥，几乎人人都能明白。我只要讲一讲中国人在他们4000年的历史中成就的同化事迹，就足以证明。这种事迹不合情理，也非常惊人。10世纪时，中

国成为了有史以来最大的帝国——领土范围西起波罗的海，东达太平洋的蒙古帝国。所有的蒙古帝王最后都和忽必烈一样，变成了中原人。在蒙古人统治之后是明朝，它是汉族人建立的最后一个纯粹的朝代。之后，统治这个国家的是鞑靼亲王，他来自满洲，是清朝的开山鼻祖。中原人不得不留起了长发，编上辫子，把头上剩余的地方剃掉，以示屈服于他们的主人。但没多久满洲人比汉人更像汉人了。

满洲人入主中原以后，中国天下太平。朝廷施行了完全闭关锁国的政策，严防海港，以防御西方的入侵者，中国文明有了一个喘息的机会。但在这段期间，中国更为彻底地冥顽不化，政治制度比革命前的俄罗斯还顽固，文学的发展被完全冻结起来，就算是他们无可匹敌的艺术也像古君士坦丁堡的镶嵌工艺一样停滞不前。科学毫无进步，假如有人偶尔发明了一些新奇的东西，就会立刻被人唾弃，认为这是可笑并且愚蠢无用的，就像美国军医处认为麻醉药既新鲜又可笑而不愿意使用一样。由于中国人与外界完全隔绝，完全没有机会了解其他国家的情形，所以中国人总是相信自己的方法是最好的、自己的军队是最强的、自己的艺术是人类最高尚的艺术、自己的风俗习惯比任何国家的风俗习惯都要高贵，以至于相提并论都是可笑的。这种排外的政策，在其他国家中也曾经温和地实行过，但中国却毁于排外政策之中。

16世纪前半叶以后，中国人因为看到了与欧洲通商可以获得利益，就允许少数葡萄牙人、英国、荷兰的“外国魔鬼”在太平洋岸边的两三个口岸居住。但那些外国人对他们的社会地位和待遇都相当不满，他们被当成体面的混血医生对待，被迫与那些弗吉尼亚的首批定居者的代表团同船出行。

老子授经图 任颐 中国清朝

图为老子为人讲经的情景，其中须发皆白者为老子。老子，又称老聃、李耳，是中国古代伟大的哲学家和思想家，也是道家学派创始人，被道教尊为道祖，对中国哲学有着深远的影响。

1816年，英国派阿默斯特爵士（杰弗里·阿默斯特的侄子，他于1817年在圣赫勒拿岛会见拿破仑）去请求中国政府，要求改善英国商人在广州受到的严苛待遇，他被告知如果要朝见皇上，就要看他是否愿意在皇位前磕头。所谓磕头，直接的意思就是“在皇位前的地板上，用头在地上叩三下”，这种事情只有一位荷兰船主愿意做，因为他只要磕了头，就可以把足够的茶叶与香料带回去，从此安度余生了。但英王的代表有不同的想法，阿默斯特果断地拒绝了，最后，他被挡在了北京城的门外。

同时，欧洲借助詹姆斯·瓦特的发明，以及应用汽船以探索这渺小的地球，他们逐渐强大富有，产生了占领新领土的强烈欲望，中国自然成为了他们的第一个目标。战争爆发的导火索，对白人的尊严实在不算愉快，尤其对于1807年降生的那些白人更是如此。此时，欧洲第一位传教士莫里森到了广州，他将基督教的伟大之处以及为何应给予它机会告知中国人。但是那些满族统治者依然遵循着孔子的教条，坚决抵制人民沾染祸害无穷的鸦片。但英国印度公司，却售卖数百万磅的罂粟种子给长江及黄河流域的人民。英国印度公司坚持将鸦片输入到中国，而中国政府又拒绝这种货物上岸。鸦片与厌恶的情感，最终酿成了1840年的鸦片战争。在此次战争中，中国人惊诧万分，他们决不是他们认为的那些微不足道的外国人的对手，在闭关锁国长达几百年后，他们已经远远落于人后。

这种担心变成了现实。从鸦片战争以后，中国一直就在西方人的掌控之下。但习惯了农耕、任凭外界翻天覆地的中国人已经向外界证实，他们已经意识到了国家的问题。第一次不满暴发，是在80年前。他们把国家不幸的痛苦都归罪于清朝政府，高举旗帜，要求解放。

职贡图（部分）　任伯温　中国元朝

图为游牧民族入元朝进贡宝马的情景。1271年，忽必烈建立了元朝，其疆域空前辽阔，游牧民族也纷纷前来进贡，比如图中的人就进贡了宝马，全画均以线条勾勒，连绵流畅，造型、敷色几乎全用唐人之法，古朴雅致。

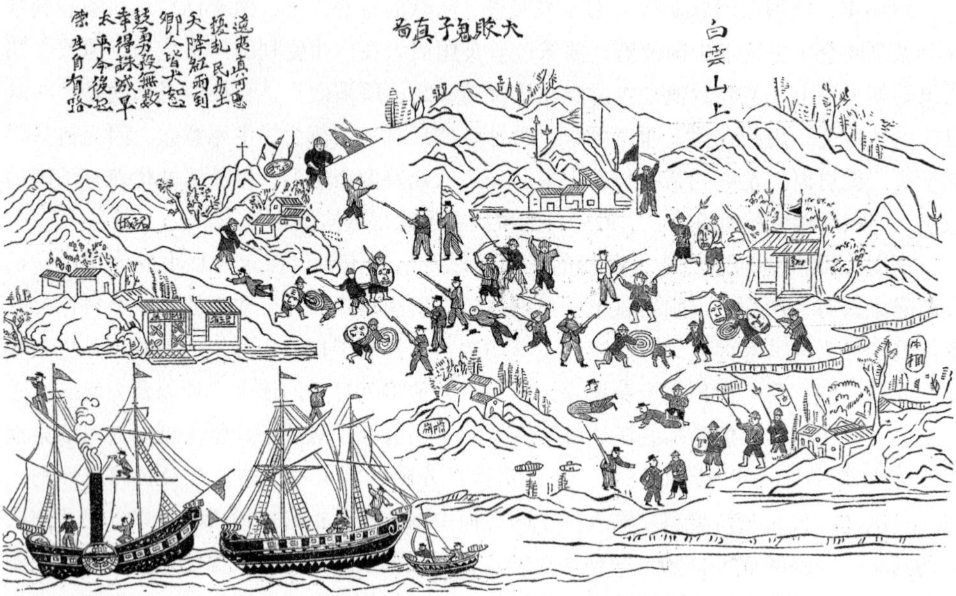

鸦片战争

1840年，英国侵略者向中国发动攻击，由于这次战争是英国殖民者强行向中国倾销走私鸦片引起的，故史称鸦片战争，中国自此开始由独立的封建国家逐步变成半殖民地半封建国家。

当中国人正在与英法联军战斗时，华南爆发了太平天国运动。起义者剪去辫子，剃了光头，以示反抗。但是，联军的军队实力非常强大，最初由一个叫华德的美国工程师指挥，后来由一个叫查理·乔治·戈登的英国人（他忠诚地信奉着基督教，又是一个知识渊博的神秘主义者）指挥。后来，太平天国在清政府的镇压下，失败了。戈登回到英国，专注于慈善事业与宗教事业，在尚未领军时享受安逸的生活，为之后的悲惨结局做好准备。关于这一段，在非洲一章中你就可以知道了。

后来，在1875年，中国人与德国人之间发生小小的摩擦，于是德国人就派遣了一支海军舰队前往中国海岸清除海盗。在1884年到1885年之间，清政府与法国再次爆发战争。1894年，中国与日本开战，经过了一场完全欧化的战争，战争才宣告结束。

随后，欧洲各国大举入侵军事战略要地。俄罗斯占领亚瑟港，英国占领威海卫，德国夺取了胶州湾，法国夺取了湄公河左岸的香黄。一向在外交政策上摇摆不定的美国，则向欧洲各国空谈保持“门户开放”的策略。当欧洲各国地处大洋彼岸的“表亲”未关注这里时，它们就将窃取的土地变成坚固的炮垒，并且紧闭门户。

富有耐心且天生勤劳的中国人，一直都处在被列强侵侮的境地。于是，他们便在1901年发起了悲壮的义和团起义。他们最初的目标，是要诛杀德国大使，然后围攻了北京的外国大使馆。结果，俄、日、英、奥、德、意、法、美数国军队往那里进军，以解救被围困的外国区域与各国的大使及其家属。

他们为了报复，将北京洗劫一空，皇城中心的紫禁城也被攻陷，紫禁城中被视为极其神圣的东西无一幸免。德国统帅到达时，带了2万多名士兵（那时战争已经停止了，劫掠却正在进行），德国国王命令他“沿着匈奴的脚步前进”——这样的事在十几年后，却降临到了德国身上。实际上，这句话是威廉下达的恶劣的命令，虽然他那时不像现在这样杀人如伐木。

在支付了巨额赔款，又受尽了欧洲列强的侮辱之后，中国人在1911年又发起了起义，这次反抗成功了，清政府被推翻了，中国变成了一个共和国。

中国人在这次事件之后得到了教训，知道西洋各国对于孔子的著作根本就没有兴趣，他们最关注的只是铁矿、煤矿和石油的特许权。因此，无论哪个国家拥有这些宝贵的资源，要想使财产绝对安全，就最好将它们沉入海底。于是，中国开始了洋务运动，以改变现状。

同时，俄罗斯已经开始实施他们的野心计划，想要将这片世界的1/6改造成工业国。俄罗斯是中国的近邻，中国的劳工生来就进行着劳苦的工作，这些困苦的劳工，无论被谁统治，无论是英国人、法国人或日本人，俄罗斯总会暗中在他们耳边窃窃私语。

这种彼此的思想冲突、计划及情感的结果，都使第一次世界大战以后的中国处于混乱的状况。在世界大战中，中国被迫加入协约国，而结果又和以前一样，一无所得，反而大受损失。

我不是先知，不知道今后的10年或15年中会有什么事件发生。也许中国还会一直保持现状，如果中国觉悟得太晚了，就无法赶上世界的脚步。不过如果它能赶上的话，我们要支付数额多么庞大的一张支票来偿还呀！

洪秀全

图为太平天国的创建者洪秀全，他在1851年1月11日发动了太平天国运动，建国号太平天国，自称天王，这场运动也是几千年来中国农民运动的高峰，对于后世有着深远的影响。

中国古代王朝简表

根据相关资料，中华民族形成于夏、商，此后，在古老的中华大地上，朝代更迭不断，中华文化在长达几千年的历史中逐渐形成。

朝代			起止时间	创建者
夏			公元前2070～前1600年	姒启
商			公元前1600～前1046年	子汤
周	西周		公元前1046～前771年	姬发
	东周	春秋	公元前770～前476年	姬宜臼
		战国	公元前475～前256年	
秦			公元前221～前206年	嬴政
西汉			公元前206年～公元25年	刘邦
东汉			公元25～220年	刘秀
三国	魏		220～265年	曹丕
	蜀		221～263年	刘备
	吴		222～280年	孙权
晋	西晋		265～317年	司马炎
	东晋		317～420年	司马睿
南北朝			420～589年	
隋			581～618年	杨坚
唐			618～907年	李渊
五代十国			907～960年	
宋	北宋		960～1127年	赵匡胤
	南宋		1127～1279年	赵构
辽			907～1125年	耶律阿保机
金			1115～1234年	完颜阿骨打
元			1206～1369年	铁木真
明			1368～1644年	朱元璋
清			1616～1911年	努尔哈赤

第三十八章

朝鲜和蒙古

我们先从应用经济学的一些基本知识开始讲起吧！

朝　鲜	
中文名称：朝鲜民主主义人民共和国	所属洲：亚洲
首都：平壤	主要城市：惠山、江界
官方语言：朝鲜语	货币：朝鲜圆
时区：东九区	国家代码：DPRK
国歌：《爱国歌》	国家代码：木松花
蒙　古	
中文名称：蒙古国	所属洲：亚洲
首都：乌兰巴托	主要城市：额尔登特、达尔汗
官方语言：喀尔喀蒙古语	货币：图格里克
时区：东八区	国家代码：MNG
国歌：《蒙古国国歌》	国花：未定

日本人闭塞在小岛上，但人口却像印度人一样急速增长，所以急需更多的土地。这是一个事实，就算用尽世界上最美丽的言辞，找遍世界上的所有条约，听过所有渊博的智者们最有意味的演说，都不能改变，因为这是一个自然规律。假如我和另外一个人同在一个救生筏上，漂流在茫茫的大海中，我虽然强大却无比饥饿，而我的同伴虽然虚弱却有满满一袋的火腿三明治，那么我必须要从同伴所有的三明治中获取一份，否则只有走向死亡。我是一个正常人，被敬畏神明的父母小心翼翼地扶养长大，我只能抵抗一天或两天，最多三天这种诱惑。当到达临界点时，我会说："快点给我一些火腿三明治，否则我就要把你扔到海里去！"

我小时候受到的教育教导我，对待这位拥有火腿三明治的朋友要宽厚，要让他有充

日本武士

9世纪中叶，日本一些地方领主开始建立保卫自己的私人武装，武士开始产生，并在10世纪得到了政府的承认，直到明治维新时期都是统治日本社会的支配力量，他们不仅是职业军人，还是和平时期的行政管理者。

饥的口粮。但我如果这样做了，那我就必须要选择自杀，一定要把肚子中可怕的饥饿感镇压下去，当你将救生筏上的那个人的财产放大100万倍或1000万倍，你就能明白日本人所遇到的问题了①。

日本的国土面积比加利福尼亚还要小（加利福尼亚的面积是15.5652平方英里，日本的面积是14.8756平方英里），其中只有1600万英亩能够用作耕种，还不到美国耕地面积的2%。如果拿一个近点的地方来比较，就是说，日本的耕地比纽约一个州的肥沃土地还要小。即使有世界上最好的农业专家的帮助，你仍然可以一眼看到这里可怜的岛民所遇到的是多么严重的问题。他们都住在海边，以捕鱼为业，虽然他们现在已经在稻田的泥浆水中饲养鱼种，但是他们的困难依然没有得到彻底解决，何况他们每年还要增加65万人口。

日本必须得到更多的领土，这一点是无法避免的。他们首先考虑的目标，自然是中国那些管理不善并且别人视而不见的土地。或许美国更符合他们的需求，但距离太远，而且美国又太强大。大洋洲也太远了，而且那里9/10的领土都是沙漠，没有什么用处。只有中国距离他们最近，很容易通过朝鲜半岛这一大陆桥到达，而且朝鲜半岛与日本主岛中间只隔着一条朝鲜海峡。这条海峡只有102英里宽，正好被对马群岛分成两半。1905年，日本海军在这个群岛附近击破了俄罗斯舰队，使俄罗斯不再成为日本在东亚的竞争对手。

朝鲜半岛与南意大利及西西里岛在同一个纬度上，然而气候却比这两个地方寒冷得多，缺乏自保的地势。这里的人民将自己的国家称为“朝鲜”或“黎明时分宁静的可爱之地”，他们是中国移民的后裔，他们毫不费力地征服了当地的土著（一种原始的种族，居住在内陆山岭的洞穴中）。这些从西边来的移民不久便建立了一个自己的王国，但是这个王国却从来没能脱离中国这个宗主国而完全独立，同时一直被日本海盗所侵扰。

1592年，日本第一次尝试夺取朝鲜半岛。作为一个没有充分准备就决不发动战争的国家，日本刚好拥有葡萄牙人卖给他们的几百枝老式散弹短枪。凭借着优越的军事装

① 编者注：房龙对日本所谓为争取“生存空间”而进行的侵略战争，竟抱有同情的态度。这些（包括还有其他很多对第三世界人民的污辱性言词）都是不可取的，读者应该有正确的判断。

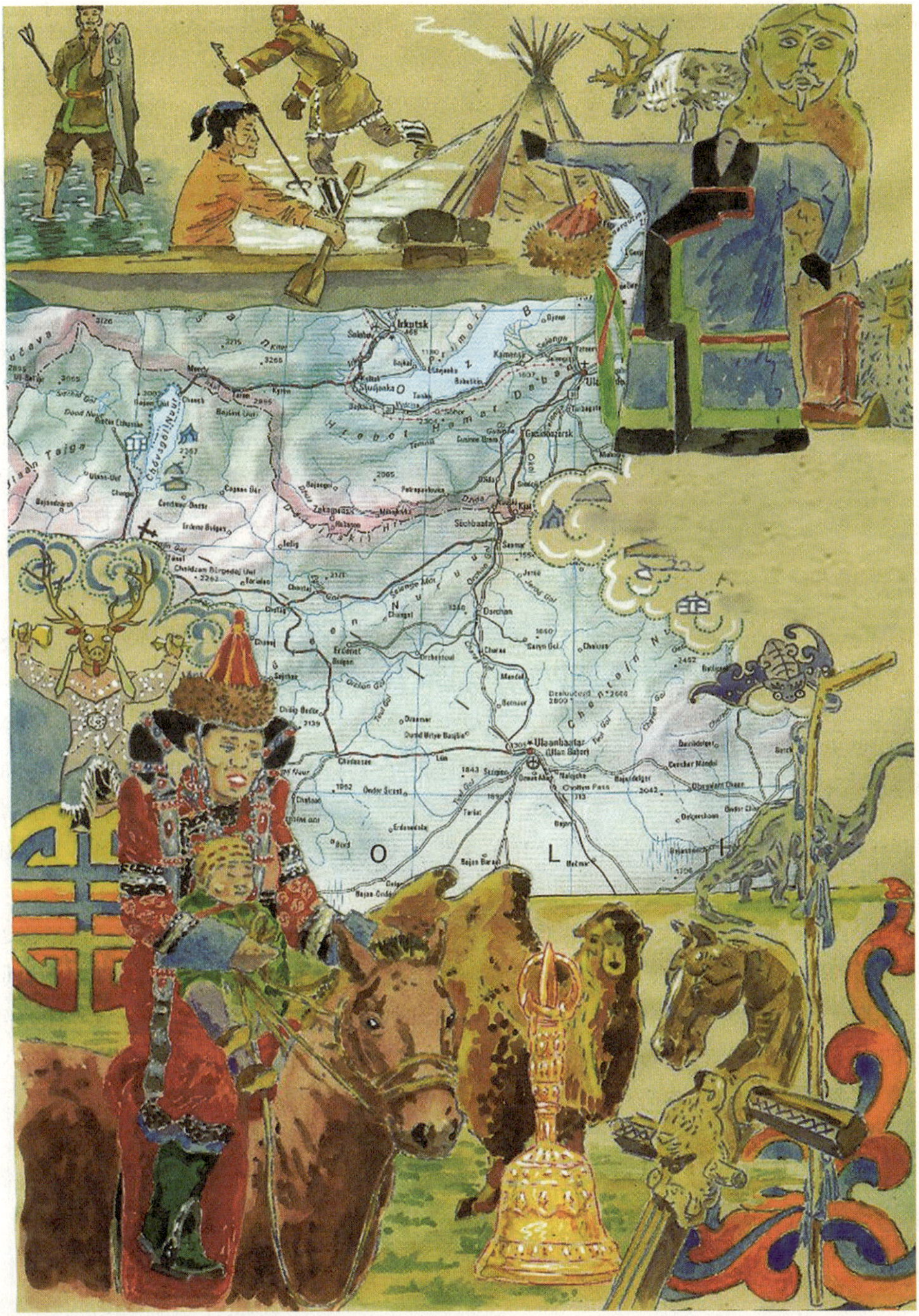

蒙古示意图

蒙古处于高原地带，南北分别被中国和俄罗斯包围。基本上来说，蒙古人属于游牧民族，过着群居的生活，马就是他们的交通工具，蒙古包就是他们的房子，生活习性基本与中国的内蒙古相同。

青铜香炉　朝鲜　918 ～1392年

图为高丽王朝时代的青铜香炉，主要被用于佛教仪式和典礼中，一般被放置在佛教寺庙的祭坛上，其燃烧器上有装饰性的图案和悉昙字母，是高丽时期典型的完成品。而在当时，佛教在朝鲜各个地区都有着很大的影响。

备，日本派遣30万士兵包围了朝鲜海峡，在攻打了5年之后，日本人后来被中国派来的、占据优势的援军所击败。

但在这次战争中，朝鲜的首都汉城毁于一旦，日本人令人发指的暴行更引起了朝鲜人对日本的世代深仇。但这又能怎么样呢？朝鲜弱小，而日本强大。19世纪最后的25年内，朝鲜被迫对俄罗斯作出各种经济和政治上的让步，于是日本人又有了极好的借口，发动了一次新的战争。

只要是战争，其直接原因很少有什么实际的意义，引起战争的根本原因才是潜在的动力。这次战争也像1592年的远征一样，直接而绝对的原因是日本政府需要食物来供给迅猛增长的人口。

一旦日本打败俄罗斯，将俄罗斯军队从划分朝鲜和中国的鸭绿江边驱逐后，朝鲜便立刻成为了日本的一个保护国。1910年，这里成为了日本帝国的一部分，就像1895年日本夺取中国的台湾、1905年夺取俄罗斯的哈萨林岛南半部分以作战争的赔偿一样。现在已经有50万日本人移居到2000万人所在的朝鲜，其余还会按计划慢慢迁移。

蒙古是一个面积很大的国家，将近140万平方英里，是英伦三岛的11倍，人口将近200万。其南部地区是戈壁沙漠的一部分，不适合人类居住，而其他地方拥有大片的草原，非常适宜畜牧。如果没有这些草原，那些依靠骑兵成功的蒙古人恐怕永远不能有健壮的小马，而就是这些小马让他们从太平洋到大西洋都扬起胜利的旗帜。

许多人似乎对“日本的野心”非常愤慨，认为那是一种野蛮的表现。

如果这片北亚大陆的安全屏障没有了，那么菲律宾、荷属东印度群岛、澳大利亚、新西兰以及美洲西岸，恐怕也要敞开大门，任凭日本人侵略。美国将被迫在每一座波利尼西亚岛前驻扎战舰，以防那些地方被日本的巡洋舰趁着黑夜占领。

第三十九章

日　本

日本。

日　本	
中文名称：日本国	所属洲：亚洲
首都：东京	主要城市：大阪、京都
官方语言：日语	货币：日元
时区：东九区	国家代码：JPN
国歌：《君之代》	国花：樱花

日本在侵略他们的邻居以征服世界之前，共有500多个岛屿。这些岛屿形成一个半圆形，北起堪察加半岛，南至中国广东省的海岸，距离相当于欧洲的北角到撒哈拉沙漠的中部。

这些岛屿大小不一，有的与英格兰差不多，有的与苏格兰一样大，有的却像曼哈顿一样。这500多座岛屿居住着6000万人口。

根据最新统计，日本人口总数超过9000万，不过，其中有2000万朝鲜人，和少数的波利尼西亚群岛人，这些地区在第一次世界大战后成为日本的领土。

我们有必要记住几个大岛的名称。本州岛是日本中部最主要的岛屿，其次是在北边的北海道，四国岛和九州岛紧靠在本州岛的南边。日本的首都是东京，居民有200多万，位于本州岛中部肥沃的大平原上。东京的港口为横滨。

日本的第二大城市为大阪，坐落在本州岛的南部，是日本重要的纺织业中心。在大阪以北的京都是古代日本帝国的首都。而其他城市的名称你在报纸上经常会见到：大阪的港口神户、九州岛南部的长崎，后者是来自欧洲的轮船最便利的港口。

至于你们在历史教科书上经常看到的江户就是东京，它是古代幕府将军居住在这里时所用的名称。1866年，幕府将军失去权力，天皇从京都迁到江户，于是将其改名为东京。从那时起，东京开始了高速发展，已经成为当代世界最大的城市之一。

但是，这些城市却时刻都处在毁灭的危险中。因为日本群岛位于规模宏大的亚洲山脉的边缘（日本海、黄海浅滩及中国的东海都是最近形成的，就好像将英格兰变成岛屿的北海一样），是从哈萨林延伸到荷属东印度的火山的一部分，这条山脉一直在不断移动。据日本地震测验统计，在1885年至1903年期间，日本共发生了27485次地震，平均每年1447次，每日4次。当然，这些地震中的绝大多数不算什么，只不过是茶杯微微晃动、椅子碰撞墙壁而已。但是，日本古都从建立以来，在10个世纪中竟然发生过1318次地震，你就可想而知这个岛屿的危险。在这1318次地震中，194次属于强震，34次被认为是完全破坏性的。1923年9月的地震，距离现在时间还不算很远，我们应该还记得。那次，整个东京几乎完全被摧毁，约15万人死亡，几座小岛升高了几米，一些小岛沉入了海中。

日本示意图　版画　17世纪

日本是位于太平洋大陆东岸的岛国，西侧与中国隔海相望，主要有北海道、本州、四国、九州四大岛屿。在明治维新时期，日本实行了政治、经济和社会等方面的大改革，并成为亚洲资本主义经济强国。

人们经常把地震与火山联系在一起。确实有许多地震是火山爆发的结果，但大多数地震是因为我们所居住的土地下岩层的突然滑动所引发的。如果这些岩层只移动二三米，只会让几棵树或灌木倒下。如果发生在适当的地点（或许说不适当的地点更形象点），就可能上演像1755年的里斯本惨剧，那时6万人在地震中丧失了生命，或者是1920年死亡人数高达20万的广东地震。根据权威的地震学专家的估计，过去的4000年，也就是所谓的人类“史前时期”中，地震已经使1300万人丧失生命，无论如何，这都是个惊人的数目。

地震随时都可能发生。一年前，北海海底还因地震发生强烈震动，波及到了斯克尔特河与莱茵河口的岛屿上的冲积平原，在这里采蚌的人短时间都感到非常不安。北海地区非常平坦，而日本群岛则在高山之巅，这一山脉的东半部分陷落下去，滑入了大洋下面的一个不见底的深洞中，这是科学家迄今为止在洋底发现的最深的洞穴。著名的塔斯卡洛拉深渊，有2.8万多英尺，比菲律宾群岛与马里亚纳群岛之间的海洞浅6000英尺。而日本东海岸却垂直下降约6英里，因此日本一半以上的大地震都发生在东岸，并不只是偶然。

然而，日本人像大多数住在地震带的人们一样，并没有因为受到永久的安全威胁而失眠。他们和我们一样种田，和小孩子玩耍，吃饭，对查理·卓别林的表演大笑不已。在长久的地震中，他们得到了教训，建造了一种纸板房，这种房屋在冬天虽然有点透风，但是当它晃动时，危险却极小。如果他们都像东京一样，模仿西方建造摩天大楼，那么上亿人就会有危险了。不过客观来说，日本人对恶劣的地理环境的适应力，比任何国家都强。他们擅长使生活成为一种和谐快乐、令人喜爱的冒险，这一点是西方人无法做到的。我说这些，并不是因为想到了那些画着在樱花下喝茶的日本小艺妓或蝴蝶夫人的小花园的明信片。我只不过重复了去日本观光的旅行家所说的话，他们在日本抛弃古代风俗习惯以及礼节（特别是被简化的礼

两个艺妓和一个背着三味线的男孩

奥村政信　1756年

画中的两个艺妓正在前往新年庆典的路上，旁边是背着三味线的年轻男仆，她们中的一位似乎对戏剧的海报抱着极大的兴趣，正在聚精会神地观看。在18世纪四五十年代，彩色打印画十分少见，但本图中艺妓的和服却用海浪、梅花、季节性的花卉图案打造出一个丰富的效果。

观音与守护神 挂轴画 日本 12世纪晚期～13世纪

画正中是三头四面的观音，他坐在岩石的白莲花上，手中的绳索象征使人们坚信佛教。在这幅画中，制作者在丝绸上使用白色颜料，以突出观音的皮肤，并用玫瑰红在皮肤上着色、赤红色勾勒，这些都体现了从镰仓时代到奈良时代的艺术风格的转化。

节），将这个岛屿变成芝加哥与威尔克斯·巴里近郊之前去过那里。由于这个从旧日本到新日本的不可思议的变革，对于美国有着很大的影响，并且这个影响还在持续不断地增加。因此，我们无论喜欢还是憎恨日本人，都要对这个民族有起码的了解，只要太平洋一日不干涸，它一日就是我们的近邻。

日本的历史比中国要短得多。中国的历史要追溯到公元前2637年（大约在基奥普斯修建小金字塔的时代），但日本最早的编年史只是始于公元后400年。那时，所谓的“日本民族”已经出现了。然而，严格说起来，日本岛上并没有“日本民族”，他们和英国人一样，是混血儿。日本原来的居民为阿夷鲁人，后来他们都被从马来半岛、中国和朝鲜涌来的三股浪潮赶到遥远的北方各岛去了。而日本原有的文化是中国文化的延伸，日本人所知道的一切都是从中国人那里学来的。

日本人与中国人的关系非常密切，他们模仿中国人，改信佛教。然而，当新教条想要替代旧教条时，它不可避免受到了旧教条相当大的影响，无论他们传播的是基督教还是佛教。

6世纪，佛教的传播者第一次到达日本，他们看到日本人已经有了自己的宗教制度，这种宗教制度土生土长，非常适合日本人的需求。这个宗教就是所谓的“神道教”，名字来自“神道”二字，是“神圣的道路”的意思。作为在亚洲其他地方风行的宗教，它的信条比崇拜灵魂和鬼神的宗教要高尚得多，认为世界是不灭之力的本原，我们应为使用的力量负责，无论结果如何，都是永恒的。现在，日本的国教是神道教与佛教的混合物，它非常强调人类对于社会应尽的义务。很多在岛上居住的日本人（并非与世隔绝者），也和英国人一样，抱持一种真挚深刻的信念，对祖国应该履行明确的义务。另外，神道教提倡对祖先的尊敬，但这种尊敬不像中国人那样出于对先人的尊敬而将大部

德川家康

德川家康是日本战国末期杰出的政治家和军事家，也是江户幕府的第一代将军。他在位期间，统一了全国，建立起幕藩体制的封建统治制度，其开创的德川幕府使日本在260多年间维持了和平统一的局面。

分优良的土地变成了坟墓，使死者统治着生者，以至于坟墓将用来种植粮食的土地都占去了。

直到很晚，中国文化与日本文化才分裂。16世纪后半叶，日本独立的小诸侯对天皇漠不关心，甚至比神圣罗马帝国的武士对皇帝的态度还过分。经过连年的争吵与征战，政权落到了一个强者的手中。

800年前，欧洲法兰克国王的管家谋权篡位，把他们的主人逼到了修道院，自立为王。但是，他们比原来的统治者要好得多，因此没有人反对。此时，日本人已经忍受了将近400年的内乱，只希望和平，由谁来统治已经不重要了。所以当政府的最高长官——最有势力的德川家族的领袖——自立为国家的独裁者时，他们毫不反对，也没有揭竿而起来护卫世袭的天皇。这位日本管家使人们相信，天皇是世上的某种上帝，是日本人的精神之父。但是，日本天皇的精神并非完美无缺，那么民众应该永远看不到他才对。

这种形式的统治，持续了整整2个世纪。幕府将军（独裁者的头衔，相当于总司令）在东京统治一切，天皇则在京都的深宫珠帘之后虚度岁月。正是在幕府将军统治时代，日本实行着森严的封建制度，这种封建制度对于日本整个民族的影响非常深远。直到现在，工业化已经有将近80年的历史了，而日本人仍然是封建主义者，他们思考生活的角度与欧美竞争者完全不同。这种安排的细节完善需要花费相当多的时间。从1600年后，日本社会分为了很明显的三个势力集团。其中最高的阶层是大名，即封建贵族、大地主。第二阶层由武士组成，他们是世袭制的，相当于中世纪欧洲的骑士。其他人民均属于平民，是第三阶层。

虽然这种制度并不是最理想的，但历史却毫无疑虑地告诉我们，民众对于任何一种政治理论是没有什么兴趣的。一般国民所问的只是："政府能行吗？能够保障我的安全吗？能保证我用自己的力量与血汗得来的东西属于自己吗？别人会不会不通过法律程序来夺取它？”

这种制度实行2个多世纪。幕府将军被认为是国家的政治领袖，而天皇只是民族的精神领袖，受人崇拜而已。大名和武士必须遵守贵族阶层严格的准则，他们要完成被期望的任务，即使被要求进行最严酷的切腹仪式来剖腹取肠，他们也要照办。至于那些从属者，从事着各种不同的职业。

因为日本人口过密，人民不得不依靠贫乏的生活资料为生。他们会有效地节制自己的欲望，非常崇尚节俭。但是，自然好像也是日本诚实的朋友。一条叫作黑潮（意为蓝盐潮，某种意义上是墨西哥湾流的“堂弟”）的洋流，起于荷属东印度北边的赤道区，流过菲律宾，穿越太平洋，给美国西岸带去了很好的气候，也带给了日本有规律的气候。虽然日本东海岸有一条狭长的寒水带，使日本不能享受像加利福尼亚一样温和的气候，但是它还是比大陆性气候的中国要好得多。

当一位叫门德斯·品脱的葡萄牙航海者来到日本后，完全改变了日本历史的前途，一切都使这些被诅咒的岛屿走向了合理的发展道路。这个葡萄牙人因通商游历过许多遥远的国家，而且将自己的宗教制度带给了日本。

那时，基督教传教士的总部设在了印度的果阿与中国的澳门，如果所有的历史记载

藤原道真欣赏龙船

藤原道真在891年受命于宇多天皇，担任内宫主管这一显赫的职务，此后10年中他被委以重任，成为日本贵族中最有权力的人之一。图中他身着丝绸长袍，双手叉腰，正在视察为迎接天皇而准备的华丽的龙船，显示出他的傲慢、霸气和奢侈的生活。

并没有在这一点撒谎的话，基督教传教士最初来到日本时，受到了极大礼遇，并且还有非常多的机会来宣扬他们的宗教相比日本的旧宗教有哪些优点。他们鼓吹自己的信条，使许多人改变了宗教信仰。后来，又有另一个不同的宗教团体的传教士从附近的西班牙殖民地菲律宾群岛前来，他们也很受欢迎。但是，大名发现（国君最终是否会忽略这一点）这些神圣的传教士中还夹杂着许多不神圣的人，这些人穿着盔甲，背着奇怪的铁杆，射出的沉重的铅弹一次可以打穿三个普通日本兵的心脏，于是，大名对他们的光临开始感到不安。

直到最近50年，我们才开始慢慢了解日本人对于此后的纠纷事件的看法。这些事件让日本人得到了冷酷的名声，不过这似乎与我们从其他材料中的研究所得稍有不符。幕府将军禁止基督教传教士在日本传教，并不是因为他忽然开始怨恨西方人，而是恐惧造成的，既担心因为宗教之争而导致国家分裂，又害怕日本的财富被国外的商人掠夺。这些商人将带着和平愿望的使者带到日本岸上，无偿地带着被赠予的货物离开。

在九州岛，耶稣会的势力是最大的，这里距离葡萄牙在中国的驻地最近。最初，这些神父们还很谦逊地谈着“和平王子”的话题，但是当他们有了帮凶，便开始动手破坏日本的寺院，拆毁塑像，用枪支逼迫数千名农民与贵族接受十字架。

日本随后的统治者目睹了这件事，认为这是不可避免的结果。他宣称：“这些神父来我们这里，表面上是宣传道德，实际上却掩盖了他们对付我们的毒辣花样。”

1587年7月25日，在日本第一次派遣大使拜访教皇、西班牙国王和葡萄牙国王5年后，所有基督教传教士被逐出了日本。商人虽然可以像以前一样来到日本，不过必须受到政府的监视。葡萄牙耶稣会的人都相继离去，他们的地位迅速

捕捉昆虫　铃木春信　日本　1767～1768年

铃木春信是第一位发展彩色印刷技术的浮世绘画家。在这幅作品中，一对恋人在初秋的夜晚捕捉昆虫，可能是萤火虫或鸣叫的蟋蟀，年轻男人正在灌木丛中寻找，旁边是一个穿着漂亮和服的女人，他们交换着亲密的目光，黑色的背景似乎有着天鹅绒般的柔软。

被来自附近菲律宾的圣多明我会的僧侣，与西班牙的圣方济修会取而代之。他们谎称特使来到江户，但诡计很快就被识破了。然而，他们还是得到了优厚的待遇，只是被告知不能传教。可是，他们并不服从命令，在江户修建了一个教堂，为身边的人施行洗礼。后来，他们在大阪又修建了一个教堂，接着在长崎私占了一个耶稣会的教堂。随后，他们公然与耶稣会为敌，指责耶稣会传达福音给日本人的方法太过温和。总之，他们将所有的判断和喜好错误地收藏在职业宗教狂热者的地盘中。最后，当他们被下令驱逐的时候，就像被开除一样逃回老家。而日本人对于他们厌恶的传教士，已经容忍了许多年，这些年来，所下达的警告都是无效的，所以他们总结道：只有用最严厉的方法，才可以拯救自己。

他们宁可实施闭关锁国的政策，也不愿使400年前扰乱国家的内战重演，不服从命令的基督教传教士会被判处死刑。

在一个半世纪中，日本自行与外界断绝往来，但只是几乎断绝，并不是完全断绝。一扇小小的窗户一直敞开，大量日本黄金由此流到西方，而一些零碎的西方科学也由这个窗户中渗透进那个奇怪的国家。荷属东印度公司原本是葡萄牙的仇敌，双方在争夺日本的商业利益。不过荷兰人是纯粹的商人，非常单纯，很少对别人的精神感兴趣。英国人也是这样。在很长一段时间内，究竟鹿死谁手还无法预料，后来英国人在这一次处置不当，最后失败了。

自从葡萄牙派遣到日本的最后几队使节被杀害后——这是个暗杀——荷兰原先的特权也被剥夺了。但是，只要他们在日本的生意每年能有80%的回报，他们就仍然留在这里。他们被迫居住在德斯玛岛上，那是一块长300码、宽80码的矩形岩石，横在长崎港中，大小还不够让荷兰人守卫公司的狗做运动。政府规定他们不能携带妻子，也不许涉足主岛。

这些人一定被训练过如何忍受怨气（这不是一种民族性格特征），只要轻微触犯了数百条法规中的一条，日本官员就会马上记下，对他们迅速展开报复。某一天，东印度公司决定修建一座新的仓库。根据时代习惯，修建的日期以常见的A.D.的形式写在建筑物的正面，但是这种写法却直指基督教的上帝。那时，日本看待基督教的追随者，就像我们看待刚从莫斯科来的布尔什维克党的宣传员一样。幕府马上下令删掉这些字母，而且将房屋完全拆毁，夷为平地。另外，一份诏书警告了荷兰人，让他们想想驱逐葡萄牙人时的驱逐令，其结尾几句话说："只要阳光仍然照耀着大地，就不能任由基督教来到日本，就算是菲利浦国王或基督教的上帝要违反这个命令，也要被斩首，只要是在日本的人，务必要知道这个法令。" 荷兰东印度公司的职员，似乎真的接受了教训，因为在之后的217年，德斯玛岛依然在荷兰人手中。在这期间，日本的黄金白银不停地流向国外，因为荷兰人从事现金交易，日本人从国外购买任何货物都要交付现款。

经由这个途径，欧洲也获得了太平洋上的隐居者的大量消息。帝国现在的这些情况，很难让他们满意。于是日本被视为反面教材，让其他国家无法视而不见。在动荡不安中，日本青年一代开始成长。关于西方神奇的新兴科学，他们虽然也曾经听说过，但还没有掌握。这时，他们通过德斯玛岛引进了许多科学与医学书籍，把奇怪的荷兰文字翻译过来，并恍然大悟，世界正在大步前进，而日本依然停滞不前。

1847年，荷兰国王赠送给江户政府一大箱科学书籍和一张世界地图，并且对日本人愚蠢的闭关锁国进行告诫。与此同时，中国与欧美的商业往来日渐频繁。船舶从圣弗朗西斯科驶向广州，往往在日本海岸遇到海难，因为没有领事或外交保护，船员境况艰苦。1849年，美国舰队的一位上尉威胁日本将80名海员释放，否则炮轰长崎。荷兰国王又告诫他们的日本同事，如果继续施行原来的政策，就会引发一场灾难。这些来自海牙的书信，说明了世界的发展趋势。日本早晚都要向西方开放门户，如果拒绝和平开放，那么会受到武力压迫。

马修·佩里

图为身穿军装的马修·佩里，他是美国东印度舰队司令，曾率领着铁甲舰闯入日本，并因此被日本人视为企图统治亚洲国家的西方野蛮人。

渐渐向阿拉斯加海岸推进的俄罗斯，此时也在西太平洋上扩展势力。在所有的国家中，唯一不被怀疑对土地有野心的国家，只有美国。1853年，海军少将佩里率领四艘兵舰，及560名士兵驶入日本海湾。外国兵舰的第一次到来，引起了日本空前恐慌。天皇向天神祈福，佩里离开之后（他仅停留了10天，递交了美国总统给日本天皇的一封信），日本人便立刻恳求荷兰人提供一艘战舰，在炮台上驻扎军队，配备旧式葡萄牙枪支，做好准备迎接这些来自东方开着蒸汽船的怪物第二次到来。

全国人民都各自选择了自己的立场。大多数人都赞同锁国政策，另一部分人则主张打开国门。幕府将军属于后者，但他已经失去了大部分的权力，被当众指责为“外国人的朋友”。但是，此次无人不知的佩里的到来，受惠最多的却是天皇。

将军是封建制度的绝对巅峰，长期以后已经苟延残喘，所网罗的大名和武士如果在1653年，而不是在1853年，他们会坚持携带佩剑，主要的工作是平复内乱。但这时已经到了大变革的时期了。

这时有了一个很好的机会，国家名义上的元首——天皇是一个非常有能力与才智的青年。他规劝将军退位，重新掌握了政府大权。他听从贤士的意见，认为再闭关锁国就相当于自杀，现在他大力鼓励外国人到来，就像以前驱逐外国人一样。明治时期，即这位天皇开创的开明时代，将日本由一个16世纪的封建国家变成了一个近代的工业国。

日本向西方敞开大门

在19世纪，日本进行了明治维新，由封建制度向资本主义制度转变。此后，日本开始发展工业，全面开放对外贸易，派遣学生留学国外，人民也纷纷学习西方的文化，比如图中的两个女人就身穿西方服饰，其中一个在弹着钢琴。

如果要问这种以可怕的步伐前进带来的情感倒退是否有益，是没有任何意义的。工厂、陆军、海军、煤矿及炼钢厂是否能够造福人民，我并不知道。有些人赞同，有些人反对。它基本由个人的思考所决定。10年前，俄罗斯人还供奉着神明和圣者，但现在他们把圣者扔到炉灶里烧掉了，领袖也心满意足地徘徊在机器的管道中了。

我个人相信这种发展，是绝对不可避免的。因为它本身并不是绝对的好，也不是绝对的坏，只因为它是必然的，是发展的一部分，我们可以借此从饥饿困苦与经济混乱的恐惧中解放出来。作为大变革的根源，虽然机器毁灭了许多美丽可爱的东西，但无人能拒绝它们。相比拥有汽油厂与天然气厂的日本，有着美丽风景的日本无疑更有趣。但是美丽的风景已经不复存在，而东京的主妇们享受着用天然气烹调的生活，再也不用在慢悠悠的木炭上做饭了，那就是答案。

自1707年以来，从未爆发过的白头火山——富士山，俯视着过去孩子献花的小庙——那些公园中的圣鹿曾因为粗心的郊游团丢弃的锡罐而弄伤了脚。

但是富士山已然知道，这些在某一天将会走到尽头。

晴日的富士山　木刻版画　葛饰北斋　约1823～1829年

在这幅被视为日本画史的里程碑的作品中，画家再现了他用心灵的眼睛所感受到的新颖而纯美的景象，富士山的形象直接映入观众的眼帘，大胆简朴的构画和明亮的色彩甚至影响到了欧洲艺术家。

日本历代王朝

根据相关资料，在公元3世纪后半期，日本已经出现了统一政权。572年，圣德太子摄政，日本进入飞鸟时代，此后朝代更迭，延续至今。

时代	年份	事件
飞鸟时代	592年	圣德太子制定了冠位十二阶，并颁布了宪法十七条。
奈良时代	710年	迁都平城京，南九州被纳入版图，律令制国家日益成熟。
平安时代	794年	地方庄园的势力不断增强，日本武士的地位逐渐提高。平安时代末期，国家内战频仍，发生平治之乱。
幕府时代	1192年	源赖朝被封为征夷大将军，建立镰仓幕府，展开了军政统治。此后，各武士集团之间互相征战，先后出现了镰仓幕府、室町幕府和德川幕府统治的时代，幕府时代持续了600多年。
明治维新	1852年	明治天皇在政治、经济和社会等方面实行大改革，日本的现代化和西方化逐年加强。
大正、昭和时代	1912年	日本政府致力于侵略扩张，直至投降。此后，美军单独占领日本，改日本专制天皇制为君主立宪制，日本逐渐崛起。
平成时代	1989年	昭和六十四年（1989年）1月8日，皇太子明仁即位，改用平成作为新年号，沿用至今。

第四十章

菲律宾

过去属于墨西哥的领土。

菲律宾	
中文名称：菲律宾共和国	所属洲：亚洲
首都：马尼拉	主要城市：奎松城、宿务
官方语言：印度语、英语	货币：菲律宾比索
时区：东八区	国家代码：PH
国歌：《菲律宾民族进行曲》	国花：茉莉花

菲律宾位于堪察加半岛至爪哇之间的那些半圆形的群岛中。这一大块陆地，是古代大陆边缘的遗迹。它们非常高，当太平洋的海水淹没了所谓的日本海、东海和南海，它们仍露在了海平面上。

菲律宾群岛有7000多座岛屿，但其中只有462座岛的面积大于1平方英里。其余的只不过是大悬崖或小块的沼泽地，其中只有1/4的岛屿有名字。所有岛屿的整体面积大致与英格兰和苏格兰的面积之和差不多，居住着1100万土著和很多中国人与日本人，还有10万白人。有一个时期，这个群岛到处都有爆发的火山，但现在仅存25座活火山了。在25座火山中，除了两三个仍然喷发，剩下的几乎都变成死火山了。

我们应该对大自然充满无限的感激，因为从地质上来看，菲律宾的处境极其危险。我们所能找到的海洋中最深的海洞，就位于菲律宾的东边，也就是我之前告诉过你们的地方。这里非常深，如果我们将这里作为喜马拉雅山的墓地，那么地球上最高的珠穆朗玛峰，仍然还在水下3000英尺。如果世界上的一切都滑入了那一个角落，恐怕很少有人能活着来讲述这件事情了。

在菲律宾群岛中，最重要的是吕宋岛。它外形如蝌蚪，中央凸起7000英尺。整个群岛中最重要的城市，就是在吕宋岛东岸的马尼拉。这个城市是1571年西班牙人在遗址上建立的，之所以取这个名字，是由于这里到处长满了一种叫尼拉的草。1590年，宫殿四

木头雕像　菲律宾　19世纪末～20世纪初

这座雕刻的创作者已被证实是菲律宾吕宋北部高地的伊富高岛的一位居民，那里是以用于灌溉的水稻梯田而著称的地方。但是区别于其他一些欧洲博物馆中的雕像的是，这座雕像更加棱角分明，并且没有被用于仪式的迹象。

周建筑起了城墙，这面城墙直到今天仍然存在，而当时的统治者早就灰飞烟灭了。

马尼拉虽然臣服在西班牙腐败的管理之下，但仍然迅速发展为远东地区最重要的商业中心。港口中停满了来自中国、日本、印度，甚至阿拉伯的船只。它们来到这里，用它们的商品换回欧洲的产品。这些欧洲的物品，都是西班牙人由中美洲的墨西哥殖民地携带到菲律宾来的。西班牙人的船只都从马尼拉直接开往特旺特佩克湾，然后穿越美洲海峡，再将货物经过古巴和波多黎各回到西班牙，这样他们就不会冒险经过印度洋和好望角，也不用担心受到英国和荷兰的袭击了。

吕宋岛的南边，有十几个较大的岛屿，其中萨马岛、班乃岛（著名的菲律宾第二大城市伊洛伊洛城就在这个岛上）、内格罗斯岛及宿雾岛最为著名。在这些岛的南边，有一座比吕宋岛略小的棉兰老岛，岛上的土著，曾经为了保持独立，抵抗了西班牙人和美国人，并因此得名。棉兰老岛上最大的城市是濒临苏禄海的三宝颜。总之，菲律宾的岛屿都是背向太平洋的。它们与西方贸易，其宗教及最早的文化概念都来自西方，西方人发现这里并非偶然。

1521年在这里登陆的麦哲伦，他在这条不同寻常的道路上航行，唯一的目的是为了解决一个法律争执，这个争执正让麦哲伦的雇主西班牙国王与教皇之间的关系变得恶化。1494年，教皇为了解决钟爱的伊比利亚半岛上孩子们之间的争执，在亚速尔群岛与费得角群岛的西边，从北至南用尺子画了一条直线（大概在西经50度的位置），将世界分为两个大致等同的部分。线的西边分给了西班牙人，线的东边分给了葡萄牙人。这就是著名的《特德赛内尔条约》。根据这个条约，西班牙人有权将“越线”者处以死刑，英国和荷兰第一次前往美洲的远征也因此变得危险，任何人一旦“越线”被捕，就会像普通海盗一样，立刻被绞死。

然而，将这个冒险应用在地理上的教皇——恶名昭彰的亚历山大四世，本身是个西班牙人。葡萄牙人认为这个条约对于他们来说并没有什么益处。所以，谁到底拥有什么的争论，持续了一个世纪之久。麦哲伦虽然是葡萄牙人，但西班牙却聘请他沿着西行航线，来确定富裕的盛产香料的马六甲群岛的位置，以及它是否在东印度群岛，而东印度群岛已被教皇赐给了葡萄牙人或西班牙人。后来葡萄牙被证明是对的。于是葡萄牙获

麦哲伦

麦哲伦是葡萄牙航海家，也是世界第一个完成环球旅行的人，他从西班牙出发，横渡大西洋，进入太平洋，最终不幸在菲律宾的宿雾岛被害。他此次航行的重大意义在于第一次用实践证实了地球是一个球体的理论，并且到达了人类未知的大陆和海域。

得了马六甲，不过不久又被荷兰人夺去，而西班牙人却因此趁机到达了菲律宾，他们为了自己的利益占领了这里，并坐镇墨西哥来管理菲律宾。这样可以使新卡斯蒂利亚的教众成群结队地来到这里，相比人口锐减的中美地区所获得的利益，这片土地的利益更为可观。

我们要承认，这些男修士在菲律宾工作时，的确非常尽职。假如他们当初并没有那么努力，那么后来美国人在菲律宾的工作一定就变得容易多了。1898年，美国人获得这块古代西班牙的殖民地时，美国第一次在政治形态与一个100%为天主教的民族斗争。

按“新教”这个名词的正确含义来讲，美国并非是一个新教国家，但普通美国人的人生哲学，却绝对是新教式的，并不是天主教式的。美国人或许被菲律宾的最佳意图所鼓动，帮助菲律宾修建了无数条道路、数千所学校、三所大学、医院、医生、护士、保育器、肉类和鱼类检查、卫生学以及许多西班牙人听都没听说过的技术。但这些表现，对于人民却没有什么意义。他们从小就受到这样的教育，认为世俗的舒适非常美好，让他们感到快乐，但与在另一个世界中，有机会得到解脱相比较，却毫无价值。在那个世界中，一切卫生学、医院、大马路、学校等，对于任何人来说都没有意义。

菲律宾的三大部分

按政区而言，菲律宾全国划分为吕宋、米沙鄢和棉兰老三大部分，下面设有19个大区。

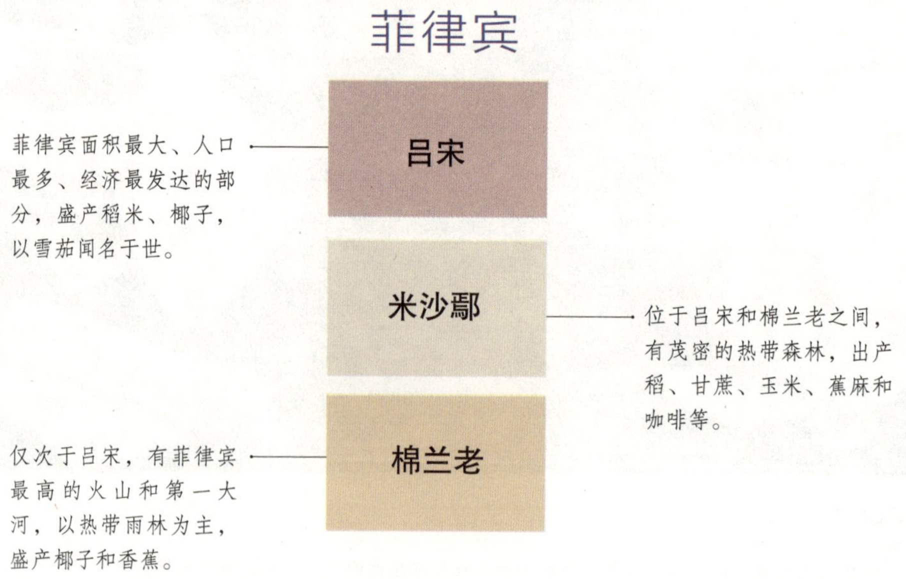

第四十一章

荷属东印度群岛

尾大不掉的群岛。

我已经告诉过你们，无论是日本还是菲律宾群岛，都只不过是古代亚洲大陆边缘的山脉，经过了几百万年的时间，太平洋的海水将它们与内陆分开了。

马来群岛（荷属东印度，有各种不同的名称）不仅仅是亚洲外缘山脉的一部分，还是一个与中国差不多大的半岛的遗迹，这个半岛从缅甸、暹罗、印度支那向东直达大洋洲。在我们能想象到的最古老的时代，这个半岛或许原本直接与亚洲大陆相连（所以比今天大得多），后来某一个时期，一个很狭的长水带将这个半岛与大洋洲分开，它比现在的昆士兰与新几内亚之间的托雷斯海峡宽不了多少，而我们对于这个时期则所知甚少。

这次剧变使一大片陆地变成了无数奇形怪状的岛屿，它从面积相当于斯堪的纳维亚半岛的婆罗洲往南延伸，直至数千岩礁，这些岩礁使航海变得极不便利。之所以造成这样的巨变，其原因很难找到。这里是地球上火山活动最频繁的区域，爪哇现在还以火山活动而闻名于世。在过去的300年里，爪哇的120多座火山都保持现状，没有喷发，它西边的苏门答腊火山也是如此。

当印度古老的婆罗门教在爪哇盛行时，神职人员为了抚慰地底下的灵魂，不时用活人去祭拜他们，将人活生生地扔到火山口的融岩中——这么做看起来似乎很有效，火山虽然不断喷发，甚至有时候会激烈震动，但已经几百年没有造成大灾害了。

喀拉喀托岛的残迹还在，那是一个可怕的警告，以提醒随时可能再次发生的不幸。1883年8月26日清晨，苏门答腊与爪哇之间的喀拉喀托岛，突然重新上演了史前以来的老剧目，爆裂的力量将火山顶削掉，将这个小岛炸成碎块。两天以后，岛屿的北部就完全消失了。原本那里有一座1500英尺的高山，现在却变成了印度洋海平面下1000英尺的深潭了。这次爆发的声音在3000英里以外都能听到，灰尘扬起了17英里。火山灰被风吹到非洲、欧洲、亚洲、美洲，甚至达到了最北边的北角。在长达6个星期的时间中，天空笼罩着奇异的颜色，仿佛附近发生了森林大火。

海上的情况比陆地上更严重，因为喀拉喀托岛上没有居民居住。海底的震动导致潮汐高达50英尺，爪哇沿海一带全都被海浪吞噬，有3.6万人失去了生命。海浪冲毁港口、村庄，毁坏了无数只大船，使其犹如引火般粉身碎骨。锡兰与毛里求斯都受到了地层震动的影响。在8000英里以外的好望角附近，甚至是距巽他海峡1.1万英里的英吉利海峡，都能感到微弱的震感。

一年前，喀拉喀托火山又有了活动的迹象。这个地下雷究竟在何时何地再次爆发，实在没有人敢预言。至于这里的居民，就像其他居住在同样情况之下的人们一样。他们完全不担心，就像我们住宅区的小孩子，不会注意到碾过棒球场的卡车，也对意大利最热闹的街道漠不关心。

那里的居民对于生活的要求朴素简单，认为火山爆发像外国统治、洪水来袭或大火一样，在人生中是可以完全忽略的事。对于依附这块土地生存的人来说，火山是否爆发完全不重要，这一切也许形成了他们对生活的态度，他们的祖先从蒙昧时代就在这里生活，他们的子孙还会在这里生活，任何人都不会在缺乏食物的情况下离开故乡。

皮影戏　爪哇　19世纪

图中是一位忠诚但残忍的巨人，他脸上的粉红色是无情的迹象，而嘴角的獠牙证明了他是一个野兽，但是他在传说中也有忠诚的优点。在11世纪，爪哇出现了皮影戏，它经常被用于婚礼或典礼的娱乐节目中，这种表演也被认为是有益于社会的。

听起来，我好像将爪哇描写成人间的伊甸园了。事实并非如此，不过爪哇得到了很多大自然的恩惠，书写了自己的故事。

那里的土地的28%出自火山。如果使用得当，每年可以收获3次农作物。

那里的气候不是特别炎热，却非常适合种植各种热带植物，高山地区的气候比纽约及华盛顿的夏季气候还温和些。爪哇群岛虽然非常接近赤道，昼夜时长相等，但四面环海，气候湿润，适合各种农作物生长。其温度最高从未超过96华氏度，最低未低于66华氏度，年平均温度是79华氏度，四季循环规律，雨季从11月到次年的3月，吹拂着西季风（monsoon，阿拉伯语意为“季节”，指规律的季风）。在这个时间段，每天都会在固定时间下雨。雨季后，紧接着就是滴雨不降的干燥季节了。两者之间，有一个非常短的过渡期（canting season）。

因为拥有这种有利的气候，所以爪哇虽然只有600英里长，121英里宽（就像防洪堤一样，保护内部群岛，以抵抗印度洋的巨浪），却能供养4200万人。而苏门答腊及婆罗洲虽然要比爪哇大得多，却只能养活这个人口数量的1/10。由于拥有肥沃的土壤，爪哇岛从很早开始就吸引了白人的注意。

第一个在这个舞台上出现的就是葡萄牙人，英国人和荷兰人也接踵而至。但英国人后来渐渐集中力量去开拓英属印度了，离开了爪哇，马来群岛被让给了荷兰人。欧洲人在最初统治土著的3个世纪中，犯下了很多错误。最后，荷兰人总结了经验教训。他们尽可能对土著的生活不加干涉，渐渐启发他们自己去参与治理国家。他们知道，无论是好是坏，这些土著终将获得自由。一支3万人的军队，其中只有1/5是白种人，那么将不可能统治这片大于隶属国50倍的领土，只要当地的人民已经下定决心要驱逐外国。“强迫性劳动”与“政府农场”的时代已经永逝了，学校、铁道与医院开始建设起来，代替以前惩罚性的远征。如果一个人最后放弃这里最高权利者的地位时，那他也会在经济体系中保持必不可少的地位。旧时代的守卫坚信“一个自觉的民族，才能建立一个健康的国家”，他们逐渐要让位给年青一代。这些年轻人坚信事实胜于雄辩，宇宙建立在永恒变化的规律之上。

至于其他属于荷兰的岛屿，没有任何一个像爪哇那样可以良好地耕种。现在，荷兰人正在慢慢开辟第二个爪哇——西里伯斯岛，这个岛屿的形状非常奇怪，好像一只蜘蛛，位于马六甲群岛正西方，是原来的香料群岛。为了争夺这个岛，英国人、葡萄牙人、西班牙人与荷兰人在17世纪时曾经激战了整整100年。望加锡出产油画颜料，在古代维多利亚时期，男人用这些颜料装饰锁具，女人们用这些颜料编织椅背套。现在，望加锡已经成为爪哇海上最重要的城市之一，它与爪哇北岸的主要贸易城市泗水及三宝垄有常规贸易，并且与坦江布里奥有日常往来。坦江布里奥是爪哇首都巴达维亚的海港。

马六甲群岛，已经不再像以前那样富裕了，不过那里的人民（安汶岛人），还因盛产水手而闻名于世。400年前，当人们听到安汶岛人的时候，都感到十分恐惧，认为他们是太平洋中最可怕的食人族。但是现在，他们却都是模范的基督教信奉者，为荷属东印度军队提供了最有战斗力的军团。

爪哇岛疣蛇

爪哇岛疣蛇属于瘰鳞蛇科，它主要以鱼类为食，多在夜间捕鱼，主要分布在越南、柬埔寨，及印度尼西亚等东南亚地带。由于这种瘰鳞蛇的蛇皮粗糙，经常被用于制造皮包、手提袋等，所以面临着濒危的处境。

那座被水淹没的亚洲半岛的主要残迹——婆罗洲，因为人口过少陷入了困境，这是由于这里有一种奇怪的信仰——外出猎取人口是一件神圣的事。荷兰人曾经试图用极严酷的刑罚来消灭

蜡染纱笼　爪哇　20世纪

虽然在非洲和亚洲的许多地区，装饰纺织品的蜡染技术众所周知，但是爪哇传统技术的发展最为著名。在这件纱笼中，分布着动物和花卉的几何图案，而作为印度尼西亚信仰的金翅鸟也常出现在蜡染艺术中，中国和印度常见的孔雀、边缘装饰图案对欧洲也有所影响。

这种残酷的信仰，但直到现在，内陆地区依然以此为乐，青年如果不能获取一颗头颅以作信物，就不能结婚。长期以来的监督（婆罗洲人展览他们可怕的战利品，就像高尔夫球高手炫耀奖杯一样，对他人的生死满不在乎），导致这里的人口，远远低于世界单位面积人口数。现在，河道开辟了，道路修建了，石油公司、煤炭公司和珠宝公司也慢慢在这里建立起来了，野蛮人也渐渐受了感化，转而从事相对和平的农耕了。这座岛屿以这样的情况发展下去，可以养活比现在多20倍的人口，而不会有什么不同。

婆罗洲的北部属于英国。西北角是一个叫沙捞越的独立国，被一位叫作布鲁克斯酋长的英国后裔所统治。他和詹姆斯·布鲁克斯来到这座岛镇压当地的战乱，战争过后就留在了这里，成为了这座岛屿的独立国王。

还有一个非常重要的岛屿，就是与马来半岛平行的苏门答腊岛。那里的火山频繁活动，植物却长势极好。但不幸的是，这座岛的中间有一座非常高大的山脉，将整个岛切成了两半，在没有铁路的时候，这条山脉极大地限制了岛屿的发展。与其他机器动力相比，这种自动而飞速转动的机械对这里向西方商业开放，有着不可比拟的作用。

在苏门答腊与婆罗洲之间，是邦加岛及勿里洞岛，这两座岛都是马来半岛的延长地带，有非常丰富的锡矿。爪哇岛的东边是著名的巴厘岛，那里至今仍然保持着古代的生活方式。随后，就是澳大利亚正北方的帝汶岛与弗洛勒斯岛。最后是新几内亚，它属于澳大利亚大陆，西半部分在荷兰人手中。这座岛的面积很大，可以

绣花女夹克　苏门答腊　19世纪

在这件用条纹手织布做出的夹克上，内衬棉布和前面的布料通过刺绣、细工相连接，金属螺纹、亮片和其他饰品被用于装饰，云母片和贝壳被绣在夹克上，使其光彩夺目。

遮盖从巴黎直到敖得萨的中欧大部分地区，但至今还没有与外界接触。那里没有河道与内陆连通，人口稀少，一部分是由于食人的残酷习俗造成的，另一部分是由于土著的落后、疾病以及捕杀人类造成的。偶尔，在内陆地区会发现短小人种部落的遗迹，可以表明这座岛屿在远古时代就有人居住。

整片地区看起来都是相当古老的，而且根据某种理论，这里是人类最早脱离类人猿表兄，即无尾猿的地方。最早的类人生物，即类人猿头盖骨在爪哇被发现，而体格较大的类人猿（猩猩）的头盖骨也在婆罗洲和苏门答腊被发现。

这确实是一个千奇百怪、无奇不有的世界。

印度尼西亚的重要岛屿

作为世界最大的群岛国家，印度尼西亚由上万座岛屿组成，其中较为重要的岛屿有加里曼丹岛、苏门答腊岛、爪哇岛、巴厘岛等。

岛屿	位置	地位	概况
加里曼丹岛	位于东南亚马来群岛中部	世界第三大岛	该岛位于赤道附近，气候炎热，四面环海，从内地向四外伸展，东北部较高。
苏门答腊岛	东北隔马六甲海峡与马来半岛相望	世界第六大岛，印度尼西亚第二大岛屿	大部分地区被热带森林覆盖，属热带雨林带，自古处于海上丝绸之路的要道，出产黄金。
爪哇岛	位于马来西亚和苏门答腊岛东南	印度尼西亚的第四大岛	以山地、丘陵为主，是世界上人口最多的岛屿，也是全国政治、经济与文化的中心。
巴厘岛	位于爪哇岛东部	印度尼西亚最耀眼的岛屿之一	地势东高西低，山脉横贯，地处赤道，气候炎热而潮湿，也是著名的旅游胜地。

第四十二章

澳大利亚

自然的孩子。

澳大利亚	
中文名称：澳大利亚联邦	所属洲：大洋洲
首都：堪培拉	主要城市：悉尼、墨尔本
官方语言：英语	货币：澳大利亚元
时区：东八区至东十区	国家代码：AUS
国歌：《前进，澳大利亚》	国花：金合欢

说到大自然的浪费，以及它在创造万物时缺乏明确的目的这一点，已故的德国科学家、光学物理专家亥姆霍兹曾经说过一句话：如果任何机器制造者，将像人眼一样临时拼凑的仪器提供给他，他一定会马上将这个不务正业的人当成无用的破坏者，让他当众出丑。

我很开心的是，亥姆霍兹还没有将他的观察推广到物理学和电学的领域之外，因为我害怕他对造物主创造的地理布置进行指责。

以格陵兰为例，它的领土几乎都被深埋在数千米的坚冰与积雪之下。如果这片4.7万平方英里的土地能移到大洋之中，那么一定可以供养数百万的人口，现在，它只能供给数千只熊，与少数忍饥挨饿的爱斯基摩人的简单生活而已。至于人为的不利管理，我可以用大洋洲来做个很好的例子。虽然大家认为大洋洲是一个洲，但这里的一切，却都不是一个井然有序的大陆应当有的。

第一，这里的地理位置非常不好，葡萄牙人、西班牙人、荷兰人虽然在它被发现前的100多年中猜测它是否存在，而且努力去寻找它——这片300万平方英里的土地和美国差不多大，直到1642年，才被白人亲眼看到。阿贝尔·塔斯曼把荷属东印度公司的旗帜插在了这片土地上，环绕这里航行一周，以荷兰联合王国的名义占领这里。

但是从实用的角度而言，这只不过是一次没有用的旅行。荷兰人对于这一大块荒凉的土地毫无兴趣，不在意地契是否失效。1769年，詹姆斯·库克被派往太平洋观测金星运行（在塔斯曼航行125年后），阿姆斯特丹与伦敦的绘图者还不能确定将澳大利亚这片隐居地放在浩瀚的太平洋的哪个地方。

第二，澳大利亚不止地理位置不好，而且气候也不算好，东部沿海与南海岸的气候相当舒适，坐落着阿德莱德、墨尔本、悉尼、布里斯班四大城市。但北部沿海非常潮湿，西部海岸则非常干燥，这就意味着澳大利亚最适合人类居住的地方离亚洲、非洲、欧洲的商路最远。

第三，整个内陆全部为沙漠地区，滴雨不下，而地下水的供给又非常糟糕，很难进行有系统的灌溉。

澳大利亚

澳大利亚位于南半球，是南半球经济最发达的国家，它不仅国土辽阔，而且物产丰富，还拥有许多特有的动植物。图中的绵羊虽然不是这里的特产，不过澳大利亚出产的乳制品以及羊毛制品的质量在全球都享有盛名。

第四，地势最高的部分都在陆地的边缘地带。因此内陆就像一个空碗，水不会向山上流，所以那里没有可以称道的河流。达令河是澳大利亚最长的河流，有1160英里，它发源于昆士兰群山中，距离珊瑚海（太平洋的一部分）不算很远。不过，这条河并不是向东流入太平洋，而是向西流入因坦特湾。一年之中的大部时间（当南半球的冬季来临时，北半球正好处于夏季）都呈现为池塘的状态，对于人类，没有什么实际的用处。

第五，澳大利亚的土著并不能被训练成白人有效的劳动力。关于这些不幸的澳大利亚人的祖先，我们至今还是一无所知。他们与其他人的关系相当疏远，好像他们一直居住在另一个星球上。他们除了自己所有的工具，生活的状态也和一些原始动物的状态一样，不知道如何建造房屋，如何种植粮食，如何使用梭镖、弓箭和斧头。他们只知道如何使用回飞棒，而其他民族在很早以前就会使用这种技术了。在其他民族已经抛弃了那些笨拙的武器，改用梭镖、弓箭和斧头之后，澳大利亚土著仍然住在用后腿走路、不再需要前臂帮助行走的祖先不久前的居所。如果简单地进行分类，或者可以大方说他们属于石器时代早期的“狩猎型”。我们在典型的石器时代受苦时，与原始的澳大利亚人比起来，也算是优秀得多的艺术家了。

当地球被森林（它们曾经带给了我们无数快乐和幸福）覆盖之前的一段时间，可怜的澳大利亚改变了面貌。这里生长着一种非常特别、能够适应干燥气候的植物。毫无疑问，我们的植物学家已经对这种植物产生了浓厚的兴趣。但对于那些想种植可以赚钱或

桉树

澳大利亚是桉树的原产地，广袤的森林中90%是桉树。特别在大洋洲如此贫瘠的土壤环境中，桉树能够大量生长，为保持水土作出了巨大贡献。因为其生长周期短，并且叶子含有药用价值，所以被广泛用于建筑、制药等产业。

提供补偿的植物的白人而言，靠它获益基本没有什么希望。袋鼠草和盐碱灌木林，都是山羊的好饲料，但带刺的草即使是硬腭的骆驼也吃不了。栽种尤加利树又不能致富，虽然这些树有的可以高达40英尺，并且唯一的竞争对手是加利福尼亚的红杉。

1868年，澳大利亚不再是监禁地，于是农民们蜂涌而来，但他们被一堆绝对不可能被驯化的“活化石”拒绝了。澳大利亚孤立的位置，使这些在世界的其他地方已经消失很久的史前生物，在澳大利亚得以继续生存。澳大利亚与亚洲、非洲或欧洲不同，没有体格健壮、聪明的哺乳动物，所以当地的四足兽也就没办法改良或灭绝。因为没有竞争对手，它们永远保持着初生的样子。

关于袋鼠这种奇怪的动物，我们大家都很熟悉了。袋鼠属于有袋动物科，它们有一个肚囊，将刚出生还没有发育完全的孩子们放在囊里，让它们发育完全。在第三纪时，这种有袋动物分布在全球各地。现在，美洲只剩下一种有袋类，就是负鼠，而澳大利亚却还有很多有袋类。

还有一种所谓单孔动物的史前遗存，是哺乳动物最低级的亚纲。这种动物全身的排泄渠道只有一个出口。其中最有名的，就是相貌奇怪的鸭嘴兽。它为棕色，长20英寸，全身覆盖短毛，长着鸭嘴（幼时有齿），足有蹼，有长爪。雄性的脚跟长着一根毒刺——这简直就是一个移动的博物馆，收集了大自然在数百万年间的进化和退化中所创造或抛弃的一切。

澳大利亚简直是个可怕的、无奇不有的博物馆：有的鸟类的羽毛像人的头发；有的鸟只能行走，不能飞翔；有的鸟长得像鸽子和野鸡，却和鸡一样大；有的老鼠长着蹼足；有的老鼠长着用来爬树的尾巴；能用两条腿走路的蜥蜴；有些鱼类既有腮又有肺，它们是鱼龙时代的东西，是鱼类与两栖类的混合种；像豺又像狼的胡狼，也许是远古时期亚洲大陆的移民带来的家犬后代；这里还有其他奇怪动物，就像巡回的动物园一样。

但这些动物，还只是澳大利亚所有物种中的一小部分。澳大利亚还有各种比毒蛇猛兽还可怕的形形色色的昆虫。那里有一种跳蚁，因为澳大利亚是跳跃者理想的黄金国。所有的哺乳动物、鸟类及昆虫，都很爱跳跃，并不喜欢飞翔和奔跑。许多蚂蚁住在自己建造的庞大的蚁巢之中，会畅通无阻地啮穿铁门，因为它们能吐出一种特殊的酸类物质，覆盖在平常用铅和锡做的箱子上，能够让金属氧化，然后蚂蚁就可以挖出一个洞，时不时地进入这个洞，将里面的东西弄坏。

有一种苍蝇，它们在奶牛和绵羊的皮肤中孵卵。蚊子让澳大利亚南部的沼泽地，完全不能住人。蚱蜢可以把花费了数年的劳作，在几分钟内破坏。山蚂蟥挤成一团涌向人类，以吸血为生。还有白鹦鹉，长得非常漂亮可爱，但是在种植甘蔗时能带来巨大的危险，它们经常如此行动。

在这些让人讨厌的东西中，最严重的并不是澳大利亚原产，而是欧洲的舶来品，这就是兔子。在通常的栖息地，这种动物并没有什么大的危害，但是在动物无限繁殖的沙漠地带，就变成了非常可怕的祸害。1862年，第一批野兔从英国传入澳大利亚，当时只是为了消遣娱乐。以前的拓殖者的生活非常无聊，猎兔就是破除丛林中寂寞单调的生活的一种快乐消遣。一小部分野兔逃跑了，但猎兔这种时髦的活动中存活了下来。习惯了庞大数字的天文学家，曾经计算过澳大利亚现有野兔的数量，大概有40亿只左右，极其惊人，如果40只野兔的食草量等于一只绵羊，那么40亿只野兔，就相当于1亿只绵羊。根据这些，你可以推出自己的结论了。澳大利亚全境，现在已经被这种啮

竖起彩色羽毛的苍鹭 摄影 当代

在澳大利亚这座活化石博物馆中，有很多我们很少见到的、相貌奇特的物种。就像长着彩色羽毛的苍鹭，在受到惊吓时，它会竖起羽毛快速张望四周，以示对周围情况的警觉。而它身上华丽的羽翼，也引起了很多动物研究者和摄影爱好者的注意。

野兔 摄影 当代

野兔多为灰褐色粗硬绒毛，生命力很强，奔跑速度快，弹跳力惊人。在澳大利亚这片没有天敌的环境中，大自然为它们提供了优质的饲料。它们快速地繁殖着，影响了当地的生态，以至于澳大利亚人不得不使用各种方法来遏制其繁殖。

齿动物破坏遍了。饥饿的野兔已经把澳大利亚西部的草吃光了，人们只能修建高大的带刺铁丝围墙，防止兔子进一步入侵。这种铁丝围墙原本是来自中国的防兔墙，高三英尺，并且还有三尺埋在地下，防止这种动物从地下打洞。但兔子被饥饿所迫，很快就学会了翻越栅栏，灾害依然不减。人们又使用毒药，但也没什么作用。在其他地方能够克服兔子的野兽，在澳大利亚都不能找到，或许它们在引入后无法适应这个怪地方，一到这里就死掉了。尽管白种人使用了无数方法，这些野兔还是像麻雀一样快速繁殖。还有另一种欧洲的进口物，现在简直成为了所有喜欢建造花园的澳大利亚人的心头大患，而成为澳大利亚标志之一的刺梨木也迅猛向海滨进发。

即使障碍重重，外来移民也很成功地让澳大利亚成为了世界上最重要的羊毛出产地。现在，澳大利亚有8000万只绵羊，我们所用的羊毛的1/4都来自这里，羊毛占了整个澳大利亚出口货物的2/5。

因为澳大利亚大陆的历史比欧洲大陆要早很多，这里应该蕴藏着各种矿产。过去的50年中，淘金业的兴起引起了人们对澳大利亚金矿的注意。后来这里又发现了铅、锡、铜、铁、煤等矿产，不过至今还没有发现石油。这里虽然也有钻石，但数量很少。猫眼石、蓝宝石等较珍贵的石头，则大量出产。不过因为资金不足、运输不便，所以这种宝石并没有得到完全采掘。但总有一天，澳大利亚能够跻身于有清偿能力的国家之列，完全开发就会变成现实。

同时，澳大利亚又是非常有名的探险大陆，在这里探险的难度仅次于非洲。19世纪初，其最主要的三部分，人们已经了解得相当清楚了。西部高原的平均高度是2000英尺，某些地方高达3000英尺。这个高原也是生产黄金的地方，只可惜没有海港，只有一个不太重要的叫作珀斯的城市。然后就是东部高地，这里原本是古老的山脉，因风雨不断侵蚀，以至于最高峰科修斯科的海拔只有7000英尺。这里是澳大利亚唯一拥有优良港口的地方，吸引了最早一批殖民者。

在这两座隆起的高原之间，有一片广阔的平原，其整体高度没有超过600英尺，艾尔湖区域更降至海平面以下。这个平原被西边的弗林德斯山脉与东边的格雷山脉切成两半，它们在北部地区与昆士兰山脉相连接。

这个国家的政治发展虽然很和平，但只在一定程度上算成功。最初的移民，都是根据英国18世纪后半叶的法律所判的“囚犯”，但他们并不是穷凶极恶之徒，只不过是被贫苦所逼，犯下了偷窃几块面包或几个苹果的小罪而已。最早的囚犯流放地在博坦尼湾，这里之所以起这个名字，是因为发现它的库克船长到达这里时，正是遍地繁花争相开放的季节。这块殖民地叫作新南威尔士州，首府为悉尼。作为新南威尔士的一部分，

房屋结构图　约1900年

在这张建筑师为澳大利亚珀斯居民设计的房屋结构图中，显示了一座有凉亭的、外带阳台走廊的3居室，具有欧洲的风格。在19世纪50年代，澳大利亚出现了建房的高潮，欧洲的生活方式也快速传播到澳大利亚。

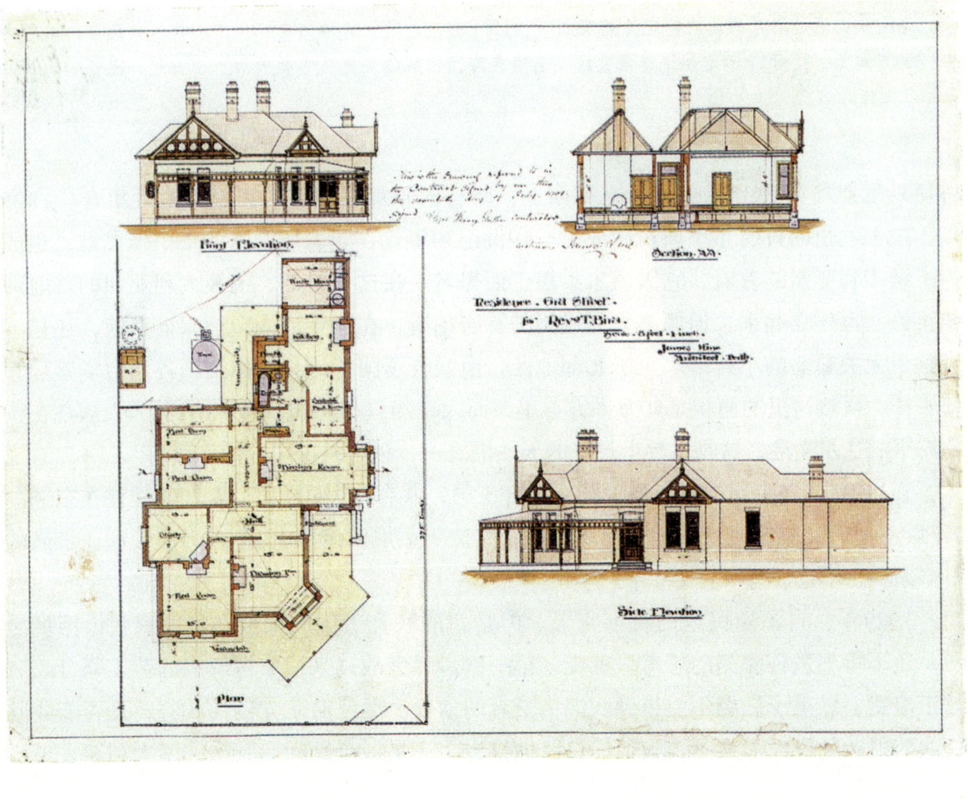

悉尼歌剧院

悉尼歌剧院是澳大利亚的标志性建筑之一。1958年，丹麦设计师约恩·伍重的作品被选中，政府斥资1200万澳元，耗时16年才最终建设完成。它白色陶瓦覆盖的贝壳从湛蓝的海水中升起，象征着纯洁的修女在海边吟唱。

塔斯马尼亚岛在1803年被改为充军据点，所有囚犯都在现在的霍巴特附近集合。1825年，昆士兰州的首府布里斯班建成了。19世纪30年代，菲力浦湾上的一个殖民地，也成为了维多利亚州的首府，它因墨尔本爵士而得名。在这一时期，南澳大利亚州的首府阿德莱德，也建立起来。但西澳大利亚州的首府珀斯，在50年前淘金业兴盛以前，还只不过是个无关紧要的小村落。至于北部地区，由联合王国统治，就像美国各州由华盛顿管辖一样。虽然这里的面积是50万平方英里，而人口却只有5000，其中不到200人居住在帝汶海岸的达尔文港，这是世界上最好的天然港之一，只可惜这里并没有通商。

在1901年，6个州组成了澳大利亚联合王国，共有人民600万，其中3/4居住在东部。7年后，他们又决定建立新的首都堪培拉，它位于悉尼西南150英里，离澳大利亚最高的科修斯科山不远。

1927年，自治殖民地的首都完工。但是新的联合王国的议会在将国家救出困境之前，还不得不进行深刻的思考。首先，第一次世界大战以来，掌握政权的劳工联合政府过于浪费，以至于已经不能得到欧洲借贷者的信任。继任劳工党的新政府，是否能战胜这次的财政危机，而又不丧失他们自己的权力，还是一个疑问。其次，澳大利亚人口稀少，也是一个可怕的隐患。塔斯马尼亚与新南威尔士每平方英里都只有8人。维多利亚州每平方英里有20人。但是昆士兰州与南澳大利亚州每平方英里只有一人，而西澳大利亚州每平方英里则只剩0.5个人。虽然这些数据在劳工联合政府看来并不可靠，但是澳大利亚人当时被列入世界上最不值得信任、最无用的工人的行列中。他们如果没有大量的假

被流放的囚犯们　托马斯·罗兰森　18世纪

在这幅漫画中，英国被流放的囚犯们坐在船上，准备被运往澳大利亚，他们身后悬挂着尸体的绞刑架则暗示着残忍的法律制度，或许流放的命运也不至于太过凄惨。此时，澳大利亚似乎为英国监狱人满为患的困境提供了一条出路。

日，用来专注于运动或赛马等消遣娱乐中，似乎都不能生活。

照这样来说，推动国家发展的一切必要工作，由谁来做呢？

意大利人是不受欢迎的，虽然他们非常愿意到这里来。在这个联合王国中最有势力的英国中产阶级说“澳洲是澳洲人的澳洲”，意思是不仅是非纯粹白人，就连非英国中产阶级出身的人，都会受到排斥。勤劳的意大利人也不会跨过托雷斯海峡。作为黄种人的日本人和中国人，更不被允许。波利尼西亚人、马来人和爪哇人是棕色人，所以更成为了受气筒。那我又要开始问这个问题了——谁来工作呢？我只能说我不知道答案。一片300万平方英里的土地渺无人烟，而世界上的其他地方却承受着人口过剩的压力。这种现象，就可以解答这个问题了。

澳大利亚大事记

自从澳大利亚被发现后，基本就处于英国的统治下，从英国的囚犯流放地到独立的国家，它走过了数百年的历程。

1606年	荷兰人威廉姆·简士登陆澳大利亚，这是首次有记载的外来人真正登陆。
1770年	英国航海家库克船长发现澳大利亚东海岸，宣布其属于英国。
1788年	菲利普船长率领的船队到达澳大利亚的植物学湾，并在杰克逊港建立起第一个英国殖民区。
1790年	第一批来自英国的自由民移居澳大利亚，以悉尼为中心拓展。
19世纪50年代	新南威尔士和维多利亚发现金矿，大量淘金者蜂拥而至，澳大利亚人口激增。
1901年	6个殖民区统一，成立澳大利亚联邦，同时通过第一部宪法。
1927年	澳大利亚迁都至堪培拉。

第四十三章

新西兰

新西兰	
中文名称：新西兰	所属洲：大洋洲
首都：惠灵顿	主要城市：奥克兰、哈密尔顿
官方语言：英语	货币：新西兰元
时区：东十二区	国家代码：NZL
国歌：《天佑新西兰》	国花：银蕨

如果算上萨摩亚群岛的领土，新西兰比英格兰及苏格兰的总面积要大1.25倍。它有150万人口，其中14.3万人居住在北岛上的首都惠灵顿。

1642年，北岛第一次被塔斯曼发现，他用自己国家的南部省来为之命名，这本地理书的第一部分也在那里写成。其实在3个世纪前，这里就被波利尼西亚的船夫发现了。作为了不起的水手，这些驾驶独木船的人拥有一种形状奇怪的编织地图，非常精确可靠，以至于他们在航行数千公里以后，仍然能够毫无差错地找到回程的路。

这些波利尼西亚的征服者，就是骁勇善战的毛利人的远祖。在1906年时，毛利人只剩5万左右的遗民，以后数量又渐渐增加。世界上有一些土著人，他们既能保卫自己，抵御白种人，同时又能采纳西方文化的优点，而不会过分痴迷，毛利人就是其中很好的例子。他们抛弃了几种古代的风俗习惯，如吃掉敌人、在脸上刺纹等等。他们派代表出席新西兰议会，修建教堂。虽然这些教堂也跟他们的白人统治者所建立的小教堂一样不惹人注意，不过对于将来涉及种族的问题一定大有好处。

19世纪的前25年，英法两国都想借由自己的传教士来占领这片岛屿。但在1833年，毛利人自愿投入了英国的怀抱。1839年，英国正式占领了新西兰所有的领土。

如果法国舰队早到三天，那现在新西兰也许会与新苏格兰、毛里求斯以及其他许多太平洋岛屿一样，变成法国的殖民地。1840年，这些岛屿成为澳大利亚新南威尔士的殖民地，1847年又改为英国皇家殖民地。1901年，新西兰曾经有机会加入澳大利亚联合王国，但它从未做过罪犯的流放地，于是拒绝了澳大利亚的要求。1907年，新西兰成为自治区。

从南北两岛的地理状况来看，它们似乎并不是澳大利亚大陆的一部分，因为分隔新西兰与澳大利亚大陆的塔斯曼海深达1.5万英尺，宽1200英里。它们也许是一座很高的山脉的遗存，这个山脉曾经在某一个时期曾是太平洋的西海湾。不过，时过境迁，现在的海岛是如何形成的，已经很难明确判断了。然而更难理解的是，两岛之间几乎完全不相同。北岛一片是巨大的火山区域（太平洋中的黄石公园），而南岛就像是另一个瑞士，只不过有为数不多的挪威海峡，而宽约90英里的库克海分隔了南岛和北岛。

新西兰绝不炎热，它与意大利一样距离赤道很远，气候也与意大利相同。也就是说，与澳大利亚相比，它更有可能成为欧洲的永久性机构。欧洲的各种水果，如桃子、杏、苹果、葡萄、橘子等，在山谷中可以种植，而山脚下又是非常好的养牛牧场。这里的亚麻，也像在老塞德兰潮润的气候中一样长势良好。北岛那些从奥克兰进口的木材虽然长势缓慢，却是很好的木材。

1901年，新西兰吞并了太平洋中的许多小岛，其中有库克群岛与拉罗汤加岛。据毛利人所说，新西兰首批波利尼西亚人，就是从那里来的。库克群岛还是火山发源地。我们现在先抛开这个火山带不讲，来谈谈珊瑚岛。

珊瑚岛，是由无数被叫作珊瑚虫或花虫的微小海生物构成的，这种生物死后的骸骨堆积在一起，就形成了数以千计的暗礁与小岛，散布在太平洋。珊瑚很重视细节，只能在一定温度的新鲜盐水中生活，一次霜冻就可能导致它的死亡。它不会沉到海平面以下120英尺，但我们所发现的珊瑚礁都低于这个深度，这就说明海底一定从原始高度下陷了。珊瑚虫建造它们的小岛，长达数百万年，它们的建筑物比最好的泥水工的作品还要耐久。因为它们一直需要流动不息的水，所以居住在这个建筑中心的珊瑚

新西兰　海报

新西兰位于太平洋西南部，由南北两大岛屿组成，以库克海峡相隔，首都是惠灵顿。在新西兰，到处是广袤的森林和牧场，使其成为名副其实的绿色王国，鹿茸、羊肉、奶制品和粗羊毛的出口值皆为世界前列。图为当时新西兰的海报。

虫最容易死亡，其边缘继续生长，结果就形成了所谓的环礁——由固体物质所组成的窄环，中心有一个圆形的礁湖。这种岛通常有一个入口通往礁湖，并且远离当时的季风。另一侧的海浪会为外层的珊瑚虫提供食料，所以生长得比较快。

现在有许多这样的环礁，上面生长着出产椰子肉的椰子树，它们大部分都属于新西兰。萨摩亚群岛原本是德国殖民地的一部分，但是由于在第一次世界大战期间新西兰军队表现良好，这块殖民地就归入了新西兰。至于他们现在是如何处理它的，我就不得而知了。

披风　毛利人　19世纪初

毛利人的织物是由技术熟练的妇女编织的，她们不用工具，只用手指完成了作品。作为早期的毛利披风，这件用细羊毛和羽毛装饰的编织物可能是送给新西兰首任总督的礼物，他在1845年至1854年管理着新西兰。

毛利族武士

18世纪晚期，大批白人来到太平洋地区，与当地的土著接触，冲突也日益频繁。图为悉尼·帕金森绘制的毛利族武士，他曾参加了库克船长最早在南部海域进行的航行。

用羽毛制成的头饰，是毛利族的特色之一。

武士的面颊上遍布文身，是毛利族文化的体现，也是古代的风俗之一。

武士似乎对外界事物充满了好奇，他对于外来的欧洲人表现出兴趣，而欧洲人和当地土著人的冲突对双方来说也是令人困惑的。

第四十四章

太平洋群岛

这里的人民并不会辛勤劳动，也不会胡扯，但他们却和我们一样生活着。

斐济群岛、夏威夷群岛、萨摩亚群岛、关岛、塔希提岛

在太平洋群岛中，有无数个岛屿，其中有一些火山岛较为著名，分别为斐济群岛、夏威夷群岛、萨摩亚群岛、关岛、塔希提岛。

	位置	类型	概况
斐济群岛	位于西南太平洋中心	火山岛	南太平洋地区的交通枢纽，维提岛和瓦努阿岛为两个主要岛屿，属热带海洋性气候。
夏威夷群岛	位于太平洋中部	火山岛	太平洋上有名的火山活动区，火奴鲁鲁是主要城市，有著名的威基海滨沙滩和珍珠港。
萨摩亚群岛	位于南太平洋波利尼西亚群岛中部	火山岛	被称为波利尼西亚心脏，主要种植热带经济作物，其中美属萨摩亚群岛是美国的保护地。
关岛	位于太平洋马里亚纳群岛南端	火山岛	美国的海外属地，是美国与日本、菲律宾间的联络站，战略地位极为重要。
塔希提岛	位于南太平洋中部	火山岛	法属玻里尼西亚社会群岛中向风群岛的最大岛屿，因秀美的热带风光被称为最接近天堂的地方。

羽毛披肩　夏威夷　约1850年

这种羽毛斗篷和披肩是夏威夷男性贵族在庆典和战争中的穿着，其中黄色和黑色的羽毛应该来自夏威夷吸蜜鸟，而成形的领口可以紧贴着穿者的脖子。后来，大量的羽毛斗篷和披肩被作为礼物送给了来自欧洲的船长和船员们，不知何时传到了英国。

大西洋几乎没有什么群岛，但在太平洋却有很多岛屿。赤道以北，有卡洛琳群岛、马歇尔群岛以及夏威夷群岛，而其他群岛则在赤道以南。无数个岛屿组成群岛，只有拥有神秘的巨大石像的复活节岛是例外。这座岛孤立在大海中，但它与南美洲的距离比澳大利亚近得多。

太平洋上的群岛可以很清楚地分为三大类。一些岛屿在地质上毫无疑问是史前澳大利亚大陆的遗迹。法国囚犯的流放地——新苏格兰，就属于这一类。其次，像斐济群岛、萨摩亚群岛、夏威夷群岛、桑威治群岛和毛里求斯都是著名的火山岛。最后，就是珊瑚岛，比如新海布里地群岛。

在数千座小岛之中（有许多珊瑚岛高出水面几英尺），最重要的就是夏威夷群岛，也就是1779年库克船长在归途中被土著杀害的地方。1810年，夏威夷群岛成为南海大帝国的中心，这个帝国直到1893年才被美国吞并。由于夏威夷群岛不仅有非常肥沃的土壤，而且位于亚洲与美洲中间，所以非常重要。

夏威夷群岛很稳定，高达4400英尺的基劳亚火山，现在还继续活动着。在这个群岛的另一个岛屿上，有世界最大的火山口。不过这里令人惊叹的气候，使我们不再因为无人致信的老朋友再次冒出紫烟而焦虑。瓦胡岛上的火奴鲁鲁则是夏威夷群岛的首都。

斐济群岛最重要的城市是苏瓦，从美洲去往大洋洲、新西兰的船舶都在这里停靠。

萨摩亚群岛的首都为阿皮亚。

还有一个你们时常听到的岛，就是关岛，它位于日本和新几内亚之间，是美国重要的电报站。

其次，塔希提岛是社会群岛中的法国殖民地，关于南海帝国的许多电影故事，大都出自这个地方。

最后，还有非常多的小岛屿，基本上都属于美拉尼西亚、密克罗西亚及波利尼西亚三大群岛。这些小岛组成了横贯太平洋的屏障，它们从西北向东南形成三条平行线，使太平洋航运与大西洋航运的情况大相径庭。在大西洋上，从爱尔兰至美洲海岸，中间只有罗克埃尔一个危险地区。

修建复活节岛上的大石雕 克里斯蒂安·布鲁坦 绘画

图中岛上的土著们利用简单的工具，在巨大的凝灰岩石块上进行雕刻。经过年复一年的辛苦工作，他们终于在拉诺拉拉苦火山的山腰上，刻出了一个个巨大的石人。工人们把它们从岩壁上凿开，竖立在平原上，就变成了现在我们所见到的巨大人形石雕。

有人说，这样的地区应该适合某一种特定的人群居住，比如觉得当代机器制造的文明过于复杂、更喜欢单纯的事物的人，喜欢和平、宁静、和睦相处的人以及反对喧嚣、匆忙和相互竞争时狰狞的表情的人。我认为这些海岛确实比百老汇路与四十二街一带安静，但这里实在太遥远——这里真的有一种仙草，能让人得到自我解脱吗？

第四十五章

非　洲

矛盾与对立的大陆。

非洲和澳大利亚一样，都是远古大陆的遗存。在数百万年之前，这块大陆的大部分就已经消失在浩瀚的大海中了。直到离我们稍近些的时期，它还与欧洲大陆相连。从地理的角度来看，阿拉伯位于撒哈拉沙漠的延长地带，从在马达加斯加以及亚洲、澳大利亚的非洲动植物，似乎可以看出，在地球上刚刚出现生物时，这三块大陆之间或许有一块将三者相连的大陆。

这是非常复杂的，在我们能说“它不过如此，没有什么好奇怪的”之前，我们必须要先找到更多的资料。不过，探讨一下理论也没什么坏处。这些理论告诉我们，地球表面是在不停地变化的——今天我们所看到的一切和过去完全不同。如果一百万年前的祖先看到我们现在的地图（如果他们早就飞到了其他星球，还仍然对我们这小得可笑的地球有兴趣的话），一定会感到无比惊讶，就像我们看到第三纪或志留纪时代的假想地图时，心里一定在想：“这些东西真的存在吗？”

这块古代大陆所遗留下来的土地，和我们所说的“历史时期”开始后没有变化的土地，共有两部分——赤道以北的一大块方形地区与赤道以南的一小块三角形地区。无论是方形地区或三角形地区，它们的地理环境都非常不利。它们四周的边缘比内陆高，以至于内陆看起来像一个大盘子，这种情况也同样存在于澳大利亚，对于一个国家的发展极其不利。因为盘子的边缘很高，所以阻碍了海风深入内陆，内陆地区就很容易变成沙漠，而且也没有了出海口。当非洲的河流蜿蜒在山谷之间，最后入海时，它们不得不穿过一座座山脉。这就是说，船只因为受到无数瀑布和激流的阻碍，不能利用河流到达内陆，除非等到人工的海港建设完成、绕过瀑布的铁路修建成功，否则无法通商。总之，这里就是被孤立的。

对绝大多数人来说，非洲只不过是“黑人之洲”，我们常把它与热带森林、黑人联系在一起。其实非洲的面积是1130平方英里（欧洲的三倍大），其中的1/3是没有任何价值的沙漠。其人口为14亿，分为三个群体，其中之一是黑人，他们的皮肤是黑色的。另外两个是闪米特人与含米特人，他们的皮肤是巧克力黑到擦亮的象牙白之间的颜色。

非洲示意图 版画 17世纪

非洲位于亚洲的西南面，与亚洲以苏伊士运河为分界线，其东面濒印度洋，西面临近大西洋，北部与欧洲相隔着地中海。作为世界第二大洲，非洲的1/3为沙漠，跨越赤道南北，有丰富的地质类型和多样的气候。

然而，黑人自然比肤色淡得多的邻居更能引起我们的注意。这不只是因为他们的外表奇特，让我们第一次见到就留下了深刻的印象。还因为在我们祖先错误的经济观念中，将他们视为便宜而温顺的劳工，把他们带到了世界各地。提到这种可耻的错误判断，真是让人非常不舒服。因为黑奴是世界上最悲惨的人，这可能已经超出了黑人种族和白人种族的种族范畴。这一点，我在后面会说到，现在我们先来谈一谈在黑奴制度出现前的非洲情况。

希腊人对埃及，以及居住在尼罗河河谷的含米特人非常熟悉。含米特族在很早以前，就已经占领了非洲北部，强迫当地肤色黑得多的居民向南退入苏丹，而独享地中海北岸。所谓含米特人只是一个很模糊的名词，世界上并没有典型的含米特人，并不像典型的瑞典人和中国人那样。含米特人是雅利安人与闪米特人的混合种族，加上大量黑人和许多古老人种的血统，那些古老的种族在东方强敌第一次入侵前就住在这里了。

也许在游牧时期，含米特人到达了非洲。然后他们就分散到尼罗河河谷，并向南深入到阿比西尼亚，向西远达大西洋海岸。亚特拉斯山中的巴巴里人是纯粹的含米特人（或者也只像任何含米特人一样纯粹），而撒哈拉大沙漠中的游牧部落也出自含米特人。此外，阿比西尼亚人则与闪米特人完全融合在一起，失去了含米特人的许多特性。尼罗河河谷的矮小农夫数十年来都与其他种族通婚，已经被同化得分不清原本的种族了，其实他们也是含米特人的祖先。

通常我们区分人种时，通常会注意他们所使用的不同语言。但北非的语言对我们没有什么帮助。那里有的含米特部落只说含米特语，有的闪米特部落只说阿拉伯语。古代埃及基督教的哥普特人还使用着古代含米特语。希腊人与罗马人显然也和我们一样疑惑，就用“埃塞俄比亚人”或“黑脸”来称呼这些来自丛林狭窄边缘地带的人，以解决这一难题。他们觉得“埃塞俄比亚人”的金字塔与司芬克斯黑人厚厚的嘴唇（或许是含米特人的嘴唇，请教一下教授吧）非常奇怪。他们称赞农夫长期吃苦耐劳的精神，称赞数学家的智慧、医生的博学，但他们似乎从来都不好奇这些人来自哪里，而是直接称他们是“埃塞俄比亚人”。

但我要给你们一句忠告！如果你们要前往北非，绝对不能因为这些人民皮肤很

女黑人像 油画 玛丽-古耶曼·伯努瓦 1800年

作为法国拿破仑时代一位非常成功的社会画家，伯努瓦在这幅画中描绘了一位美丽的黑人妇女，椭圆形的脸部和优雅的脖颈富有魅力，黑色的皮肤与白色的如瀑布般垂落的包头巾形成了强烈的对比，带有雕塑般的美感，而妇女裸露的胸部似乎是对奴隶屈辱生活的写照。

黑，就叫他们“黑鬼”。他们会对这个称呼非常憎恨，而他们中的很多人是世界上最勇猛的战士。那些曾经征服整个西亚的埃及武士的血液，就流淌在他们的身体中。这个民族的祖先或许是夺去罗马人的地中海上霸权的闪米特族迦太基人。他们也可能是阿拉伯人的子孙，或者是阿尔及利亚酋长的后代，而阿尔及利亚酋长就是在法国企图征服阿尔及利亚，或意大利想占领突尼斯时，而发动一场可怕战争的人。他们虽然头发微卷，但你们要小心并且牢记1896年的某一天，这些长着绒毛状头发的埃塞俄比亚人曾经将白皮肤的意大利人赶入了红海。

欧洲人成功横渡地中海后，看到的第一种人就是含米特人，我们对他们的介绍就

埃塞俄比亚示意图 版画 17世纪

埃塞俄比亚位于非洲东部，地处红海西南的东非高原上，西面与苏丹接壤，南面与肯尼亚为邻。其境内则以山地高原为主，中部高原隆起，东非大裂谷贯穿其中，有非洲屋脊之称，拥有丰富的地热、水力、森林资源。

说到这里。关于闪米特人，我们还要讲一点，欧洲人与闪米特人的接触十分令人痛苦，正好发生在汉尼拔将军带着驯象到波河平原之时。但是迦太基被毁灭之后，前往非洲的路就打开了。奇怪的是，欧洲人却很少利用这个好机会，去开发那片广大的沙漠区域（罗马人所说的鲁米帝）以外的地方。

第一位对非洲探险有兴趣的罗马皇帝是尼禄，他的远征队曾经远达法梭达村，这个小村庄在30年前差点引发了一次英法战争。但尼禄的尼罗河远征队也没有远过当时前人所到达的最南端。在数世纪前，迦太基人似乎已经跨越了撒哈拉沙漠，到达了几内亚湾。不过当迦太基被毁灭后，所有关于非洲中部的信息就全部遗失了。撒哈拉沙漠的确是一个很大的障碍，就算是最勇敢的探险家也望而却步。当然，他们也可以沿着海岸地区南下，但那里完全没有海港，以至于淡水的供给很成问题，基本无法解决。再加上，非洲的海岸线只有16万英里，而欧洲的面积只有非洲的1/3，却有长达2万英里的海岸线。如果船员想在非洲海岸登陆，就必须在离海岸数英里之外抛锚，然后再用敞口皮筏子穿越大浪划到岸边，这种方法既辛苦又危险，因此很少有人敢于尝试。

尼禄　青铜雕像　罗马　1世纪

尼禄是古罗马帝国的皇帝，也是古罗马乃至欧洲历史上有名的暴君，被称为嗜血的尼禄。在这个塑像中，制作者刻意用了银镀铜和黑色青铜，尼禄向上凝视的神态让人想起传统的亚力山大大帝。

直到19世纪初，我们对于非洲的地理情况仍然所知甚少，并且这些消息的来源也纯属偶然。最早到非洲西岸探险的是葡萄牙人，他们原本是要前往印度，对这个黑人之地没有什么兴趣。但是如果他们绕不过南方这个很大的障碍物，就不能到达印度和中国，所以才像盲人摸象一样，沿着非洲海岸小心翼翼地摸索道路。他们并没有刻意寻找，却无意中发现了几个海岛，如亚速尔群岛、佛得角群岛和加那利群岛。1471年，他们终于到达了赤道。1488年，巴托罗缪迪·亚斯到达了风暴角，也就是现在的好望角。1498年，达·伽马绕过了好望角，确定了从欧洲到印度的最短路线。

印度航线开辟之后，非洲又再次远离人们的视线，成为了航海的阻碍。这里的天气要么炎热干燥，要么酷热潮湿。当地人大都是强悍的野蛮人。在16~17世纪时的船长前往东方时，只有当水手中出现了坏血病，或死了很多人时，才会到亚速尔群岛、阿森松岛和圣赫勒拿岛去购买新鲜蔬菜。在他们看来，非洲是不祥之地，不用理会。如果不是因为新世界的一位神父的仁慈，那些内陆上可怜的他教教徒或许还能快乐地生活下去。

巴托洛梅·德·拉斯·卡萨斯的父亲是最初跟随哥伦布前往美洲的同伴，这个孩子后来被任命为墨西哥恰帕斯城的主教，作为对他的功绩的奖励，他被赐予了一块土地及当地的印第安人。换句话说，他成为了我们通常所说的奴隶主。那时候，只要生活在新世界的西班牙人，都有很多印第安人为他们工作，这是一种非常糟糕的制度。但是这个制度，却像其他残酷的制度一样，被大众所认可，因为这是人人都在做的事，与别人完全不相干。有一天，拉斯·卡萨斯清楚地认识到这种制度是多么恶劣，对于土地的原来所有者是多么不公平，他们被迫在矿井工作，做着在自由时绝对不愿意做的各种工作。

他回到西班牙协商此事，当时听伊莎贝拉女王告解的红衣主教——杰梅尼斯大权在握，认为他的想法是对的，就任命他为“印第安人的保护者”，让他回到美洲去起草一

哥伦布登上第一次远航西方的船

哥伦布是意大利航海家，他曾在1492年到1502年之间四次横渡大西洋，开辟了大西洋到美洲的航线，这条新航线的发现也成为了人类历史发展的重要转折点。

个报告。拉斯·卡萨斯回到墨西哥后，发现上级教士对这件事情的态度都很冷淡。印第安人像原野中的动物、空中的飞鸟、海中的游鱼一样，都已经信仰了基督教。为什么要多事呢？这可能会颠覆新世界的整个经济组织，甚至影响到获得的利益。

拉斯·卡萨斯很庄严地从事着上帝赐予的事业，想到了一个好办法。当时，印第安人宁死也不愿成为俘虏。这在海地岛表现得十分明显，不到15年的时间里，土著人口由100万降至6万可以为证。但非洲的黑人似乎对于被当作奴隶满不在乎。1516年（新世界史上一个可怕的时代），拉斯·卡萨斯发表了著名的慈善主义制度的条款，目的是解放印第安人的义务劳动。只要是居住在新西班牙的每一个西班牙人都被准许购买12个非洲黑人，而印第安人被允许回到他们自己的田庄去，虽然他们较好的农场已被移民们抢夺了。

可怜的卡萨斯活了很久，直到真正认识到自己的行为。他感到非常羞愧（因为他是个诚实的人），所以退隐到海地的修道院去了。后来，他又回来做公共事业，再次帮助不幸的他教教徒抗争，但已经没人听他的了。1556年，当他去世的时候，完全使印第安人离开土地的新计划还没有实行，而贩卖非洲黑奴的生意正进行得如火如荼。

在奴隶贸易流行的300年中，对于非洲到底有什么意义，我们只能从遗留下来的数据来推测。猎取黑奴，最初并不是白人所为，而是阿拉伯人。他们随心所欲漫游于非洲北部，并垄断了黑奴的生意。他们从1434年以后，偶尔会将一船黑人出售给葡萄牙人，可是他们生意的规模与1517年以后相比，要小得多了。（16世纪末，这种可耻的交易普遍被各国所接受）这种生意可以让人发大财。罗马帝国皇帝查理五世（他长着著名的哈布斯堡下巴），授权给一个佛兰德斯人，批准他每年运送4000名非洲黑奴前往海地、古巴和波多黎各。这位佛兰德斯人立刻又将罗马皇帝的特许权卖给了一个热那亚投机商，得到了2.5万金币。而后，特许权又被转卖给了一个葡萄牙人，于是这个葡萄牙人到非洲与阿拉伯卖家接洽，阿拉伯卖家打劫了许多苏丹人的村落，掳得一万名黑奴（航行中极高的死亡率也需考虑），将他们塞进臭气熏天的武装商船里驶向大洋彼岸。

于是关于这种新奇又简单的发财方法被口耳相传。教皇诏书将全世界分为两个部分，一部分属于西班牙，另一部分属于葡萄牙。由于西班牙人不能涉足“奴隶海岸”。因此贩卖和运输黑奴的生意都给了葡萄牙人。当葡萄牙人的势力被英国人和荷兰人打破以后，黑奴贩卖又变成了这两个基督教国家的垄断贸易。他们继续向世界输送“黑象牙”（布里斯托与伦敦的商人们开玩笑的称呼），直到1811年，英国议会通过一项议案，颁布了严禁贩卖奴隶的条例，对奴隶运输处以罚款和流放等重罚。不过1517年到1811年，以及很长的一段时间里，虽然有英国军舰的威胁，私运黑奴的生意仍然持续了30年。直到19世纪前60年，欧美各国真正废除了奴隶制度之前，奴隶走私还在进行（阿根廷在1813年、墨西哥在1829年、美国在1863年、巴西在1888年取消了奴隶制度）。

至于这项贸易在欧洲统治者和政治家眼中的重要性，只要看到他们竭力争取黑奴贸易垄断权，努力将其变为本国的独享权益，就足以证明了。由于几个英国商人掌控了绝大部分奴隶贸易，西班牙因此拒绝接受英国商人所提倡的黑奴条约，以至于引发了英西战争。著名的《乌特勒支和约》中有一条规定，明确指出荷兰人应将西印度黑奴专卖权转给英国人。

但荷兰人并没有因此而被击败，他们的第一批非洲奴隶于1612年在弗吉尼亚登陆。在威廉与玛利统治时期，通过了一条法律，向各国开放殖民地黑奴贸易。荷兰西印度公司虽然因为疏忽失去了新阿姆斯特丹，但它在奴隶运输中赚取了大笔钱财而免于破产。

关于这个问题，我们只有非常少的数据，因为奴隶对于自己的工作没有兴趣，而且我们正在消灭他们。法国的红衣主教拉维格尼亚，以及曾经是迦太基主教、著名的皮埃尔·布兰克斯（奠定了在北非行善的使团的基础），对于非洲的情况相当熟悉，他们曾经粗略地算过，非洲每年至少有20万人因黑奴贸易而丧命，其中包括前往海滨

黑人奴隶

15世纪中叶，一支葡萄牙探险队在布朗角附近沿海劫掠了10名非洲黑人，并将他们带回里斯本出售，黑奴贸易由此开始。此后，黑人贸易逐渐发展成为一个专门的行业，数以万计的黑人被贩卖到美洲以及印度洋、亚洲等地，被迫在种植园和矿井中工作，本图就是被捕获的黑人奴隶。

途中被折磨至死的人，以及死去的孩子（他们年龄太小，因为没有价值而被遗弃，最后变成了野兽的食物），还有那些被运到外国海岸的人。

一位称职的法官——列文斯通博士将数字提高到：每年从自己的家乡被抓走的黑奴有35万人（这还不包括被丢在家中，因为没有受到保护而死亡的人），其中只有7万人能到达大洋彼岸。

在1700年至1786年之间，至少60万奴隶被活捉到牙买加。同一时间，英国两个规模较小的黑奴公司，把200多万奴隶从非洲运往了西印度群岛。18世纪末叶，利物浦、伦敦、布里斯托有一支由200只船组成、可以容纳4.7万名黑人的船队。它们定期往来于几内亚湾与新世界之间。1791年，教友派信众与仇视奴隶制度的人开始反对这种暴行，并对贝宁海岸一带的黑奴站进行调查，其中，英国有14所，荷兰有15所，葡萄牙有4所，丹麦有4所，法国有3所。由于英国人的装备精良，掌控了一半的贸易，另外一半由其他四国均分。

关于这块大陆所发生的无数可怕的事情，我们以前知道得很少，直到后来，英国人想要彻底铲除这种贸易，前往非洲海岸制止进一步的迫害。此时，我们才知道，原来当地土著的酋长也是主犯之一，他们残忍地将自己土地上的人民售卖，就像18世纪

黑人奴隶被迫在农场劳动

在图中，一个白人双手交叉，正在监督数名黑人奴隶在田间劳动，他应该就是农场主，而黑人奴隶们则辛苦地劳动，这也是他们日常生活的缩影。

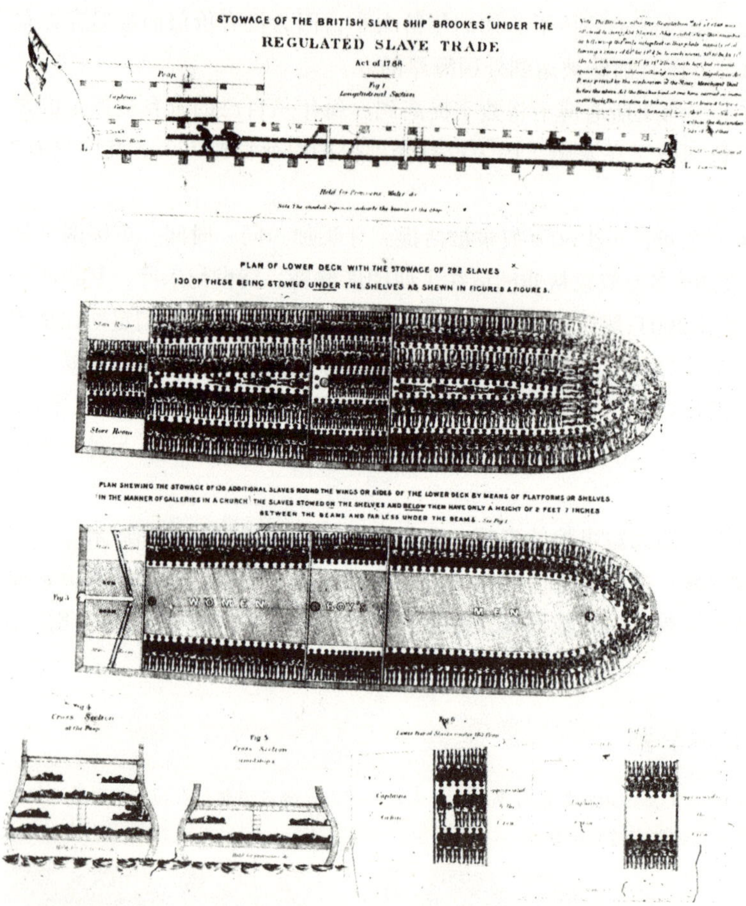

贩奴船

图为装载黑奴的轮船，黑奴就是通过这些船被贩卖到世界各地的。相传曾有一艘名为“布鲁克”号的贩奴船，甲板上装了292名黑奴，船舱内的周边还装了130人，足见北美对黑奴的需求量之大。

德国统治者将他们招募来的军队卖给了英国，以平息弗吉尼亚和马萨诸塞的小规模叛乱一样。不过这项贸易的大部分商业组织，一直都掌握在阿拉伯人手中。

后来，比利时恶名昭彰的利奥波德开放了刚果大门，需要大量低廉的劳工，葡萄牙安哥拉殖民地与刚果盆地内部的奴隶贩卖暂时回复了。但幸运的是，当那个可恶的老人（他是个中古时期的恶棍，却做着近代民主立宪制国家的国王）死去时，刚果自由邦归入比利时，这就是说，贩卖人口赚取钱财的事情，从此终止了。

白人和黑人的关系，从一开始就非常不好，之后的情况一样糟糕。关于这种不幸的原因，我大概介绍一下。

在亚洲，白人所遇到的民族都和他们一样开化，甚至比他们的文明更加进步。这就是说，他们可以进行反击，而白人则必须深思熟虑，否则就会造成恶果。

18世纪50年代，印度士兵大叛乱。20年前，东南亚黑人发生叛乱。几乎将荷兰人赶出爪哇。日本对外国人的驱逐行动。十几年前的中国义和团运动，以及现在的印度暴动、日本公然蔑视欧美各国进驻中国东北的事件，这些都是白人提醒自己的教训。

在澳大利亚，白人面对石器时代的可怜野蛮的遗民，可以任意残杀他们。他们可以消灭偷吃羊群的野外流浪汉，良心上只受到一点点谴责。

当白人到达美洲的时候，那里的大部分地方还渺无人烟。只有中美洲的高原和安第斯山的西北部（墨西哥和秘鲁）有稠密的人口，其他地方都是一片荒凉。少数居无定所的游牧民族，非常容易被驱逐，疾病和退化做了剩下的工作。

但非洲的情况就完全不同了，无论是奴隶制度、疾病、可怕的陷阱还是虐待，非洲的人口一直在延续，完全没有灭亡的迹象。白人早晨毁灭的，在夜里会被重建。于是白人就拼命地搜刮黑人的财产，最后发生了罕见的大规模流血冲突，至今还没有结束。这是白人的枪炮与黑人热带肥沃的土壤之间的冲突。

让我们看一看地图，说一下现在的大概情况。

非洲大致可以分为7个部分，现在，我一个一个地来讨论。我们先从左上角开始，西北部是恶名远播的巴巴利海岸，那是曾经使我们的祖先闻之战栗的地方，他们从北欧前往意大利港口，地中海东部诸岛以及沿岸各国时，经过这里都会非常恐

关于反对奴隶制度的讨论　油画

图中人们正在讨论奴隶制度。直到1815年的维也纳会议上，法国、英国等国家才公开表示禁止贩卖黑奴，但奴隶制并没有被完全废除。在1840年的伦敦反奴隶制学社代表大会上，废奴制又再次被作为讨论的议题。

面具 刚果 19世纪

非洲的面具使用了多种富有想象力的材料，如木材、兽皮、布、珠、纤维和金属的结合，其材质的选择往往具有地域表征和视觉象征，比如图中的木制面具就具有纤维条纹和三根角，其确切的功能尚不清楚，或许被用于阻止不法的行为。

惧。可怕的巴巴利海盗在这里出没，一旦有人被他们劫走，就必须要当很多年的奴隶，直到故乡的家人带着足够的钱来为他们赎身。

这个地区都是高山，而且都是相当高的山脉。这些事实可以解释这个国家过去为什么能始终如一地发展，至今也没有被白人征服。这里遍布着极其险峻的高山，到处是陷阱和峡谷，因此抢劫团体在得手后可以迅速消失。

飞机与射程很远的大炮在这里也起不到什么作用。就在几年前，西班牙几次被里夫人打得落荒而逃。我们的祖先知道这一点，所以他们情愿每年向统治这个地区的各个苏丹纳贡，也不愿拿他们的海军和名誉去冒险攻击这些白人从未进入的海港。他们在阿尔及尔和突尼斯设立专门领事，其职责就是筹集被劫持的属下的赎金。他们还扶持宗教团体，这种宗教团体的目的，只是为了照顾那些不幸落入摩尔人手中的海员们。

从政治方面来说，非洲大陆的西北角现在被分为4个部分，不过都由巴黎总部控制。这里是在1830年时被渗透并占领的，其导火线是一只不足为奇的苍蝇拍，但真正的原因仍旧是地中海西北部那些众所周知、恶名昭著的海盗。

在维也纳会议中，欧洲当权者曾经决定“必须要做点事”，以铲除地中海的海盗。但是，顺理成章地，会议不能决定到底由哪个国家来做这个工作，因为这个铲除海盗的英雄会占领一部分土地，那对于其他国家就不公平了——这是外交谈判中常有的事。

有两个阿尔及利亚的犹太人（北非所

有的商业在几百年来都在犹太人手中）提出要求，希望归还他们在拿破仑时代以前上交给法国政府的谷物。这些要求在新旧世界的领事馆中经常发生，而且在过去两个世纪中引发了许多误会。如果国家也和个人一样，临走前把该付的账付清，那我们一定会更快乐、更安全。

当谷物账单正在谈判的时候，某一天，阿尔及尔的统治者忽然大发脾气，用他的苍蝇拍打了法国领事。随后，阿尔及尔被封锁了，战争打响了（这件事情也许只是偶然，但是这种事情总是发生在被炮舰包围的地方），远征军穿越了地中海。1830年7

羊毛外衣挂毯 阿尔及利亚姆扎卜河谷 20世纪初

在北非农村地区，织布是妇女的工作，主要以羊毛为原料，年轻女孩大多被传授了这种技术，以消除不良的影响和促进创造力。如图中的上衣就是妇女为她们的儿子编织的冬装，其设计元素有鸟儿、石榴种子、中非米、餐叉、待客的桌子等，主要强调了和谐与家庭生活。

月15日，法国人攻入阿尔及尔，原来的统治者被囚禁、流放，战争到了最激烈的时候。

山区居民拥立了一个新的领袖，名叫阿卜德·厄尔·卡达尔，他是一个非常有学问又有胆识的人，他不屈不挠地抵抗入侵者，支撑了15年，直到1847年才投降。在投降前，他得到了留在自己国家的特许，不过，这个承诺最终被破坏了，他被挟持到法国。之后，拿破仑三世又把他释放了，条件是他不能扰乱祖国的和平。最后，阿卡达尔隐居在大马士革，把他的余生都献给了哲学沉思与宗教事业，于1883年去世。

在他去世前，阿尔及利亚最后一次叛乱早已平定。现在，阿尔及利亚只是法国的一个省而已。这里的人民有权选举自己的代表，并在巴黎的议会中保护他们的权益。青年男子可以在法国军队中服役，不过这并不是一个选择性问题。但从经济的观点来看，法国人的确做了许多好事，改良了阿尔及利亚人民的生活状况。

突尼斯 海报

突尼斯位于非洲大陆最北端，与意大利西西里岛隔海相望。其北部和东部面对地中海，地处地中海航运的要冲，是世界上少数几个集合了海滩、沙漠、山林和古文明的国家之一。图中是当时突尼斯的海报。

在阿特拉斯山与海洋之间，坐落着泰尔平原，这里盛产谷物。夏特高原——因为拥有许多盐湖而得名——是一个天然牧场。山坡慢慢被用于葡萄酒酿造，出产的热带水果销往欧洲市场，大规模的灌溉工程也建立起来。铁矿、铜矿都被发现了，矿区与三个地中海上的重要港口，即阿尔及尔（首都）、奥尔、比塞大借助铁路相通。

突尼斯紧靠着阿尔及利亚东部，名义上还是独立国，由一个国王统治，但实际上，在1881年后，它已经成为了法国的隶属国。但因为法国没有过剩的人口，所以这里大多数的移民都来自意大利。在数百年前，当这里还是土耳其领土的时候，犹太人迁移至此。而意大利人为了更好地生存，逃离基督教的统治来到这里，他们的生活比犹太人要好一些。

与首都突尼斯邻近的斯法克斯城是一个非常重要的城市。2000年前，突尼斯相对于今天，地位更加重要，因为当时它是迦太基的一部分。这个港口可以容纳200艘船舶，现在还能够看见，但留下来的东西已经很少了。因为罗马人做事非常彻底，而他们对于迦太基人的仇恨（都是由于恐惧和嫉妒引起的）已经深入骨髓，所以在公元前146年，他们占领这座城市时，将那里夷为平地。现在掩埋在16英尺以下的焦炭，就是曾有100万居民的古城废墟。

非洲西北角是号称独立的摩洛哥苏丹国。在1912年以后，摩洛哥的苏丹仅仅是法国的傀儡而已，微不足道。大西洋的山居者——卡拜尔人忙于挖掘壕沟来抵抗外国入侵，无力再去骚扰这位远方的国王。这位国王为了自己的安全，经常往来于南方的摩洛哥与北方的圣城非斯之间。不过这些身体强壮的山民，确实是一种非常可怕的威胁，以至于山谷中的人民都不敢种田，害怕他们的收成被山民偷走。

如果一个人想要谈论法国人对这里的统治，当然可以说出许多反对的理由，但说到公共高速路的安全时，法国人的确做了不少惊人的事。他们将统治中心移至大西洋上的一个岛屿——拉巴特城，在必要的时候，法国海军可以随时增援。拉巴特位于阿加迪尔以北几百公里。阿加迪尔是大西洋沿岸的另一个港口，这里会如此出名，确实出人意料。第一次世界大战爆发4年前，德国派遣了一艘军舰前往阿加迪尔来警告法国，说摩洛哥决不能变成第二个阿尔及尔，这件事情促成了1914年悲惨的冲突加速到来。

直布罗陀海峡正对岸的摩洛哥一角是西班牙的殖民地。法国在占领摩洛哥时，为了求得和平，将它赠给了西班牙。休达与梅利利亚两座城市之所以被我们所知，是因为拖拉的西班牙军队最近被土著“里夫—卡拜尔”打败而被报纸提及。

里夫山脉的西边是丹吉尔，是一座国际化城市。在八九世纪，摩洛哥国王把这里作为欧洲各国使节的驻地。因为国王不愿意让他们太靠近自己的王宫，所以就选择了丹吉尔。

这个遍布山陵的三角地的未来命运，也可想而知了。在之后的50年，整个区域以及我们即将要讨论的非洲第二个自然区域——阿拉伯人称之为As-Sahara的棕色大沙漠，即我们地图上所说的撒哈拉沙漠——都归法国所有。

撒哈拉沙漠几乎和整个欧洲一样大，从大西洋直达红海，在红海的另一面则延伸成为阿拉伯半岛。在北面，撒哈拉沙漠除了与摩洛哥、阿尔及利亚、突尼斯三角地相接以外，还濒临地中海，南面则与苏丹相连。整个撒哈拉是一个高原，但也并不是很高，大部分的地方只有1200英尺。那里有一些被风沙侵蚀过的古代山脉的痕迹，也有数量可观的绿洲。而那里的地下水可以供养少数阿拉伯人，他们过着节俭朴素的生活。其人口密度是每平方英里0.04人，可以说撒哈拉沙漠实际上是渺无人烟的。在撒哈拉沙漠的游牧部落中，最有名的是图阿雷格人，他们是非常勇敢善战的民族。其余居住在撒哈拉地区的人有闪米特人（或阿拉伯人）、含米特人（或埃及人）以及苏丹

黑人。

法国的外籍军团保卫旅客的安全，他们尽职尽责地执行任务。这些法国外国军团（他们被禁止前往法国）虽然有时有些粗暴，但他们也有非常难以解决的问题。用极少数的人来维持像欧洲这么大的区域的秩序，就算是圣教的人也很难做到。所以，如果我们相信一般的传说，那么圣教的人也很少入伍。古代骆驼队的路线现在已经逐渐失去了重要性，装有轮子的汽车已经取代了气味难闻的骆驼，它能节省费用，在长途旅行中更为可靠。成千上万的骆驼云集在廷巴克图，驮着盐前往撒哈拉西部沙漠的时代，永远消灭了。

1911年，归自己帕夏统治的、濒临地中海的撒哈拉沙漠的一部分，将土耳其苏丹奉为国王。就在这一年，意大利人——明白法国人如果可以在不与德国作战的情况下就能夺取摩洛哥的话，他们就会这样做——忽然想起了利比亚（的黎波里的拉丁名称）曾经是罗马帝国的殖民地。于是他们跨过地中海，占领了40万平方英里的非洲领土，在这里升起意大利国旗，然后很客气地询问世界，他们应该如何处理这片地区。因为没有人对的黎波里有兴趣（这里是一片沙地，没有石油和铁矿），所以恺撒的子孙可以继续占有他们的新殖民地，他们正在建造铁路，试图将出产的棉花供应给伦巴底的纺织厂。

在东部，意大利殖民艺术的试验在埃及结束。埃及非常繁荣，主要因为它在地理上是某种形式的岛屿：西部的利比亚沙漠将它与外界隔绝，南部得到努比亚沙漠的保护，而红海与地中海又成为东北边界的天然警戒线。历史上真正的埃及，是古代法老的领土，是古代世界艺术、知识以及科学的巨大宝库。沿着与密西西比河差不多长的一条河流，埃及这片狭长的地带逐渐延伸。真正的埃及，减去沙漠的面积后，剩下的面积比荷兰还小。但荷兰只能供养700万人，而富饶的尼罗河，却能供养荷兰人口的两倍。如果英国人能够成功建设大规模的灌溉工程，那还可以养活更多的人口。不过这里的农民只能依靠农场存活，因为一个没有煤矿和水力资源的国家，是很难发展工业的。

在8世纪，埃及成为土耳其的附属地，但依旧受到自己的赫迪夫或国王的统治。1882年，英国用埃及财政混乱而必须由一个有能力的欧洲政权干涉为借口，将埃及占领。但第一次世界大战以后，“埃及人的埃及”的要求异常强烈，英国被迫放弃了，于是埃及再次被承认是一个独立的王国，它除了必须得

阿拉伯人在深山里的战斗　*油画　德拉克洛瓦　1863年*

1832年，德拉克洛瓦和摩洛哥负责外交事务的大臣或许遇到了摩洛哥苏丹王的收税员与当地叛军之间的战斗，这也被认为是本画的主题。在这幅画中，战马的狂乱、将士的调遣、士兵们的痛苦和愤怒，与狂野、高远、贫瘠的景色融为一体，奔突跃动的动态和旋卷变化的色彩呈现了戏剧化的场面。

埃及示意图　版画　17世纪

埃及位于非洲东北部，是四大文明古国之一，它地跨亚、非两洲，是亚、非、欧三洲的交通要冲。其境内的人口和农业主要分布在尼罗河流域，是人类文化的发源地之一，居民主要为阿拉伯人。

到英国批准才能签订经济条约以外，有权与其他国家订立各种条约。英国除了保留塞得港的军队以外，其他地方的军队都撤退了。不过亚历山大里亚仍然是英国的海军基地（它在失去了重要的地位之后，成为德米埃塔与罗塞塔三角洲上的地中海世界的商业港）。

这是一个慷慨的协定，也非常安全，因为英国还占有苏丹东部，尼罗河流经该地。由于1200万棕色皮肤、身形矮小的埃及人依靠尼罗河是为生，所以英国确信它控制了这条河，就或多或少向远在开罗的人们宣告了它的需求。

任何了解近东政治状况的人都知道，苏伊士运河是前往印度最便捷的水路，横贯埃及领土，如果英国人让别人掌握了这条商业动脉，那就等于自杀。

当然，这条运河并不是英国开凿的。事实上，英国政府还竭力阻止雷塞普斯开掘任何运河。这是因为：第一，英国不信任拿破仑三世的声言，他们说这条运用法国资金、由法国工程师所建的运河仅是一次商业投机。维多利亚女王也许很爱她在杜伊勒利宫里的兄弟，他在女王可爱的人民因为面包暴动时，曾一度充当着伦敦特殊警察。但一般英国人不愿意听到这个名字，这个名字反而让他们想起半世纪前的许多噩梦。第二，英国唯恐这条通往印度、中国和日本的便捷水路会威胁到自己在好望角的城市的繁荣。

然而，运河毕竟已经建成了，威尔第先生创作了一部优雅的歌剧《阿依达》，来庆祝运河的通航。而赫迪夫则因向外国来访者免费提供住宿和歌剧的票，而导致破产。所有游客，从塞得港到苏伊士运河（通过红海的运河的终点）野餐，至少要提供69艘船。

于是，英国改变了政策，首相本杰明·迪斯累里（他的家族从不会因为缺乏商业能力而受到指责）取得了赫迪夫所拥有的大部分运河股票。拿破仑已经不足为惧，而这条路线对于欧亚之间的贸易是上天赐予的，光税收每年就将近4000万英镑（1930年经过苏伊士运河的货物有2800万吨），英国政府也就不再有半句怨言了。

顺便介绍一下，埃及著名的古迹遍布这块土地。在开罗附近就能够看到金字塔，古代的孟斐斯城也曾经在那里。上埃及的首都底比斯，在尼罗河上游数百英里。可惜的是，阿斯旺巨大的灌溉工程，把菲莱的庙宇都变成了小岛，它们的四周都被尼罗河的泥浆所包围，注定彻底毁灭。在公元前14世纪过世的图坦卡蒙国王的陵墓也在这里被发现，还有许多其他国王的陵墓。这些过往的财产和陵墓中的木乃伊，现在都陈列在开罗博物馆里，这个博物馆迅速地变成公墓，同时也称为世界上最有趣的古物收藏馆。

非洲的第三部分是苏丹，这个地区的地理环境和其他地方完全不同。苏丹基本上与撒哈拉沙漠平行，可是在东方没有延长得那么远，因为阿比西尼亚高原

木乃伊棺材　底比斯　约公元前850年

根据木棺的精细彩绘，可以判断其年代应追溯到第二十二王朝。X光则显示死者是中年人，已受过割礼，但没有明显的骨折或医疗迹象。

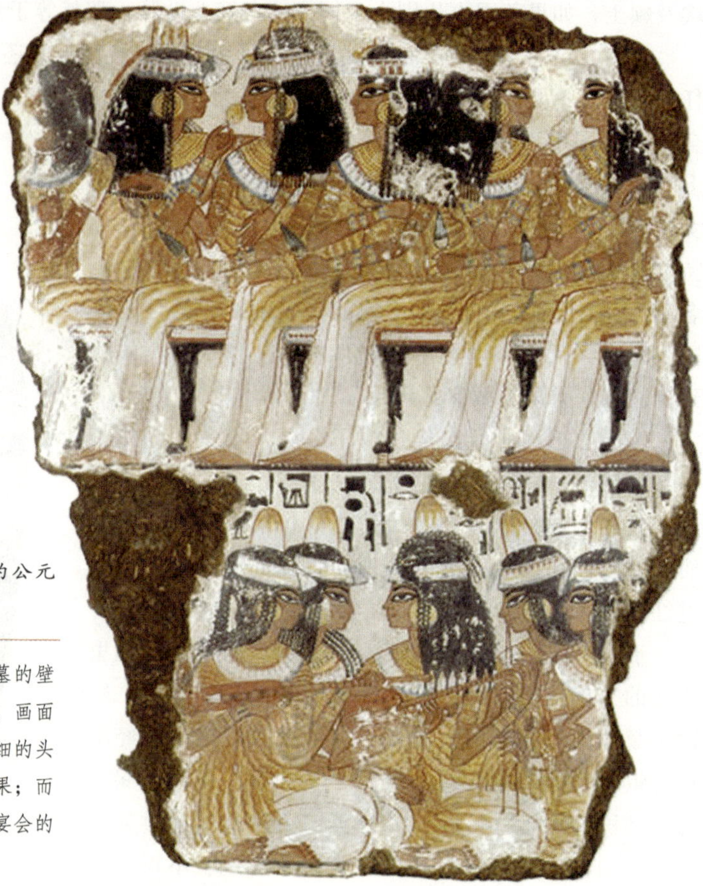

宴会场景 底比斯 约公元前1350年

碎片出自内巴蒙4号坟墓的壁画，描绘了一场宴会的情景，画面上方的女子正在互相展示精细的头发，并在嗅闻莲花或小的水果；而下方的女子正在演奏乐器，宴会的现场十分热闹，令人沉醉。

忽然把苏丹与红海隔开了。

现在，国际桥牌大战把非洲当作了赌注，如果有一个国家打出“三张黑桃”，那么另一个国家就立刻发出“四张方块”。英国在19世纪初，从荷兰人手中夺取了好望角。那里的荷兰人奋力抵抗，很难屈服，他们将所有的财产装上四轮马车上，向北迁移。这次英国人的游戏，与俄罗斯人在16世纪征服西伯利亚时相同。你不妨记住它的方法。一旦一定数量的俄罗斯流亡者来到了西伯利亚，并决定在一个新区域定居时，沙皇的军队就会接踵而至，宣称他们都是俄罗斯人民，因此他们所占领的土地，当然也是俄罗斯的产业，莫斯科政府会告诉他们什么时候开始征税。

英国人一直跟着布尔人北上，霸占了他们的领土，好几次都不可避免地发生冲突。因为布尔人平时生活在旷野之中，所以他们精湛的射击技术远在英国军队之上。1881年马珠巴之战以后（格莱斯顿在这个事件中以公平的立场而闻名于世，他有一句教导人们宽容的话，所有政治家都应该把它抄下来：“我们昨夜的战败，让我们的尊严受损，我们将坚持流血，别无他因！”），布尔人暂时获得休整，赢得了独立。

但大英帝国与一小部分农民斗争的结局，全世界都很清楚了。英国土地公司从土著酋长的手中得到了大块的土地，就继续向北推进。同时，英国军队为了要统治整个埃及，也稳健地沿着尼罗河两岸向南前进。有一位著名的英国传教士，在非洲中部探险取得了重要的成果。其实，英国正在挖掘一条贯穿“黑暗大陆”的运河。他们在开罗与好望角同时设置了策划执行部门（这是开凿运河的常规方法），两端早晚会在尼罗河与刚果河发源的大湖区域相遇，那么英国的火车就可以由亚历山大里亚直接到达泰仆港（之所以称为泰仆港，是因为这座奇形怪状的平顶山是开普敦的天然屏障），而无需换车。

英国很明显沿着由北向南的路线行动，法国则计划修建一条从大西洋至红海、由西向东的路线。也就是说，从塞内加尔的达喀尔直到法属索马里兰（阿比西尼亚的入口港），铁路会把它和阿比西尼亚首都亚的斯亚贝巴相连。

法英协议　版画　1899年4月

图为1899年，在法绍达冲突后，法英在协商解决非洲殖民纠纷的场景，其中左侧的人为法国大使保罗·康邦，而右侧则是英国首相索尔兹伯里勋爵。在1899年3月，英法以乍得湖、刚果河和尼罗河流域为分界线达成协议，法国的势力被彻底排除在尼罗河流域之外。

这样宏大的计划需要很多时间，但并不像我们有时看着地图，计算它到达乍得湖港口之前、克服重重困难的时间那么长，而乍得湖位于尼日利亚以北，很难到达。从乍得湖起，这两条铁路最困难的部分就开始了，因为东苏丹（即现在的英埃苏丹）和撒哈拉沙漠一样荒凉。

然而，资本在强大的现代政权手中，尤其当它看到有利可图的时候，它可以很轻易地在空间或时间之中炸开一条大路，往往像坦克辗过一群鹅那样残忍。法国第三共和国想恢复在第二帝国时期丧失的威望，它非常努力，长丝袜和农民隐藏的古老雪茄烟盒产生了必需的资本。两条铁路互相冲突，竞争极其激烈。从17世纪初以来，法国一直与英国和荷兰争夺着塞内加尔与冈比亚河之间的土地，现在法国则把这块土地当作政治的开罐刀，试图获得全苏丹广阔的土地。

在法国宣称西苏丹的大部分归法属非洲大帝国统治前，曾用了各种手段，如诡计、欺骗、勾引等等，详细情形我不再介绍。直到现在，它还以保护国或委任统治地的暂时统治者为借口，不过世人早就已经知道它的意图了。垄断纽约牛奶生意的歹徒将自己的团体称为“牛奶商保护联盟”。欧洲各国也跟那些卑劣的盗窃犯学习起了“托管地”这样一个冠冕堂皇的名词。其实，结果都是一样。

从地理上说，法国的确作出了明智的选择。苏丹大部分的土壤都很肥沃，这意味着这里的土著也是非洲各个黑人部落中最聪明、最勤劳的。他们的一部分土壤和中国华北的黄土都属于同一类型。塞内冈比亚（塞内加尔的别名）和大海之间，没有山脉的阻隔，因此雨量充足，人民可以养牛、种植谷物。非洲黑人并不食用大米，主食为玉米，他们的玉米糊与美国的玉米粥类似，只不过相对粗糙一些。非洲人也是很有创意的艺术家，他们的雕刻和陶器都非常精美，如果陈列在欧美博物馆中，绝对会吸引观众的目光，因为他们的作品非常像最近欧美流行的未来派画家的杰作。

在苏丹，尤其是塞内加尔河东南的各个地区，作为统治阶层的富拉人随处可见，

祭司墓中的石灰石浮雕板 埃及 约公元前2600年

图中坐在供桌旁边的人为埃及第四王朝的王子，他是太阳城的高级祭司，而供桌上方是一些用象形文字写成的重要供品的名字，如香、眼部涂料、酒、海枣果等。早在4000多年前，埃及的雕刻艺术就已经颇具规模了。

他们是黑人与巴巴里人的混合人种，长久以来都受法国政府的威胁。不过，铁路、公路、飞机、坦克、装甲车更强大，富拉人正在学习驾车。那些英雄的故事迅速地被加油站取代了。

法国人、英国人和德国人在入主苏丹以前，这里大部分地区都由土著的酋长统治，他们互相掠夺人民，把他们作为奴隶卖给欧洲国家，发了一笔横财。其中有几个酋长，在过去最残暴的暴君中仍恶名昭彰。例如掌握着强大的亚马孙族军队的达荷美国王，小时候看过他的军队在美国服务的人，一定还很清楚地记得他们。当欧洲军舰出现的时候，土著的抵抗微不足道，也许这就是其中一个原因。无论新的白人统治者多么贪婪，但比起来那些已经被推翻的专横的土著酋长，都有了很大改进。

南部苏丹的大部分被一系列高大的山脉与大西洋切断，它沿着几内亚湾的海岸线延伸。因此尼日尔河等河流对内陆的发展并没有起到很重要的作用，为了避开多个山脉的主峰，尼日尔河也必须像刚果河一样绕山而行。它快要到达海岸之前，为了穿过岩石，就必须挖出一条沟渠，许多没有用的瀑布（因为离海很近）因此形成。虽然河道的上游可以畅通地航行，但始终没有人这样做。

兵马俑状水容器之头部　苏丹　20世纪

这种形状的水容器出现在19世纪末，十分符合欧洲人的品味，反映了西方以人类的形式作为一个特殊主题的艺术表达。一般而言，在非洲，只有男性或绝经后的女性被允许作为此类雕塑的主题。

但尼日尔河的真实情况，我们还没有彻底了解。它在1805年被蒙哥·帕克发现时，还只是狭长的湖泊和沼泽的继承者，还没有形成真正的河流。当蒙哥·帕克还是苏格兰的一个孩子时，就梦见了这条河，所以就不遗余力地寻找。在所有的水道都被剥夺后，苏丹人的陆地贸易反而得到了很好地发展，这不能不归功于此。尼日尔河上游左岸的廷巴克图因此成为了重要的商业中心，成为非洲的诺夫哥罗德，东西南北的商人都会集在这里进行交易。

廷巴克图之所以人人皆知，它奇怪的名字应该占了很大的因素，它的发音就像非洲神秘巫医的魔法信条。1353年，伊本·白图塔（阿拉伯的马可·波罗）到达这里。20年后，西班牙地图上首次出现了这个地方，它的身份是巨大的黄金和食盐的交易市场，这两种物品在中世纪有相等的价值。当英国的戈登·赖宁少校从的黎波里出发，穿越撒哈拉大沙漠到达这里时，廷巴克图已经遭到了图阿雷格人与富拉土匪的数次攻击和破坏，只剩下一片废墟了。赖宁少校在前往海岸的途中，也被塞内加尔的富拉人所杀，但从那时开始，廷巴克图就不再是第二个墨西哥、希瓦或西藏那样神秘莫测的地方了，而是法国军队在苏丹要管理的普通城市了。

1893年，廷巴克图被一支法国“军队”所占领，所谓“军队”，其实只是一位海军上尉、6个白人，再加上12个塞内加尔人而已。然而，当时沙漠各部落的势力还没

乍得湖

乍得湖位于非洲中北部，是由大陆局部凹陷而成的非洲第四大湖，沿湖为非洲重要的灌溉农业区。但是由于气候持续干旱，现在湖面正不断缩小。

有被击垮，不久，他们就杀掉了这些白人入侵者，完全击溃了200人组成的援军，他们试图为海军上尉一雪前耻。

但法国人控制苏丹西部，也只是时间问题而已。苏丹中部的乍得湖区域，也有同样的命运，这里非常容易到达，因为尼日尔河的一条支流——贝努埃河由东流向西。相比尼日尔河，贝努埃河更适合航行。

乍得湖最深的地方只有20英尺。与其他大多数内陆湖不同的是，这个湖的湖水是淡水而不是咸水。现在这个湖的面积正在逐年缩小，到下一个世纪恐怕就变成沼泽了。一条名叫莎丽的内陆河流入此湖，它发源于距海1000英里的地方，并在距海1000英里达到终点。但是这条河与莱茵河一样长，比起我所想到的其他东西，它更能让你们更好地感受到中非的大小。

戈登

戈登是英国将领，1874年，戈登成为埃及军的上校，随后参与了对非洲的管理，直至1885年死于喀土穆。

乍得湖的东边是连绵起伏的瓦德山区，这里是尼罗河、刚果河、乍得湖的分界点。它在政治上属于法国，被当作法属刚果的行政区。这里又是法国势力范围的终点，瓦德山区的东面邻接东苏丹，也就是英埃苏丹，它在古代被称为“白尼罗河地”。

英国人开始考察好望角至开罗的道路时，决定必须占领这块军事上很有价值的地区，唯恐这里落入他人之手。苏丹东部是一片平坦的沙漠，单调荒凉。尼罗河上无法通航，又无路可走，人民全都依赖附近沙漠中的人民的怜悯，穷困的状况令人无法相信。从地理上来说，瓦德山区毫无价值可言，但在政治上却有着极大的可能性。因此，英国在1876年劝服埃及的赫迪夫将数十万平方英里的土地的管理权，交给戈登将军（这位戈登将军，就是我们在中国一章谈到的、帮助清朝政府平息太平天国运动的人）。戈登待在苏丹两年，借助他足智多谋的助手——意大利人罗莫罗·盖斯的帮助，完成了一件最重要的事：打破奴隶最后的牢宠，枪杀了领头人，释放了一万多人，使他们重获自由，回到故乡。

然而，当冷酷的清教徒离开，旧时可怕的无政府状态和压迫，又立刻恢复了。一场要求完全独立的运动爆发，提出了“将苏丹重新还给苏丹人，我们需要开放奴隶市场”的要求。这次运动马赫迪最终成功了。1883年，他征服了科尔多凡地区的欧拜伊德（现在这里已经有铁路与开罗相通）。同一年，他击败了埃及赫迪夫属下的一位英国陆军上校——赫克斯·帕夏所指挥的一万名埃及陆军。不过在1882年，英国已经成为了埃及的保护者，所以马赫迪此时不得不与一个更危险的强敌作战。

英国在殖民事务中有着丰富的经验，知道当遇到很大的困难时不能轻率出兵。于是就劝说埃及政府将军队从苏丹撤退。戈登将军被派往喀土穆之后不久，此时马赫迪的军队疾驰而至，戈登将军和他的部下都被困在了喀土穆城，不得不发出急电求救。但是戈登是一位清教派神秘主义者，而英国政府的领导人格莱斯顿是一位监督派神秘主义者，他们一位住在泰晤士河畔的伦敦，一位停留在尼罗河畔的喀土穆，他们彼此厌恶，因此不能友好高效地合作。

当格莱斯顿派去援军的时候，已经太晚了。当援军距离喀土穆还有几天路程时，那里已经被马赫迪的军队占领了，戈登也被杀死了。这是1885年1月发生的事。同年6月，马赫迪过世，他的继位者仍然坐在苏丹的王位上。直到1898年，英国和埃及的联军在基钦纳的指挥之下，将马赫迪继任者的党羽赶出了沙漠，征服了全境，南至赤道上的乌干达。

英国人在这里的确做了很多事，他们改善了土著的生活条件，给他们修建公路、铁路，保障他们的安全，消灭各种令人厌恶却较易治疗的疾病。

由亚历山大里亚和开罗向南延伸的铁路，现在已经到达了西部欧拜伊德和东方红海畔的苏丹港。就算在将来的几年中，有人突然毁坏了苏伊士运河，英国还可以借由这条铁路穿过埃及山谷，跨越努比亚沙漠由东向西输送军队。

这时，我们要回过头来看一看马赫迪起义对非洲的影响，虽然这种影响的途径与马赫迪本人毫无关系。

马赫迪发动起义时，位于南方深远地区的埃及军队被迫退入中非的一片地区，当时人们完全不了解中非。史匹克虽然在1858年就已经发现了维多利亚湖（这个湖被称为“尼罗河的母亲湖”），但在艾伯特湖和维多利亚湖之间，大部分的地方依然是未知之地。这支埃及军队由德国物理学家爱德亚德·施尼特茨勒博士——土耳其名字叫作伊门·帕夏——指挥，他在喀土穆瀑布之后失踪，全世界都想知道这位指挥官的消息。

一位名叫斯坦利的美国新闻记者，奉命担任搜寻的工作。斯坦利原名叫作罗伦德斯，他刚到美洲的时候，只是一个逃出工厂的可怜的英国小孩，一位新奥尔良的商人很照顾他，于是他就用了那个商人的名字。1871年，斯坦利开始了寻找列文斯通博士的航行，因此成为了著名的非洲探险家。此时英国已经认识到在非洲这块大陆上分得一杯羹的重要性，而伦敦的《每日电报》与纽约的《先驱报》合作，赞助了此次航行。这次探险由东向西，前后共花费了3年时间，证明了列文斯通的猜想，即作为刚果河一部分的卢瓦拉巴河是那条河的源头。这次探险又显示出呈环形路线的刚果河流域的面积极其广大，关于土著部落的许多奇怪的故事也为人所知，而以前从来没有人知道这些部落的存在。

斯坦利第二次航行，引起了全世界对刚果河商业潜能的注意，比利时的利奥波德

商讨建立法属刚果 油画

1892年11月，法国首相茹费里接见了殖民地代表，鼓励他们建立法属刚果。由于刚果河是流量仅次于亚马孙河的世界第二大河，水量充沛，支流繁多，为运输带来了极大的便利，所以长久以来都是欧洲侵略者的目标。

也开始考虑刚果自由邦的可能性。

伊门·帕夏的命运最终成为了让世界担忧的一件事。斯坦利当然是最适合去寻找他的人，于是就把任务交给了他。1887年，他开始到处搜寻。第二年，他在艾伯特湖北方的瓦德地区找到了伊门·帕夏。这位德国人似乎已经对土著实施了可怕的暴力，斯坦利劝他为比利时政府效劳，目的是把非洲大湖区并入刚果殖民地的版图。但

阿尔及尔妇女 油画 德拉克洛瓦 1834年

1832年，德拉克洛瓦作为法国王室使节团的成员到北非访问，有幸参观了阿尔及尔妇女的闺房。在这幅画中，画家用简单而自然的人物，与色彩艳丽的织物相搭配，是应用舒伯鲁尔红色和绿色互为补色的色彩理论而创作的作品。

努比亚长颈鹿 油画 阿戛斯·约奎斯·罗兰 1827年

努比亚位于埃及尼罗河第一瀑布阿斯旺与苏丹第四瀑布库赖迈之间。在这幅画中，一只努比亚长颈鹿将脖子伸到两个阿拉伯饲养人手捧的大碗中，其身后可以看到两只埃及母牛。在19世纪中期，商人已经能到达很远的地方，带回了更多具有异国风情的礼品。

伊门·帕夏似乎有自己的计划，当他一到桑给巴尔（其实他对人们的救援并不奇怪），就立刻与德国官方接洽，最后德国官方为他提供了兵力和钱财，让他想办法在维多利亚湖、艾伯特湖和坦桑尼亚湖之间的高原上，建立一个德国的保护领地。早在1885年，德国东非公司已经在桑给巴尔沿岸，获得了大量的财富。如果再加上这片大湖区，那么德国就能够破坏英国的计划，即用埃及至好望角的一片宽长条形英国领土将非洲分成两半。但在1892年，伊门·帕夏在刚果河的斯坦利瀑布附近被阿拉伯奴隶贩子所杀，他们要为残酷的德国人当年杀害了他们的同伙报仇。因此，伊门在坦桑尼亚高原上建立新德国的美梦，成为了泡影。但是因为他的失踪，中非的大部分地区才能够被准确地画在地图上。我们也将进入非洲第五个部分——东部的高山地区。

这片高山区域，北起阿比西尼亚，一直到达南边的赞比西河，那里是南非领土的起点。含米特人分布在这片区域的北部，而阿比西尼亚人与索马里人虽然头发卷曲，却不是黑人。而黑人与许多欧洲人分布在南部。

阿比西尼亚人都是基督教的信奉者，他们能生产一种古老的葡萄酒。早在4世纪，也就是中欧最早创立基督教团体400年前，他们就开始信仰基督教。然而，基督教的教条却没有能够阻止他们与邻邦永无止尽的战争。526年，他们跨过红海，征服了阿拉伯南部——罗马的阿拉伯菲力克斯（与内陆的阿拉伯沙漠完全不同）。

从这次战争失败以后，埃塞俄比亚人就变得跟日本一样，没兴趣关心外界的事情了，这种情况一直延续到19世纪中叶。这时，欧洲列强都开始觊觎索马里兰半岛，并不是因为那里有丰富的资源，而是因为它位于红海之滨，而红海不久将会成为苏伊士运河的延伸。第一个来到这里的是法国人，他们占领了吉布提港。英国人则向阿比

用于舞蹈的木盾　肯尼亚　19世纪晚期

东非的战士常用多种形式来装饰自己的盾牌，传达的含义有年龄、地理位置、血缘亲疏和勇敢等。而基库尤人也常用盾牌来舞蹈，这种单片木头制成的盾牌有一个洞，手臂可以由此穿过，被佩戴在成年之前的男孩的左上臂，并作为传家之宝传给后代。

西尼亚皇帝狄奥多罗兴师问罪，这位非凡的皇帝不愿落入敌人手中，选择了自杀。之后，英国也夺得了英属索马里兰，这里与亚丁隔海相望，可以控制整个亚丁湾。意大利在英国和法国殖民地的北边也夺得了一小块土地，想把这块沿海地带当作补给站，为前往阿比西尼亚的远征队提供援助。

这次远征在1896年发动，其结果是，意大利军队损失了4500名黑人、2000名土著士兵以及少数的囚犯。从那次以后，意大利人虽然做了英国殖民地以南的索马里兰的另一部分的主人，但却一直没能取得阿比西尼亚。

当然，阿比西尼亚将来不免重蹈乌干达和桑给巴尔的覆辙，但是这里交通困难，一条从吉布提至亚的斯·亚贝巴的铁路并不能克服这种困难，而阿比西尼亚高原的崎岖险阻使它成为一座自然堡垒。再加上欧洲人也意识到在这种状况之下，黑人必然奋不顾身地进行反击。这一切都使这个古国至今没有被邻国的欧洲人所吞并。

在阿比西尼亚以南、刚果以东，有三大湖泊。这三个湖中，尼亚萨湖汇成一条支流注入赞比西河，维多利亚湖是尼罗河的发源地，坦噶尼喀湖则与刚果河相接，这一地区事实上是非洲最高的地区。根据过去50年间的考察，这个观点已经被完全证明了。维多利亚湖最南端的乞力马扎罗山，高1.9万英尺。鲁文佐里山（也就是托勒密所说的月壮山，斯坦利在托勒密之后的2000年后发现了它）高1.67万英尺，肯尼亚山（高1.7万英尺）与俄尔根山（高1.4万英尺）组成了第二梯队。

这个地区最开始源自火山，但非洲火山已经有几个世纪没有爆发了。在政治上，这里被分为许多小区，但都是由英国统治。

乌干达是棉花出产国，在1899年成为被保护国。

英国东非公司原来的领地，也就是现在的肯尼亚殖民地，在1920年成为了帝国的一部分。德国最早的东非殖民地，也在1918年成为了英国的托管地，现在是坦噶尼喀领土的一部分。

沿海最重要的城市桑给巴尔是古代贩卖黑奴的苏丹首府。1890年，英国在这里建立了一个保护国。这个城市是来自印度洋的阿拉伯人的商业中心。斯瓦希里语，即桑吉巴尔混杂语被广泛使用，或者应该归功于这些阿拉伯商人。现在，非洲东海岸的各个地区都使用这种语言，就像马来语在荷属东印度群岛广泛流传一样。现在，如果想要在印度洋几千英里的海滨以及数百万平方英里的内陆中经商，那么懂得一点斯瓦希里语，就是最有价值的财产。如果不怕麻烦地学一点班图语——南非黑人的方言，再加上一点葡萄牙语和阿拉伯语，以及两三句好望角地区的荷兰语，那他从非洲的这一端跑到那一端，一定不会因为点菜而头疼。

除了大西洋、苏丹的山脉与喀麦隆山脉之间狭窄的沿海区域，北非的内容基本讲完了。这一条狭长的土地，在之前的400年间都被称为上几内亚与下几内亚。在我说到奴隶制度时，已经提到过几内亚了，因为“黑象牙”在准备运送到世界其他地方以前，都在这里会集。现在，这片海岸属于多个国家，但是除了少数集邮者以外，没有人对这片殖民地有兴趣了。

桑给巴尔的奴隶市场 水彩画

这是位于桑给巴尔基翁加里的教堂，往来的传教士团都会住在这里。1874年以前，它曾经作为奴隶市场被奴隶商人使用。由于桑给巴尔距离非洲大陆只有几十千米，其东面为印度洋，东北面为阿拉伯海，地理位置得天独厚，所以成为了东非重要的贸易港口。

塞拉利昂是英国人的一个聚居地，这里与东面的利比亚一样，都是黑奴最早的故乡。然而无论是塞拉利昂或是利比亚——首都为蒙罗维亚，因为美国总统门罗而得名——都没能给人们带来希望，许多忠实的男女，为了让黑人可以重返祖国都慷慨解囊，结果却只是满怀失望而已。

象牙海岸隶属于法国，阿克拉将来也一定会成为法属苏丹帝国的港口。尼日利亚是隶属美国的，它的首都是拉各斯。达荷美原本是属于土著的独立国，于1893年被英国吞并。

在第一次世界大战爆发前，喀麦隆隶属于德国，随后是法国的一个被保护国。多哥的情况与喀麦隆大致相同。剩下的地方是法属刚果殖民地，那里成为一个巨大的法属赤道帝国。虽然其中夹杂着少数外国的土地，不过法国最终将以金钱或其他国家所需要的东西把它换过来。

以前，荷兰东印度公司想要缩短巴达维亚至阿姆斯特丹的航程，一直维持着一条经过波斯、叙利亚、亚历山大里亚的陆上通路。但是一旦美索不达米亚的两位国王发生争执，那么邮车与四轮马车就不可避免地延误，于是大部分的商品还是要通过好望角来运送。

为了不让任何东西妨碍印度货物的稳定流通，荷兰人占领了几内亚的几个海港，他们将其作为奴隶港，并且夺取圣赫勒拿岛，巩固了好望角的防御要塞。

荷兰人就像喜欢记账的商人一样（你可以想一想那部可笑的戏码，他们用价值24美金的小玩意换到了曼哈顿），于1671年将开普敦港四周的要塞从霍屯督人手中买了下来。这就意味着霍屯督人的末日到来了，因为他们的土地已经被侵占，就不得不向北迁往奥兰治河区域，和他们的世仇丛林居民所居住的法尔河区域。这似乎是老天的惩罚，荷兰农民曾经残暴地虐待霍屯督人与丛林居民，可是后来，他们也遭受了同样的命运。开普敦在1795年被英国人所占领，于是布尔人也向北迁徙。他们多次重复不停地奔波着，直到1902年，他们最后的两个独立共和国——德兰士瓦自由邦与奥兰治自由邦，最终也被英国所吞并。

虽然开普敦依然是整块三角地上最重要的港口，但沿海区域与富饶的内陆相比，就是小巫见大巫了。内陆由高原组成，上面点缀着零星的平顶山，当地称之为Kopjes。在西部，科玛斯高原把这块高原与大西洋隔开。在东方，贸特普山脉把它与印度洋相隔。在南方，德拉肯斯堡山把它与开普区域相隔绝。

在这片区域内的所有山脉上都没有冰川，整个地区的河流都必须依靠雨水供给。因此，在夏季河水蔓延、奔流而下，冬季则枯竭殆尽。这些河流在流入大海前必须翻山越岭（只有纳塔尔的河流可以直接流入大海，所以纳塔尔河流域就成为了南非联盟中最富有的地方），因此不能成为通达内陆的商道。

为了让内陆与大海相通，很多铁路已经修建完成。第一次世界大战前，最重要的铁路是葡属东非德拉哥湾畔的洛伦斯·马奎斯与比勒陀利亚之间的这一条，第一次世界大战后，通往前德属西南非洲境内的路德里兹兰德和斯瓦科普蒙德的铁路已经完

喀麦隆音乐

喀麦隆位于非洲中西部，是单一制的共和国，其境内包括海滩、沙漠、高山、雨林及热带莽原等，有着丰富多彩的文化，国家足球队及本土的音乐风格尤为著名。

成。人们可以乘坐火车向北直达坦噶尼喀湖，然后乘坐小船过湖，换乘另一列火车到桑给巴尔。

不过，如果想要进一步北进，人们还要在喀卡拉哈里沙漠度过一晚，虽然这样会很不舒服。但是跨越这片沙漠后，就意味着进入了罗德西亚山区。那里因塞西尔·罗德斯而得名，他创立了古老的英国南非特许公司，是最早主张在英国统治下统一南非的人之一。这个梦想现在已经实现了一部分。1910年，南非联盟宣告成立，各个特权公司跟前布尔共和国、卡菲尔人以及祖鲁人一样，均为南非联盟的一部分。但自从约翰内斯堡附近发现金矿，金伯利附近发现钻石以后，居住在乡下的布尔人的势力慢慢超过了英国人，后者被吸引到了城市中。于是发生了猛烈的冲突，来争夺统治权。经过协调，开普敦成为了联盟议会的集会地，而德兰士瓦共和国的首都比勒陀利亚升为政府所在地。

至于分隔南非联盟与大西洋和印度洋的葡萄牙帝国的残余部分，即西部的安哥拉、东部的莫桑比克管理极其糟糕，迟早都会被强邻吞并。现在农产品的价格降到了

南非的女人

图为南非的一个妇女形象，她带着红色蓝边的头巾，鼻子上挂着鼻环，嘴角翘起，右手撑着脸庞，显现出沉静安详的神情，画面温暖动人。

历史最低点，养牛业也完全停滞，而南非人也不曾去寻找新的牧场和耕地。一旦将来这里恢复正常，敌人不需要一颗子弹，就能将这里霸占。南非现在正在发展一个新种族，他们既不是荷兰人也不是英国人，而是纯粹的南非人。由于南非的铜、铁、煤等矿藏极其丰富，土壤肥沃，很有可能发展成为下一个美国，只是规模要比美国小一些罢了。

莫桑比克海峡的彼岸是马达加斯加岛，全岛面积约有23万平方英里，比管理它的法国稍大一些，其人口约有400万。这是一个多山的海岛，东部借助季风的力量出产质量上乘的木材，主要通过塔马塔夫出口，这个港口有一条铁路通往首都塔那那利佛。

这里的人们与马来人很相似，而不像黑人。在地质史上，马达加斯加一定很早就与非洲分开了，因为岛上完全没有非洲常见的动植物。

马达加斯加的东面有两个小岛，它们在印度商业依靠好望角这条路线时，作用极其重要。它们分别是毛里求斯岛与留尼汪岛。毛里求斯岛原是荷兰东印度公司的饮用水和蔬菜的补给站，现在隶属于英国，而留尼汪岛隶属于法国。

还有其他岛屿，从地理上来说属于非洲，我前面已经提过了圣赫勒拿岛。阿森松岛在大西洋更北的地方，有很多加油站与通讯站。在毛里求斯岛海岸以西数百英里以外，原属于葡萄牙的佛得角群岛，后来被一个微不足道的西班牙殖民者所占据。加那利群岛属于西班牙，马德拉群岛与亚速尔群属于葡萄牙，因火山而知名的特内里费岛也属于西班牙。在17世纪和18世纪时，所有船主都坚信圣布兰登岛也在那里，就像我们对九九乘法表确信无疑一样，但是从来没有人找到这座岛，因为每当船只靠近这座岛时，它就会沉入海底，人们离开后才浮出水面。我认为这样对于非洲的岛屿来说是明智的，这是一个有效避免外国侵略的好方法。

绝大部分大陆都有它们的标志性形象。当我们说到“欧洲”，就可以想到圣彼得的墓穴、莱茵河畔废弃的城堡、挪威幽静的溪谷，听到俄罗斯三套马车的铃声。说起亚洲，就会想到绘有宝塔的图画、在河中沐浴的矮小的棕色人、高耸的奇怪寺庙以及宁静祥和的富士山。说起美洲，就意味着高楼大厦、工厂烟囱，以及骑着小马驹到处乱跑的老印地安人。就是在遥远的澳大利亚，也有它的代表：长着一双好奇而聪明的眼睛的袋鼠。

但是对于非洲，我们如何把这个宽阔的土地用一个象征来表示呢？

马达加斯加

马达加斯加位于印度洋西南部，与非洲大陆隔莫桑比克海峡相望，全岛由火山岩构成，自然资源丰富。迪戈迪雅兹城的海岸线被称为世界上最美丽的海岸线，也是世界第二大海湾。

非州是一个干燥炎热、缺少河流的地方。然而，尼罗河几乎和密西西比河一样长，刚果河比亚马孙河稍短一些，尼日尔河与黄河一样长。这里又是个雨水泛滥、潮湿泥泞的地方。然而，世界最干旱的撒哈拉沙漠，比整个澳大利亚还要大，而喀拉哈里沙漠的面积也和不列颠群岛的面积相等。

非洲的人民软弱无助，黑人不知道如何保护自己。然而，世界上最完备的军事组织，却是从祖鲁人中发展出来的，沙漠中的贝都因人和北部其他部落，成功抵抗了使用机关枪的欧洲军队，因此闻名于世。

非洲没有像波罗的海和美国五大湖那样便捷畅通的内陆海。但是，维多利亚湖和苏

非洲狮 摄影 当代

这些排列整齐向前行进的非洲狮，是非洲最强大的猫科动物，大都以9～20只的数量群居。它们从出生开始，逐渐被训练成为优秀的猎手，野牛、羚羊、斑马，甚至是体型庞大的大象都是它们的食物。位于赤道的肯尼亚大草原上，我们经常能够看到它们的身影。

必利尔湖一样大，坦噶尼喀湖和贝加尔湖一样大，尼亚萨湖的大小则是安大略湖的两倍。

非洲豹

非洲豹属于猫科动物，有着美丽的斑纹和强壮的肌肉，它行动敏捷，在一两百米内就能加速到一百多公里，而且善于爬树，但是喜欢独来独往，不喜欢群居生活。

非洲又是一个缺乏山脉的地方。但是，乞力马扎罗山比美国最高峰惠特尼峰还要高500英尺，赤道以北的鲁文佐里山比布兰克峰还高。

那么非洲到底是什么样呢？我不知道。这个地方似乎什么都有，但却没有一样有利于人类发展，整个排列都不正确。除尼罗河以外，所有山川、湖泊和河流的排列都漫无目的。尼罗河虽然流入了一条很有商业价值的海洋，但是却因为太多的瀑布而被阻碍。至于刚果河和尼日尔河都没有很好的通海道路。赞比西河发源的地方，就是奥兰治河的结束之处。

现代科学或许能在将来让沙漠长出水稻，沼泽变成田地。我们也可以利用近代科学来医治痢疾和嗜睡症，它们曾经让苏丹和刚果的整个村庄都夷为平地。现代科学也治好黄热病和疟疾。现代科学或许可以把非洲中部和南部的高原，变成像法国的普罗旺斯或意大利的里维埃拉海岸一样。但是那片森林却极其顽强，在数百万年来都是一个很大的阻碍。如果现代科学休息片刻，那么这从林的暴行就会让白人如鲠在喉，使其死于窒息，森林会释放出毒气，进入白人的鼻孔，直到他们被蚂蚁和鬣狗吃掉。

使非洲文明印上可怕的标志的，或许就是世界上最暗无天日的热带森林。沙漠也许很可怕，但闪着微光的森林更加恐怖。它充满了生命，但看起来却是一片死寂。生存的斗争悄无声息地进行着，捕猎者要万分小心才不会变成猎物。在无精打采的树荫之下，生物日夜不停地相互吞噬。看似无害的昆虫有着足以致命的毒刺，最艳丽的花草暗藏着最可怕的毒液。动物用它们的蹄、角、嘴和锋利的牙齿互相厮杀、互相搏击。生存的脉搏是伴随着骨头的破碎和皮肤的撕扯一起跳动的。

我曾经和非洲人谈过这些事情。他们都嘲笑我，生活本应如此。要么非常贫穷，要么非常富有，没有中间地带。一个人既可能被冻僵，也可能在火边取暖。一个人既可能和阿拉伯商人用金杯喝咖啡，又可能近距离地射杀霍屯督的老妇人。总之，都无法善处。在非洲这片充满矛盾的地方，所有的东西对于人类来说，似乎都非常可怕。它误导了人们的想象，扼杀了人们对于人生美好的方面的感受力。因小争执而引发的屠杀和大森林已经深入了他们的骨髓。一个来自一个带有顽固气息的闭塞乡村、文静

金字塔

埃及金字塔始建于4500年前，是一种高大的角锥体建筑物，它是用巨大石块修砌而成的，由于每个侧面都是三角形，故名金字塔。在埃及古王国时期，金字塔广泛流行，被视为古埃及文明最有影响力和持久的象征之一。

胆小的芝麻小官，在这里却变成了魔鬼，很多妇女因为没有上交足够的橡胶，就被鞭打至死。在他悠闲地在饭后吸着雪茄时，某个可怜的黑人因为没有及时上交象牙，可能会被虫子咬噬。

我已经极力客观地进行描述了。其他各洲虽然也做了不少残忍狠毒的事情，然而，其方式相对温和一些，他们有耶稣的传教、孔子的教诲、释迦牟尼的苦苦哀求但非洲却没有这样的人物。其他各洲虽然贪婪又吝啬，然而他们的灵魂有时会控制着肉体，他们在某个非同寻常的朝圣途中，已经走得很远了，但他们的目的地仍然藏在天堂门后的深处。

在非洲沙漠和深林之中，唯一徒步留下的足迹，就是那些目光严肃的阿拉伯人，他们在寻找达荷美亚马孙人，准备乘他们熟睡之际，攻入村庄，将孩子卖往外国去做奴隶。在世界的其他地方，妇女总是喜欢把自己打扮得很漂亮，以吸引男人，得到他们的宠爱。只有在非洲，妇女总喜欢让自己看起来非常丑恶，她们会击退任何不期而遇者。

关于这种辩护，我可以毫不停歇。但这一章已经太长了，你最好自己去寻找答案吧。

许多人第一次亲眼看到毫无用处的雄伟金字塔时，并注视着沙漠中往来的车辙时，他们都遇到了同样的难题，却没有一个人能唤回建造金字塔的贤者。

非洲之最

作为世界第二大洲，非洲的大部分地区位于南北回归线之间，有面积广大的草原、沙漠，以下为非洲之最。

非洲之最

最大的沙漠：撒哈拉沙漠

最大的裂谷带：东非大裂谷

最大的盆地：刚果盆地

最高的山：乞力马扎罗山

最长的河流：尼罗河

非洲之最

最大的海湾：几内亚湾

最大的湖泊：维多利亚湖

最深的湖泊：坦葛尼喀湖

最大的岛屿：马达加斯加岛

最后独立的国家：纳米比亚

第四十六章

美洲

世界的幸运儿。

美洲是全世界乐善好施的大洲。我现在只把美洲当作一个地理单位，而不是工业发展中的一个经济因素，也不是进行新政体政府的政治实验室。单从地理的观点上看，美洲简直几乎拥有被人渴望的一切。

美洲是西半球仅有的一块大陆，所以并不像非洲、亚洲和欧洲那样，拥有直接的竞争者。它位于世界上最大的两个大洋之间，在大西洋刚刚成为人类文明中心的时代，白人已经在那里居住。

整个美洲大陆，北至北极，南达南极，拥有所有的气候类型。海拔最高的地区接近赤道，因此温度适中，适合人类居住。

美洲没有沙漠，拥有面积广大的平原，这些处于温带的平原，注定要成为全世界的粮仓。

美洲的海岸线既不简单也不复杂，非常适合建设深海港口。

因为美洲的山脉大多是南北走向的，所以那里的动植物轻松躲过了第一次冰河时期的冰川，相比于欧洲的动植物，他们有更好的生存机会。

美洲蕴藏着煤、铁、石油、铜等得天独厚的天然资源，储藏量比其他任何一个洲都丰富，而这些在机器时代是提高产量的必需品。

在白人刚到达美洲的时候，那里事实上无人居住（整个美洲只有1000万印第安人），因此侵略者可以为所欲为，并没有受到大量土著的阻碍或对白人的侵略计划加以干涉。因此，美洲并不存在严重的种族问题，除了后来自己造成的问题。

在这片空旷的大陆上，巨大的经济发展机遇吸引了世界各国最有活力的人们。多个种族在这里混合，发展成一个新的种族。这个新种族在很短的时间中，就已经适应了新颖的、罕见的，但又极其简单的地理环境。

最后一点，也许是最重要的事就是现在住在美洲的人们不像其他民族那样拥有悠久的历史，这也使他们不会反复被往事所困扰。因为没有那些不幸的行李（其他一切地方都已经证明，这些只是障碍，并不能让人们感到幸福）的拖累，所以他们的进步，比其他需要推着祖传手推车跑的民族都会更快。

南北美洲的地形，跟其他大洲相比既不算简单也不算复杂。就地貌而言，南北美洲是非常相似的，我们可以同时来讨论，读者也不会觉得混乱。

南美洲和北美洲都是三角形，它们唯一的差异，就是南美洲的三角地比北美洲的三角形的位置稍微偏向东一点，因此，南美洲要比北美洲更早被发现。当南美洲已经无人不知的时候，北美洲还没有脱去荒凉之地的称号。

北美洲与南美洲三角地的东部，是同一条山脉，这条山脉从北向南延伸，几乎占了两大洲1/3的面积，剩下的2/3，则是被茫茫大海包围的一块广阔的平原。两支较短的山脉在东西两边将这个平原和海洋相隔，即北美洲的拉布拉多山脉和阿巴拉契亚山脉，与南美的圭亚那山脉和巴西高地。

在河流方面，两洲也很相似。有几条不重要的河流向北流淌，而圣劳伦斯河及亚马

美洲示意图　版画　17世纪

美洲位于西半球，主要分为北美洲、中美洲和南美洲，它是以意大利著名航海家亚美利哥·维斯普西的名字命名的，这位航海家首次绘制了新大陆的地图，并向世界宣布了新大陆的概念。

阿尔冈昆印第安酋长 约翰·怀特

1590年，英国水彩画家约翰·怀特随舰队前往北美东海岸，在抵达后画下了当地阿尔冈昆印第安人的一个酋长形象，这是英国早期殖民者关于印第安人形象的最早写实。

孙河几乎是平行流淌。巴拉那河与巴拉圭河像密西西比河与密苏里河一样，都是在中途汇合，到了下流，则与圣劳伦斯河与亚马孙河形成直角。

中美洲是一条由东向西的狭长地带，从地理上说，它确实是北美洲的一部分。但是在尼加拉瓜，地貌与动植物的分布突然发生了变化，于是它才成为了南美洲的一部分。中美洲到处都是高山，墨西哥虽然和撒哈拉沙漠一样接近赤道，却是一个人口稠密的国家，而且还有着非常舒适的气候。

从地图上看，南美洲当然比北美洲更接近赤道，亚马孙河从安第斯山流下，直到汇入大西洋之前，完全是顺着赤道线而行的。在这里，我们可以用一个壮观的实例，来研究地理环境对于人类的影响，以及人类对于地理环境的影响。

大自然在这里形成了两个舞台，而且还是用同一种方法制造的。右边是主入口，左边砌起了一堵高墙，中间则是一片空地，有一座储量丰富的粮仓。然后它把北部的舞台，交给了一群德国流浪演员，他们是流动的下等戏班，以前在乡下的小戏院演出小型的剧目，习惯长时间扮演屠夫、面包师、烛台工人等平凡的角色。但对于南部的舞台，它却租给一群来自于最好的地中海学校、优雅而年老的悲剧表演者。他们只为王室成员演出，每个人都会配上锋利的刀剑，对北方的同事一无所知，因此更加雍容华贵。而北方的德国人则长期使用铲子和斧头，腰背因为和贫瘠的土壤奋斗还未进入老年就已经变形了。

然后，大自然将两个舞台上的幕布同时拉开，让全世界都进来观看他们的表演。第一幕的一半结束时，两边舞台上的景象，全都与刚刚开始时大相径庭。直到第二幕开始，在场的妇女、男人和小孩都看到了这些变化，观众都惊讶得目瞪口呆，大声说道："怎么会发生这样的事？"

古代维京人的船只看起来非常美丽，但当它穿过波涛汹涌的大海时，就变得相当笨拙了。这些强壮的北欧海盗既没有指南针，又没有测速器，船帆也像古埃及小帆船（绘制在3000年前的尼罗河河谷的莎草纸上）那样笨拙，所以常常被风吹得偏离了航线。

现在如果你仔细看看墨西哥湾流的地图，就可以看到这股湾流从非洲到大美洲后，再慢慢地由西南向东北横渡大西洋北部，带给挪威沿海温和舒适的气候。在经过北冰洋后，湾流途经冰岛及格陵兰返回格陵兰，它改变了名称和温度，开始的一段叫作格陵兰流，后面叫作拉布拉多流，而正是可恶的拉布拉多流，将格陵兰淡蓝色的厚冰块散布到整个北大西洋。

北欧海盗仰仗着上帝的指引和想象的航向（我的祖先们这样猜测着），在9世纪时就到达了冰岛。而只要冰岛与欧洲之间有了正常交流，格陵兰和美洲的发现就成为了必然的结果。就像中国或日本的平底帆船，如果被吹离航线，一定会被太平洋湾流带到哥伦比亚或加利福尼亚沿岸一样。北欧海盗就是这样，从特隆赫姆驶向冰岛，被大雾围困，不能到达目的地（就算是现在，即使有世界上所有的航海工具，雾仍然是非常可怕的），总有一天要撞到格陵兰岛的海岸。或者，如果雾气仍然不散，而他的运气又很好，就会撞到巨大陆地的东部，之前的拜访者把这片真正的海滨叫作葡萄地，因为那里出产一种可以酿造美酒的葡萄。

我们应该记住，世界上的许多伟大发现都是世人闻所未闻的。船长通常都在同行面前自欺欺人，说一些别人绝不相信的事情，或许这些是幻觉所至，也许他们当时把低矮的云雾看成了山脉，或者把一线日光当成了平坦的海岸。在法国和西班牙的水手们早就看到了澳大利亚，而在很久之后，艾贝尔·塔斯曼登陆澳大利亚海岸，拔了一根鹅毛，向巴达维亚官汇报身型巨大的动植物。亚速尔群岛和加那利群岛被发现了，继被遗忘，后来又被发现，不知这样反复了多少次，连我们学校的教

女孩的驯鹿皮大衣　西格陵兰　19世纪初

传统的北极服装包含两层驯鹿皮，这是因为驯鹿皮的空心毛囊中含有气泡，保暖性能好，这也是北极妇女服装的特色之一，而这件大衣则是在格陵兰岛最早被收集的大衣之一。

“五月花”号从英国起航

1620年9月16日，满载着英国、荷兰的穷人和清教徒的“五月花”号从英国港口起航，它将开往北美东海岸，这次起航出港标志着欧洲人移民美洲的开始。

科书也无法确定世界的伟大发现究竟完成于何时。法国的渔夫们，也肯定比哥伦布早几百年就已经知道通往纽芬兰大堤的航路了，不过他们只告诉他们的邻居说那里有很多鱼，就将纽芬兰忘记了，真正让他们产生兴趣的是鱼。另外一片大陆，也不过是一片土地而已。布列塔尼的土地已经足够人们居住了，何必要为万里迢迢的地方费心呢?

在我写的所有东西中，一直坚持这样的信条，即人的出现早于民族。在谈论值得称道的哥伦布时代或列夫·埃里克松时代，或从诺曼底文件中发现的几个法国水手的时代时，我绝对不会迷失于争辩中。不过我们已经有证据证明北欧海盗曾在11世纪的前10年，曾经登上过这些海滨。而在15世纪最后的10年中，一群西班牙水手——大部分都是西班牙人，但也有一小部分是外国人，他们都听命于一个意大利船长——到达了这片海滨。当他们到达时，他们知道自己并不能算是最早的发现者，因为在那个地方已经有人类居住了，而这些人毫无疑问都是亚洲人。因此，如果要把“第一次到达的人”的荣誉给予某个具体人群的话，那么蒙古人理应是我们所有的纪念碑的候补者。

我们曾经建立过纪念碑，以纪念我们的无名战士。照道理说，应该再建立一座更大的大理石碑，用来纪念那些无名的发现者。但是，因为法律规定，那些可怜人的亲属，不能涉足美洲大陆，所以我担心这个计划恐怕不会实现了。

那些从远东跑来的最早的勇敢者的后裔，我们已经非常了解了。然而有一件让我们很感兴趣的事，恐怕将永远是个不解之谜。那就是：这些人是怎样来到美洲大陆的?是从白令海峡的冰层上走过来的呢，还是在美洲与亚洲之间被狭窄的大陆桥相连时过来了呢?我们完全不知道，也无从得知。当白人来到这些遥远的海岸时，便遇到了一个种族，这一种族住在除了孤立之地的其他地方，基本没有脱离晚期石器时代，甚至还没进化到那个阶段——用车载物来减轻负担，或饲养牛羊来代替以捕鱼打猎为生的不丰足的生活。这些古铜色皮肤的人，虽然使用弓箭，但远远不是那些可以用枪远射敌人的白人的对手。

由主人变为客人的红种人，应该还可以延续几百年。那时，他们一定会被敌人同化，以模糊的历史记忆，这实在是一件悲惨的事，因为这些红种人在身体和思想方面都有许多优秀的特质。

事情就是这样，我不知道我们还能做些什么。

现在，让我们最后再看一下地图吧。

美洲西海岸从白令海峡直达巴拿马海峡都以高山为屏障，与太平洋相隔绝。这个屏障的宽度并不一致，因为几个部分形成了几条平行的山脉。但这片地区所有的山脉都是向着同一个方向延伸，即由北向南。

很显然，阿拉斯加山链是亚洲东部山脉的延续。它被辽阔的育空河盆地分为了两个部分。而育空河是北方土地的主要河流，而这片土地原属于俄罗斯帝国，1867年，美国以700万美元的价格，买下了这块59万平方英里的荒凉土地。

俄罗斯之所以愿意用这么少的一笔钱进行交换，也许是忽略了那块土地潜藏着如此

白令海峡

白令海峡位于亚洲最东的迭日涅夫角和美洲最西的威尔士王子角之间，是连接北冰洋和太平洋的通道，其得名于丹麦探险家维他斯·白令，他是世界上第一次跨过北极圈和南极圈的人。

丰富的资源。用700万美元买了几座渔村和一堆雪山，也算是一笔不错的买卖。但在1898年，克朗代克发现了金矿，于是阿拉斯加就登上了地图，人尽皆知了。从温哥华到朱诺，再经过斯卡威山口、齐尔科德山口、齐尔卡特山口到达克朗代克一带的中心道森，人们必须自己背着行囊，因为用牲口载物价格昂贵，而且很难走过北极圈以南3500英尺高的厚厚积雪，这条路和人们寻求财富的任何旅途一样艰险。然而，在这段路的尽头却有一罐金子，在等待着先来者，而那时，每个人都觉得自己会是最先到达的人。

从那以后，阿拉斯加被发现不仅出产黄金（同时这里冰川密布），而且有大量的铜、银、煤的矿藏，还是一个猎兽、捕鱼的理想地带。美国将它归入版图后的40年里，获得了原始成本20倍的收入。

在阿拉斯加正南方的山脉分为两部分，东部是落基山脉，它深入内陆；西部继续与海岸成平行走向。在延伸到墨西哥高地之前，落基山脉并未改过名称。而太平洋的坡形山脉则从离开麦金利山（阿拉斯加地区的最高山脉及全北美的最高峰，海拔为2.03万英尺）之后，就拥有许多别名。在加拿大，被叫作圣伊莱亚斯山脉及海岸山脉。过了温哥华岛（这是一个岩石岛，与大陆之间隔着约翰斯顿海峡及乔治海峡）又分为两个部分，西半部分依然叫沿海山脉，而东部的各个山脉，在华盛顿、俄勒冈州以及加利福尼亚州的塞拉·内华达的这一段，叫作喀斯喀特山脉。这两段山脉之间是一片广阔的空地，就是萨克拉门托河与圣乔圭因河的河谷。这两条河在空地的中央汇合，流入圣弗朗西斯科湾，它是世界上最宽阔、最深、最好的避风港，通过著名的金门与太平洋相连。

西班牙探险家的先遣队到达这个河谷时，这里还是一片荒芜，无人耕种。现在，这里利用灌溉技术，已经成为了世界的果园，苹果、桃子、李子、橘子、杏生长茂盛，不过这当然是劳动的结果。

说起来，这个河谷真是上天对加利福尼亚的恩赐。在19世纪40年代左右，淘金热进入尾声，于是矿主和手下们都发现，放弃淘金成为果农也可以过着舒适的生活。但在阿拉斯加和澳大利亚就不一样了，一旦金矿挖完，就无法养活众多人口，于是他们很快地消失了，就像到来的时候一样迅速，只剩下空城废墟和无数锡罐而已。但是，加利福尼

加利福尼亚州内华达山脉　油画　阿尔伯特·比尔施塔特　1988年

在美国物产丰富、地貌多样的各州中，首屈一指的当然要数加利福尼亚州了，这应该归功于内华达山脉。在这条山脉中，能看到多种地形和气候，西部是沿海的山脉，中部为低谷，南部为沙漠。

加利福尼亚水路交通

图为美国加利福尼亚州州府萨克拉门托的城市河道。在19世纪中叶，加利福尼亚已经很繁荣了，政府利用西部丰富的水域大力发展水路交通，促进了商品经济的快速发展。

亚则与绝大多数产金地不同，没有因为黄金而耗尽生机，反而通过黄金而致富，这是人类有史以来独特的景象，应该在史书上记上一笔。

当人们发现在泥土的深处，还藏有大量的石油时，这个地方的未来已经昭然若揭了。这块陆地处在地震多发带上，而且加利福尼亚湾的切口也许会引发不同岩层的震动，相当危险（尤其是地震与大火相继而来的时候）。但地震终究只是暂时的不变，温暖的阳光和舒适规律的气候，却是永远的祝福。加利福尼亚将来一定会作为北美洲人口最多的地区开始其伟大的事业。

塞拉·内华达山与落基山脉之间，是一片宽阔的山谷，它包含三部分。北面是哥伦比亚高原，蛇河和哥伦比亚河从这里发源，最终流入太平洋。南面的山谷以瓦沙齐山脉及科罗拉多高原为界，科罗拉多河流经其间，冲刷出著名的大峡谷。这两个大高原中间，是一块洼地，也就是所谓的大盆地。摩门教的追随者被迫从美国东部逃出后，就选择在这里安身立命。这里虽然水分不足（大盐湖虽然水量丰沛，但它的含盐量比海洋还高），但他们在不到100年的时间，就已经投身于一种能够获得丰厚利润的投机行业了。

这一片区域是地震多发带，以前曾剧烈地摇动，这一点是可以证实的，那就是从死谷（海平面以下276英尺），可以看到美国最高峰惠特尼峰的峰顶（高约1.4886万英尺）。

落基山脉以东，是一片一望无垠的大平原，其北面以北冰洋为界，南面以墨西哥湾为界，东面则被拉布拉多半岛的劳伦蒂亚高地与美国的阿巴拉契亚之间阻断。如果使用更先进的耕种技术，这片土地足以养活全球的人口。所谓的大平原（落基山脉在这里逐渐偏斜成为平地），以及密西西比河、密苏里河、俄亥俄河、阿肯色河及红河（后来进入墨西哥湾）流经的中央平原，都是巨大的粮仓。而北部地区就没什么用了，因为这里的马更些河、阿萨斯巴斯卡河、萨斯喀彻温河及奥尔班尼河，最终都流入北冰洋或哈得孙湾，一年中大部分的时间都是冰冻的状态。而密苏里河与密西西比河（与密苏里河一样都是世界最长的河流）则不然，前者发源于蒙大拿州的黄石公园附近，后者发源于加拿大的温尼伯湖与苏必利尔湖的分水岭，从河的源头直到冲积三角洲，基本上都可以通航，而且所流经的区域的人口密度，估计在最近几百年内可能会与中国东部一样。

这一个稍稍抬高的地带，就是哈得孙湾（或北冰洋）、大西洋与墨西哥湾之间的分水岭，那个地方还有密歇根湖、休伦湖、伊利湖以及安大略湖。后两个湖被一条小河相连，但因为尼亚加拉瀑布的阻碍，不适合航行（尼亚加拉瀑布比赞比西河的维多利亚瀑布宽一些，但落差只有维多利亚瀑布的一半，而优胜美地瀑布的落差却比他们高1000英尺）。因此，名为威尔兰的运河被开凿以连接这两个湖泊。休伦湖与苏必利尔湖之间也有一条运河相通，即圣玛利运河，每年从这条运河经过的货物量，比巴拿马运河、苏伊士运河及基尔运河加起来的吨数还多。

这几个湖中的水，借道圣劳伦斯河流入大西洋，并流入圣劳伦斯湾。圣劳伦斯湾算是一个内陆海，西面是加拿大山脉，东面是纽芬兰岛（约翰·卡伯特在1497年发现这个岛时，这个地方确实还是一块“新地”，第一任葡萄牙总督在1500年来到这里），其南面是布列塔尼岛、新苏格兰岛及新布伦瑞克岛。介于纽芬兰岛与布列塔尼岛之间的卡伯特海峡，见证了意大利人到达这里的历史。

加拿大北部，也就是所谓的西北领土，气候非常寒冷，不适合白人居住，所以关于这块地区的情况，我们很少听到，除了当地别致的警察队伍。这里有很多湖泊，大部分都属于哈得孙湾公司。该公司在1670年创立，正好是发现这个海湾的亨利·哈得孙被叛乱的水手谋杀的第59年，这个公司就以他的名字来命名。创建这个公司的“英格兰冒险家”无愧于这个名字，但是他们没有远见。如果他们再继续做50年的话，所有湖泊和森林中的鱼类和禽兽恐怕就要被他们杀光了（他们在播种季节，仍然屠杀那些长毛动物），那些印第安人恐怕也要被他们消灭了。他们被慷慨地供应了烈酒，以至于可能因为这些小瓶子而自取灭亡。最后，优雅的英国女王出面干涉，将公司统治的大部分领土并入她在加拿大的领地，于是哈得孙公司就成为历史上的古董。现在虽然它还在那里（他们使用相同的管理模式长达262年）经营他们的生意（虽然规模缩小不少），但已经不像以往一样古老、不负责任了。

哈得孙湾与圣劳伦斯河之间的拉布拉多半岛，因为太接近从格陵兰冰岸而来的寒流，所以对于人们的生活来说毫无价值。可是加拿大伟大的未来却刚刚开始，现在主要的困扰就是人口奇缺。

落基山脉之兰德峰　油画　阿尔伯特·比尔施塔特　1863年

这幅画是画家陪同兰德将军于1859年到落基山脉的兰德峰探险之后创作的，三年后，兰德将军阵亡，画家随后将这座山峰和作品正式命名为兰德峰。在画中，画家描绘了广袤的景观，试图将微小的细节都描绘到油画中，画风细腻，温暖动人。

从政治上来说，加拿大是过去的大帝国之梦的有趣残余。我们很容易忘记，在乔治·华盛顿出生的时候，北美洲的大部分都属于法国和西班牙，英国在大西洋沿岸的殖民地只有盎格鲁—撒克逊一小块土地，并且四面都被他国包围着。早在1608年，法国人已经在圣劳伦斯河河口占有据点，后来更把目光转移到内陆。最初他们向西探索，直至尚普兰到达休伦湖畔。他们勘察了大湖区的所有地方，密西西比河上游被马凯特和久特发现。拉塞尔在1682年顺流而下，直达大海，占领了整个河谷，他以法国国王路易十四的名字，把这里命名为路易斯安那。17世纪末，法国人正向落基山地区挺进，试图占领那里。落基山山脉那边的领土都归西班牙天主教国王所有。阿利根尼山脉在那时是一道天然屏障，将法国殖民帝国与英国、荷兰在大西洋沿岸的领土，以及西班牙的另一个殖民地——佛罗里达分开。

哈得孙的最后一次旅行　伦敦

17世纪初，哈得孙受到委托往北航行。他在1609年的第二次远航中沿北美洲海岸航行，发现了位于北冰洋边缘的哈得孙湾。6年后，一批荷兰人来到哈得孙河河口，将其命名为新阿姆斯特丹，也就是今天的纽约市。

勘探密西西比河

1666年，法国探险家雅克·马凯特被派往北美，他于1673年由魁北克向西进发，勘测密西西比河的上游地区，并绘制了当地的地形图，图为他与印第安土著乘船考察沿岸的场面。

如果路易十四和路易十五能懂得更多的地理知识的话，如果这两位爱好艺术的皇帝，能把地图看得比一幅新哥白林挂毯上漂亮的图案更重要的话，那么新英格兰和弗吉尼亚的人民，现在恐怕都要说法语了，而整个北美会对巴黎俯首称臣。可是这些欧洲命运的决定者，却没有意识到新世界的重要性。他们对此漠不关心，结果加拿大就被英国占领，魁北克及蒙特利尔也不再是法国的城市。再过几个世纪之后，新奥尔良也和整个远西一起被卖给一个共和国，这个国家是由海滨一带几个反叛英国的小小行省建立的。即使是鼎鼎大名的拿破仑，他卖掉美国现在最富饶的那块地方时，只看到了一大堆美元，因而愚蠢地认为这是一笔聪明的生意。

1819年，佛罗里达又并入了这块新领土。1848年，得克萨斯、新墨西哥、亚利桑那、加利福尼亚、内华达及犹他，从墨西哥手中被夺走。美洲的北半部，原本可能成为两个拉丁强国的腹地，但不到100年中，便更换了主人，成为了北欧大平原的延续。

这些庞杂不一的经济发展，或许引发了战争。原来的主人对这块地区漠不关心，也缺乏长远的眼光，但是这块地区的经济竟然达到了空前的繁荣，这种利害关系举世罕见。在铺设了第一条铁路、建造了第一艘蒸汽船之后，成千上万的移民顺着水路迁徙到大湖区，或越过阿利根尼山脉瓜分大平原。他们把那些地方开辟出来，让人类可以在那里长期定居，耕种小麦，使芝加哥变成了世界最重要的谷物中心。

当大湖区的三角地、阿利根尼山脉及落基山脉脚下，发现了煤、石油、铁与铜的巨量矿藏时，于是这个区域就成为了新联邦的大厂区，拥有匹兹堡、辛辛那提、圣路易

斯、克利夫兰、底特律及布法罗等城市，世界各地的劳力接踵而至，帮助先到达这里的人挖掘宝藏。因为这些城市急需海港来输出钢铁、石油与汽车，因此大西洋沿岸的古老殖民地据点，如纽约、波士顿、费拉德尔菲亚、巴尔的摩等城市，都立刻获得了前所未有的重要地位。

同时南部各州也从重建时代走了出来（改造的过程比内战还要惨痛数倍），他们积累了大量财富，不再利用黑奴劳动力的帮助，转而种植棉花。加尔维斯敦、塞芬拿、新奥尔良重获生机。铁路、电报站、电话线把全国变成了一个巨大的农场和工厂。不到50年时间中，6000万欧洲人远渡重洋，加入了先来者的队伍，从事规划、建设、制作和销售，形成了前往未有的创造世界的大车间。大自然从来不曾给予任何一个国家这样的机遇：广大的平原、温和的气候、肥沃的土壤、作为天然屏障的山脉、空旷无人的大片地区、取之不尽用之不竭的天然资源、便利的水上交通。此外，历史还赐予了一件更重要的礼物：只有一种语言，没有历史包袱的拖累。

这些优势对于一个国家到底有什么意义，我们稍稍南下，到达墨西哥以及中美洲就知道了。墨西哥除了古代玛雅人所居住的尤卡坦半岛以外，全境有许多山脉，从里奥·格兰特河向南，高度逐渐增加，直至马德雷高原与阿拿瓦克高原，抬升到一万六七千英尺的高峰。这些较高的山脉，如烟峰（高1.7543万英尺）、奥里萨巴山（高1.8564万英尺）、伊势塔西华脱山（高1.696万英尺）都源于火山，不过现在只有科利马火山（高1.3092万英尺）是活火山。

在太平洋那边。马德雷海岸突然升高，但大西洋那边的山脉都逐渐下滑。欧洲入侵者从东方而来，所以很容易就可以进入内陆。先遣队在16世纪初到达，那正是西班牙非常失落的时代，可恶的热那亚人的新发现彻底失败，那里既没有黄金，又没有白银，只有无数的蚊虫，以及当你让他们工作时，就躺下来装死的裸体野人。

后来一个谣言到处流传，说在附近大陆上的山脉那边，有一个由阿兹特克人建立的国家，他们的皇帝住在黄金建成的堡垒里，睡在用黄金做的床上，就连吃饭的盘子也是黄金的。于是在1519年，斐迪南·科尔特斯和属下的300名冒险者在墨西哥登陆。他们用十几尊大炮、13枝散弹短枪征服了可怜的蒙提祖马的国家。这个国家在管理方面井然有序，不输给哈布斯堡王朝的管理，现在却宣告灭亡。而此时，蒙提祖马却以哈布斯堡王朝的名义被勒死了，没能亲眼目睹他的国家被毁灭。

从那以后，又过了300年，确实的是直到1810年以前，墨西哥始终是西班牙的殖民地，其受到的待遇是：几种本土的作物，是绝对不许种植的，这样就不会与西班牙那些

路易十四　油画　亚森特·里戈　1694年

路易十四是法国波旁王朝著名的国王，他执政时期，使法兰西王国成为当时欧洲最强大的国家，是欧洲君主专制的典型。图中的路易十四身穿军装，脸上带着恩赐般的笑容，巨大的假发垂落到强有力的肩膀上，远方的一场战争则反衬出他胜利者的姿态。

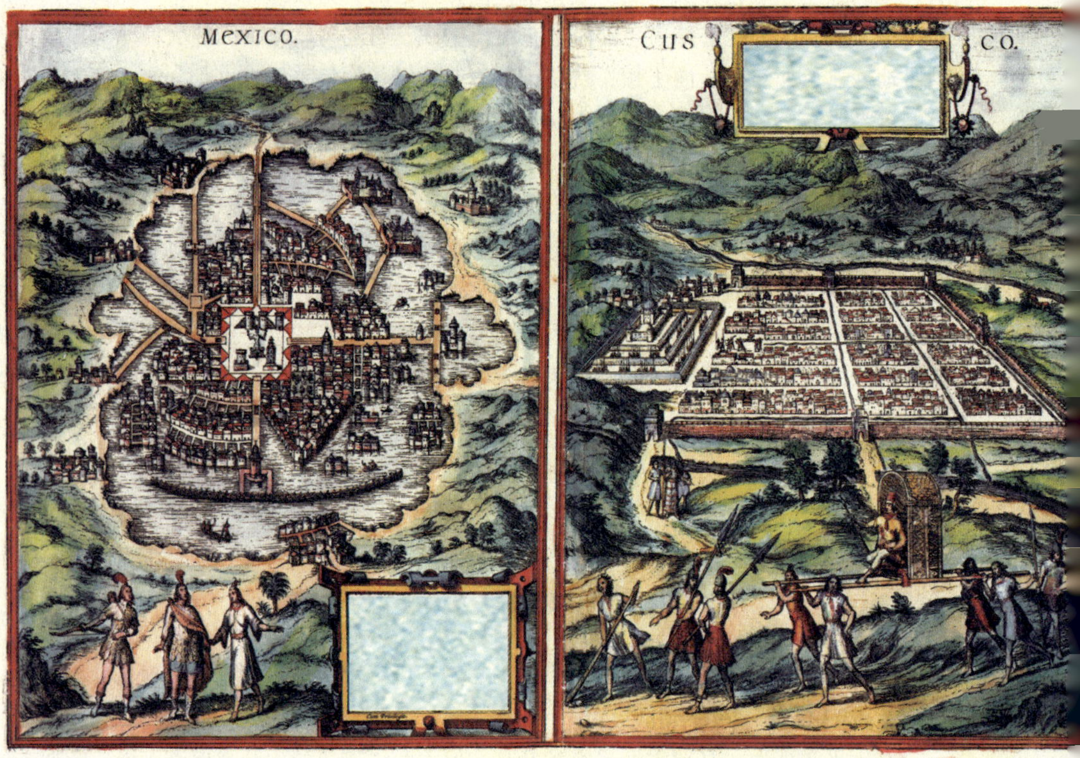

墨西哥 版画 17世纪

墨西哥连接着北美洲与南美洲，生活在这里的古代印第安人创造了玛雅文明。他们精通数学和天文学，发明了玛雅日历，建造了库库尔坎金字塔，它的构造是几何与天文的完美结合。这里的土著最早培育出玉米，在现代仍然是这里的特色食物。

质量低劣的物产竞争。土地上的财富，大部分落进了少数大地主的腰包，或者一部分捐赠给了宗教机构，这些机构到现在还试图重获这块土地的掌控权。

19世纪中叶，可怜的奥地利人马克西米连曾经有一次可笑的投机，他试图借助法国人的帮助，要求接掌蒙提祖马的皇位。这件事情发生不久，墨西哥被发现不仅是一个非常富有的农业国，而且地下还蕴藏着大量的铁矿和石油，其储存量甚至比美国还要多。因此，1500万的墨西哥人（其中40%仍然是纯粹的印第安人种）的境遇就变得和科尔斯刚到时一样，被近乎残忍地谋杀了。巨大的金融股份准备利用革命开始，插手国家的内部事务，于是土著以反革命战斗来进行报复。仅仅在第一次世界大战之前，这里爆发革命的次数，就打破了100年来的纪录（每年平均有20次），似乎整个国家都被卷入了腥风血雨中，将会土崩瓦解。幸好，第一次世界大战期间，巨大的金融股份被耗费（世界大战的代价就是耗费了无数的金钱），墨西哥才有了喘息的时间，少数有才干的人正在努力消灭300年来的歧视、疾病、文盲的困扰，表面上似乎已经有了显著的成果。维拉卡兹和坦皮科（墨西哥湾的两个港口）的出口贸易逐渐增多。6年的努力，华盛顿与墨西哥城之间不仅是被人提及的术语，也能够面带微笑地礼貌对话了。

连接南北美洲的中美洲地区，土壤异常肥沃，出产咖啡、香蕉、甘蔗以及其他任何外国资本想要在这里种植的东西。但白人不能适应这个地方的气候，境内极多的火山，对于黑人和白人都是严酷的，况且黑人并不愿意为白人工作。

对于危地马拉、洪都拉斯、尼加拉瓜和哥斯达黎加，绝大多数人只把它们当作传奇性的名字，除非他们收集邮票。因为“一个国家的国库越空虚，邮票就制作得越精致”是众所周知的定律。但是，巴拿马共和国，对于美国来说却非常重要。这里就像是美国的孩子，也是不得不占领的，因为作为戍守大西洋和太平洋的唯一独立国，美国必须要建立起海防。假如美国人要慢慢地等待着哥伦比亚将巴拿马卖给他们，那么恐怕还要和哥伦比亚参议院讨价还价，使他们在转让条约上签字。

这块小小的狭窄地区，在西班牙从达连出发占领巴尔博亚之后，就可以很清楚地看到两个大洋，这点人尽皆知。早在1551年的时候，西班牙人就想为自己开凿一条运河。从那年开始，每一代西班牙人都在筹划这件事情。科学界一些重要人物都至少提出一套蓝图，试图用最好的方法解决这一问题，进而对世界有所帮助。但开凿一条需要穿过近30英里坚硬岩石的运河，是一个极其困难的工程。直到诺贝尔发明了炸药以后，这个问题才算解决。不过他发明的动机，只是希望运用炸药来帮助农民搬走田中的树桩和巨石，并未打算将其用来残杀人类的邻居。

做玉米饼的人　油画　里维拉·迪耶戈　1926年

在这幅画中，画家用单纯的色彩和形式描绘了两位农妇在宁静的厨房里做着玉米饼，温暖的色调契合了画面的主题，显示了画家对古典风格的掌控，反映出对人性的尊重，也是中美洲的墨西哥文化的代表。

后来，加利福尼亚的淘金热兴起，成千上万的人都跑到巴拿马，因为从这里前往加利福尼亚就不需要绕过合恩角

探矿者的营地

在19世纪，淘金热在美国兴起，数以千计的探矿者怀揣着发财的梦想从欧洲和美国东部来到加利福尼亚，使其发展成为西部的经济中心，也促进了美国经济的增长，图为美国西部的探矿者的棚户营地。

了。1855年，一条横贯地峡的铁路被修建。15年后，苏伊士运河出人意料地开凿成功。修建者斐迪南·德·雷塞普又着手筹划沟通太平洋和大西洋的工程。但他所建立的公司管理极为不善，工程计算中发生了太多错误，工人们因瘟疫和黄热病死伤惨重。在与自然力量抗争的同时，这家法国公司还要面对巴黎交易所缺乏指导却更加严厉的压力，在持续了8年之后，它终于不体面地倒闭了。

之后的12年内，它什么都没有做，以至于棕榈树从雷塞普丢弃的火车和烟囱中长了出来。在1902年，这家破产的法国公司被美国政府收购了。于是，华盛顿开始与哥伦比亚共和国谈判，以确定这块足以修建运河的狭长土地的价格。后来，西奥多·罗斯福在尽力拖延后，就悄悄地在一个偏僻的地方安排了一次小的暴动，并在不到24小时的时间，承认这个新的巴拿马共和国独立，立刻开始挖掘。这件事情发生在1903年，工程于1914年竣工了。

巴拿马位于加勒比海上，连接南美洲与北美洲的桥梁地段。不仅如此，境内还拥有一条连接太平洋与大西洋的人工水道——巴拿马运河。优越的地理位置再加上便捷的交通，让巴拿马成为国际著名贸易口岸，以及重要的军事要塞，热情的人民头戴巴拿马草帽，身穿印花衣服，欢迎着来自世界各地的游客。

运河开通后，加勒比海就从一个内陆海，变成了欧洲与亚洲之间的贸易高速路的一部分，加勒比海和大西洋之间的各个岛屿的价值也大大提升。英属巴哈群岛马和古巴都过于偏离这条高速路，纽约到佛罗里达之间的英属百慕大群岛也是如此。只有牙买加（隶属于英国）、海地和圣多明各（名义上独立，实际上仍然受到华盛顿的控制）位置较好，可以享受运河为它们带来的利益。波多黎各也是一样，而位于东面和南面，与大安的列斯群岛、古巴、海地、牙买加和波多黎各遥遥相望的小安的列斯群岛，也同样可以享受到利益。

小安的列斯群岛在17世纪时，对于欧洲国家的价值比美洲大陆要大得多。这个群岛非常炎热而潮湿，岛上出产甘蔗，而奴隶一旦登陆不用担心他们逃入深林。现在，这个群岛仍旧出产糖、可可、咖啡等，不过如果它们能成为从欧洲到巴拿马运河的船只中转站，

加勒比海

加勒比海位于大西洋西部边缘，它处在两个大陆之间，西部和南部与中美洲及南美洲相邻，是世界上最大的内海，因印第安部族而得名，意为勇敢者。

Cusco
Porto Bello

美洲 油画 扬·范·卡塞尔

在17世纪，欧洲人对美洲，特别是对巴西有着强烈的兴趣，沉迷于这片陌生的土地的浪漫故事中。在这幅赞美那些奇异的美洲珍品的作品中，每一件东西都来自美洲，富有异国情调，由于画家抓住了每件物品最激动人心的形状和色彩，使画面变得绚丽多彩，而又饱含灵感。

那里的人们将会无比感激，这意味着更多的收入。根据出现的顺序，这些岛屿依次是利华德、圣托马斯、圣克鲁斯、圣马丁、塞巴、圣约翰、圣尤斯塔丢斯（一块小岩石，是美国独立战争时期供应走私货物的主要港口）、瓜德罗普、多米尼加、马丁尼克（有很容易爆发的火山，1902年，这里几乎全部被培雷火山所毁）、圣露西娅、圣文森特和巴巴多斯。

向风群岛包括布兰基亚岛（属于委内瑞拉）、博内尔岛、古拉素岛和奥鲁巴岛，后面三座岛屿都隶属于荷兰。这些岛屿曾是山脉链外缘隆起的一部分，那座山脉链连接了委内瑞拉的圭亚那山脉与墨西哥的马德雷山脉。现在，山脉链早就已经消失了，但高山的顶峰依然存在。

从工业的观点看，所有的岛屿都没什么用处。奴隶制的废止，完全破坏了这里过去的富裕景象，现在它们因著名的避寒地、煤炭供应站或是石油分配中心而知名。只有奥里诺科河三角洲外的特里尼达岛看起来还有几分繁荣的景象，因为火山提供了大量的沥青沉淀物，印第安人来到这里工作，他们取代了过去的奴隶，现在已经占有总人口的1/3了。

在第一次世界大战中，我们又学到了更多的地理知识，所花费的时间却比以前更少。年轻人都舍弃了德语，转而学习西班牙语，他们认为“在美洲，西班牙语一定有光辉的将来”。但是在这个未来明确显现之前，现实的斗争一直持续，这个大州的商业实际上已经陷入了非常严重的困境。

我们后来发现了原因。秘鲁、巴西、厄瓜多尔以及其他一些国家，它们对外贸易的技术条款都是由吃苦耐劳的德国办事员来办理的。这些德国人被认为是很擅长从事这件事情的人，而他们的雇主则智力不足以应付这些事情。后来南美洲加入协约国（因为南美大多数国家的海港中都停有几艘军舰，并且他们都需要贷款），这些贸易机构立刻与国外断绝联系，直到和平以后，德国人归还了账簿，一切才恢复原状。

我们已经渐渐明白了真相。南美洲虽然是个天然资源非常丰富的大陆，可是人口非常稀少，各方面都非常落后，至少还需要50年的时间，才能对人们有所价值——除了少数富裕的家族，他们也许在西班牙统治时代就很富有，也许是通过竞选成为南美总统的叔叔或舅舅获取了财产。

关于南美洲的情况，我在这本书里只说了几页，并不是我有反拉丁的情绪。事实刚好相反，我拥有北方血统，比南方种族更欣赏自身的特质。但在这本书的开头，我就说过，我要写的是一本 “人的”地理，我坚信一块土地的重要性要根据当地的人民在科学、商业、宗教或其他艺术形式上，对人类的幸福所作出的贡献而决定。从这方面来看，南美洲确实像一些地方一样贫瘠。我已经说过很多次，南美洲之所以成为这样，或许是由于人口稀少。其次，南美洲大部分地方位于赤道以南，而在其他部分的美洲，白人不能取代土著，或者各种肤色的混合人种遍布在那里（白人和黑人的孩子，是印第安人和白人的后代或黑人与印第安人的后代），因此没有能够充分表现他们政治能力和智慧。

乔治·华盛顿 油画 斯图尔特·吉尔伯特 1795年

乔治·华盛顿是美国首任总统，他在美国独立战争中扮演了最重要的角色，被尊称为美国国父。在这幅肖像画中，画家以忠实、无虚饰的手法描绘了乔治·华盛顿的容貌，显示了这位总统的坚毅性格和治国理想，这幅肖像也是美钞一元票面上的总统头像的设计蓝本。

南美洲曾经成为很多奇怪的政治制度的实验舞台。世界上的新帝国——巴西帝国，维持了不到100年。巴拉圭的耶稣会会士自由邦（寿命比它东边的邻居长不了多少）的形式与众不同，在专门讨论乌托邦的著作中一直被尊崇。不过南美洲至少也产生了一位才智卓越的人才，那就是伟大的玻利瓦尔，他不仅像美国的乔治·华盛顿一样解放了自己的国家，而且整个美洲绝大多数革命运动的成功，也都直接或间接都地归功于玻利瓦尔。当然，毫无疑问，在南美洲还有其他人才，这些人在乌拉圭和玻利维亚的历史上声名显赫，但世界上绝大多数的人从来没有听说过他们。而他们是否是因为邻近关系才被证明拥有进入世界名人堂的才智，我对此十分好奇。如果我在为你提供一个世界上的山脉、河流、国家的简明目录时，并真诚地保证会在1000后年加入人类的条目，那么这本书的目的已经达到了。

南美洲的西海岸由落基山脉和墨西哥马德雷山脉的延长部分组成，被叫作科迪勒拉·德·罗斯·安第斯山，简称安第斯山。“安第斯”是西班牙语的名字，意思是印第安人在小山坡上遍地修建的灌溉沟渠。如果西班牙人破坏了这些沟渠，就足以使许多部落饿死。而西班牙征服者远渡重洋以后，克服一切艰难险阻迅速致富，虽然他们没有在新世界找到一个永久的居所，但抢劫土著的财物也是同样有效的。

安第斯山在到达南极的时候，分为许多岛屿，其中最著名的就是火地岛。智利与火地岛之间隔着一条海峡，在白人首次环球航行中，麦哲伦历经险阻才得以通过这条海峡，所以这条海峡至今被称为麦哲伦海峡。火地岛的最南端就是合恩角，是根据发现者的故乡而命名（荷兰小镇合恩），并不是像很多人说的由于一头奶牛而得名。麦哲伦海峡是军事上非常重要的地区，所以控制这条海峡的福克兰群岛被英国收入囊中。

安第斯山，与由南极走向北极的一系列山脉一样有许多火山。厄瓜多尔的钦博腊索火山（现已熄灭）高2.0702万英尺，阿根廷的阿空加瓜山以2.2834万英尺的高度傲视群峰。而厄瓜多尔的科托帕克希火山高1.955万英尺，是全球最高的活火山。

南美洲的安第斯山还有两方面与北美洲极其相似。一方面是高大的山脉围绕着辽阔的平原，形成了玻利维亚和厄瓜多尔的天然疆界。另一方面，山中基本上没有便利的山口，所以唯一一条横穿安第斯山的铁路——阿根廷和智利之间的铁路不得不爬行到远超出瑞士山脉开凿隧道之前的圣伯纳德山口和哥斯德山口的高度。

至于东部的山脉，即南美洲的阿巴拉契亚山脉，其北部是圭亚那山脉，东部则是巴西高原，两者都包括独立的齿状山脉，形成了一段非常大的山脉残余，这条大山脉被亚马孙河的峡谷切成两段。亚马孙河并不是世界最长的河流，但河容量最大。它有数百条支流，其中至少15条以上像莱茵河一样长，还有比马代拉河、塔帕若斯河要长得多的几

条支流。

圭亚那山脉的北部山谷，有一个奥里诺科河的河谷。奥里诺科河经由奇怪的内格罗河与亚马孙河相通（假设密西西比河的一部分是俄亥俄河和波托马克河），与亚马孙河相比更适合航运。因为奥里诺科河在入海以前，不用像亚马孙河那样，必须穿越山脉。它的入海口约有20英里宽，而河流极适合运输货物，有几百公里的垂直深度达到300英尺，就算是在海上航行的轮船也可以在这里畅行无阻。

巴拉那河是南美洲从北向南流淌的河流，汇合了巴拉圭和乌拉圭的河流后成为拉普拉塔河，之后流向海洋。乌拉圭的首都蒙得维的亚就在河畔。与奥里诺科河一样，巴拉那河也是非常好的内陆水道。

安第斯山脉的心脏地带

油画　弗雷德里克·埃德温·丘奇　1859年

安第斯山纵贯南美大陆西部，由许多连续不断的平行山脉和横断山脉组成，是世界上最长的山脉，也被称为南美洲脊梁。在这幅画中，丘奇以戏剧性的现实主义风格描绘了气势磅礴的安第斯山的心脏地带，显示了他对细节的掌握和对光线的微妙控制。

南美洲在某一方面比较特殊，比除了欧洲以外的其他各洲都要优越，那就是南美洲几乎没有沙漠。除北方的智利以外，大部分地区都很湿润，而亚马孙河地区和巴西东海岸的整片地区，都被赤道附近的雨水滋润着，因此亚马孙河地区的森林，比刚果河地区的森林还要密集。因为雨量非常有规律，所以这个洲的其他地方，尤其是距赤道稍远的北部地区，非常适合农业发展。而阿根廷草原、奥里诺科草原、巴西草原都是美国大平原的邻居。

现在我们所发现的南美洲各国，很少能脱离历史的必然趋势。它们都是革命造成的偶然的、无法预料的结果，并不是慢慢成长发展形成的产物。委内瑞拉合众国，共有人口321.6万，但是那里距赤道太近，因此不能培育出强壮有力的人种。北部的泻湖群岛和马拉开波附近发现了石油，马拉开波现在成为了委内瑞拉最重要的港口，这个地区以前一直被首都加拉加斯的港口拉瓜伊拉控制着。加拉加斯与大海之间隔着许多低矮的山

智利 版画 17世纪

智利位于南美洲西部的狭长地带，是世界上地形最狭长的国家，拥有世界上已知的最大的铜矿。作为拉丁美洲最主要的工业国和最大的原材料出产国，智利包括沙漠、冰川、高原、海洋多种地质形态，自然资源丰富。

脉，交通不如马拉开波便利。

委内瑞拉的西面是哥伦比亚，它的首都是远在内陆的波哥大，在它与马格达莱那河口的巴兰基亚的航班开通之前，相当难到达。哥伦比亚土壤肥沃，天然资源丰富，而且和美国一样濒临两大洋。但要开发那里的天然资源，则需要更多的北欧移民。

厄瓜多尔也是一个贫穷的国家，虽然在巴拿马运河开通以后，首都基多的港口瓜亚基尔的情况已经好转了不少。但这里除了过去输出大量的奎宁和现在出口量最多的可可外，就没有值得一提的东西了。

绘有人脸的花瓶　秘鲁　公元前200年～公元600年

人类的头经常出现在纳斯卡文化中，它或是出现在碗状器皿内，或是被描画在花瓶之上。在图中这个花瓶上，简单的几何形主题用红色颜料被画在白色的背景上，而花瓶上的人头特征是眼睛、眉毛、嘴和头发。

太平洋沿岸再向南就是秘鲁，在西班牙人到达这里时，这里是强壮的印第安国家。这个国家由一个贵族阶级统治，就是所谓的印加王或太阳之子，他们被选举为最高的统治者，即印加王，拥有专制大权。虽然秘鲁人有封建的特质，或者也因为这样，他们创造了一种比阿兹特克人更高明、更人性化的文明。

在皮萨罗到达这里的时候，印加帝国已经建立400多年了，无论对于哪一种政治制度，这都算是十分漫长的。当时帝国中有许多党派，各贵族团体之间彼此敌对。皮萨罗很好地利用这一点，并在1531年征服了全国。印加王被囚禁起来，印第安人都变成了奴隶。所有能被掠夺的东西都被带到了西班牙。一个强壮有力的民族，忽然变成了懈怠而粗鄙的民族，茫然地徘徊在古代首都库斯科的大街小巷之中，或去参加揭竿而起的革命。古印加帝国的废墟、安第斯山上的的的喀喀湖（面积为3300平方英里，海拔1.287万英尺）附近的道路和堡垒的遗迹，以及无数的古代陶器、残缺的艺术品还都昭示着印加帝国失去的东西。

利马是秘鲁现在的首都，而秘鲁的铜、银、石油等资源的未来命运已成定数，除非共和国总统和外国的银行家实现长久的愿望，将这些东西挖掘一空，藏到了地下室。这种事的确有可能发生，这就是这段叙述如此浓缩的原因。

玻利维亚是一个四周都被陆地围绕的国家，不过并不是一直如此，它的首都拉巴斯也曾与大海相邻。在1879年到1882年，著名的硝石战争爆发，秘鲁和智利在争夺阿里卡地区时，玻利维亚却作出了一个决定，帮助秘鲁攻击智利。智利战胜后，玻利维亚的沿海区域丧失了。玻利维亚是一个非常富有的国家，是世界第三大产锡国，但其人口密度还不到每平方英里5人，人口总数还不到300万，绝大多数是印加帝国灭亡以

威廉·佩恩与印第安人的和约 油画 韦斯特·本杰明 1771～1772年

图为威廉·佩恩正在和印第安人的勒纳佩部落取得和解的场面，画家将穿着现代服饰的人物放置于古典的构图中，描绘了殖民者用纺织品等作为条件来换取土地的情况。而除了这种情况外，殖民者还采取了多种方法夺取了美洲其他土地，美洲也逐渐成为欧洲各国的殖民地。

后遗留的印第安人。这个国家要想有所成就，还需要多花点时间努力地打理那块不幸的土地。

地处最南端的两个国家（智利和阿根廷）是整个南美洲最重要的国家，它们的兴旺完全受惠于优越的地理位置。这两国都位于温带，印第安人（热带地区使他们更快地繁衍）很少，而且能吸引优良的移民。

智利的天然资源比阿根廷多。阿里卡（前往玻利维亚就要在这里坐上火车）、安托法加斯塔、伊基克和瓦尔帕莱索是南美西海岸最重要的4个海港，其首都圣地亚哥，是这个地区最大的城市。智利南部现在正在积极发展养牛业，牲畜被屠杀后放入冰库，由麦哲伦海峡的阿雷纳斯运往欧洲。

阿根廷是南美洲的养牛大国。巴拉那河两岸的平原，是整个南美洲最富有的地区，其面积是欧洲的1/3。这里的肉类、羊毛、兽皮以及黄油的输出量，甚至能以我们不高兴的方式影响美国此类商品的价格。过去的10年里，意大利的劳工和农夫迁入这里，让阿根廷成为西半球最大的粮食和亚麻的出产国，而在绵羊饲养方面，巴塔哥尼亚高原已经

阿根廷

阿根廷位于南美洲南部，东南面向大西洋，是南美洲第二大国。在阿根廷境内，有着肥沃的土壤、丰茂的草原、良好的气候，被称为世界的粮仓和肉库，自然资源丰富。

与土著交易

图中的移民正与土著印第安人进行简单的交易，但是这种交易在移民与土著的交往中并不重要，充满了敌意的杀戮和侵略才是殖民活动的主流。

成为澳大利亚最有威胁的竞争对手了。

阿根廷的首都布宜诺斯艾利斯也在拉普拉塔河畔，河对岸是一个小国乌拉圭。乌拉圭的土壤和气候与阿根廷极其相似，境内已经完全没有印第安人了，国家发展缓慢，但发展得很好。阿根廷虽然发展规模宏大，但常常因为过度投机或财政管理不善，而出现危机。

最后，还有拉普拉塔河畔的第3个国家巴拉圭，在许多方面得天独厚，如果不是1864年至1870年的不幸战争，现在一定非常富有了。当时，受到耶稣会主人（这个国家在1769年已经隶属于西班牙）的军事训练的印第安人，因为一个狂人（这个人居然成为了国王）而发动战争。这个可怜虫完全没有必要地向3个强大的邻国宣战，并且毫不放弃。最后，全国有5/6的男人死在战场上。在这次大屠杀结束的时候，巴拉圭已经满目疮痍，人民不得不恢复一夫多妻制来增加人口数量。然而，恐怕还需要100年的时间，这个富饶的小国才可以完全从灾难中恢复。

现在，还剩下一个国家要讨论，这就是巴西。它在殖民地时代，被完全无视了，先后被荷兰人和葡萄牙人所统治，除了少数通过检查的里斯本商人外，当地的土著被禁止与任何定居者接触，全国都被处在殖民者的经济奴役之下。直到1807年，葡萄牙王室因逃避拿破仑的攻击，不得不迁至里约热内卢。局势才彻底改变，差不多有十几年，葡萄牙政府反而被这个歧视的殖民地统治了。1821年，葡萄牙国王返回里斯本，把他的儿子佩德罗留下来作为代表。一年后，佩德罗自立为巴西独立国的国王。从那时起，这块殖民地和葡萄牙之间，只有葡萄牙语这个唯一的联系了。布拉干柴家族在巴西实行了南美国家之中最好的管理，可是到了1889年，军队叛变，布拉干柴家族被迫退位，美洲最后的皇帝逃往巴黎并终老于那里。

巴西有328.5万平英公里的领土，和美国大致相等，占整个南美洲面积的一半，又是南半球最富裕的国家。整个国家分为三个部分——亚马孙低地（亚马孙河河谷）、大西洋海岸及高地。全球一半的咖啡，都来自桑托斯。除咖啡以外，巴西还盛产橡胶，其中主要的产地就在帕拉或贝伦港地区（位于亚马孙河口正南方）、玛瑙斯（内格罗河汇入亚马孙河的地方）。还有，东海岸的巴伊亚地区出产烟草和可可，马托·格洛斯高原是一片牧场。巴西的内陆地区道路崎岖，以致很难到达，那里的钻石及其他宝石资源，没有被彻底开发过。这里还有大量的金属矿藏正等待着人们去开采，这需要修建更多的铁路。

最后，欧洲在南美洲还有3个小殖民地，这是17世纪和18世纪古代殖民财产的残余。它们分别是英属圭亚那、荷属圭亚那或苏里南（荷兰人用新尼德兰和新阿姆斯特丹城换来的）、法属圭亚那会卡宴（假如圭亚那不被法国人选为流放地，假如那些在流亡犯身上的肮脏的事情没有放在报纸头版，我们也许早就忘记这个地方的存在）。它们并不算重要，因为它们对于人类的进步和幸福的贡献少得可怜。对于外来者来说，南美洲的价值只是一座可以任意掠夺的富裕的房子，它们是这个时代活生生的纪念品。

美国的五十州

作为联邦制国家，美国由50个州联合组成，各州拥有很大的主权，受联邦政府和宪法的制约。

亚拉巴马州	阿拉斯加州	亚利桑那州	阿肯色州	加利福尼亚州
科罗拉多州	康涅狄格州	特拉华州	佛罗里达州	佐治亚州
夏威夷州	爱达荷州	伊利诺斯州	印第安纳州	爱荷华州
堪萨斯州	肯塔基州	路易斯安那州	缅因州	马里兰州
马萨诸塞州	密歇根州	明尼苏达州	密西西比州	密苏里州
蒙大拿州	内布拉斯加州	内华达州	新罕布什尔州	新泽西州
新墨西哥州	北卡罗来纳州	纽约州	北达科他州	俄亥俄州
俄克拉何马州	俄勒冈州	宾夕法尼亚州	罗得岛	南卡罗来纳州
南达科他州	田纳西州	得克萨斯州	犹他州	佛蒙特州
弗吉尼亚州	华盛顿州	西弗吉尼亚州	威斯康星州	怀俄明州

第四十七章

新世界

我一直想知道乞力马扎罗山的高度，但是一排排的数字总是在玩新花样，经过改写五六次以后，加上重印本、再印本以及毫无止尽的校正，数字们似乎在捉迷藏，此时它们是一件事情，但另一个时刻则代表别的事情，如果你有过雪盲的感受，你就会深有同感。

当我这样说，你会回答说："想知道这个数字一点都不难，只要查一下可靠的地理书，或百科全书和地图，抄下来就好了。"

如果那些可恶的地理书、百科全书和地图上的数字固定不变，那么事情也就简单了，但显然它们做不到。很多最规范的地理工具书，都在我的书桌上了，看起来很让人高兴。但是，地理不是作为消遣娱乐的东西，其著作也并不是很有趣。当提及山川及海洋时，地理就会变成行家能手了。河流的流域范围和内陆海域的面积时大时小，并不是一直不变的。世界任何一个地方的平均温度，决不是在太长时间内保持平均的。各个地方气象台的温度计，也像金融危机时的股市报表一样起伏不定。而海底高度的变化，也像一个傻子在追赶一只猫后气喘吁吁。

我不愿再去破坏对这个已经失去诚信的世界的幻想。但我必须要与"地理事实"进行斗争，并对所有非常重要的统计数据都深表怀疑。世界上的人都各持己见，都是因为我们无可救药的民族主义感在作祟。每一个小国家，都需要可以彰显自己独立主权的数据，但这对于地理来讲是非常不幸的。

这些还算是小事，还有其他的问题需要我们举例说明。世界上一半的地区关于重量和距离的测量都是十进制，另一半则用十二进制。把米和千米精准而不是近似地换算成码或英里是非常困难的，世界大战中武器制作商就深知其中的痛苦。然而，如果有一位称职的数学高手（我对于这些是外行）来帮忙，倒是也可以计算出来，但是，那些国家、山脉和河流适当的名称，我们应该怎么拼写呢？比如智利湾——Gulf of Tjihi——Gulf of Tschili——Gulf of Tshi-li——你来选择，我的朋友！又如Hindu-Kush——Hindoe-Koesch——Hindu-Kutch——Hind-Kusj等，你更喜欢哪一个呢？对于俄罗斯、中国、日本、西班牙等名字，各个语种能达成一致的拼写方法，就已经很好了。而各个语种在将这些语言翻译成本国的语言时，也许会出现两三种不同的拼写方法，它们或许还会自相矛盾。

世界地图　巴比伦　约公元前700年～前500年

在这块包含楔形铭文和美索不达米亚地图的平板上，巴比伦位于中心位置（矩形的上半圈），其外边缘海周围可能是最初的8个区域，而相比于正确的地理位置而言，巴比伦的神话世界可能是地图所要解释的真正意义。

另外，每一块以拥有自己方言为荣的小地方都要求自己“祖先神圣不可侵犯的语言”享受平等的权利，这也使语言更加混乱。于是，世界大战前简单明了的地图，现在却绽放着五彩斑斓的语言之花。现在再看库克先生所著的古老可靠的《欧洲铁路指南》，已经成为一件困难的事了，就像商博良第一次研究几个埃及象形文字时一样辛苦。

我并不是在进行答辩。我想要说明的已经都写在了这里，只希望你们对于我所写的高度和深度，能够抱有一种宽容的态度，不要过于苛刻。即使是举世闻名的百科全书和统计手册也在三四页中自相矛盾，可怜的外行人又该怎么办呢？

我想，他们最后也一定跟我一样厌烦了渊博的大部头，只好自己去买一本《世界年鉴》。他们会说：“我就以这本书为依据，如果有人因为我说乞力马扎罗山高19710英尺（《大英百科全书》上说是19321英尺，《安德鲁著的地理》中为19000英尺，《牛津最新地图册》上为19320英尺，《世界年鉴》上为19710英尺）而斥责我，我就告诉他，让他去找世界电报的发行商，让他们查出一个准确的数据来。”

当我在准备乞力马扎罗山——Kilimaniaro——Kliliman’djaro——Kilimantscharo——Kilimansjaro——这个课题的时候，我想说的是，我要寻找自己的《世界年鉴》，这本书不知道什么时候被藏在了一堆地图册下。我正在找的时候，忽然看到了有人不久前送给我的一本小册子。这本小册子专门叙述了罗纳德·罗斯先生的生平事迹。作者以很委婉的语气，暗示罗纳德如果并非必要，将不会在意金钱，我们应该设法让他的晚年过得舒服些，当然，他并不需要太奢侈的东西。科学家很少计较金钱上的报酬，他已经在研究事业中失去了健康和娱乐，那至少给他一个舒服、不会犯错的位置让他打发时间。

我先将这本小册子放在一旁，想起美国的沃尔特·里德的一些情况。我已经记不清他过世后，美国给了他的妻子多少酬劳。假如我没记错的话，这位善良的太太得到了“免费邮递权”（与数以百计的国会议员所享受的待遇相同），获得了一笔支付给医学联合会官员的遗孀的养老金，某一个地方的一所医院以里德的名字命名。

当我想着这些的时候，正在寻找一本关于传染病历史的书。一种想法突然打动了我。我认为里德与罗斯这两个似乎没人听过的名字，对于地球发展的贡献，比那些一年级的小孩子所熟悉的数百个探险家还大。他们发现了瘟疫和黄热病的病因，又告诉我们避免这些致命的瘟疫的方法，他们开拓的新领域恐怕是我们之后的100年内都无法企及的。数以百万的蚊虫被控制了，传染瘟疫的蚊虫都被驱逐到小角落里，听着自己死亡的判词。

我们很容易在这一章中加上几页，来讨论医药对于世界地理的影响。要想让我们这个世界的大部分地区适合人类居住，首先需要征服的是水痘、脚气、嗜睡病以及许多实际的病症。不过这些已经超出了我的知识范围，我对于这个领域所知甚少，然而那两位医生的名字，却让我冥想万千、深有感触。

许多事物都在困扰着这个世界，在地图上随处可以看到红色小块。不满之声就像包虫一样爆发出来。无数著作都要诊断这个病症，试图想找出医治的方法。在我写这本书前，从来没有过多思考这个问题。后来，在罗斯和里德出现之后，这个问题忽然之间变得非常简单了。

望着地图做白日梦，不算是一个开心而有用的消遣。罗得西亚似乎成为了一个独立的世界。那里的创立者是塞西·罗德斯，他让少数人变得富裕起来，屠杀了很多土著。他作为土匪，打了一次小败仗；后来做了政治家，打了一次大胜仗。无数遇害妇孺的墓碑上，都标注了“C.R雕刻”，但有一个

面对审判者的死者　佚名　约1418～1425年

1347年至1351年的瘟疫在欧洲大陆蔓延，夺走了1/3人口的生命。人们对于这种传染病束手无策，只能走向死亡。图中，上帝手持一把剑，象征着至高无上的裁决者，古老的透视画法和空间的不明确使人难忘。此后，人类投入了大量的精力来研究抵抗瘟疫的方法，现在，我们已经可以预防很多疾病了。

但丁之舟 油画 欧仁·德拉克罗瓦 1822年

在这幅图中，维吉尔位于画面中心，他沉着冷静，正和但丁一起渡过通向地狱之城的湖泊。而在画家的想象中，但丁对周围可怕的场面感到痛苦、煎熬、悔恨和害怕，他身后的地狱之火也使天色无光，营造出恐怖紧张的氛围。

大国却无视这些琐事，重蹈覆辙。

稍稍向北一些，是刚果、斯坦利维尔和利奥波德维尔，还有无数被折磨致死的土著的坟墓，他们都因为送晚了橡胶或象牙而被处死。

哈得孙将他的名字赐给了一个海湾，一个富有的土地公司又以这个海湾命名。这个公司对那些土著做了很多骇人听闻的可怕的事情，这些事情在献给殉道者的一本书中占了整整一章的篇幅。我们不用跑到国外也可以看到，美国人对印第安人从来没有遵守过一项条约。300年前，我的祖先征服了遥远的珍珠岛，他们对当地棕色人所做的事也和美国一样，但是在荷兰公立学校中从未教过这些。在南美洲波特马约地区发生的事件，至今大家还记得。

非洲土著酋长和阿拉伯的奴隶贩子，在阴暗的塞内加尔森林中的罪行，甚至让我们希望但丁在他的地狱中特别留出一个部分，以囚禁这些十恶不赦者。

身穿长袍的外科医生 法国 15世纪

在外科医生两侧，其右手边的助手正在捣药，左手边的助手正在从带围墙的园子中采集草药。当时，一个外科医生已经可以接骨、包扎伤口，还可以做疝病和胆结石手术、剖腹产手术等，但是他们对白喉及伤寒病等传染病还是无能为力。

用狗、马捕猎人类，使澳大利亚和新西兰的土著完全消失，这件事情在叙述这些地方早期历史的书籍中，很少提及。

我为什么要讲这些呢?

我只是重新叙述每个人都已经知道的事情而已。

现在，似乎有少数人已经认为大探险时代已经结束了，现在的动荡局面，主要是因为以前的受害者不再满足自己的地位而造成的。

高高在上地坐着审判过去的错误，是毫无用处的。我们把大家的智慧都会集在一起，用各种方法进行总结，能够避免将来可能犯下的错误。里德和罗斯已经为我们指出了办法。

伤感地憧憬不切实际的乌托邦的光荣，会使我们更加迷茫。如果说我们花费了千百年的时间去“索取”，那么我们也必须要用千百年的时间去“给予”，这并不能彻底解决问题。

因为仁慈和掠夺同样恶劣。仁慈对于给予者和获得者同样不公平。把印第安土著从英国君主的残暴统治中解放出来，结果使他们手无寸铁地听从山民的命令，这并不是对印度的仁慈，而不过是铸成了另外一个大错而已。

假如我们忽然停止了铁路、汽车、飞行器的运行，撤销我们的电话局和加油站，而让中国人、日本人、缅甸人去享受甘地的缠腰布和被鳄鱼咬坏的小舢板的幸福，对于他们来说一定不会是幸福的事情。机器是一定要使用的，人民已经适应了更迅速地运输、交流的生活。他们已经养成了习惯，当小孩子得了白喉病时，他们宁愿到白人医生那里去看病，也不愿意去巫医那里。当他们去拜访朋友时，更愿意乘坐公共汽车，而不愿辛苦地走10小时路。

现在人们既然已经习惯了使用金银和银行支票，就绝不会再回到过去用一罐蜂蜜换一茶匙盐以及古代其他以物易物的时代。

无论这种情况是好还是坏，我们的地球已经成为了一个正在运转的公司，而现在是1932年，而不是公元932年，也不是公元前32年。

然而，有一个解决的办法，里德和罗斯的工作已经给我们指引了应走的道路。因为这两个人既不“索取”，也不“给予”，他们互相帮助。数以千计的人们帮助他们，使他们取得了成绩。而他们消灭瘟疫和黄热病所做的工作，并不只是为了黑人、白人或黄种人。无论你是什么肤色，不管你信仰哪种宗教，他们都赐予祝福。当哥瑟尔斯和戈格斯博士开掘巴拿马运河（哥瑟尔斯绘制蓝图，戈格斯提供人力，用工人的工作将图纸变成了河道），他们也不只是为了太平洋或大西洋或是美国的利益，而是为了整个世界的利益。马可尼发明了无线电，他并没有规定：“只有当意大利的船只发生危险时才能使用。”桑给巴尔不定时的货船和横渡大西洋的最迅速的快艇，也是同样的受惠者。

你们也许已经明白我的意思了。

我并不想暗示一个新的社会模式，那完全没有必要。这个问题会自己解决，如果它自己解决不了，那么200年后就不是问题了，因为，那时候根本没有人再去注意这些了。

我们将不会生活于一个听之任之的地球上。当蒸汽机和电力到来，当葡萄牙、拉普兰、波士顿和汉口都成了邻居，两分钟之内就可以互通消息。而我们所制造的物品，也不再只供自己使用，耕种出来的粮食也不只是供给本村。日本能卖给我们更便宜的火

波士顿港口 18世纪

波士顿位于美国东北部大西洋沿岸，是美国最古老的城市之一，美国历史上的许多重要事件都发生在这里，图为18世纪中期的波士顿港口。

柴，阿根廷一个国家所生产的小麦就能让整个德国免于饥荒，而且非常便宜。

我们给中国苦力和黑人的酬劳，已经不再是白人酬劳的1/12了，因为莫斯科一家广播电台，用各种语言进行广播，他们告诉黑人和黄种人，你们受到了很多欺骗。

我们不能再像我们的祖先那样，任意抢劫、偷窃、掠夺了——好，如果你们真想知道——因为我们的良心不允许我们这样做，即使我们天生就没有高尚的情操。而全人类的是非观念已经达到了某种阶段。它将致以怀疑的目光：诚实和礼貌是国际事务中不可或缺的，这对于个人也是如此。

不，我并不是在说教，我并没有用一条“信息”把你们送到故乡去。但假如你们读完了这本书，那我还想再请你们花费半个小时，自己去得出一个结论。

我们能够生活到现在，好像是一个意外，好像我们生活在地球上，只是数十年，最多只是几百年的事。我们之前的行为，就像是客车上的乘客一样贪婪无礼，在下次停车之前，只用10分钟狼吞虎咽了3份正餐。

现在我们渐渐明白了，我们不仅一直以来都居住在这里，而且还会永无止尽地居住在这里。我们为什么要急躁、鲁莽呢？如果你刚搬到了一个小镇上，打算要在那里度过余生，那你一定要为将来做个计划。你的邻居们——屠夫、面包师、杂货店老板、医生、殡葬员——也一定要这样做。否则，整个地区就要一片混乱，就算只有一个星期，你也无法生活在这里了。

当你思考之时，整个世界和你所在的小乡村有很大的差别吗？就算有，那也是量的差别而不是质的差别。仅此而已。

你一定会说我从乞力马扎罗山、里得医生、罗斯博士直至对将来的计划，所有的话题都说到了，所有的地方都走过了。

然而，就像爱丽斯说的：“只在书本上学习地理知识，但不去旅行，那有什么用呢？”

1931年4月　巴黎

1932年5月　新奥尔良

在这幅画中，爱德华描绘了他对平静的王国的幻想，那是一个人与动物和平共处的世界，虽然奇异，但却饱含魅力。

在这幅爱德华·希克斯在1837年左右的作品中，描绘了一个人和动物和谐共处的画面，这或许就是人类的一个目标吧。

美洲土著和殖民者在一角会集，虽然他们曾彼此为敌，但画家却对他们报以平和的关怀，用写生式的卡通描绘了这一场景。

孩子们在野兽中嬉闹，并毫无畏惧地驱使着老虎，体现人与动物的和谐。

野生动物和驯养的动物和平共处，神态各异，如分享玉米的熊和母牛等，画家以多样的动物形象描绘了平静的王国。

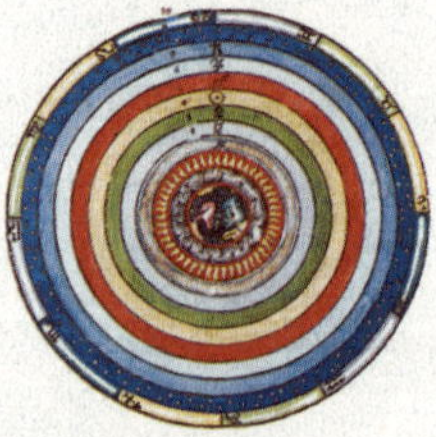